纠纷预防与诉源治理：
公证理论与实务系列丛书

中国公证的数字化

立法完善与业务创新

廖永安 夏先华 主　编
吴　振 张红旺 副主编

清华大学出版社
北　京

本书封面贴有清华大学出版社防伪标签，无标签者不得销售。
版权所有，侵权必究。举报：010-62782989，beiqinquan@tup.tsinghua.edu.cn。

图书在版编目（CIP）数据

中国公证的数字化：立法完善与业务创新 / 廖永安，夏先华主编；吴振，张红旺副主编. -- 北京：清华大学出版社，2024.9. -- （纠纷预防与诉源治理：公证理论与实务系列丛书）. -- ISBN 978-7-302-66980-7

Ⅰ. D926.6

中国国家版本馆 CIP 数据核字第 2024HA0898 号

责任编辑：	商成果
封面设计：	傅瑞学
责任校对：	薄军霞
责任印制：	宋　林

出版发行：清华大学出版社
　　网　　址：https://www.tup.com.cn，https://www.wqxuetang.com
　　地　　址：北京清华大学学研大厦 A 座　　邮　　编：100084
　　社 总 机：010-83470000　　邮　　购：010-62786544
　　投稿与读者服务：010-62776969，c-service@tup.tsinghua.edu.cn
　　质量反馈：010-62772015，zhiliang@tup.tsinghua.edu.cn
印　装　者：三河市东方印刷有限公司
经　　　销：全国新华书店
开　　　本：170mm×240mm　　印　张：20.5　　字　数：388 千字
版　　　次：2024 年 9 月第 1 版　　印　次：2024 年 9 月第 1 次印刷
定　　　价：98.00 元

产品编号：103863-01

国家社科基金项目"中国式现代化视域下的诉源治理体系创新研究"(22VRC029)的阶段性成果

纠纷预防与诉源治理：公证理论与实务系列丛书

编委会

顾　问：谢　勇
总主编：廖永安　施汉生
主　任：张卫平
委　员：（按姓氏拼音排序）
　　　　蔡　勇　蔡　煜　车承军　陈　婷　段　伟　冯　斌
　　　　郭恒亮　李全一　刘　疆　马登科　齐树洁　苏国强
　　　　汤维建　王　京　王明亮　吴　振　肖建国　解庆利
　　　　徐小蔚　詹爱萍　张　鸣　张立平　赵晋山　周志扬
学术秘书：张红旺　刘浅哲

纠纷预防与诉源治理：公证理论与实务系列丛书

丛 书 序

在漫长的历史长河中，寻求自然秩序与社会秩序的和谐，始终是中华文明孜孜以求的理想目标。作为儒家思想的创始人，孔子提出了构建"无讼社会"的治理思想。历经两千多年的历史传承，这一思想逐渐融入中国社会治理的神经末梢，借由预防纠纷减少诉讼，已经成为普遍的社会共识。进入新时代以来，习近平总书记多次强调，"要推动更多法治力量向引导和疏导端用力，完善预防性法律制度""把非诉讼纠纷解决机制挺在前面""加强诉源治理"等，这既是对中华优秀传统法律文化的理性传承，也是基于现代社会治理经验的思想升华。

法谚云："多设一家公证处，就可少设一家法院。"作为一项典型的预防性法律制度和非诉讼纠纷解决机制，公证制度凭借其证明效力、执行效力、要件效力在预防纠纷和诉源治理中扮演着极为重要的角色。一个人从出生到死亡所发生的很多行为都可以进行公证，婚姻状况、亲属关系、遗嘱继承、经济交往等不一而足。在一定程度上，可以说公证制度担当着规划国民经济社会活动的功能。不仅如此，公证制度的功能还在不断扩充，通过参与送达、取证、保全、调解、执行等方式成为法院之助手，公证与诉讼的对接成为完善多元化纠纷解决机制的重要一环，尤其是在服务知识产权发展、金融风险防控、"一带一路"建设、社会信用体系建设等国家战略中，公证制度的功能优势日益凸显。

现代意义的公证制度虽然源自欧陆，但中国古代社会经济生活中也有相应的制度替代物，例如由具有特定威望的"中人"参与民事契约缔结，实际发挥着公证证明功能。新中国成立后，中国公证制度由此开启了曲折而艰辛的探索，各地人民法院陆续开办公证业务，中间经历"文革"时期的停滞，1979年司法部重建后，即着手恢复重建公证制度，在直辖市、省辖市、县设立公证处，代表国家办理公证业务。2000年，以司法部《关于深化公证工作改革的方案》为标志，中国公证制度再次经历重大改革，公证机构从单一的行政体制逐渐转变为自主开展业务、独立承担责任的公益性事业体制。2005年，第一部《中华人民共和国公证法》（以下简称《公证法》）终于诞生，由此确立了中国特色社会主义公证制度的基本框架。截至目前，中国已有近3000家公证机构，每年办理公证量超过1000万件，公证制度的作用正在日益凸显,并逐渐得到社会的广泛知晓、认可和信任。

　　回顾改革开放四十余年来的发展,我国公证制度日臻完善,公证制度的活力正在进一步释放。但我们也应当清醒地认识到,当前公证制度的改革发展仍面临着体制不畅、活力不足、理论不足、成效不彰等问题。公证制度的服务能力与新时代人民日益增长的美好生活需要仍然存在较大差距,公证行业还存在机构和人员弱化、服务供给能力不足、服务质量效率和公信力不高等问题。从国家治理体系和治理能力现代化的顶层设计出发,中国公证制度如何合理界定自己的角色,发挥其在民法典实施中的独特功能,为公民权利保护和市场经济发展作出更大贡献,已然成为未来发展所面临的新问题与新挑战。

　　湘潭大学法学院长期致力于调解、公证、仲裁等非诉讼纠纷解决机制的理论研究和人才培养,经过十余年的沉淀和发展,已经成为中国多元化纠纷解决机制教学研究的重镇。为了破解中国公证制度改革发展面临的困难局面,湘潭大学法学院于2021年向司法部申请设立了全国首家"司法部公证理论研究与人才培训基地",力图通过高等院校与实务部门的协同攻关,共同推动中国公证事业的有序发展。与此同时,有感于目前我国公证理论研究十分滞后,系统成熟的理论研究成果极为匮乏,我们希望能够依托基地这个平台,凝聚全国公证领域的学术名家与实务专家,共同编写一套《纠纷预防与诉源治理:公证理论与实务系列丛书》,为开拓公证事业发展的新局面贡献些许力量。总体而言,丛书的编写将致力于实现以下几个目标:

　　其一,激发公证在社会治理现代化中的潜能。"法治建设既要抓末端、治已病,更要抓前端、治未病。"作为预防纠纷、减少诉讼的重要武器,公证制度在社会治理体系和治理能力现代化中蕴藏着巨大的潜能。然而,由于当前我国公证制度的运行仍然存在诸多体制机制方面的问题,公证在社会治理现代化中的潜能尚未被充分激发。为此,丛书将坚持以问题为导向,围绕当前公证制度改革发展中的基础性、全局性、前瞻性、紧迫性问题,进行广泛的调查研究和深入的理论探讨,着力破解公证发展面临的困境,积极推动公证改革实践探索,为激发公证在社会治理现代化中的潜能提供更加科学有效的建议方案,让中国公证事业的发展更具动力、更有活力。

　　其二,推动构建有中国特色的公证理论体系。"思想是行动的先导,理论是实践的指南。"缺乏一套科学完备、契合本土的理论体系,是中国公证制度改革发展过程中问题丛生的重要原因。长期以来,公证理论研究并未获得学术界应有的重视,深层次、有分量的理论研究成果较为罕见,大部分研究成果是公证员基于实务工作需要而撰写,缺乏足够的思想深度和理论创新。为了打破公证理论研究被边缘化的困境,丛书将坚持理论创新导向,凝聚理论实务专家,立足本土实际,参酌国际动态,推动公证理论、公证实务与公证改革的良性互动,推动构建中国特色的公证理论体系,努力形成中国公证的学术体系、学科体系和话语体系。

其三,着力培养德才兼备的高素质公证人才。事业兴衰,关键在人。从公证事业的长远发展来看,公证人才队伍是核心要素。只有吸纳更多的优秀法律人才加入公证队伍,并充分调动公证人员的积极性,公证服务和公证品质才能提升,公证的公信力才能树立。针对当前公证队伍不稳定、公证员专业素质不强的问题,培养德才兼备的高素质公证人才是中国公证制度改革发展的当务之急。为此,丛书将坚持理论与实践相结合,国际与国内相比较的理念,着力打造一套科学、系统、规范、实用的公证教材,为中国公证的人才培养提供强有力的理论指导和体系化的培训支撑。

丛书的编写得到了司法部公共法律服务管理局的倾心指导和鼎力支持。作为清华大学出版社与司法部公证理论研究与人才培训基地共同打造的学术品牌,丛书将分别设立专著系列、译著系列、实务系列。与此同时,丛书将坚持兼容并蓄的编写理念,面向中国公证理论界和实务界广泛征集选题,只要是具备充分的学术性、思想性、创新性的研究成果,均可申请纳入本丛书进行出版。我们期望并相信,在中国公证同仁的关心、支持和积极参与下,丛书的面世能够为推动中国公证的改革发展提供理论指导,为发挥公证在社会治理和诉源治理中的功能作用提供实践参考,为构建具有中国特色的公证制度作出应有的贡献。

廖永安　施汉生
2021 年 4 月 25 日

数字化时代下《公证法》的修改与完善

代本书序

  2021年7月至9月,全国人大常委会执法检查组对《公证法》实施情况进行了检查。这是自《公证法》于2005年颁布以来,全国人大常委会首次对该法开展执法检查工作。执法检查组基于对全国十个省份的检查情况,形成了《关于检查〈中华人民共和国公证法〉实施情况的报告》。报告指出《公证法》在实施过程中存在着公证行业发展乏力、公证队伍建设亟须加强、执业保障落实不充分、体制机制改革推进困难、公证监督管理有待加强等方面的突出问题和困难。为解决上述问题,报告建议将《公证法》修改列入第十四届全国人大常委会立法规划,并着手启动《公证法》修改的研究论证工作。同时,随着大数据、云计算、物联网、区块链、人工智能等数字技术的快速发展,中国社会加速向数字化时代迈进。数字技术正以新理念、新业态、新模式全面融入中国经济社会的各个领域,给人们生产生活带来广泛而深刻的影响。因此,如何进一步完善《公证法》以及如何使公证制度更好契合数字化时代的社会发展需求,成为当前公证领域亟待解决的问题。

  在此背景下,经过前期向社会广泛征文之后,在司法部公共法律服务局和广东省司法厅的指导下,由司法部公证理论研究与人才培训基地、湘潭大学共同主办,湘潭大学法学学部、珠海市涉外公共法律服务中心、横琴珠港澳(涉外)公共法律服务中心共同承办的第二届"中国公证改革与发展研讨会"于2023年3月31日在横琴粤澳深度合作区成功举行。

  此次研讨会的主题为"《公证法》的修改与在线公证的发展"。研讨会第一单元重点讨论了未来《公证法》修订的方向与内容。有专家提出应以"公证人本位"为修法主旨,来破解当前公证改革中遇到的诸多难题;有专家在反思以侵权责任法来调整公证机构与公证当事人之间关系的基础上,提出应以合同关系来构建公证活动新形态;也有专家通过实证考察指出,随着《司法部 建设部关于房产登记管理中加强公证的联合通知》这一规范性文件的废止,我国法院审理涉及不动产的案件量呈井喷式增长,为充分发挥公证的纠纷预防功能,维护社会经济秩序,有必要在不动产领域引入法定公证制度;针对粤港澳大湾区建设与发展的需要,还有专家提出《公证法》修订时应对内地与港澳之间的公证规则衔接作出安排。研讨会第二单元讨论了互联网和区块链等数字技术与公证服务的结合与运用。重点就远程视频公证的模式选择、在线公证规则的制定等亟待解决的公证实践问题进行了探讨,同时也全面分析了将区块链等数字技术融入公证服务时可能产生的问题及其解决对策。最后,有专家基于程序正义平衡论对在线公证的客体范围进行了理论思考。研讨会第三单元既展示了部分地区在存量房带抵押过户公证提存业务、网络信息证据保全等服务领域进行的实践创新,还从理论层面探讨了公证机构在遗产管理人制度中应当扮演的角色以及网络赋强公证参与网贷纠纷治理的可行进路。

正如习近平总书记所指示的,"法治建设既要抓末端、治已病,更要抓前端、治未病。我国国情决定了我们不能成为'诉讼大国'。我国有14亿人口,大大小小的事都要打官司,那必然不堪重负!要推动更多法治力量向引导和疏导端用力,完善预防性法律制度"[①]。公证作为一项重要的预防性法律制度,在诉源治理乃至推进国家治理体系和治理能力现代化中将发挥不可或缺的重要作用。同时,党的二十大报告指出要"统筹推进国内法治和涉外法治""建设覆盖城乡的现代公共法律服务体系",要"提高公共服务水平,增强均衡性和可及性"。公证作为一项全球通行的法律制度和重要的公共法律服务,使命光荣,责任重大。

习近平总书记的讲话和党的二十大报告为新时代公证事业的发展指明了方向,同时这也意味着中国的公证事业迎来了蓬勃发展的大好机遇。所以,本次研讨会以"公证法的修改"为主题,正适逢其时,也迫在眉睫。结合全国人民代表大会常务委员会执法检查组《关于检查〈中华人民共和国公证法〉实施情况的报告》和本次会议的讨论内容,在此,我对未来《公证法》的修改提出几点展望:

一是《公证法》的修改要扫清体制机制改革的障碍,充分激发公证机构和公证人员的活力。要通过《公证法》的修改,真正改变当前公证行业的职业吸引力偏低,"进不来""留不住"高素质法律人才的问题;通过《公证法》的修改,进一步明确公证机构的性质定位,消除公证机构设置和管理仍保留的行政化特征,有效解决公证机构自主权无法真正落实的难题;通过《公证法》的修改,探索出一条能够处理好公证服务的公共性、公益性和市场化运行机制之间关系的可行路径,在保障公益性公证服务均衡发展的同时,有效调动市场机制在公证资源配置中的积极作用,为在我国建立起一套真正适合社会主义市场经济发展的公证体制机制奠定坚实基础。

二是《公证法》的修改要充分彰显公证的纠纷预防和快速化解功能。《公证法》的修改要深入贯彻落实习近平总书记关于"法治建设既要抓末端、治已病,更要抓

[①] 习近平:《坚定不移走中国特色社会主义法治道路 为全面建设社会主义现代化国家提供有力法治保障》,载最高人民检察院网,https://www.spp.gov.cn/tt/202102/t20210228_510165.shtml,2024年5月24日最后访问。此文为习近平总书记2020年11月16日在中央全面依法治国工作会议上讲话的主要部分。

前端、治未病""要推动更多法治力量向引导和疏导端用力,完善预防性法律制度"的论述。要将公证作为矛盾纠纷多元化解机制和诉源治理机制的重要一环,以全面落实习近平总书记关于"把非诉讼纠纷解决机制挺在前面"的重要指示,从而更好地发挥公证预防纠纷、减少诉讼、维护市场交易安全的独特作用。具体到法律规范层面,则有必要重新审视《公证法》第11条有关法定公证制度的规定,同时当前公证机构能够从事的事务也不应局限于《公证法》第6条所规定的证明活动,还可以涉足法律咨询、调解、代办等综合法律服务。

三是《公证法》的修改要回应数字化时代的社会发展需求。当前新一轮科技革命和产业变革方兴未艾,以区块链、大数据、人工智能等为代表的数字技术向社会各领域全面渗透,公证服务领域自然也不能例外。各地通过互联网和区块链等数字技术为民众提供在线公证服务的实践早已十分常见。但是各界对于在线公证可以适用于哪些公证业务以及在线公证应遵循什么样的程序规则尚未达成共识。而各界对于上述问题的争论不休,已然严重影响了公证行业利用互联网和区块链等数字技术为民众提供高效、便捷的公证法律服务。数字化时代已然到来,在党和国家提出要"加快数字中国建设"的时代背景下,《公证法》的修改需对此问题予以明确回应,为在线公证实践提供应有的法律支撑。

未来《公证法》的修改如何因应全面依法治国背景下国家治理体系和治理能力现代化总体目标的实现需求以及如何契合数字化时代的社会发展需求,是新时代公证事业面临的新课题。我们相信有业内外专业人士对于《公证法》修订工作的积极参与和建言献策,修订后的《公证法》不仅能够充分响应社会发展对公证服务提出的新要求,更能引领未来的公证事业实现更好发展。

正是基于这一目标,我们从本次会议的众多成果中精心遴选出了部分优秀论文,将其汇编成书并予以出版。我们力求全面反映参与此次征文活动的各位代表的深刻见解,充分展示公证理论与实务领域的新问题、新发展、新动向和新思考。希望本书的出版,能为《公证法》的修订工作提供助益。长期以来,我国公证理论研究较为薄弱,并未得到应有重视,且与公证实践的联系也不够密切,反哺公证实践发展的效果不彰。衷心希望本书的出版,能起到抛砖引玉之效,吸引更多的理论研究者与实务工作者关注公证事业,共同推动公证制度深度参与诉源治理与纠纷预防化解,从而在国家治理体系和治理能力的现代化建设进程中发挥更好、更大的作用。

廖永安

2023 年 4 月 1 日

目 录

第一编　公证制度创新与《公证法》修改

专题一　《公证法》再修改的逻辑展开：定位、权责与程序
　　　　——以在线公证为切入点 ·· 王明亮 3
　一、以明确公证定位为逻辑起点 ·· 3
　二、以权责界定为逻辑中介 ·· 6
　三、以程序完善为逻辑终点 ·· 8

专题二　公证机构组织形式的反思与厘定
　　　　——以《公证法》修改为契机 ······································ 李　智 10
　一、我国公证机构组织形式变迁概述 ······································ 10
　二、公证机构组织形式模糊产生的不利影响 ···························· 11
　三、法定机构作为现阶段公证机构组织形式的证立 ··················· 12
　四、提升公证机构组织效能的配套举措 ··································· 14

专题三　合作制公证机构改革：理论解读与规范发展
　　　　·························· 广东省珠海市横琴公证处课题组 18
　一、改革缘起：合作制公证机构改革重启的现实背景 ················· 18
　二、图景诠解：合作制公证机构改革的多重面相 ······················· 22
　三、理论思辨：合作制公证机构改革的误区厘正 ······················· 26
　四、规范发展：合作制公证机构改革推进的具体建议 ················· 28

专题四　以合同关系构建公证活动新形态
　　　　——兼论《公证法》的修改 ·· 陈丹妮 32
　一、公证活动主体法律关系的现状梳理 ··································· 32
　二、公证机构属性分析：基于历史的考察 ································ 36

三、公证服务合同法律关系论:基于比较的方法 …………………… 41
四、构建公证服务合同关系的现实条件和理论支持 ……………… 46
五、对《公证法》修改的几点建议 ………………………………… 51

专题五　立法论视域下公证员助理的主体地位研究 ……………… 李全一 54

一、我国公证员助理制度的发展沿革 ……………………………… 54
二、公证员助理在公证服务中的职责与作用 ……………………… 56
三、我国公证员助理制度存在的主要问题 ………………………… 58
四、《公证法》规定公证员助理职位的建议及理由 ……………… 60
余论 …………………………………………………………………… 64

专题六　我国不动产法定公证制度的重新审视与规则构建 …… 廖永安　蒋龙威 65

引言 …………………………………………………………………… 65
一、不动产法定公证制度的现状检视 ……………………………… 66
二、不动产法定公证制度长期缺位的成因分析 …………………… 69
三、不动产法定公证制度引入的多维证立 ………………………… 72
四、不动产法定公证制度发展的具体路径 ………………………… 75
结语 …………………………………………………………………… 80

专题七　论新形势下公证调查权对真实性的保障与实现
　　——兼论对《公证法》第29条的完善建议 ………………… 许　婧 82

一、真实性的要求:公证属性与法律职能的内在因应 …………… 82
二、真实性的基础:公证调查权与核实权的历史沿革 …………… 83
三、真实性的保障:新形势下应赋予公证机构调查权 …………… 86
四、真实性的实现:完善我国公证调查权的可行路径 …………… 87
结语 …………………………………………………………………… 90

第二编　公证服务优化与现代科技支撑

专题八　机遇与挑战:元宇宙时代公证信息化建设的推进路径 ………………
　　　　　　　　　　　　　　　　　　　　　　　　　唐政委　全　亮 93

一、逻辑前提:对公证信息化内涵与建设要求的理论解读 ……… 93
二、机遇与挑战:当下公证信息化建设的现实思辨 ……………… 95
三、比较与借鉴:国内司法与域外公证信息化建设的前沿经验 … 99

四、从区块链到元宇宙：元宇宙时代公证信息化建设的出路 …………… 103
　　结语 ……………………………………………………………………………… 109

专题九　论在线公证中标准化规则的引入 ………………………… 孔令聪 110
　　一、在线公证与标准化的内在关联 …………………………………………… 110
　　二、标准化对在线公证运行的助益 …………………………………………… 114
　　三、在线公证引入标准化规则的现实背景 …………………………………… 118
　　四、在线公证引入标准化规则的路径分析 …………………………………… 120
　　结语 ……………………………………………………………………………… 124

专题十　远程视频公证规则探讨 ………………………… 王耀宗　孙　戈 125
　　引言 ……………………………………………………………………………… 125
　　一、远程视频公证的适用范围 ………………………………………………… 126
　　二、远程视频公证中的"面谈"与"面签" …………………………………… 128
　　三、远程视频公证中的第三方见证 …………………………………………… 130
　　四、远程视频公证中电子签名的适用范围 …………………………………… 134
　　结语 ……………………………………………………………………………… 136

专题十一　论区块链对公证的不利影响及相应对策 ……………… 陈　明 137
　　引言 ……………………………………………………………………………… 137
　　一、区块链技术的概念及其特性 ……………………………………………… 137
　　二、区块链对公证的可能不利影响 …………………………………………… 140
　　三、减小区块链对公证不利影响的可行对策 ………………………………… 146
　　结语 ……………………………………………………………………………… 150

专题十二　基于数据融合的云公证数据处理及安全防护 ………… 谢宇艳 152
　　一、数字化时代下云公证发展的现实需求 …………………………………… 152
　　二、云公证面临的数据处理与安全保障困境 ………………………………… 153
　　三、基于数据融合的云公证数据处理与安全防护策略 ……………………… 157
　　结语 ……………………………………………………………………………… 160

专题十三　公信力视角下的公证遗嘱信息化建设 ………………… 付子昂 161
　　一、公证公信力与公证遗嘱信息化建设的交互逻辑 ………………………… 161

二、当前公证遗嘱信息化建设缺乏公信力支撑的原因分析 …………… 164

三、推动公证遗嘱信息化建设与公证公信力并进发展的举措 ………… 167

结语 …………………………………………………………………………… 170

第三编　公证业务探索与现代化转型

专题十四　虚假公证中公证机构补充责任规则的反思与新解
　　　　　——基于内外利益权衡的双重视阈 …………… 廖永安　刘浅哲 173

一、问题的提出 ………………………………………………………………… 173

二、外部关系：基于功利性利益权衡的公证机构补充责任 ……………… 175

三、内部关系：基于道义性利益权衡的公证机构补充责任 ……………… 177

四、对《审理公证规定》第 5 条中公证机构补充责任规则的再解读 …… 181

结语 …………………………………………………………………………… 185

专题十五　公证服务"三权分置"改革的多维检视 …………… 马宏俊　荆　洁 186

引言 …………………………………………………………………………… 186

一、"三权分置"改革的现存问题 ………………………………………… 186

二、公证服务"三权分置"改革的必要性 ………………………………… 188

三、公证服务"三权分置"改革的形式 …………………………………… 190

四、公证服务"三权分置"改革的建议 …………………………………… 192

结语 …………………………………………………………………………… 193

专题十六　网络暴力侵权证据公证保全的困境与出路 ……… 王瑞琳　张庆霖 194

一、网络暴力侵权证据的种类与特征 ……………………………………… 194

二、网络暴力侵权证据公证保全的特殊性 ………………………………… 197

三、网络暴力侵权证据公证保全面临的困境 ……………………………… 198

四、网络暴力侵权证据公证保全的完善建议 ……………………………… 201

结语 …………………………………………………………………………… 203

专题十七　公证机构在遗产管理人制度中的角色担当 ………………… 李安宁 205

引言 …………………………………………………………………………… 205

一、角色与场域：遗产管理人制度的作用场景 …………………………… 206

二、角色解构：公证在"公证＋律师"遗产管理模式中的角色 ………… 208

三、角色重构：公证机构何以担任遗产管理人 …………………………… 210

四、角色证成:作为遗产管理人的公证机构 ………………………… 213
　　结语 ……………………………………………………………………… 216

专题十八　浅析存量房带抵押过户公证提存业务 …………… 吴春晔 217
　　一、存量房带抵押过户的背景与动因 …………………………………… 217
　　二、存量房带抵押过户公证提存的性质与效力 ………………………… 219
　　三、公证处作为提存机构的渊源与优势 ………………………………… 221
　　四、存量房带抵押过户公证提存的应用场景 …………………………… 222
　　五、存量房带抵押过户公证提存的规则流程 …………………………… 223

专题十九　论我国公证告知承诺制的审视与构建 ……… 白芳雯　夏先华 226
　　引言 ……………………………………………………………………… 226
　　一、制度缘起:公证告知承诺制的起源与发展 ………………………… 226
　　二、理论澄清:公证告知承诺制的法理阐明 …………………………… 228
　　三、逻辑检视:公证制度与告知承诺制的内在耦合 …………………… 233
　　四、制度构建:公证告知承诺制的具体设计 …………………………… 236
　　结语 ……………………………………………………………………… 240

第四编　赋强公证在线模式与程序完善

专题二十　瑕疵公证债权文书执行中的适度宽容与多元补救
　　　　　　——以698份瑕疵公证债权文书为分析样本 … 陈建华　李发达 243
　　引言 ……………………………………………………………………… 243
　　一、法院对瑕疵公证债权文书司法审查的实践做法 …………………… 244
　　二、给予瑕疵公证债权文书适度宽容与多元补救的正当性与必要性 … 248
　　三、瑕疵公证债权文书适度宽容与多元补救的运行原则 ……………… 251
　　四、瑕疵公证债权文书适度宽容与多元补救的适用情形与程序 ……… 253
　　结语 ……………………………………………………………………… 257

专题二十一　公证债权文书执行立案审查模式述评与路径优化 …… 韩果杞 258
　　一、问题的提出 …………………………………………………………… 258
　　二、公证债权文书的执行立案模式审视 ………………………………… 259
　　三、公证债权文书执行立案审查的机理阐释 …………………………… 261
　　四、公证债权文书执行立案审查的运行困境 …………………………… 263

五、公证债权文书执行立案审查的优化进路 ………………………… 265

专题二十二　网络赋强公证制度构建研究 ……………… 贺雅玲 268

一、网络赋强公证制度构建的必要性分析 ………………………… 269
二、网络赋强公证制度构建面临的困境与风险 …………………… 270
三、构建网络赋强公证制度的相关建议 …………………………… 273

专题二十三　网络赋强公证的基本逻辑和风险治理 ……… 张　河　郑若颖 278

一、网络赋强公证之可行性论证 …………………………………… 278
二、网络赋强公证之现实风险 ……………………………………… 280
三、网络赋强公证之优化路径 ……………………………………… 284
结语 …………………………………………………………………… 288

专题二十四　论区块链技术在网络赋强公证中的运用 ……………… 李　鑫 289

引言 …………………………………………………………………… 289
一、区块链技术的原理与特征 ……………………………………… 289
二、区块链技术应用于网络赋强公证的现实动因 ………………… 291
三、区块链技术应用于网络赋强公证的具体路径 ………………… 293
四、区块链技术在网络赋强公证中的拓展应用 …………………… 296
结语 …………………………………………………………………… 298

专题二十五　区块链智能合约在网络赋强公证中的合理嵌入
——以金融借贷纠纷化解为例 ……………… 杨海波　刘谢慈 299

引言 …………………………………………………………………… 299
一、区块链智能合约的技术演进 …………………………………… 299
二、区块链智能合约嵌入网络赋强公证的现实逻辑 ……………… 302
三、区块链智能合约嵌入网络赋强公证的可行路径 ……………… 304
结语 …………………………………………………………………… 306

后　记 ……………………………………………………………… 307

第一编
公证制度创新与《公证法》修改

专题一 《公证法》再修改的逻辑展开：定位、权责与程序
——以在线公证为切入点

王明亮[*]

现行《公证法》自 2005 年颁布实施后，虽然经过了 2015 年和 2017 年两次修正，但只是对个别内容的轻微调整，基本上保留了制定时的内容。十多年来，我国经济、社会、法律、科技等均发生了重大变化，特别是进入新时代，中国特色社会主义法律体系的完善、推进全面依法治国的提出、群众和社会对公证需求的变化，使得《公证法》的许多内容逐渐不能适应发展的需要，再次修改《公证法》的呼声越来越高。2021 年，全国人大常委会首次对《公证法》制定以来的实施情况开展执法检查，发现实践中存在的一些问题。比如，如何与时俱进地将在线公证吸收发展，以更好地提升公证服务均等化和可及性。[①] 对此，一些专家学者对《公证法》的下一步修改提出了意见和建议，在理论和实务界掀起了相关话题的讨论热潮。应该说，每部法律的修改都由现实社会需要、执法司法环境变化等外在因素催化，但每部法律如何修改也需遵循其内在的客观规律性。这不仅是推动、支撑法律修改的核心要素，也是修改后的法律得以贯彻落实的底层逻辑。那么，现行《公证法》再修改的逻辑是什么，又该如何体现这一逻辑？

一、以明确公证定位为逻辑起点

公证定位是对"公证是什么和为什么需要公证"的回答，不仅关系到公证本身制度内容和设置，还关系到公证在法律体系中的地位。它是制定和修改《公证法》

---

[*] 本文作者：王明亮，北京市公证协会副会长、北京市中信公证处主任。
[①] 参见《促进公证事业健康发展（坚持和完善人民代表大会制度 发展全过程人民民主）》，载《人民日报》2022 年 2 月 24 日，第 10 版。

需要首要面对的，也是最为根本的问题。无论从《公证法》制定之时的纷争，还是从目前公证实践中出现的一些问题溯源来看，都与公证定位有关。以在线公证为例，其使公证打破地域限制成为可能，那么公证是"国家之公证"还是基于管辖权分割的地域性法律服务，抑或是以电子数据为内容的公证保管？早在现行《公证法》制定之时，就存在公证是公行为、私行为还是兼具公私行为的属性之争。其中，公行为说又存在行政行为、国家证明权、司法属性之争；私行为也存在公证是社会中介还是市场中介之说。① 《公证法》出台后，将公证定位为"证明活动"，属于国家证明权，其旨在证明民事法律行为、有法律意义的事实和文书的真实性、合法性。这一定位延续了 1982 年国务院制定的《中华人民共和国公证暂行条例》（以下简称《公证暂行条例》）的规定，为此后公证机构由国家设立、公证机构属于国家单位、公证人员具有编制身份、证明业务的权威开展提供了明确的法律依据。同时，从为什么需要"证明"来看，这一定位也满足了社会诚信体系不健全、社会交往交易中信息壁垒大量存在、信息交换机制不够发达等特定历史条件的社会需求，事实上也在历史发展中发挥了积极的作用。

但是，随着诚信体系完善、信息壁垒减少等历史条件的变化，传统的公证证明业务在不断减少。同时，依托公证延伸出的其他法律服务和以公证为基础环节的综合性法律服务需求不断增加，以强制执行效力为依托的强制执行公证业务也在不断增长。将公证定位为国家证明权，使得公证机构的产权关系、运行程序、法律责任承担，以及司法行政部门在公证机构设置、人员任命、财务、业务管理等方面，都出现了一定的理论解释困境和实践运行难题，从而导致这些年来公证的发展和改革不断地在摇摆、徘徊中摸索。② 这也是此次执法检查中，发现实务中公证管理体制、公证机构组织形式、公证收费和公证费管理、公证业务模式等方面存在问题的根源。可以说，传统的国家证明权理论与公证姓"公"的属性高度契合，且在当时社会主义市场经济发展还不够充分的历史条件下，传统的公证证明业务占大量比重，使"为什么需要公证"和"公证是什么"两个问题达成了一定的平衡。然而，随着社会主义市场经济发展，法律服务需求增加，加之国家法律服务体系改革在快速推进，传统的平衡逐渐被打破，理论认识、立法规定和现实运行的冲突越来越激烈，甚至影响到公证的社会观感、服务体验和自身的发展。因此，《公证法》的再修改应该通过校准定位，使这种被打破的平衡重新恢复。这种平衡状态回归的本质是使公证更加适应时代需要和经济社会的发展。

---

① 王胜明、段正坤主编：《中华人民共和国公证法释义》，法律出版社 2005 年版，第 225-226 页。
② 参见《司法部官员：公证体制改革改不动是因为不愿改》，载中国新闻网，https://www.chinanews.com.cn/gn/2017/08-28/8315777.shtml，2023 年 3 月 4 日最后访问。

其一，公证之"公"。目前，有关公证之"公"的理解，除了现行《公证法》定义的公证属于国家证明权外，还包括了由此解释出来的主体的公职性、性质的公益性、运行和结果的公正性。① 近年来，公证更加强调以公益服务为内容，不以营利为目的、过程与结果保持客观公正。在我国法治语境下，无论何种权力设置，本身天然带有公共利益属性和期待，法治的目的也是维护人民的利益、实现社会的公平正义。当然，权力在一定条件下可以让渡或委托行使。因此，国家证明权只是表明了公证的权力来源和权力内容，并非直接指向权力行使主体的公共属性等内容。从权力来源看，公证直接来自于法律的直接规定，即正是《公证法》赋予公证的免证效力、强制执行效力和法律要件效力。公证是国家以法律规范的形式为其公信背书，而非来自于公证自身所体现出来的"公"，也非来自基于法治传统的社会共识或个人权力让渡。因此，公证之"公"应主要体现的是国家的法治期待以及运行结果的公正性，而非组织形式、运行方式等国家所有属性。事实上，在社会主义市场经济日益完善、国家机构改革推进与信息科技不断迭代发展的背景和趋势下，权力的运用也更注重其在社会治理体系中所应该或实际发挥的作用，更加注重其社会的适应性和如何真正体现"以人民为中心"，而非抽象地强调其属性。

其二，公证之"证"。证明是特定历史条件下的社会需要，是公证顾名思义的核心内容，也是公证区别于其他制度的显著特征。《公证暂行条例》将强制执行公证业务定义为"在该文书上证明有强制执行的效力"，明确强制执行公证也是一种证明。但此后的《公证法》却未明确说明，而是以第37条从效力的角度进行了规定，从而引发了实务中对于强制执行公证是否属于证明业务的争议。证明是信息存在壁垒、国家诚信体系建设不足之下保障交易进行、降低交易成本的有效手段。因此，只要信息壁垒仍然存在、诚信体系还不够健全或者运用其他方式比运用公证需要更多的成本，证明就存在。即使国内这些情况完全消除，在国际交往中也存在需求。所以，在一定的历史期限内，证明仍然会存在，但旨在解决信息获取、交流问题的传统证明业务将随着上述条件的不断改善而不断式微，而旨在预防和提高纠纷解决效率、降低交易成本的强制执行公证业务将随着经济发展、交易增多而不断增加。也就是说，无论是对于在线业务还是线下业务而言，公证之"证"仍然是其核心内容，也是其最本质的特征，但同时，随着实践的发展，包括强制执行公证、法律咨询、公证调解、公证登记、公证保管、电子数据存储等非传统的证明业务越来越多。在实践中，一度出现过"证明论""服务论""综合服务论""预防纠纷制度""法律服务中介"等争论。② 可以说，作为民商事领域的法治供给之"证"更多的是形式上的称

---

① 参见《关于公证制度几个问题》，载《人民日报》2004年9月18日，第7版。
② 参见叶青：《加快推进公证改革 与时俱进修改完善公证法——在全国人大常委会公证法执法检查座谈会上的发言》，载微信公众号"建设和学习"2021年12月3日，https://mp.weixin.qq.com/s/93-6bQiyPWojZ4JIOvhycQ，2023年3月4日最后访问。

谓，国家制度设计和社会需求更看重的是公证能解决什么问题、公证的价值是什么。作为一种需要当事人主动申请或选择才能启动的服务，也只有真正能够解决当事人所认为的问题才有其进一步发展的空间，并不局限于"证明"的"证"。因此，不同的"证"因其效力和所能解决的问题不同在不同的历史条件下将具有不同的价值和发展前景。特别是在当前信息技术不断发展、越来越注重交易效率和交易成本的情况下，强制执行效力越来越成为公证可深度挖掘的优越效力，与在线公证相结合的强制执行公证更将越来越成为具有发展前景的业务。

其三，公证之"公"与"证"两个问题相互关联，在一定程度上能够相互体现，又分属不同的逻辑范畴。前者是偏形而上的理论设定，后者是偏形而下的制度界定，但现有研究往往将两者混合在一起论证。如将公证证明、服务、法律中介、纠纷预防等放在同一范畴内进行讨论或将公证姓"公"与法律服务中介等对立起来。实际上，如果把证明作为一种方式，那么它应该与调解、裁决等相对应，服务应该与管理相对应，法律服务中介组织与姓"公""私"也并不必然直接对应，纠纷预防与纠纷解决对应。从法律规范明确性的角度来看，往往将"偏形而上的为什么"作为立法目的蕴含在"是什么"中，将为什么制定该法以及该法要解决什么问题通过法条体现出来，从而为法律规范营造更为开放的解释空间，尽可能减少由法律滞后性所带来的弊端，这点在在线公证的问题上将体现得更为明显。按照目前理解，多数人认为在线公证是基于现代语音通信、视频技术而产生，但若随着科技的发展，基于区块链、甚至正在发展的"元宇宙"等技术的公证能否再称为在线公证？也就说，《公证法》关于公证定位的表述应更多立足于"公证是什么"，而将"为什么需要公证"蕴含在整部法律所体现的理念之中。

综上可见，《公证法》修改中明确公证定位的关键在于抽象出公证区别于其他法律服务方式的核心特征，并围绕该核心特征结合时代、社会需要，与时俱进地丰富权力的表现形式和运行方式。

二、以权责界定为逻辑中介

法律本质上是以规则的形式确定相关主体的权责关系。《公证法》也不例外，无论其如何修改，必然需要涉及公证管理机构、公证机构、公证员、当事人等相关主体的权责界定。从逻辑上看，这些关系如何界定受到前述公证定位的影响，同时其也将影响到公证运行的结果，可谓为重要的连接中介。

其一，关于公证管理机构的权责。按照现行《公证法》，公证机构的设立具备按公证需求而设的色彩，不再与行政区划对应，也不再与司法行政机关逐级对应，公证机构运行呈社会化趋势。但是，现行公证管理体制却基本沿用原来的逐级管理模式，管理内容上也体现了浓厚的行政化色彩。一方面，这严重影响了公证机构按照社会需求自主运行的灵活性，而且也影响了区域性公证机构的发展。如在公证机构运行中，哪些事项与事务需要报请管理部门审批、报请哪级管理部门审批，报请审批还是备案，司法行政部门出台的政策文件如何落实等问题，不同地域的政策指引各不相同。此外，现行公证管理体制还影响到群众对于法律服务的体验。另一方面，公证机构是一线的服务部门和公证程序、公证法律法规的直接适用者，具有独立承担责任的资格和能力，但由于管理部门与公证机构的权责划分不够明晰，实践中公证服务在出现一些问题时双方的责任难以厘清。从减轻管理责任的角度看，这必然导致公证管理越来越严苛。现行《公证法》制定以来，对公证管理未曾有大的修改，但公证实践中的管理模式却经过收紧与放开的多种变化。各地的管理实践也证明了公证管理与公证的发展、活跃程度和服务质量的直接相关。这些为《公证法》再修改提供了丰富的本土实践蓝本和制度提炼可能，因此，我们有必要在拉长历史镜头的情况下进行梳理。

其二，关于公证机构的权责。公证机构的权责与自身组织形式直接相关。近年来，有关公证机构是国家证明机构还是法律服务组织的争论不断。随着公证体制改革的推进，形成了事业单位性质、合作制等多种形式并存的局面。是否需要设定统一明确的性质，还是允许多种形式并存，每种性质下的公证机构权责范围、公证机构与公证人员的关系、分配机制、赔偿惩罚机制等如何确定，都需要明确。在目前争论不断的情况下，建议在梳理现有公证机构性质、论证其利弊后，在《公证法》修改时设定开放性的条款，允许结合地方实际等探索创新公证体制机制改革，为今后体制机构的完善留下空间。这点于在线公证上体现得更为明显，从实践看，相对于原有的事业单位体制而言，现行合作制公证机构于在线公证等业务的探索开展上不仅更具有出于自身生存发展需要的内在驱动力，而且更具有灵活性。

其三，关于公证人员的权责。《公证法》的落地离不开公证人员的贯彻落实，其除规定公证人员条件、任命等之外，更重要的是明确其权责。虽然，现行《公证法》的有些条款对公证人员的权责及保障等作出了规定，但在十余年的适用过程中也发现了其中的不足，例如关于公证员和助理的责任边界，对于不真实、不合法公证的解释以及公证人员主观方面故意或过失如何影响追责等不够明确。现行法律法规对法官助理、检察官助理的法律地位和职责分工有明确规定，但与之不同的是，公证法律法规对公证员助理法律地位、办证权限以及公证员亲自办证并无规定。公证员助理本质上是公证员的助手，承担的是公证员委派的事务性工作，主要负责程序审查、形式审查等方面的工作，比如申请公证材料是否齐备、帮助录音录像、制作公证词等。在出现公证质量问题时，不能仅以公证员助理和公证员有工作上的联系就认定为有共谋故意。在责任分配上，无论是在线还是线下公证，都应坚持主客观统一的标准。要着重区分是公证程序方面的瑕疵还是作为公证对象的事实、行为、意思表示虚假的问题,要排除因被蒙蔽无法发现或确因能力、水平限制而没有发现问题而导致出证错误的情况。公证作为一种法律行为,追求的是法律真实而非客观真实,故以是否穷尽一切调查核实手段或出现不真实结果就反推公证人员未尽到审查核实义务,不仅于法无据,而且有失公平。何况,相关法律法规并未赋予公证人员足够的调查核实权。对在线公证而言,其可能面临更多需要解决的问题,如能否采用在线方式进行核实、如何完成与相关部门的核实数据库对接,基于数据库信息不完整或错误导致的问题是否追责等。公证立法者对此可能引发的救济、赔偿问题早有清醒认识,从制度上设计了专门的责任保险以防止群众利益损害的发生。因此,建议在此次《公证法》修改时,进一步明确包括公证员和助理在内的公证人员权责内容与保障机制,如在第 42 条中增加"故意"的主观心态限定,对于公证员故意为不真实、不合法的事项出具公证书的方式予以处罚,不仅使公证人员办证时有法可依,而且在出现争议特别是涉及刑事责任时得到保障和保护,以从根本上减轻作为《公证法》重要执行主体的心理负担。

三、以程序完善为逻辑终点

公证程序不仅是达成公证结果的过程,更承担着《公证法》被社会和群众所运用的职能。或者说,无论《公证法》如何规定、规定得如何完美,最终都要落实到能够运用的公证程序之上。即《公证法》所调整的法律关系,最终都是为了保障公证得以办理、结果得以实现。因此,公证程序的完善是《公证法》的逻辑终点。但是,从立法技术上讲,有关公证程序的规定不可能事无巨细;从程序的作用看,其也不能为了程序而程序,程序条款的设置应该围绕公证所能解决、所要解决的问题展开,否则再精细、精巧的程序设计也毫无价值。

目前办理公证主要依据《公证法》《公证程序规则》以及司法部和行业协会等出台的通知、规范。与法院、检察院、公安机关、律师等其他法律职业相比,公证行业的立法和司法解释还不够完善,导致有些行为无明确规范。此外,实务中对某些公证事项也无约定俗成的做法,但社会具有办理公证的需求,甚至其可能成为未来公证发展不可忽视的方向,比如有关电子数据公证、线上公证等。而有些行为实务中有约定俗成的操作模式,公证行业中也有相应的救济途径,需要《公证法》在修改时立足公证程序的本质特征,区别予以对待。

公证程序的设定应回归到公证基于当事人的"自愿"或"合意"而启动和运行的特点。实践中有观点认为,公证办理也需要如司法一样遵守直接言词、亲历性原则。不可否认,直接审理、直接言词原则对于查明身份、查清事实具有重要作用。

但就公证而言,其与司法审判在权力性质、运行规律等方面均不同。司法审判是建立在当事人双方对抗的基础上,其目的是查清事实、查明真相,需要法官通过亲历性的庭审调查抽丝剥茧还原事实,决定了诉讼或司法是一种察言观色和亲历性的法律活动。① 而公证是单方自愿申请或双方合意启动的预防纠纷方式,尤其是在有双方当事人的公证中,选择公证的前提是双方在申请、办理公证的那一刻对所申请和办理的内容无异议。虽然,公证员办理公证时,需要通过询问、谈话以及察言观色等判断当事人申请办理公证是否是其真实意思表示,但这既不是通过当事人双方的对抗查清事实,也不是通过公证员与双方的对抗式询问查清事实,而是对身份真实性和意思表示自愿性进行确认。除了询问、谈话及观察外,公证员承担的更为重要的工作是告知当事人并由当事人阅读相关权利义务、法律后果等,然后由当事人自行签字确认。换言之,公证程序的作用并非在于询问、谈话及观察,而在于确定当事人是否为适格主体、是否为本人,以及作出行为是否为本人的真实意思表示。无论是在线还是线下公证,程序的启动和运行的设定应该围绕这一特点展开,要避免陷入公证"大包大揽"或为了程序而程序的窠臼。事实上,由于在线公证依托信息技术所具有的全程留痕、大数据比对等特点,在上述效果的达成上反而可能更加精确、更具优势。

公证程序的设定应该具有与时俱进的开放性。现行《公证法》制定时,互联网、移动互联网、大数据、区块链、人工智能等信息、科技技术尚未发展,如今这些技术已广泛运用于人们的日常生活生产,而《公证法》并未涉及。近年来,对于能否开展线上公证、如何开展线上公证、在线公证的适用范围等问题,实践虽有创新探索,但行业内部争议不断,其直接的主要理由是现行《公证法》未有明确规定。在现代信息科技技术逐渐成为人们生产生活不可分割一部分的历史趋势下,在更为复杂的纠纷裁断的审判都实现了在线处理的现实下,是否开展线上公证业务已经不是一个法律问题,而成为政策选择问题。因此,建议在大趋势确定而一些具体细微问题无法达成共识的情况下,进行立法的概括性技术处理,在此次《公证法》修改时允许公证机构根据实际进行创新探索,在公证程序部分的内容中明确增加"公证机构可以采取在线方式办理公证业务"的规定。

总之,公证作为国家设定的一项重要的预防纠纷的法律制度,是社会治理体系一部分,《公证法》作为总规范,系统而庞杂,但也融合了历史传统、法理经验和国情实践的内在逻辑。《公证法》再修改应从当前法律适用的不足和实践需求出发,从经验传统、程序法理、立法逻辑、规范体系等方面系统、全面地进行梳理、完善。

---

① 樊崇义主编:《诉讼原理》(第2版),法律出版社2009年版,第194-230页。

专题二 公证机构组织形式的反思与厘定
——以《公证法》修改为契机

李　智[*]

现行《公证法》对公证机构组织形式问题采取回避态度,只是明确公证机构是证明机构。公证机构组织形式的不确定,产生诸多不利影响,当前被划分为公益一类、公益二类的事业体制公证机构和合作制机构在实际运行过程中都存在一定问题,无法将公证制度的优势完全发挥出来。法定机构的发展历程与我国公证发展阶段相符,应该尽快修订《公证法》,将公证机构明确为法定机构,登记为事业单位法人。同时,辅以相关配套条件,促进公证行业高质量发展。

一、我国公证机构组织形式变迁概述

我国公证制度是参照苏联模式建立起来的。1949年新中国成立后,公证职能由人民法院行使,公证部门当时是人民法院的内设机构,没有单独的组织形式。"文革"期间,公证工作除了办理少量涉外公证外,几乎处于停滞状态。

自1982年4月13日开始施行的《公证暂行条例》明确规定"公证处是国家公证机关",从此,公证机构的组织形式为国家行政机关。2006年3月1日,《公证法》正式施行。在《公证法(草案)》审议过程中,对于公证机构性质的认定出现了很多不同的意见,有的认为公证机构应该定性为国家机关,有的认为应该定性为事业法人,有的认为应该定性为法律服务证明机构,还有的认为应该定性为中介组织。时任司法部部长张福森在《关于〈中华人民共和国公证法(草案)〉的说明》中指出:"我们考虑,公证是否属于国家职能,公证处是否为国家公证机关,今后仍可以进一步

---

[*] 本文作者:李智,江苏省常州市常州公证处副主任。

研究,法律中对此可不做规定。"① 目前,我国现有公证机构组织形式主要有两种:事业体制和合作制(详见表1)。

表1 2017年年底全国公证机构组织形式统计情况②

公证机构组织形式	数量/家	占比/%
事业体制	2850	96.9
合作制	41	1.4
其他体制	51	1.7

二、公证机构组织形式模糊产生的不利影响

(一)无法给公证行业带来稳定预期

由于《公证法》对公证机构组织形式进行了模糊处理,无法给从业人员以稳定的发展预期,导致公证行业和公证从业人员对公证未来走向没有清晰判断。现有公证机构的组织形式主要是事业体制,同时也在探索合作制试点。但是,经过二十多年的改革,事业体制公证机构中只有全额拨款、差额拨款和自收自支三种类型;合作制公证机构也长期处于试点阶段,法律地位、保障措施、决策机制等方面都有待进一步完善。未来公证机构的最终组织形式是事业体制还是合作制,抑或事业体制、合作制也只是过渡形式,公证人员对此充满疑问。全国人民代表大会常务委员会执法检查组《关于检查〈中华人民共和国公证法〉实施情况的报告》中也明确指出"公证机构性质定位不明确影响改革推进"③。目前,在《公证法》中明确公证机构组织形式已迫在眉睫,明确公证机构组织形式既能稳定公证行业人员发展预期,又能为公证事业的发展打下坚实的基础。

(二)无法在当前事业单位改革中找到合适定位

我国绝大多数的公证机构为事业体制,但是在目前事业单位管理类别里公证机构无法找到合适定位。到2020年年底,事业单位分类改革已经结束,目前只剩

---

① 王胜明、段正坤主编:《中华人民共和国公证法释义》,法律出版社2005年版,第193页。
② 参见《律师、公证、基层法律服务最新数据出炉》,载司法部官网,http://www.moj.gov.cn/pub/sfbgw/zwxxgk/fdzdgknr/fdzdgknrtjxx/201803/t20180314_350044.html,2022年10月13日最后访问。
③ 参见全国人民代表大会常务委员会执法检查组《关于检查〈中华人民共和国公证法〉实施情况的报告》,载中国人大网,http://www.npc.gov.cn/npc/c30834/202112/ce7508b19a8248dfab686ef9c91bf8dc.shtml,2022年10月14日最后访问。

下承担公益服务的事业单位,分为公益一类①和公益二类②。然而,从公证机构的性质来看,其既不属于公益一类也不属于公益二类,但是事业单位分类改革的大背景下,多数事业体制公证机构被划为公益二类,甚至部分公益二类事业体制公证机构要实行预算管理,被纳入预算管理后,公证机构的财务管理、收入分配、业务开展都要受到严格控制,公证机构的自主性根本无法展现。

(三)容易导致不公平竞争

事业体制公证机构拨款方式的差别直接影响公证人员的薪酬分配以及工作积极性。由于合作制公证机构坚持"三个不变"原则,即作为国家法律授权证明机构的性质不变;公证员依法行使法律证明权的身份不变;公证文书的法律效力不变。③ 这导致了事业体制和合作制公证机构在工作积极性、待遇水平等方面都存在明显的差异,特别是合作制公证处有从人合向资合的转变迹象,甚至出现资本运作的痕迹。在一个公证执业区域内有着两种不同体制的公证机构本身就是一种不合理的表现,受利益驱动会产生不公平竞争。

三、法定机构作为现阶段公证机构组织形式的证立

2015年1月1日,深圳公证处成为全国首家按照法定机构机制运行的公证处。④ 法定机构是依特定立法设立,依照国家有关法律、法规、规章规定进行监管,具有独立法人地位的机构。⑤ 法定机构试点也可以称作事业单位在改回行政机关、转成企业和保留公益类事业单位外的"第四条路"。

(一)深圳公证处实践探索提供的有益经验

其一,机构法定。按照法定机构设立的要求,深圳市采取的是单项立法,一事一法。2014年10月23日,深圳市出台《深圳公证处管理暂行办法》(以下简称《办

---

① 所谓公益一类是指承担义务教育、基础性科研、公共文化、公共卫生及基层的基本医疗服务等基本公益服务,不能或不宜由市场配置资源的单位或机构。

② 公益二类是指应具备以下条件的一类事业单位:面向社会提供公益服务,按照政府确定的公益服务价格收取费用,其资源在一定区域或程度上可通过市场配置。如普通高等教育机构、非营利医疗机构、非营利学校等。

③ 范洪雷:《打破"铁饭碗" 济南首家合作制公证处成立》,载网易网,https://www.163.com/dy/article/DRBUVG1B0512ES8F.html,2022年10月14日最后访问。

④ 毛剑平:《健全法定机构机制 打造公证"深圳模式"——访深圳市司法局局长蒋溪林》,载《中国公证》2016年第2期,第34页。

⑤ 参见中共深圳市委办公厅、深圳市人民政府办公厅印发的《关于推行法定机构试点的意见》,载法邦网,https://code.fabao365.com/law_196653.html,2022年10月14日最后访问。

法》),在全国开创先河。《办法》规定了机构设立、变更、撤销的条件,使机构的职能更加稳定。

其二,治理机构完善。治理机构完善是深圳公证处与其他公证机构相比的最大特点。深圳公证处在组织架构和运行机制上主要借鉴了公司法人治理结构的相关经验,实行决策层与管理层的分离。深圳公证处成立了管委会并明确管委会为公证处管理的决策机构,对发展战略、发展规划、人员聘用、薪酬分配等事项拥有最高决策权。公证机构由主任、副主任组成执行机构。公证处主任为公证机构法定代表人,负责公证处的日常管理工作,对管委会负责,受管委会监督。执行层负责实施管委会的各项决策,拟定相关战略、规划、报告、计划等供管委会进行审定以及公证机构的日常管理工作。

其三,薪酬分配灵活。与其他事业单位不同的是,法定机构运行机制下的管委会将享有财务管理权,管委会可在财经管理相关法律法规的规定下,自行决定公证收费的减免和公证机构的对外开支,以提高财务管理效率,并求得服务效益的最大化。①《办法》规定公证处依法建立健全与管理体制相适应的企业化财务管理制度,按照以收定支的原则编制财务预(决)算。公证处可以结合公证机构执业风险和专业特点,参照深圳市相近行业(如注册会计师行业、律师行业)薪酬水平,建立与公证员职业特点、公证事业健康发展相适应的收入分配方案,并建立薪酬评估制度,定期进行调整。

其四,监督管理全面。在人事方面,深圳市司法行政部门根据相关法律法规和深圳市干部管理相关规定,对公证机构执行层(主任、副主任)进行任命。管委会对公证机构完成工作情况进行检查监督,对公证执行层的绩效情况进行定期评估。深圳市司法行政部门通过对公证机构和公证员执业年度考核、行政处罚等手段对公证机构和公证员在执业过程中发生的违法问题进行追究。此外,其还采用年度审计、专项审计、任期经济责任审计等形式对公证机构开展审计,排查廉政风险点。

(二)法定机构作为当前公证机构组织形式的原因分析

法定机构是重要的制度创新,深圳公证处进行的法定机构改革,赋予了公证机构更大的独立自主权,建立了完善的法人治理机构,在当前事业单位分类改革的背景下,法定机构改革是公证机构体制改革的理想模式,适宜作为公证机构组织形式写入《公证法》。

其一,与我国公证发展阶段相符。纵观各国公证发展历史,根据公证的法律属

---

① 黄家忠:《传达信任 创造财富——深圳市深圳公证处管理实践点滴》,载《中国公证》2015年第10期,第30页。

性,我国公证制度改革大体要经历三个阶段:国家直接行使阶段(行政体制阶段)、国家间接控制阶段(事业体制阶段)、国家监督阶段(公证人阶段)。① 目前,我国国家直接行使公证职能的阶段已经走完,进入国家间接控制阶段,综合我国经济发展、法治环境、信用体系等因素来看,国家间接控制阶段可能还要存在很长一段时间。不少老百姓都朴素地认为公证机构的公信力来源于机构的公权属性。与西方国家不同,我国公证实行机构本位,公证员只是工作人员;而大陆法系和英美法系公证国家主要是依靠公证人个人或者家庭信用。我国采用法定机构组织模式,公证机构的举办单位是司法行政部门,有关部门依法对公证机构进行监督、开展绩效评估,但不干预公证机构具体事务,从而使国家间接控制的目的顺利实现。

其二,与法定机构定位相符。我国公证机构是依法设立的,为社会提供公证服务,依法承担民事责任,且具有公益性。法定机构的职能具有专门性和特殊性,定位于承担政府做不好、民间做不了的公益事务。② 公证机构从事的是公共服务,在得到国家授权后,凭借自己的职能和专业优势,在政府不能直接干预、民间又没有专业能力去做的领域发挥作用。国家对公证机构(公证人)实行严格的准入制度、对公证收费统一定价,并进行监管。因此,法定机构是公证机构理想的组织形式。

其三,与公证机构承担责任的特殊要求相符。一般公益类事业单位很少会发生因过错而赔偿的情况,然而公证机构广泛参与到经济社会发展和百姓日常生活中,由于种种原因极易发生因公证机构过错而赔偿的情形。按照法律规定,如果公证机构因过错造成当事人损失,首先应由公证机构进行赔偿,然后再由公证机构向公证员追偿,不涉及国家赔偿的问题。如果公证机构被定位为一般事业单位,尤其是公益一类由财政全额保障的公证机构,发生过错就要由国家来承担赔偿责任,明显与法律规定不符。如果公证机构的组织形式被确定为法定机构,那么法定机构管委会享有财务管理权,管委会在财经管理相关法律法规的规定下,获得财务自主权③,可以有效解决公证机构的责任承担问题,还可以建立起符合公证员职业特点的人才吸引机制、薪酬分配机制,解决当前制约公证机构发展的人才问题和薪酬问题。

四、提升公证机构组织效能的配套举措

(一)坚持顶层设计

公证机构能否科学定性、明确组织形式,事关公证行业长远发展、事关公证从

---

① 王公义等著:《中国公证制度改革研究及国际比较》,法律出版社2006年版,第15页。
② 彭箫剑:《法定机构的价值定位与制度改进》,载《行政与法》2019年第1期,第52页。
③ 黄家忠:《传达信任 创造财富——深圳市深圳公证处管理实践点滴》,载《中国公证》2015年第10期,第30页。

业人员切身利益,必须坚持顶层设计,在充分评估的基础上明确全国统一的公证机构组织形式。建议司法部组织相关调研组到深圳公证处开展实地调研,通过实地调研、座谈交流等方式了解深圳公证处自2015年以来按照法定机构运行的经验成果、困难和问题,听取各方意见、建议。尤其是要对业务发展、薪酬制度、公益属性、人员规模等方面进行详细分析,为公证机构组织形式采取法定机构提供坚实有力的数据支撑。笔者建议修改《公证法》,直接明确公证机构组织形式是法定机构,登记为事业单位法人。司法部再出台相应管理办法,对公证机构管理框架、人事制度、管理制度、监督制度、评价制度等作出详细规定。在一些经济不发达、公证业务开展不好的地方,可以采取由执业区域内业务开展较好的公证机构设置公证办证服务点的方式,由派出服务人员的公证机构来解决服务点的开办和人员的薪酬待遇问题,让人民群众就近享受公证服务。一旦具体组织形式明确下来,就要按照法律的规定进行严格落实,确保法律的权威性。①

(二)加强机制创新

受优化营商环境、公证行业便企利民等影响,公证行业发展已到了一个关键时期。仅以笔者所在江苏省为例,目前江苏省已降低部分涉企公证服务收费和涉及居民房产继承、赠与和接受遗赠公证收费标准,经初步测算,招投标公证服务收费约下降15%、居民房产继承公证服务收费约下降40%。大部分公证机构还是以传统公证业务为主,不动产类公证事项占业务收费的比例较高,在多重因素的冲击下,2022年部分公证机构办证量和业务收费大幅下降,已呈亏损运营态势,对公证机构正常运转造成重大影响。因此,当前一方面要加大机制创新力度,将企业化财务管理、人员编制备案制及绩效工资总量核定三项配套措施落实到位,主管司法行政机关要协调财政、人社等相关部门,允许有条件的公证机构动用历年结余来弥补运行过程中出现的亏损,以实现"以丰补歉",在此基础上还要将政府购买公证服务、公证机构公益性法律服务成本税前扣除等举措落实到位;另一方面,公证机构要加强拓展业务领域,加强内部控制,提升管理水平,切实将相关不利影响降到最低。

(三)取得社会共识

当前公证行业内部与社会公众对公证工作有着截然不同的感受。公证行业内部普遍反映公证工作风险程度高、工作压力大、薪酬回报低、缺乏调查权、行业前景

---

① 参见李智:《公证机构定位与改革路径》,苏州大学硕士学位论文(2019年),第25页。

不被看好,是法律职业共同体中最没有存在感的一个群体;而社会公众则普遍认为其是被要求去做公证、公证人员态度不好、公证程序烦琐、需要提供的材料过多。产生如此截然不同的感受根源在于,公众对公证制度了解不够,对公证在服务经济社会发展过程的所做的贡献了解不够,公证行业主动进行宣传、讲好公证故事的意识不够。决策机构、相关部门和社会公众要进一步了解公证制度,知晓公证的职能以及作用发挥情况。公证改革不能一家推进,要争取财政、编制委员会办公室、人力资源和社会保障、税务等相关部门的理解和支持。公证行业也要发挥职能作用,在维护社会和谐稳定、促进经济高质量发展、维护当事人合法权益、解决群众家事难题等方面取得成绩,进一步增强新闻宣传意识、强化舆情应对处置水平,讲好公证故事、发出公证声音,通过实际成效转变社会对公证的印象,提升公证工作的知晓度和满意度,让社会各界主动选择公证服务。

(四) 适度增加法定公证事项

目前,世界主要有英美法系国家的公证体系和大量存在于大陆法系国家的拉丁公证体系两大公证体系。2003年,我国加入拉丁公证联盟。以法国、德国为代表的拉丁公证制度主要特征是公证人任职要求高、公证机构设置要求严格、公证人社会地位高,大陆法系公证制度已广泛深入到经济社会生活中,公证业务十分广泛,有着不少法定公证事项,几乎涉及民商事领域的各个方面。我国的公证制度是参照大陆法系公证制度设立的,公证人任职要求高、管理严格,对公证事项要进行实质性审查,然而在我们的体系中几乎没有法定公证事项,特别是在改革的过程中公证逐步被边缘化,不少公证事项日益萎缩。特别是一旦公证机构被确定为法定机构,公证机构所有开支都要由自己负担,在当前"放管服"以及地域经济差异的背景下,如果没有一定数量的法定公证事项,部分公证机构可能无法进行正常运转,提升公证服务能力、吸引优秀人才加盟,就更无从谈起。设定法定公证事项需要当事人事先支出一些费用,但这些费用与日后万一发生争议或纠纷后所消耗的时间、精力、财力、司法资源相比是值得的。因此,可以考虑在不动产登记,公司合并、转让等相关领域试行部分法定公证事项。

(五) 强化公证执业监管

近年来,公证行业也暴露出不少问题,如北京个别公证机构牵涉到"以房养老"套路贷案件中,公证员成为套路贷犯罪集团的一员,公证变成了犯罪工具。此外,司法部公共法律服务局、中国公证协会也定期对公证行业行政处罚和行业惩戒的情况进行通报,主要问题包括未认真履行核实义务,导致所公证的事项与事实不符;违反办证程序出具公证书;以权谋私,侵犯当事人利益等。这些问题的出现都在一定程度上反映了部分公证员素质不高、公证机构存在管理漏洞、公证执业监管还存在薄弱环节。要改变公证执业监管以公证机构为主的现状,进一步加强司法行政机关行政和行业协会的监督管理职能,同时引入社会力量进行监督,加大公证工作公开力度,不断提升公证质量,让公证质量是公证工作生命线的要求落到实处。

专题三　合作制公证机构改革:理论解读与规范发展

广东省珠海市横琴公证处课题组*

近年来,我国公证领域进行了一系列大刀阔斧的改革,内容涉及公证执业区域、公证参与司法辅助事务、强制执行公证、公证服务领域拓展等诸多方面,其中最为核心的当属合作制公证机构改革试点。2017年7月17日,司法部召开全国公证工作会议,提出要深化合作制公证机构试点,解决当前公证体制机制运行不畅的现实难题。同年9月5日,司法部发布了《关于推进合作制公证机构试点工作的意见》(以下简称《意见》),明确规定了合作制公证机构的设立条件与程序、组织结构、机构管理等具体内容,为此轮合作制公证机构改革提供了顶层设计与工作部署。《意见》的出台标志着这项停滞多年的公证体制改革项目又被重新启动,合作制又再次成了公证机构最为炙手可热的组织形式。在司法部的大力推进下,全国各地纷纷开始了合作制公证机构试点,其数量也在持续稳定地增加。在合作制公证机构改革稳步推进的现实背景下,我们不免要深思合作制公证机构改革何以再行启动?如何夯实此轮改革的理论根基?如何正确看待改革推进过程中引发的争议并作出回应?通过哪些途径或举措方可保障合作制公证机构规范运行?本文的研究旨在理论层面为此轮改革提供一些思想启迪以及具体工作中的建议,从而顺利解决上述问题。

一、改革缘起:合作制公证机构改革重启的现实背景

合作制在我国公证领域并非新鲜事物,其改革试点经历了"探索""停滞"与"重启"三个阶段。我国对合作制公证组织形式的探索最早可追溯到2000年,但在经

---

* 本文作者:广东省珠海市横琴公证处课题组。成员有:陈淑莉、夏先华、陈权胜、史少丁、李媚、刘珊珊、缪海霞。

过几年的尝试后这一重大改革被紧急叫停,并进入到长期的停滞阶段。为何在偃旗息鼓多年以后,我们又再次重启了合作制公证机构改革试点?这是一个亟待回应的重要议题,直接关乎此轮改革启动的合理性与正当性。客观上来说,此次合作制公证机构改革启动存在着必然性,是改革者在准确把握我国公证发展规律与现实情况的基础上作出的科学决策。正如时任司法部部长的张军同志所言,"公证体制改革早改早受益,不改无异于'慢性自杀'"①。与此同时,相较于上一轮的合作制公证机构改革,此轮改革的时机更为成熟,且存在可供借鉴的成功范例,能提供相应的改革样本与经验做法,确保改革不会偏离预期目标而异化产生一系列负面效应。具体而言,合作制公证机构改革重启的现实背景有以下四个方面。

(一)困局:公证行业整体发展的式微

"坚持把非诉讼纠纷解决机制挺在前面""完善预防性法律制度"是习近平总书记关于提升国家治理体系与治理能力现代化的重要论断。公证作为传统的预防性法律制度,是社会纠纷治理的第一道防线,其通过提前介入民商事交易活动,发挥证明职能,固定重要事实与证据,从而防范后续争议的发生,减少交易风险,实现纠纷治理关口的前移和治理效能的提升。可见,无论是从国家顶层战略还是制度自身优势来看,公证都应当是纠纷治理体系的重要一环,对于维护社会秩序与稳定发展有着不可替代的重要地位。但是我国公证行业却呈现出公证人员数量总体不足、队伍建设比较薄弱的现状,这与公证制度的定位不相匹配。据统计,在2017年全国共有公证机构2952家,公证员13231人②,每个公证机构平均配备不到5名执业公证员。更有甚者,在经济较不发达的中西部地区,存在不少仅有两名公证员的公证机构,且并未配备公证员助理等辅助人员。此外,还存在部分地区的公证机构因公证员流失或退休,无法满足公证机构的基本设立条件,以至于最后不得不停止执业的情况发生。与之形成鲜明对比的则是其他法律职业,2017年全国共有律师事务所28382家,律师人数更是高达357193人;③在推行员额制改革以后,2017年全国法官人数减少40%,但仍有员额法官120138人;④2017年全国共有检察机构

---

① 霍思伊:《公证体制改革改不动,是因为不愿改——专访司法部律师公证工作指导副司长施汉生》,载中国新闻周刊网,http://www.zgxwzk.chinanews.com.cn/2/2017-08-29/461.shtml,2022年9月21日最后访问。
② 以上数据来源于国家统计局编:《中国统计年鉴》(2018),中国统计出版社2018年版,第794页。
③ 以上数据来源于国家统计局编:《中国统计年鉴》(2018),中国统计出版社2018年版,第794页。
④ 以上数据来源于《最高人民法院工作报告》(2017年),载最高人民法院官网,https://www.court.gov.cn/zixun-xiangqing-82602.html,2022年9月21日最后访问。

3630家,员额检察官87664人,检察辅助人员与司法行政人员162158人。① 虽然同为法律职业共同体,但执业公证员的数量却远低于提供法律服务的律师人数(详见图1)。另外,近些年来我国公证行业发展缓慢,队伍规模扩张较为有限,基本上处于停滞状态。据统计,在2012—2017年的5年间,执业公证员仅增加了898人,增幅仅为7.28%;而在同一时期,律师人员增加了124809人,增幅高达53.71%。相较于律师等其他法律职业,公证职业对法律人才的吸引力较为有限,大量的公证处面临公证人员储备不足、人员流失严重等问题。在公证行业发展日渐式微、生存空间不断压缩的现实背景下,公证行业的革新与体制机制的优化是摆脱这一困局的唯一出路。

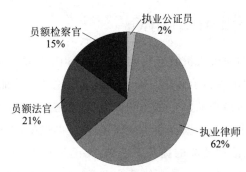

图1 2017年各法律职业人员数量的对比情况

(二)动因:公证体制活力亟待激活

自新中国成立伊始,公证制度便具有浓厚的国办体制色彩。无论是在早期将公证机构附设于法院内部,还是1982年《公证暂行条例》将公证机构定位为国家机关,我国的公证行业一直都是在国家权力的干预与直接管控下运行发展,这一情况也并未因2005年颁布的《公证法》将公证机构界定为独立行使公证职能的证明机构而改善。

对于公证员来说,由于行政体制长期以来一直是我国公证机构的主要组织形式,因此,在行政体制中公证员代表国家行使公共权力的公职人员身份,在公证队伍中塑造了浓厚的权力本位理念,这导致不少公证人员在办理业务的过程中缺乏为民服务的意识以及开拓公证市场的积极性,"坐堂办证""消极办证"成了行政体制公证机构的业务运行常态,公证服务的质量与水平难以得到提升。另外,行政体制下公证人员的工资收入与其业务工作量、服务水平等并不挂钩,加上公证追责机

---

① 以上数据来源于中国法律年鉴编辑部主编:《中国法律年鉴》(2018年),中国法律年鉴社2018年版,第1186页。

制的反向震慑效应,在公证人员内部便较易产生惰政思想,以求通过推脱民众的公证申请与服务需求来达到较少承接公证业务的目的,从而规避办证所带来的质量风险。

对于公证机构而言,国办体制的局限与制约使公证机构基本上只能按照行政化科层制的模式进行运转①,在人事、财务等方面缺乏相应的自主权,无法按照公证运行规律与市场需求独立进行经营,机构规模也因人员编制紧缺等一系列缘由而无法进行扩张,内部的公证法律服务质量与效率也难以得到根本性的改观。为焕发公证职业的活力,激活公职人员的服务积极性,有必要从公证"市场中介组织"的定位出发进行公证体制改革,使公证机构实现与政府职能部门的脱钩,摆脱行政过度干预对其发展所造成的阻碍,使之彻底成为真正意义上独立运行的法律服务主体。公证机构唯有在市场竞争与自主发展中砥砺前行,才能推动公证行业的进步与公证服务水平的提升。

(三) 基础:试点失败经验的警示与教训

事实上,早在20世纪90年代,公证领域的专家与实务人士便已经在探讨行政体制的局限与弊病,并指出这一公证体制与市场经济发展的要求、规律不相符合,不利于公证服务质效的提升。在当时的主管部门意识到行政体制公证机构的诸多问题并认为有必要探索更具有市场活力、更能塑造公证职业属性的组织形式后,司法部在2000年下发了《关于开展合作制公证处试点工作的通知》,要求各省、自治区、直辖市进行合作制公证处改革试点,由此揭开了公证体制改革的序幕。在司法部的大力推动下,改革前期不少公证处的执业公证员选择跳出行政体制或事业体制的舒适圈,放弃国家公职人员的"铁帽子"身份与编制,投身到合作制公证机构的改革洪流之中。② 然而,由于当时的公证市场较为混乱、公证行业的自律机制与规范建设不够健全、公证领域对于合作制的认识不够深入、理论指导相对匮乏等原因,再加之在合作制公证改革的法律依据不足与政策环境不断变化等多重因素作用下,此轮改革试点未能实现预期目标,改革成效也并不理想。③ 在此次改革过程中,衍生出了合作制公证机构的一些问题,如在试点过程中,部分合作制公证机构因经营不善、管理失范,最后无法维持基本的运行。另有部分合作制公证机构片面追求经济利益,忽视公证业务质量,甚至出现违法违规办证、受贿腐败等不法现象,

---

① 参见薛凡:《公证改革的逻辑》,厦门大学出版社2018年版,第34页。
② 据统计,2006年全国共有3146家公证机构,其中合作制公证机构有38家,占机构总数的1.21%。
③ 参见刘疆:《机遇和挑战:合作公证处试点改革若干重大问题》,载《中国公证》2019年第5期,第14页。

其中影响最为深远的莫过于深圳市至信公证处主任受贿案,该案件也严重危及了公证行业的公信力,对公证法律服务的评价与信任产生不利影响。这些事件的发生使公证主管部门对于合作制公证机构试点的态度由积极引导与支持转变为疑虑重重,到最终更是直接叫停了改革试点,比如南京市第三公证处,司法部便不再批准设立其为新的合作制公证机构。2000年启动的合作制公证改革尽管并不成功,但毋庸讳言,其为下一轮的公证体制改革提供了许多经验教训,同时这次改革也引发了理论界与实务界对合作体制相关理论和运行规律的探讨,进一步夯实了改革的理论根基,为接下来的改革探索提供了更完备的理论指导。

(四)机遇:改制成功示范效应逐渐彰显

尽管上一轮公证改革后不少合作制公证机构退出了历史舞台,但仍有部分公证机构经过不断摸索与创新发展,在公证业务范围、业务数量与收入、人员规模、社会影响与作用等方面取得了可喜的成就。在2016年年底,虽然全国的合作制公证机构仅20家,但其中却不乏鹭江公证处等经营效益甚佳、业内影响力较大的公证机构。这些合作制公证机构的存在,用事实证明了合作制改革方向的可行性,彰显了合作体制在组织活力、职业发展、服务质效等方面的巨大优势,坚定了国家推行公证体制改革的决心与信心。同时幸存的合作制公证机构在组织结构、规范管理、绩效分配、质量管控、服务模式等方面的经验探索,也为下一轮合作制公证机构试点提供了可供借鉴的改革样板。通过对比分析不同体制公证机构的运行数据,司法部得出了"在不同体制公证机构为社会服务所作出的贡献和业绩上,事业体制远远优于行政体制,合作制又优于事业体制"[①]的结论,这也成为重启公证体制改革的重要理据,奠定了再次改革试点的正当性与必要性。

二、图景诠解:合作制公证机构改革的多重面相

(一)历史面相:公证体制的改革发展脉络

1951年出台的《人民法院暂行组织条例》明确了公证属于法院管辖事件,法院内设公证室主管公证业务成为当时的常态。故而可知,新中国的公证制度发轫于人民法院内部的公证业务需求,法院直接承担了公证职能,因此在此时无独立公证机构的情况下,公证体制的问题便无从谈起。1956年,在总结全国公证工作经验

---

① 徐天:《公证体制改革:"烂尾"17年》,载中国新闻周刊网,http://www.inewsweek.cn/2/2017-08-25/456.shtml,2022年9月21日最后访问。

的基础上,中央决定在一些较大城市设立由当地司法行政机关直接领导的专门的公证处。① 在经过多年的曲折发展以后,1982年国务院颁发的《公证暂行条例》明确将公证处界定为国家公证机关,其隶属于司法行政系统,受之管理与约束,同级或上级司法行政机关可直接干预公证机关办证,对其进行纠错。可见,此时的公证体制具有鲜明的行政色彩。

随着改革开放的推进以及社会主义市场经济体制改革目标的提出,第十四届三中全会将公证机构重新界定为市场中介组织,以希望其提供公证法律服务,为市场经济建设发展保驾护航。基于这一公证职能定位,司法部开始积极推动公证机构由行政机关逐步向事业单位过渡,以期将公证机构建设成为自主开展业务、独立承担法律责任、按市场规律和自律机制运行的事业法人性质的法律服务机构。2000年,司法部出台了《关于开展合作制公证处试点工作的通知》《关于深化公证工作改革的方案》等一系列规范性文件,要求将全国行政体制的公证机构尽快改制成为事业体制,并积极探索合作制、合伙制的新型组织形式。然而,2005年出台的《公证法》却并未明确公证机构的组织形式,其仅从独立性、非营利性两个方面对公证机构作出定性。《公证法》对公证体制规定的阙如具有多方面因素,如"管办合一"的利益考量、机构人员的主观认识不足以及相关配套政策的乏力,这也导致这场公证体制的改革陷入"拉锯战":合作制体制改革中途停止,2017年年底行政体制才退出公证舞台。② 2017年,司法部又重启合作制公证机构改革试点,再次发展合作公证体制。纵览上述公证发展的历史脉络,我国的公证体制存在着行政体制、事业体制与合作体制三种主要组织形式,在发展规律上则遵循着独立自主经营、激活体制活力的目标。

(二)本体面相:合作体制的科学厘定与解读

公证机构作为社会中介服务组织,应当与政府部门彻底脱钩,这是党中央在正确认识公证本质属性的基础上作出的重要论断。③ 因为行政体制甚至是事业体制的公证机构,在人事、财务等方面仍与政府部门存在千丝万缕的联系,对主管部门具有天然的"依附性",以至于无法摆脱行政权力的干预而实现自主管理。故而,在独立自主的公证发展之路上,行政体制与事业体制都不是公证机构最为理想的组织形式,唯有公证体制改革探索的最新组织形式的合作体制才是公证机构去行政

---

① 参见蔡煜:《中国公证史编年》(1902—1979),上海人民出版社2019年版,第318页。
② 参见《全国行政体制公证机构转为事业体制工作提前全部完成》,载《中国公证》2017年第12期,第4页。
③ 参见1999年9月22日中国共产党十五届中央委员会第四次全体会议通过的《中共中央关于国有企业改革和发展若干重大问题的决定》。

化的最终产物。具体而言,合作制公证机构是指由具备一定条件的公证员自愿组合、共同出资设立的,能自主开展公证业务,独立承担民事责任,且按照市场规律和自律机制运行的公证机构。对于合作制公证机构的理解应从以下几个方面进行:第一,与事业单位由政府部门出资设立的方式不同,合作制公证机构的运行资金来源于作为发起人的公证员的自愿出资,这在公证机构设立环节便切断了与政府部门之间的经济联系。第二,合作制公证机构的运营并不依赖地方财政支持,其如同其他市场经济主体一样,实行独立核算、自负盈亏、自担风险的运行模式,并以全部资产对外独立承担民事责任。第三,尽管合作制公证机构是由发起人出资筹建,但并不意味着公证机构为发起人个人所有,其仍具有明显的集体属性与公有特性。根据合作制的组织原则,成员或发起者投入到合作组织的财产属于集体所有的财产,由全体合作人共有,合作组织通过相应组织机构形成的集体意思表示来对出资财产进行支配管理,出资者不能随意处分投入到合作组织的相应财产。[①] 第四,合作制公证机构虽是独立的经济法人,需要对自己经营的盈余亏损情况承担经济责任,但资本却并非公证机构设立的关键性要素,设立的关键性要素仍为以公证员为核心的"人合"组织[②],该要素的具体体现则是公证机构需要依靠公证员的法律服务与职业技能来开展公证业务以维持其正常运行。第五,民主管理是合作制公证机构的重要特色。合作制是社会主义经济的组成部分,由于社会主义经济的经济结构为集体所有制,且在日常管理上遵循社会主义民主的原则。故聚焦到合作制公证机构的运行与管理上,则其同样应采取集体民主的方式:全体合作人共同组成的合作人会议作为公证机构的最高权力机构,以保障集体行使重大事项的决策权力与机构章程、规章制度的制定权力。

(三)价值面相:合作制公证机构的组织优势

合作制相较于其他公证体制具有独特的组织优势,这也是合作制改革在遭遇困境后又得以重新启动的重要原因之一。

第一,合作体制的独立性更强。由于公证权的运行是建立在民众对公证机构与公证员的充分信任以及对公证权威的服从的基础上,因此公证行为必须是基于法律知识与技能的专业判断,并以中立的立场进行依法证明,公证业务的开展不应受到外界的不当干预。而合作体制的出现破除了此前行政体制与事业体制下公证机构对行政主管部门的依附性,消解了行政权力干预公证职能运行与公证事务的

---

① 参见谷峰:《关于合作制不宜作为公证体制形式的法律分析》,载《中国司法》2005年第4期,第42-43页。

② 参见王公义等著:《中国公证制度改革研究及国际比较》,法律出版社2006年版,第100页。

可能性,使行政主管部门与公证机构之间的关系恢复到指导与被指导、监督与被监督的正常关系轨道。可见,彻底脱离了国办体制桎梏、实现了与政府部门之间脱钩的合作体制,赋予了公证机构更强的独立性。另外,公证机构的组织运行必须遵循公证行业内生的发展规律,否则易出现体制机制运行不畅或失灵的问题。公证行业内生的发展规律是指,公证机构的运行不能受到各主管部门的不当干预与严苛制约,否则在各种利益的裹挟与博弈之下可能会使之偏离正确的航线,进而会影响到公证事业的发展。显然,唯有具有独立性保障的合作体制才能有效地克服这一弊病。

第二,合作体制在人事、财务等方面享有完全的支配权,其自主性更强。[①] 在人事方面,合作制公证机构不属于国家职能部门,公证员也不具有行政编制或事业编制的"铁帽子",人员的聘用与引进可以由公证机构根据自身发展需要以及人才市场的供给情况自主决定,无须经过编办、人社部门、司法行政机关等政府职能部门的审批。在这一范式下,公证机构可以通过合理的人才聘用、分工与解除机制,实现其内部的良性竞争与优胜劣汰,进而可以提升核心竞争力。另外,在财务方面,合作制公证机构实行法人财产制,自收自支,公证收费与支出无须纳入地方财政进行预算管理。在这一模式下,公证机构的财务支出更为灵活,如公证机构可以根据实际情况进行设施建设与软件硬件升级,加大投入拓宽公证业务市场,大力支持公证员参加培训学习以提升公证业务技能。这些经费的支出都无须经过烦琐的行政审批流程,相应的工作也不会因缺乏支持或审批遇阻而无从开展。

第三,合作体制公证机构的权责更为明确。对外,合作制公证机构是独立的法人,能以其全部财产对外独立承担民事责任。对内,合作制公证机构可以建立权责明确的公证员负责制以及相应的追责机制,彻底实现公证权实施主体与责任承担主体的统一。而在行政体制或者全额拨款、差额拨款的事业体制下,公证机构的运行依靠国家财政支持,公证机构的财产并不独立,无法对外独立承担法律责任,权责明确是合作制公证机构所独有的优势。

第四,合作制公证机构可以建立更为科学合理的绩效分配方案。绩效分配方案是否合理往往会影响到公证机构的发展与公证体制的活力。在其他体制下,绩效分配方案的设计会受到公证人员的编制身份、体制内行政人员与公证人员的薪酬对比、编内公证员与聘用公证员的薪酬对比、各部门的利益衡量、主管部门的支持力度等诸多因素的影响,其运行效果大多不太理想。在实践中多以两种形式呈现,其一是采取不与公证人员工作量或业务量挂钩的倍数核定的绩效分配方式,其二是采取调整空间较小的绩效分配方案,此种方式无法切实盘活公证体制活力。

---

① 参见马宏俊、文亚雄:《重启合作制公证机构试点研究》,载《中国公证》2018年第1期,第60页。

显然,上述诸多问题在合作体制中均得到了很好的解决:合作制公证机构可以根据按劳分配、多劳多得的原则,在必要的税收费用支出与留足公证发展基金之后进行灵活性的绩效分配,可以真正实行效益浮动工资制度以提升公证人员开展业务的积极性。

三、理论思辨:合作制公证机构改革的误区厘正

在重启合作制公证机构改革的现阶段,理论界与实务界对于公证权的属性、合作制公证机构的公益性与非营利性、合作体制的公信力等一系列理论问题仍未达成共识,为避免陷入方法论上的"盲目飞行"、重蹈第一次改革过程中理论供给不足之覆辙,有必要对相关理论作进一步探讨。

(一)合作体制与公证权属性的矛盾与消解

公证机构向合作体制的转换导致了机构定位的变化,进而引发了部分学者对合作制公证机构能否行使公证权的质疑。一般认为,在现代化国家治理体系之中,国家与社会、政府与市场代表着治理结构的两极。显然,行政体制的公证机构属于治理结构中国家、政府一极,其作为行政管理组织承担公证职能。而合作体制的公证机构则属于治理结构中社会、市场这一极,其作为社会服务的中介组织提供公证法律服务。当然,也有学者基于第三部门的理论学说,将公证机构划定到政府行政组织与市场组织之间、从事社会公益性服务且具有非营利特征的社会组织。[①] 不管是将合作制公证机构认定为非营利性社会中介组织抑或是第三部门的社会公益组织,都会引发这样的疑惑:脱离政府权力与组织架构的合作制公证机构何以承担具有公权力性质的公证权?其又如何来代表国家行使公证职能并塑造公证信用?对于上述问题,可以从公证权力的社会化来予以回应与解释。

目前,我国正在大力推进国家治理能力与治理体系现代化,而其中政府权力的分化与重组便是提升整体治理效能的关键。可以说,我国正处于政府职能的转型与国家权力社会化的渐进过程。政府基于简政放权、减轻行政负担、优化资源配置、提高治理效能等一系列因素的考量,正逐渐将一些社会性、公益性和服务性的职能下放给社会组织与市场主体进行承接,从而发挥社会力量在治理体系中的作用与机能。在这一公权力社会化的发展潮流中,公证作为国家证明职能也发生了向社会主体的权力迁移,以克服政府管控模式下体制机制缺乏活力的问题。在此

---

① 参见洪英:《国家治理现代化视阈下公证机构体制改革相关问题研究》,载《中国法律评论》2015年第1期,第226-227页。

背景下,公证服务效能得以强化,并因此可以更好地契合社会主义市场经济的需求。更进一步说,公证机构选择合作体制便变得顺理成章了,这正是权力性质变化在公证体制机制层面的具体映射。

(二)市场化运作与公益属性的冲突与调和

合作制公证机构的改革思路是将公证法律服务推向市场,由市场这只"看不见的手"来实现公证资源的优化配置,其基本出发点是,通过使公证机构按照市场规律进行科学运作以激活整个公证行业的活力、促进公证资源重组与优化及提升公证服务的质效。作为配套改革措施,司法部在推动合作制公证机构市场化运作的同时,也允许其灵活制定科学合理的绩效分配方案与收入分配激励机制,在缴纳税费、留足公共积累资金之余,自主支配其盈余利润。如此一来,无论是公证机构为避免因经营不善而被公证服务市场所淘汰,还是公证员为追求高收入、高绩效以获取更大的经济利益,都将不可避免地产生逐利倾向。如果对之不加以合理规制,极有可能导致公证机构形成利益至上的运行逻辑,从而危及整个公证行业的公信力。与此同时,公证作为公益性的法律服务,是公共法律服务体系的重要组成部分,均等化、普惠化是其本质要求。这便要求公证机构在提供公证法律服务时应将公益目的奉为第一准则,以人民的利益和需求为唯一导向,而非追求自我利益最大化。可见,合作制公证机构的市场化运作模式与公证职能的公益属性之间存在一定张力,公证机构很可能因过度逐利而背离其公益组织定位。为纾解这一冲突,一方面,政府职能部门应当加强宏观指导与管控,赋予合作制公证机构足够的自主权,保障其组织运行的独立性,用市场的竞争法则来实现优胜劣汰。另一方面,也应同时采取一定管控举措,修正公证机构的逐利倾向,实现公证服务市场化与公益性之间的协调,比如对涉及民生的基本公证服务事项实行政府指导定价、健全公证投诉处理机制、建立科学合理的公益业务量考核指标等。

(三)对公证公信力可能减损的质疑与回应

公证职能的行使是以国家信用为后盾的,公证的公信力既来源于立法的明确授权与公证职业的内在塑造,亦包括机构自身的权威以及民众对公证主体的信任。而在公证改制的背景下,部分公证权被下放至作为市场主体的合作制公证机构行使,然而这一组织形式的经营性、市场化使民众对公证机构的权威性与中立性产生疑虑,进而引发了公证公信力的质疑。部分公证人员与受服务人群都认为带有"公家"背景的事业体制公证机构要比合作体制公证机构具有更强的公信力。事实上,这一观点是对公证公信力的错误解读,具有一定的主观偏见。一方面,公证机构的经营性并不必然导致中立性的丧失,其在公证机构中的运作逻辑只是强调在组织决策与机构运营过程中应当考虑经济收益的因素,但并非毫无底线地追逐利润,甚至以牺牲中立性为代价。恰恰相反,合作制公证机构期望在公证市场中脱颖而出,更应注重其组织形象与名誉,并不会为追求个案利益而损及中立性的公正形象。而且,合作制公证机构在与政府职能部门脱钩以后,其独立性更强,更少受到外界的不当干预。另一方面,合作制公证机构更为注重公证法律服务质量,相较于事业体制公证机构而言其服务能力与水平更高。公证业务质量是塑造公证公信力的核心要素,在市场竞争与生存压力的双重压迫之下,合作制公证机构更为注重公证服务品牌的打造,以优质、便捷、高效的公证法律服务来赢得民众的信任,提升其核心竞争力。退一步讲,我们还可以通过加强公证业务管理与质量监管来进一步保障合作制公证机构的服务质量,从而避免出现影响公证公信力的不法行为,维护公证权威与公信。

四、规范发展:合作制公证机构改革推进的具体建议

(一)布局:坚持高位统筹与加强立法供给

在合作制公证机构改革进程中,地方司法行政机关既可能以积极引导与鼓励具备条件的公证机构进行改制或设立合作制公证机构而成为改革的重要推手,也有可能因缺乏正确认识或囿于懒政思维而成为改革推进的现实枷锁。部分地区的司法行政机关担心合作制公证机构会给当地的公证法律服务市场带来冲击,引发执业竞争问题,或者担心自己缺乏管理经验,可能因管理不到位而承担行政管理责任。[1] 更有甚者,还有地方司法行政机关基于国办体制下的利益因素而不愿意公证机构改制成合作制。如此便导致全国各地的改革进度不一:部分地区改革试点如火如荼开展,而另有部分地区则裹足不前,改革基本处于停滞状态。针对这一问题,司法部以及各省、自治区、直辖市的司法行政机关应当加强高位统筹,根据积极稳妥的改革原则以及各地的经济发展程度、人口数量、公证服务需求、公证行业发展情况等因素,制定本辖区内公证改革的整体任务规划。对于改革试点完成度较低的地区,应当在摸底了解情况以后进行重点督促,以便切实解决懒政思维给改革所带来的阻碍,从而加快推动公证改革的整体进度。另外,立法供给不足是此轮公证改革面临的重要问题。《公证法》《公证机构执业管理办法》等公证领域内的重要法律法规并未对合作制公证机构作出具体规定,法律规范的缺失使合作制的改革

---

[1] 参见广东省司法厅课题组:《广东省合作制公证机构试点改革的探索与启迪》,载《中国司法》2019年第8期,第56页。

探索缺乏明确的规范指引,一旦改革在推进中出现重大利益的调整或遭遇信用危机,便很可能"变形走样"或直接"流产"[①]。鉴于此,有必要及时总结各地的改革经验,提炼试点探索中的制度规范,并积极推动《公证法》等相关法律法规的修订,明确将合作制规定为公证机构的组织形式,并对其性质定位等内容作出规定,从而夯实此轮公证改革的法律根基。

(二) 组织:完善机构设置与健全运行机制

合作体制与其他公证体制的差异不仅体现在公证机构的主体性质与形式层面,还体现在机构的组织结构、运行机制等具体设计层面。故而,合作体制的机构设置与运行机制不能简单沿用行政或事业体制下的架构与模式,而应根据合作体制的独特性,设计与之相契合的组织结构与运行机制。《意见》对合作体制的组织机构作出了总体设计,具体包括进行民主决策与管理的合作人会议、负责日常事务管理的管理委员会、开展检查监督工作的监督委员会以及由全体公证员组成的民主议事机构公证员大会。尽管《意见》对于合作人会议的职权作了相对细致的列举,但却并未明确其他组织机构的职权范围以及彼此之间的职权关系。为避免在实际运作中出现各机构之间职权交叉或互相推诿的问题,有必要对其各自的职权范围作出进一步厘清,并明确其合作与制约关系,切实发挥各自的决策、执行与监督作用。另外,为确保各组织机构的正常运行,需要对合作人会议、管理委员会等机构的会议召开程序、议事规则、合作人的表决权重、决策程序、合作人的准入条件与程序等具体内容进行精细化设计,健全各组织机构的运行机制与程序,实现公证机构的民主管理与科学决策,促进其良好运行与规范发展。

(三) 激活:优化薪酬分配与促进人才集聚

灵活的薪酬分配方案与浮动的效益工资制度是合作公证体制的一大优势,其有助于激活公证人员的工作积极性。总体而言,合作制公证机构的薪酬分配应当遵循按劳分配、多劳多得的原则,而不是按资分配。根据合作人的出资额以及相应的比例来进行分配,这是由合作体制的人合组织结构与集体公有制形式所决定的。在具体的薪酬分配方案上,不宜采取简单粗暴的公证收费提成制。这一分配模式既容易催生公证员过度逐利的不当倾向,进而引发瑕疵公证、虚假公证等一系列公证质量问题,同时也忽略了其他公证岗位与公证人员在办证过程中所作出的贡献,可能导致公证员之间的恶性竞争,破坏机构内部的团结协作与沟通互助,不利于公证机构的健康运行。鉴于此,需要对公证机构的内部分工进行科学定岗,并根据各

---

① 参见汤维建、段明:《合作制公证机构改革的困惑与抉择》,载《中国司法》2021年第2期,第81—82页。

岗位的任务要求与实际情况制定科学合理的考核指标，最后需综合考虑岗位性质、指标考核、业务工作量、工作成效等诸多因素来合理分配薪酬。这样一来，个人的工作质效可以与其绩效奖励挂钩，同时又兼顾了机构的整体利益以及可持续发展。另外，合作公证体制中科学灵活的薪酬分配方案，有助于提升公证职业的人才吸引力，促进法律人才的集聚，从而解决长期以来公证行业所存在的人才"引不进、留不住"的问题。

（四）服务：创新服务模式与拓宽服务领域

服务是公证行业的核心竞争力。对于合作制公证机构而言，在与政府职能部门脱钩的同时，也失去了国家财政与经费的支持。为维持公证机构的运营，其需要依靠市场经营来实现自给自足。合作制公证机构在公证业务市场中将面临来自其他公证机构以及律师、中华遗嘱库等第三方平台的从业竞争，要想从中脱颖而出，获得更为广阔的发展空间，服务将是其最为关键的制胜法宝。具体而言，合作制公证机构应当积极转变服务理念，抛弃过去"坐堂办证"的工作模式，以更积极、主动的服务态度与更为全面的服务内容来行使公证服务职能，并大力探索巡回公证、在线公证、预约上门办证、老弱人员办证绿色通道等创新服务方式，不断开拓免费法律咨询、公证调解、代为调查取证等公证延伸服务，切实满足民众多样化、多层次的公证服务需求，实现公证服务便民利民，促进公证服务质效的提升。另外，在公证业务市场中，传统的业务领域已经被耕耘已久的事业体制公证机构所占据，年轻的合作制公证机构要想谋得生存与发展，唯有开拓创新，积极拓展在知识产权保护、金融风险防控和互联网业务等新兴领域的公证市场。显然，合作体制的自主性与创造性优势使其更能把握公证市场的发展前景，具有更强的开拓性去探索新兴公证领域，打造具有创新与特色的公证服务品牌。

（五）保障：规范人员管理与强化质量监管

合作体制是典型的"人合"组织形式，公证人员才是决定公证机构发展走向的重要因素，故其规范管理不应停留在资金层面，而应更多地关注具有积极能动性并直接负责公证业务的公证人员。通过建立相应的人员管理规范，引导机构所有人员在工作岗位上各司其职，精诚协作，在工作管理与业务开展方面贡献集体智慧与力量，实现个人与机构整体提升的内在结合。具体而言，一是要规范领导层的人员管理，明确其工作职责与权力限度。合作体制注重机构运行的独立性，政府职能部门不能干预机构内部的具体决策与运作。但是同时，由于缺乏相应的外部监督，机构内部的运转很可能背离民主管理的基本精神而走向权力集中的模式，尤其是当合作发起人与机构主任、副主任等管理层的身份合二为一时，这一倾向会愈加明显,这便为合作制公证机构的健康运行埋下了隐患。① 为解决这一问题,一方面要建立健全机构主任、副主任的民主选举程序,把控好管理人员的选任;另一方面,要明确限定机构主任、副主任对合作人会议决策的执行权力,并将日常管理过程中涉及人财物的重要事项交由合作人会议来进行决定。此外,机构的管理人员也不宜参与具体的公证业务,以切断机构管理与业务办理之间的利益勾连。二是要规范公证人员的个人执业管理,具体包括岗位职责管理、任务考核管理、业务质量管理、培训学习以及参加社会公益活动等多个方面的内容,通过各项年度考评与奖惩制度来实现对公证人员的精细化管理。

对于合作制公证机构而言,质量是决定改革成败的关键,也是其应当遵守的底线。公证服务质量的保障既有赖于公证人员的高度自律与机构内部的严格管控,也需要外部管理机关的他律监督。具体而言,在公证机构内部应当加强办证、核实、审批、出证等多个环节的质量管控,对于重大复杂的公证事项,应当提交集体讨论决定,减少出现假证或错证的可能性。② 另外,需建立起公证人员的办证责任制与错证追责机制,公证人员对因执业过错造成的损失应承担相应的赔偿责任。同时,司法行政机关还应加强对公证机构的业务质量评估与检查工作,合作制公证机构内部也应建立起常态化的质量抽检与专项检查机制,督促办证人员提高服务质量。

---

① 参见李可:《合作制试点实践中的几点经验和教训——老合作公证处主任谈试点实践经验》,载《中国公证》2019年第5期,第37页。
② 参见汤维建、段明:《合作制公证机构改革的困惑与抉择》,载《中国司法》2021年第2期,第87页。

专题四 以合同关系构建公证活动新形态
——兼论《公证法》的修改

陈丹妮[*]

在公证活动[①]中,最主要的两类主体——公证机构和公证当事人之间,构成怎样的法律关系,并没有得到包括《公证法》在内的专门性规范性法律文件的回应和释明。公证理论和司法实务界基于实践中的问题和案件,对这一问题进行了思考和论证,但没有形成明确一致的结论。随着中国公证改革的不断深化,"可能的问题会变为现实的问题和实际的问题,如理论上不能解决,那么实践中就难以深入,不能推进"[②]。本文基于公证改革和《公证法》的修改[③],拟探讨的论题是"公证当事人和公证机构之间以合同关系构建公证活动新形态",即他们在公证活动中以签订法律服务合同的方式明确参与各方的权利、义务、责任,从而更好地发挥公证职能作用、促进公证机构规范执业和保障公证当事人合法权益,最终实现公证事业的可持续发展。

一、公证活动主体法律关系的现状梳理

(一)以侵权责任为基础构建的民事责任制度体系

《公证法》第43条规定:"公证机构及其公证员因过错给当事人、公证事项的利

---

[*] 本文作者:陈丹妮,湖北省武汉市尚信公证处公证员。

[①] 本文用"公证活动"一词指代《公证法》框架下的、公证机构(及公证员)与公证当事人(及利害关系人)之间因公证法律服务产生的法律及非法律层面行动的总和。在《公证法》、全国人大常委会法工委编写的《中华人民共和国公证法释义》以及最高人民法院《关于审理涉及公证活动相关民事案件的若干规定》(法释〔2020〕20号)中均使用了"公证活动"的表述。

[②] 王沪宁:《政治的人生》,上海人民出版社1995年版,第1页。

[③] 全国人民代表大会常务委员会执法检查组《关于检查〈中华人民共和国公证法〉实施情况的报告》提出,建议将《公证法》修列入十四届全国人大常委会立法规划,着手启动公证法修改的研究论证工作,针对公证制度定位、公证机构性质和组织形式、公证员准入、公证业务范围、服务形式和手段、执业保障、监督管理、法律责任,以及赋强公证的适用范围等重要问题加强调查研究,广泛听取意见。

害关系人造成损失的,由公证机构承担相应的赔偿责任;公证机构赔偿后,可以向有故意或者重大过失的公证员追偿。当事人、公证事项的利害关系人与公证机构因赔偿发生争议的,可以向人民法院提起民事诉讼。"此处规定了公证机构的民事赔偿责任,但没有明确该责任属于违约之债还是侵权之债,仅将归责原则认定为过错原则。立法者的解释似乎是公证机构承担侵权责任,但亦未直接完全释明。①《公证法》第 44 条规定:"当事人以及其他个人或者组织有下列行为之一,给他人造成损失的,依法承担民事责任;……(一)提供虚假证明材料,骗取公证书的;(二)利用虚假公证书从事欺诈活动的;(三)伪造、变造或者买卖伪造、变造的公证书、公证机构印章的。"此处规定了公证当事人的民事责任,同样也没有明确这种民事责任的性质,但依照法理可以认定为侵权责任。②《中华人民共和国公证法释义》也只是将民事责任界定为主要指损害赔偿责任,未言明该责任究竟是违约还是侵权。③《公证法》作为规范公证活动的基本法律,对法律责任条款作出基础性的规定,待嗣后下位法等规范性文件予以细节、完善,符合立法技术中设定法律责任的协调性原则。④

为正确审理涉及公证活动相关民事案件,维护当事人的合法权益,最高人民法院制定了《关于审理涉及公证活动相关民事案件的若干规定》⑤(以下简称《若干规定》)。其第 1 条规定:"当事人、公证事项的利害关系人依照公证法第四十三条规定向人民法院起诉请求民事赔偿的,应当以公证机构为被告,人民法院应作为侵权责任纠纷案件受理。"《若干规定》将公证民事赔偿责任归类于侵权责任,责任承担的主体强调为公证机构,对《公证法》既有的规范进行了明确,为公证理论和实务界的澄清困惑厘定了基调。然而,考察《若干规定》的内容,还是存在一定的遗憾之处:一方面,其只是单向性规定了公证机构及其公证员侵犯公证当事人、利害关系人权益的司法处理方式,即对《公证法》第 43 条进行了司法解释;但没有规定公证

---

① 参见王胜明、段正坤主编:《中华人民共和国公证法释义》,法律出版社 2005 年版,第 164-165 页。
② 违约是侵害内容意定的权利,侵权是侵害内容法定的权利。参见李锡鹤:《民法基本理论若干问题》,人民出版社 2007 年版,第 465 页。
③ 民事责任中的违约责任形式,包括违约金责任、损害赔偿责任、强制实际履行、定金责任、标的物瑕疵的补正等;民事责任中的侵权责任形式,包括停止侵害、排除妨碍、消除危险、返还财产、恢复原状、消除影响、恢复名誉、赔礼道歉、赔偿损失等。立法者将公证当事人的民事责任认定为损害赔偿责任,但未明确基于违约还是侵权。参见王胜明、段正坤主编:《中华人民共和国公证法释义》,法律出版社 2005 年版,第 169 页。
④ 参见李培传:《论立法》,中国法制出版社 2011 年版,第 233-234 页。
⑤ 该规定 2014 年 4 月 28 日由最高人民法院审判委员会第 1614 次会议通过,后根据 2020 年 12 月 23 日最高人民法院审判委员会第 1823 次会议通过的《最高人民法院关于修改〈最高人民法院关于人民法院民事调解工作若干问题的规定〉等十九件民事诉讼类司法解释的决定》修正。原发文字号法释〔2014〕6 号,修正后发文字号法释〔2020〕20 号。

当事人承担民事责任的司法处理方式,即没有对《公证法》第44条及其他法定、意定情形下公证当事人违反义务时,公证机构如何寻求救济并对当事人的违法行为加以规制。另一方面,其确认了公证过错认定的基本规则,但可操作性和指导意义均不高。例如,其中提到"尽到充分的审查、核实义务",这在司法实践中应当如何适用存在问题。因没有对司法解释的"再解释",故实践中不同法官根据各自理解进行裁判,出现"同案不同判"的情况。《若干规定》确实解决了公证理论层面的重要问题,也解决了司法审判实务层面的系列问题,但仍未厘清公证活动的本质,存在一定的片面性。

(二)公证机构以合同关系主体开展公证活动越发普遍

基于传统观念,公证机构与公证当事人之间不是平等的民事主体,因而不能形成民法上的合同关系。① 但是,在公证实践层面,公证机构越来越多地以合同一方主体的身份出现在公证活动中,主要包括以下几种情形:

(1)参与政府采购。近年来,很多国家机关、事业单位、团体组织通过政府采购的方式采购公证法律服务,涉及城市更新改造、公共资源交易、教育招生、彩票开奖、不动产继承登记、司法辅助事务等众多领域。②《中华人民共和国政府采购法》(以下简称《政府采购法》)第43条、第46条第1款和第50条第1款对政府采购合同相关内容进行了具体规定。当公证机构成为政府采购的中标或成交供应商后,就应当与采购人订立并履行合同。由于涉及公证的政府采购所采购的内容是公证服务,采购人和公证机构就应当形成服务合同关系。除了政府采购之外,当前很多的银行业金融机构因为支付公证费的原因,在选择公证机构办理债权文书类公证业务时,根据《中国人民银行集中采购管理办法》的要求③,也会采取集中采购的方式④。

(2)满足日常服务中企业当事人的需求。公证机构在服务企业当事人的过程中,会遇到企业就某项具体公证业务或综合性公证法律服务,提出与公证机构签订

---

① 如来自官方的规章释义称,公证行为不属于公证机构与当事人之间的法律服务合同行为,因此其过错也就不属于违约行为,不适用民法关于合同之债的规定(如追究违约金责任等),而是侵权行为,适用侵权之债的赔偿规定。见司法部、中国公证协会编:《公证程序规则释义》,法律出版社2006年版,第188页。

② 政府采购中涉及公证的采购项目可通过中国政府采购网"采购公告搜索平台"(http://search.ccgp.gov.cn/bxsearch)及省级政府购买服务信息平台进行查询。

③ 根据《中国人民银行集中采购管理办法》第32条第4项的规定,"采购单位根据中标(成交)结果签订采购合同"。

④ 银行业金融机构采购公证法律服务,可通过金采网"采购公告"页面(http://www.cfcpn.com/jcw/sys/index/goUrl?url=modules/sys/login/list&column=cggg)进行查询。

合同的需求。企业签订合同的目的包括经营合规的要求、财务管理（支付公证费用）的要求、用于未来诉讼的需要等。① 对此，公证机构出于促成业务或服务的目的，一般会满足企业当事人的需求，在要求当事人填写公证申请表的同时，另行与当事人签订一份服务合同。服务合同没有定式，不同公证机构之间、同一公证机构不同公证员之间的合同文本均存在差异。

（3）主动需求。除了上面两种"被动"的合同签订情形外，一些公证机构在提供公证法律服务的过程中，在特定的场景下也会主动与相对方订立合同。如在办理保管事务时与当事人（寄存人）签订保管合同②、受聘担任企业当事人法律顾问时与当事人签订常年公证法律顾问合同、提供出具公证文书以外的服务③时就相关或全部公证法律服务事宜与当事人签订单独（不含出具公证文书）或一揽子（包含出具公证文书）法律服务合同等。上述合同一般由公证机构提供初始版本，经与相对方协商后签署。

（4）作为民事诉讼原告主张权利。在公证当事人拖欠缴纳公证费用、催收无果的情况下，公证机构最终要通过诉讼方式要求对方履行义务承担责任。而公证机构主张公证当事人支付公证费用，需要确定民事案件案由。通过对裁判文书进行检索，公证机构诉公证当事人支付公证费用的民事案件案由，分别为三级案由"委托合同纠纷"④、三级案由"服务合同纠纷"⑤及四级案由"法律服务合同纠纷"⑥。相应地，也存在公证机构作为被告，当事人作为原告主张返还未出具公证书而收取的公证费的案件⑦，案由为"法律服务合同纠纷"。上述案例引申出一个问题：既然案由是依据民事法律关系的性质确定，法院的审判过程和结果能否作为公证活动中相关主体形成合同关系的依据？

---

① 在中国裁判文书网（https://wenshu.court.gov.cn/）、Alpha法律智能操作系统（https://alphalawyer.cn/）中，以"公证合同""公证服务合同""公证法律服务合同"等为关键词进行搜索，能够检索到大量企业当事人与公证机构签订的合同作为证据，用于向第三方主张权利的裁判文书。

② 参见熊选国主编：《公证理论与实务》，法律出版社2018年版，第418-419页。

③ 公证法律服务实践中存在很多这样的服务内容和场景，如尽职调查、代办登记、翻译服务、代办认证、代办签证、咨询、代书、电子数据存证等。

④ 参见浙江省温州市中信公证处、温州市鹿城区人民政府广化街道办事处等委托合同纠纷案，温州市鹿城区人民法院民事判决书（2021）浙0302民初12001号；原告上海市国信公证处诉被告上海怡施日用品有限公司委托合同纠纷案，上海市金山区人民法院民事判决书（2016）沪0116民初9485号。

⑤ 参见江西省靖安县公证处与李先妹服务合同纠纷案，江西省靖安县人民法院民事判决书（2016）赣0925民初247号；安徽省合肥市徽元公证处与合肥市蜀山区五里墩街道办事处服务合同纠纷案，安徽省合肥市蜀山区人民法院民事判决书（2018）皖0104民初5664号。

⑥ 参见铜陵县公证处诉铜陵市祥英锌业有限公司法律服务合同纠纷案，安徽省铜陵县人民法院民事判决书（2014）铜民二初字第00882号。

⑦ 参见苏新强与北京市中信公证处法律服务合同纠纷案，北京市西城区人民法院民事判决书（2015）西民初字第27388号。

(三) 现状小结和问题的提出

以《公证法》为核心、司法部部门规章和最高人民法院司法解释为基础的大量规范性法律文件,构成了我国公证法律制度的基本框架,指导公证事业的健康发展。在公证参与主体构成何种法律关系的问题上,《公证法》体系采用了"申请—受理"的程序制度设计。即公证当事人向公证机构申请,公证活动得以开始;[①]公证机构经审查后受理申请,公证活动继续进行。虽然相关规范性法律文件没有明文表示,但暗含了公证机构和当事人之间不是平等民事主体、不适用合同法律关系的意思。据此,进而得出公证机构和当事人之间既然不是合同法律关系,公证主体承担的民事责任就不是违约责任而是侵权责任,该观点经《若干规定》确认为法律意义上的结论。然而在公证实践中,无论公证机构还是公证当事人,都有公证活动"合同化"的现实需求,甚至有些还具备明确的法律依据,如《中华人民共和国招标投标法》、《政府采购法》、《中华人民共和国民法典》(以下简称《民法典》)中关于保管合同的规定等。

当公证活动的实践与现行的法律规定存在某种逻辑上的不自洽时,就需要检视思考并提出问题解决的方案。一方面,公证活动是否应当在更大的法律制度体系下进行调整,尤其是《民法典》生效后,考察其对公证活动是否可以规制以及如何规制;另一方面,当《公证法》体系中的部分规则已经不适应公证活动的发展和变化时,是否可以采取修改法律的方式,实现指引公证事业的创新发展和促进法律体系的和谐统一。

二、公证机构属性分析:基于历史的考察

(一) 履行公证职能机构属性的历史沿革

新中国成立前后的相当一段时期,公证业务都是由人民法院进行办理。1951年,中央人民政府颁布《人民法院暂行组织条例》,其第12条第4款规定县级人民法院管辖公证及其他法令所定非讼事件。之后,一些法院成立了相对独立的"公证办理部门"[②],但并不具备独立的机构主体资格。1956年,国务院批复批准司法部

[①] 参见司法部、中国公证协会编:《公证程序规则释义》,法律出版社2006年版,第29页。

[②] 如1954年4月,昆明市中级人民法院设立公证科,配专职干部4人,开始办理公证业务。参见昆明市明信公证处编:《昆明市明信公证处志》,云南人民出版社2011年版,第5页。1954年6月,哈尔滨公证处成立,隶属于哈尔滨市人民法院第五庭,行政职级为正科级。参见黑龙江省哈尔滨市哈尔滨公证处编:《哈尔滨公证处处志》(1946.8—2013.12)(内部资料),第15页。

《关于开展公证工作的请示报告》,提出"在当地司法行政机关直接领导下,各大中城市及在三十万以上人口的市设立公证处,不满三十万人口的市暂在人民法院附设公证室,县的公证工作采取逐步建立的方针,可根据需要陆续设置公证室,授权法院院长领导。"公证自此开始隶属司法行政机关领导和管理。① 1959年,司法行政机关被撤销,公证处回归人民法院领导。② 对外,公证处的名称得以保留。③ 随着党的十一届三中全会召开,司法部于1980年恢复重建,公证重新划归司法行政机关管理④,并一直延续至今。

1982年颁布的《公证暂行条例》是新中国首部"公证基本法",其第3条规定"公证处是国家公证机关"。行政法规明确将公证机构作为"国家机关"对待⑤,公证机构作为主体涉诉适用行政诉讼,赔偿比照国家赔偿⑥。这种情况一直持续到2000年,国务院办公厅《关于深化公证工作改革有关问题的复函》批准司法部印发实施《关于深化公证工作改革的方案》(以下简称《方案》)。该《方案》提出要"建立与市场经济体制相适应的公证机构",具体就包括"现有行政体制的公证处要尽快改为事业体制。改制的公证处应成为执行国家公证职能、自主开展业务、独立承担责任、按市场规律和自律机制运行的公益性、非营利的事业法人。今后,不再审批设立行政体制的公证机构。"至此,公证机构"行政改事业"的体制改革工作拉开序幕。⑦ 2006年3月1日施行的《公证法》第6条规定:"公证机构是依法设立,不以

---

① 如1956年8月,经云南省人民委员会批准,昆明市人民委员会政法办公室批复,成立昆明市公证处,隶属昆明市司法处。参见昆明市明信公证处编:《昆明市明信公证处志》,云南人民出版社2011年版,第6页。

② 《中国公证》编辑部:《记〈中华人民共和国公证大事记〉编纂工作》,载《中国公证》2021年第9期,第41页。

③ 如1959年,昆明市司法处撤销,昆明市公证处并入昆明市中级人民法院,公证处人员列入法院编制,对外仍挂"昆明市公证处"牌子。参见昆明市明信公证处编:《昆明市明信公证处志》,云南人民出版社2011年版,第7页。1959年,哈尔滨市司法局撤销,公证机构和业务工作又划归哈尔滨市中级人民法院主管。对外公证处仍然面向社会挂牌服务,对内由哈尔滨市中级人民法院司法行政庭管理,名称由公证处改为公证室。参见黑龙江省哈尔滨市哈尔滨公证处编:《哈尔滨公证处处志》(1946.8—2013.12)(内部资料),第16页。

④ 如1980年12月,昆明市中级人民法院的司法行政科、公证处、法律顾问处机构与人员划归昆明市司法局。参见昆明市明信公证处编:《昆明市明信公证处志》,云南人民出版社2011年版,第7-8页。1981年1月,哈尔滨市司法局重新组建,哈尔滨市公证处重新划归市司法局领导。参见黑龙江省哈尔滨市哈尔滨公证处编:《哈尔滨公证处处志》(1946.8—2013.12)(内部资料),第18页。

⑤ 但也有不同观点。如贵州省高级人民法院在一份裁判文书中认为,"《中华人民共和国公证暂行条例》及《中华人民共和国公证法》均未规定公证机构是行政机关,公证机构系行使公证职能、承担民事责任的证明机构,其不具有行政机关职能"。参见陆克妹、吴卫忠诉司法行政管理(司法行政)再审审查与审判监督行政裁定书。

⑥ 参见王胜明、段正坤主编:《中华人民共和国公证法释义》,法律出版社2005年版,第164页。

⑦ 例如,2001年12月31日,昆明市司法局经研究后批复同意,昆明市公证处由行政体制改为事业体制。参见昆明市明信公证处编:《昆明市明信公证处志》,云南人民出版社2011年版,第13页。2001年12月,哈尔滨市公证处退出政府行政序列,按照事业单位管理。参见黑龙江省哈尔滨市哈尔滨公证处编:《哈尔滨公证处处志》(1946.8—2013.12)(内部资料),第24页。

营利为目的,依法独立行使公证职能、承担民事责任的证明机构。"该条虽然对公证机构的性质规定得不够明确,但确定了公证机构承担的是民事责任而非行政责任,也为公证改革进一步明确了方向。针对《方案》和《公证法》实施后"行政改事业"的体制改革工作迟迟不能到位,2017年7月,司法部在哈尔滨召开全国公证工作会议,会上下发了司法部、中央编办、财政部、人力资源社会保障部印发的《关于推进公证体制改革机制创新工作的意见》,明确要求"2017年底前,现有行政体制公证机构全部改为事业体制"。在各级司法行政机关的主导下,该项改革任务于2017年11月14日提前完成①,公证机构依据《公证法》承担民事责任再无例外情形。

此外,在2000年和2017年,司法部两次启动合作制公证机构试点工作。目前全国已有150余家合作制公证机构,他们相较于事业体制的公证机构,完全没有行政或者准行政的因素,更加具有市场化民事主体的特征。

梳理上述的历史沿革可以看到,我国履行公证职能的机构,经历了"人民法院内设部门—司法行政管理的公证处和法院附设的公证室双轨制—回归法院对外挂公证处牌子—重归司法行政领导的公证处"的变化,而改革开放后司法部复建管理的公证机构又经历了"完全行政体制—行政、事业两种体制并存—行政、事业、(微量)合作三种体制并存—事业、(少量)合作两种体制并存"的演进。在这样的背景下,社会公众乃至立法者心中普遍认为公证活动带有浓厚的行政或者准行政色彩。《公证法》制定出台的年代,公证机构几乎全部为行政体制和不具备市场主体要素的事业体制,立法者尽管努力将公证活动向民事活动的方向靠拢,但仍然难以实现直接认定公证机构和公证当事人之间是平等的民事主体。而在8年后最高人民法院制定《若干规定》时,虽然对公证民事责任的性质有过探讨,但最终依据司法解释不能创设法律的原则,按照《公证法》的定性,延续了公证机构的一般侵权责任承担原则。

(二) 党的政策引领下的公证行业及机构定性

从1993年中国共产党十四届三中全会到2018年十九届三中全会,再到中央全面依法治国委员会会议上习近平总书记的重要讲话和印发的文件,党中央在多次会议上作出的决定和党的领导人的讲话都与公证制度相关,构成了公证改革发展的顶层政策依据。在此按照时间顺序简要梳理分析如下。

1993年党的十四届三中全会通过的《中共中央关于建立社会主义市场经济体制若干问题的决定》指出:"发展市场中介组织,发挥其服务、沟通、公证、监督作用。

---

① 《全国行政体制公证机构转为事业体制工作提前全部完成》,载司法部官网,http://www.moj.gov.cn/pub/sfbgw/gwxw/xwyw/szywbnyw/201711/t20171115_147917.html,2022年10月5日最后访问。

当前要着重发展会计师、审计师和律师事务所，公证和仲裁机构，计量和质量检验认证机构，信息咨询机构，资产和资信评估机构等。……中介组织要依法通过资格认定，依据市场规则，建立自律性运行机制，承担相应的法律和经济责任，并接受政府有关部门的管理和监督。"该《决定》将公证定性为社会主义市场经济下的市场中介组织，并与会计、审计、律师等典型的市场化智力服务型行业并列列举。

1999年党的十五届四中全会通过的《中共中央关于国有企业改革和发展若干重大问题的决定》指出："健全中介服务体系。社会中介服务机构要与政府部门彻底脱钩。规范会计、律师、公证、资产评估、咨询等社会中介机构的行为，真正做到客观、真实、公正。"该《决定》强调了公证的社会中介服务属性，并要求与政府部门脱钩，换言之就是要脱离行政体制。

2006年党的十六届六中全会通过的《中共中央关于构建社会主义和谐社会若干重大问题的决定》指出："健全社会组织，增强服务社会功能。……发展和规范律师、公证、会计、资产评估等机构，……"该《决定》将公证机构重新定性为社会组织，并再次与律师、会计等行业并列列举。

2014年党的十八届四中全会通过的《中共中央关于全面推进依法治国若干重大问题的决定》指出："建设完备的法律服务体系。……发展律师、公证等法律服务业，统筹城乡、区域法律服务资源，发展涉外法律服务业。""加强法律服务队伍建设。……发展公证员、基层法律服务工作者、人民调解员队伍。"该《决定》将公证归类为法律服务行业，具有服务的属性。

2018年党的十九届三中全会通过的《中共中央关于深化党和国家机构改革的决定》指出："推进社会组织改革。……加快实施政社分开，激发社会组织活力，克服社会组织行政化倾向。适合由社会组织提供的公共服务和解决的事项，由社会组织依法提供和管理……"该《决定》对社会组织改革提出了具体要求，公证机构作为社会组织之一，应当按照相关要求推进改革各项工作。

2018年8月24日中央全面依法治国委员会第一次会议上，中共中央总书记、国家主席、中央全面依法治国委员会主任习近平提出，要加快建设覆盖城乡、便捷高效、均等普惠的现代公共法律体系，统筹研究律师、公证等工作改革方案，让人民群众切实感受到法律服务更加便捷。[1] 习近平总书记既要求"公证工作改革"又强调"公证法律服务"，指明了公证今后一段时期的工作任务和目标。

2019年7月14日中央全面依法治国委员会印发的《关于加强综合治理从源头

---

[1] 转引自2018年9月6日司法部副部长熊选国在国际公证人联盟亚洲事务委员会第八次工作会议开幕式上的致辞。参见《国际公证联盟亚委会第八次工作会议在西安召开 司法部副部长熊选国出席开幕式并致辞》，载司法部官网，http://www.moj.gov.cn/pub/sfbgw/gwxw/xwyw/szywbnyw/201809/t20180906_148284.html，2022年10月5日最后访问。

切实解决执行难问题的意见》指出:"加强执行队伍建设。……各地区各部门积极引入专业力量参与执行,建立健全仲裁、公证、律师、会计、审计等专业机构和人员深度参与执行的工作机制,形成解决执行难的社会合力。"该《意见》将公证定义为专业机构,是对公证机构在"社会组织"概念范畴下的性质作出的进一步明确。

对此,有公证行业内的学者归纳,党和国家公证改革政策有关公证权和公证体制的性质可以全面表述为:公证机构应当成为"与政府部门彻底脱钩"的"现代服务业"的"社会组织"和"专业机构"。结合习近平总书记在中央全面依法治国委员会第一次会议上的重要讲话精神,可以进一步阐释为:公证机构应当通过"公证工作改革"成为"与政府部门彻底脱钩"的"法律服务业"的"社会组织"和"专业机构"。回归本文主旨,满足上述条件的公证机构必然是适格的民事主体,主要以法律服务提供者的身份参加民事活动,在与其他民事主体进行民事活动的过程中享有权利、承担义务。

(三)小结:公证需要在持续变革中保持适应性

作为舶来制度的公证,在本土化的进程中走过一条曲折的道路。从承袭旧制由地方法院推事①兼办②,到当下一百多家按市场规律运行的合作制公证机构开展业务。公证工作实施的主体经历了司法机关、行政机关、事业单位、社会服务机构③的变革,公证员的身份也从公务员变成了"社会人"④。公证机构性质的"由公变私",特别是2017年行政体制的公证处全部改制之后,公证活动就不再具备行政意义上的"公家""公权"属性,但仍然保留"公式"⑤"公信"⑥"公正"⑦等属性。当公证机构以平等民事主体的地位参与公证活动,甚至还要"主导"公证活动的时候,担忧就会出现——公证行业拿什么去和政府部门沟通,用什么去让社会公众信服。无须讳言,这样的声音在公证从业人员中并不鲜见。然而,公证改革的道路已经确

---

① 古代审判案件的官员叫作"推事",这个职务相当于现在法院的审判员。参见马南邨:《燕山夜话》,北京联合出版有限公司2021年版,第126页。

② 参见汪楫宝:《民国司法志》,商务印书馆2013年版,第72页。

③ 关于合作制公证机构属于法人或者非法人组织,如属法人又具体为何种法人,存在争议。根据《公证法》和司法部《关于推进合作制公证机构试点工作的意见》的精神,此处暂将合作制公证机构归类于《民法典》第87条规定的"非营利法人"中的"社会服务机构"。但是作者更倾向于将合作制公证机构归类于《民法典》第102条规定的"非法人组织"中的"不具有法人资格的专业服务机构",二者最显著的差别就是承担责任是有限责任还是无限责任。

④ 在一些地方,公证员作为中介组织和社会组织从业人员,被纳入"新的社会阶层人士"范畴。

⑤ 《法国民法典》第1317条规定:"公证书是指有权制作此种文书的公务助理人员在其制作文书的场所并按照要求的庄重格式作成的文书。"参见罗结珍译:《法国民法典》,北京大学出版社2010年版,第334页。

⑥ 参见[法]让-吕克·奥贝赫著、[法]瑞夏·科罗改编:《公证人之民事责任》(第5版),唐觉译,上海人民出版社2015年版,译者序第4页。

⑦ 参见李嘉健:《"公证"词源漫考》,载《中国公证》2016年第2期,第61页。

定,公证机构需要像过往几十年来做到的那样,始终保持对改革方向的适应性,并且用变革的理论和实践构建公证法律制度的新基石。

三、公证服务合同法律关系论:基于比较的方法

(一)与法律服务和专业服务行业的国内比较

1. 律师

《中华人民共和国律师法》(以下简称《律师法》)第 2 条规定律师是法律服务行业,第 25 条规定律师事务所和当事人之间形成委托合同关系。律师法律服务区分代理诉讼服务、开展非讼服务和提供综合性法律顾问服务。虽然《律师法》均使用了"委托"和"委托人"的表述①,但是在审判实践中存在对律师服务性质的区别和细分。最高人民法院《民事案件案由规定》确定了两个不同的案由,分别是"合同、准合同纠纷—合同纠纷—委托合同纠纷—诉讼、仲裁、人民调解代理合同纠纷"和"合同、准合同纠纷—合同纠纷—服务合同纠纷—法律服务合同纠纷"。两个案由的第一级和第二级相同,第三级和第四级不同,体现出人民法院在审判中有意识对律师诉讼和非讼服务进行区分。按照人民法院的理解,诉讼、仲裁、人民调解代理是指公民、法人作为纠纷中的当事人或法定代理人时,委托代理人代为进行诉讼、仲裁、人民调解等法律活动的行为。② 由此签订的合同为诉讼、仲裁代理合同。③ 而法律服务合同是指律师、律师事务所等专业人员和机构接受当事人委托,为当事人提供非诉讼法律帮助,明确双方权利义务的合同。④ 由此可以得出这样的结论:《律师法》中"委托人"的概念涵盖了所有和律师事务所建立服务关系的当事人,而"书面委托合同"既包括诉讼代理合同,也包括非讼法律服务合同,但合同名字可能依法统称为"委托合同"⑤。律师法律服务各参与主体间的权利义务,受他们所签订的合同调整。

按照最高人民法院著书观点,《律师法》等对法律服务合同作了规范。⑥ 处理

---

① 参见《律师法》第 29 条和第 30 条。
② 杨万明主编:《最高人民法院新民事案件案由规定理解与适用》,人民法院出版社 2021 年版,第 353 页。
③ 同上书,第 389 页。
④ 同上书,第 389 页。
⑤ 律师法律服务实践中,很多律师事务所已经有意识对不同类型的合同进行区分,因为二者的权利义务责任是可以有所区别的。
⑥ 杨万明主编:《最高人民法院新民事案件案由规定理解与适用》,人民法院出版社 2021 年版,第 389 页;人民法院出版社编著:《最高人民法院民事案件案由适用要点与请求权规范指引》,人民法院出版社 2019 年版,第 330 页。

法律服务合同纠纷的法律依据主要是《民法典》和《律师法》。①法律服务合同纠纷的请求权基础规范包括《律师法》第54条:"律师违法执业或者因过错给当事人造成损失的,由其所在的律师事务所承担赔偿责任。律师事务所赔偿后,可以向有故意或者重大过失行为的律师追偿。"②这里就引申出了一个问题:对比上文提到的《公证法》第43条第1款,两个法律条文的结构相似,归责原则同样是过错,承担责任的方式同样为赔偿损失,为什么律师是违约责任③,而公证是侵权责任?能够分析出的一个合理解释,就是《公证法》制定内容的超前性和彼时公证机构体制的滞后性。法律规范拟由公证机构承担违约责任,至少不排除承担违约责任;而当时行政及事业体制公证机构仍具规模,其参与公证活动根本无法承担违约责任。因此,立法者规定了违约责任和侵权责任都适用的过错损害赔偿责任,或者说,对民事责任的类型没有作出明确的界定。《律师法》和《公证法》均采用了这样的立法技术。

2. 司法鉴定

习近平总书记在2019年1月召开的中央政法工作会议上强调:"要深化公共法律服务体系建设,加快整合律师、公证、司法鉴定、仲裁、司法所、人民调解等法律服务资源,尽快建成覆盖全业务、全时空的法律服务网络。"④司法鉴定和公证都是公共法律服务体系中的重要组成部分。相较于公证,司法鉴定行业的法律体系尚不完备,目前还没有制定专门的司法鉴定法。

司法鉴定活动分为两种情形,一种是办案机关,如公安机关、检察机关、人民法院等启动司法鉴定程序,由司法鉴定机构进行鉴定。⑤规范性法律文件中的用词是"委托"⑥或者"聘请"⑦。但是公检法部门在履行职能时是权力机关,非民事主

---

① 参见杨万明主编:《最高人民法院新民事案件案由规定理解与适用》,人民法院出版社2021年版,第393页。
② 参见人民法院出版社编著:《最高人民法院民事案件案由适用要点与请求权规范指引》,人民法院出版社2019年版,第337页。
③ 参见王胜明、赵大程主编:《中华人民共和国律师法释义》,法律出版社2007年版,第171页。
④ 《习近平出席中央政法工作会议并发表重要讲话》,载新华网,http://www.xinhuanet.com/politics/leaders/2019-01/16/c_1123999899.htm,2022年10月5日最后访问。
⑤ 侦查机关指派本单位或本系统内部设立的司法鉴定机构进行鉴定的情形除外。
⑥ "委托"为法院系统和司法行政系统用词。参见《全国人民代表大会常务委员会关于司法鉴定管理问题的决定》第7条、第8条、第9条,《中华人民共和国民事诉讼法》第79条,最高人民法院《关于适用〈中华人民共和国民事诉讼法〉的解释》第121条,最高人民法院《关于适用〈中华人民共和国刑事诉讼法〉的解释》第273条,最高人民法院《关于民事诉讼证据的若干规定》第30条、第32条、第35条,最高人民法院《关于人民法院民事诉讼中委托鉴定审查工作若干问题的规定》,《司法鉴定程序通则》第11条等。
⑦ "聘请"为检察系统用词。参见《中华人民共和国刑事诉讼法》第146条,《人民检察院刑事诉讼规则》第218条、第220条等。

体,因此他们与司法鉴定机构在司法鉴定活动中建立的关系不是民事关系。特别是人民法院因履行审判职能"委托"司法鉴定机构开展鉴定,并非民事法律意义上的"委托",对此最高人民法院也作出过释明。① 另一种是办案机关之外的民事主体直接参与到司法鉴定活动中,如公证实践中会遇到的当事人进行亲子鉴定后申请办理亲属关系公证、老年当事人进行行为能力鉴定后申请办理遗嘱公证、老年人进行行为能力鉴定后其子女作为当事人申请办理协议监护公证等。按照《司法鉴定程序通则》和司法部发布的相关规范性文件②的表述,参与司法鉴定活动、作为司法鉴定机构相对方的主体称为"当事人",当事人与司法鉴定机构之间形成的是"委托"关系。与前述第一种情形不同,这里的委托就是民法意义上的委托,司法鉴定活动中的当事人和司法鉴定机构之间建立并形成委托合同关系,双方产生的纠纷为委托合同纠纷。③

关于司法鉴定的责任承担,《司法鉴定机构登记管理办法》第41条和《司法鉴定人登记管理办法》第31条分别作出了规定。有观点认为,司法鉴定人民事责任的含义目前并没有一个明确的界定,立法上对司法鉴定人民事责任的规定处于空白状态。④ 通过法条对比可以看出,司法鉴定行业承担责任的方式与公证、律师并无二致。当事人对司法鉴定机构主张权利,则可以按照学理上请求权的顺序⑤分析并提出,即首先基于合同关系主张违约责任。

3. 会计(审计)⑥

《中华人民共和国注册会计师法》(以下简称《注册会计师法》)第2条规定注册会计师提供审计和会计服务,第14条、第15条规定注册会计师的业务范围,第16条规定会计师事务所和当事人之间形成委托合同关系。与律师行业存在类似的情

---

① 最高人民法院办公厅《关于〈黑龙江省司法鉴定管理条例(草案修改稿)〉有关问题意见的复函》(法办函〔2015〕558号)表示"人民法院对外委托鉴定,是对待证事实的寻证活动,受证据规则和诉讼法的调整,是审判工作的延伸,是司法活动的组成部分,不同于其他法人组织、社会团体以及个人的委托鉴定行为"。
② 参见司法部《关于2019年度司法鉴定违法违规行为查处典型案例的通报》,司通报〔2020〕1号;司法部办公厅《关于严格规范司法鉴定机构开展亲子鉴定业务有关工作的紧急通知》,司办通〔2020〕100号;司法部办公厅 中国银行保险监督管理委员会办公厅《关于规范涉及保险理赔司法鉴定工作的通知》;司法部办公厅《关于充分发挥司法鉴定职能作用 协力打击拐卖妇女儿童犯罪专项行动的通知》,司办通〔2022〕50号。
③ 在中国裁判文书网(https://wenshu.court.gov.cn/)以"委托合同纠纷"为案由、以"司法鉴定"为检索关键词,共检索到107篇文书,检索日期为2022年10月7日。
④ 刘鑫:《司法鉴定服务合同研究》,知识产权出版社2021年版,185页。
⑤ 关于损害赔偿等请求权基础的检查,得依契约、无权代理等类似契约关系、物权关系、无因管理、不当得利、侵权行为等次序为之。见王泽鉴:《民法思维:请求权基础理论体系》,北京大学出版社2009年版,第57页。
⑥ 此处指对外提供服务的专业机构和执业人员,不包括国家机关、社会团体、公司、企业、事业单位和其他组织(即单位)内部的会计工作。

形,《民事案件案由规定》专门规定了一个第四级案由"财会服务合同纠纷"①,财会服务合同纠纷的请求权基础规范包括《注册会计师法》第 16 条和其他相关条文②。这里出现了一个案由选择的问题,当事人和会计师事务所的合同争议适用第三级案由"委托合同纠纷"还是第四级案由"财会服务合同纠纷"③。此外有一个特别规定,即会计师事务所执行审计业务,要与当事人签订审计业务约定书。④ 审计业务约定书包括了 12 项基本内容⑤,实质就是《注册会计师法》第 16 条第 1 款规定的委托合同,适用《民法典》中关于委托合同的相关规定。

关于审计和会计业务活动的责任承担,《注册会计师法》第 16 条第 2 款和第 42 条分别作出了原则和具体的规定。此外,最高人民法院《关于审理涉及会计师事务所在审计业务活动中民事侵权赔偿案件的若干规定》第 1 条规定:"利害关系人以会计师事务所在从事注册会计师法第十四条规定的审计业务活动中出具不实报告并致其遭受损失为由,向人民法院提起民事侵权赔偿诉讼的,人民法院应当依法受理。"相较于公证活动的司法解释,审计业务活动的司法解释明确指出会计师事务所承担侵权责任的对象是"利害关系人"⑥。换言之,审计业务活动的当事人(委托人),按照请求权基础原理,向会计师事务所主张合同违约责任是最便利的;审计业务活动中的第三人(利害关系人),因与会计师事务所无合同关系,故只能提起侵权责任的诉讼。

4. 资产评估

《中华人民共和国资产评估法》(以下简称《资产评估法》)第 2 条规定资产评估是专业服务,第 3 条规定当事人与评估机构是委托和被委托的关系,第 23 条规定委托人与评估机构订立委托合同,第 50 条规定评估机构和评估专业人员承担民事损害赔偿责任。除了损害赔偿的归责原则没有写明是"过错",其他规则与上文列举的、公证以外的其他专业服务行业并无大异。

---

① 财会服务合同是指注册会计师、注册审计师等专业财会人员及其所在机构与当事人之间约定的在提供审计服务、会计咨询、会计服务过程中的权利义务关系的合同。见杨万明主编:《最高人民法院新民事案件案由规定理解与适用》,人民法院出版社 2021 年版,第 390 页。

② 参见人民法院出版社编著:《最高人民法院民事案件案由适用要点与请求权规范指引》,人民法院出版社 2019 年版,第 345 页。

③ 笔者就此问题专门咨询了北京市海淀区人民法院民一庭审判员、四级高级法官卢秋,得到的答复是民事案件案由有明确规定的,优先选择确定的案由,如此处的例子就应当选择"财会服务合同纠纷"。特此致谢。当然,人民法院还可以在多个程序环节,依职权对案由进行变更。参见《民事案件案由规定》中"关于个案案由的变更"的具体规定。

④ 参见《独立审计具体准则第 2 号——审计业务约定书》第 2 条和第 4 条。

⑤ 参见上书第 11 条、第 13 条。

⑥ 参见《最高人民法院关于审理涉及会计师事务所在审计业务活动中民事侵权赔偿案件的若干规定》第 2 条。

（二）与大陆法系国家传统公证的国际比较

1. 法国

法国研究公证领域的学者提出过前提性的问题：公证人与其客户之间的关系应当适用何种责任制度——侵权责任还是合同责任制度。一方面，公证职能中的契约因素不能否认，特别是不能仅凭契约自由受到限制这一点，就排除公证人与客户关系中的契约性质。正是通过契约途径，公证人才得以介入公证事务。客户选择此公证人而非彼公证人，就是有说服力的实例。另一方面，对于认定公证人责任采用"一元论"还是"二元论"的方式，观点认为二元论肯定会不可避免地导致对公证人每一笔业务作具体定性分析，从而大大增加解决问题的复杂性。因此按照一元论的方式解决问题，就要在合同责任与侵权责任之间作出选择，而侵权责任看起来最适合公证人以法定义务（公证义务）为主、契约义务（咨询义务）为辅的特点。把公证责任归属于侵权民事责任，使一种独立的职业责任得以建立，这种责任机制适用于公证人所有形式的执业行为。另外，法国最高法院民事一庭于2008年1月23日的判决确定了公证人责任的侵权性质。

2. 德国

《德意志联邦公证人法》第19条规定："由于故意或者过失违反了职务上的义务时，公证人须对因此造成的损害进行赔偿。若公证人只有过失责任时，被害人只有在通过其他方式不能获得赔偿时，才能向公证人提出赔偿请求；该规定不适用于第23条、第24条规定的公证人和委托人之间的公务行为；在其他方面，适用《民法》中有关公务员违反职务义务造成损害时的有关赔偿的规定。国家不替代公证人承担责任。"[①]对应地，《德国民法典》第823条规定："故意或有过失地不法侵害他人的生命、身体、健康、自由、所有权或者其他权利的人，有义务向该他人赔偿因此而发生的损害。"[②]第839条规定："公务员故意或有过失地违反其对第三人所担负的职务上的义务的，必须向该第三人赔偿因此而发生的损害。公务员只有过失的，仅在受害人不能以其他方式获得补偿时，才能向该公务员请求赔偿。"[③]由此可以得出明确的结论：德国公证人承担的是侵权损害赔偿责任。

（三）小结：在服务类比与责任定位中寻找公证服务合同关系的进路

考察与公证、律师、司法鉴定、会计、资产评估相关的法律规范，会发现核心的

---

① 苏国强、汤庆发、刘志云编：《欧洲公证法汇编》，厦门大学出版社2017年版，第437页。
② 陈卫佐译注：《德国民法典》（第4版），法律出版社2015年版，第317页。
③ 同上书，第320-321页。

规则在大的原则上是保持一致的,如当事人和服务机构构成委托关系(公证例外)、双方需要订立合同(公证例外)、服务机构承担民事责任的规则原则是过错(资产评估例外)、服务机构先承担责任再内部追偿(无例外)、民事诉讼优先选择合同纠纷案由(公证例外),等等。因此可以得出结论,对专业机构(社会组织、中介机构)的法律规制内容和逻辑已经类型化;相应地主体之间订立的合同也已经类型化,为委托合同,或者说是以委托为名服务为实的一类合同。① 然而公证机构属于特例,无论是法律关系还是责任承担都异于其他的服务行业主体。造成这一问题的本质原因,还是公证机构及其公证员的"身份"属性,只要公证机构不是法律意义上的民事主体,就不可能和合同关系及合同后果建立关联。

我国公证制度的建立最初参照苏联的国家公证机关模式,2003年加入拉丁公证国际联盟(现已更名为国际公证联盟)后又借鉴大陆法系国家公证制度的做法。② 继而在制定《公证法》时,立法者必然要考虑对《公证暂行条例》内容的承袭,以及研究和参考大陆法系国家的公证制度。③ 考察法国、德国和欧洲大陆主要国家民事及公证立法,公证人是准公职人员,公证人民事责任是侵权责任。结合当时我国主流公证机构的体制和公证员的职务属性,法律规定公证活动主体之间的不平等性和公证责任承担的不平等性,也是当时的最优选择。

如今,公证服务构建合同关系,已经具备主体适格的基础,可参考的立法例也相对完备,无须对现行法律进行系统性"大修"就能实现法律关系的改造,并为公证未来的发展打好新的基础。

四、构建公证服务合同关系的现实条件和理论支持

(一)构建公证服务合同关系的现实因素

1. 公证服务收费的市场化

随着国家"放管服"改革和优化营商环境工作的不断深入,公证服务收费问题引起政府和社会关注。2020年11月,国务院办公厅《关于印发〈全国深化"放管

---

① 由于我国《民法典》规定的有名合同中不包括"服务合同",因此服务合同本身并不能作为具体的类型。

② 参见张福森:《建立和完善有中国特色的公证制度》,载《中国公证》2004年第11期,第6期。有观点进一步认为我国的公证制度主要借鉴的是德国和法国的公证制度。参见段伟、李全息:《公证人职责研究》,法律出版社2016年版,第76页。

③ 实例是王胜明、段正坤主编的《中华人民共和国公证法释义》一书中,一方面在释义部分大量介绍大陆法系国家公证的做法,作为相关法条的支持和解释依据;另一方面在附录部分专门收录"大陆法系国家公证制度简介"和"部分国家和地区有关公证法律的规定",作为重要的参考资料。

服"改革优化营商环境电视电话会议重点任务分工方案〉的通知》(国办发〔2020〕43号),明确要求"2021年3月底前研究制定降低企业公证事项和公证事务收费办法和标准"。国家发展改革委和司法部于2021年联合下发的《关于进一步完善公证服务价格形成机制的指导意见》第2条第1项指出:"关系民生的基本公证服务,以及具有区域垄断性、竞争不充分的项目,原则上应实行政府定价或指导价管理,其他服务项目价格由市场形成。……清单中项目价格各地已经由市场形成的,可继续按照现行方式管理。各地要根据公证行业市场化改革情况,在充分评估基础上,将可替代性较强、竞争较为充分或个性化需求较强的公证服务项目及时移出清单,价格放开由市场形成。"第2条第2项指出:"对实行政府管理价格的项目,……鼓励各地实行最高上限价格管理,由公证机构在不超过政府规定最高上限价格的范围内确定具体价格水平;……"第3条第3项指出:"在完善价格形成机制的同时,要加快培育良好的市场环境,鼓励公证机构与公证机构之间、公证机构与提供同类服务的市场主体之间公平有序竞争,通过竞争促进公证机构加强管理、提高服务质量和效率。"该《指导意见》的出台,一方面进一步将公证机构认定为市场经营主体,另一方面对公证服务价格即公证收费基本实现价格协商机制。各省、自治区、直辖市根据上述文件的精神和要求,先后对公证服务收费政策进行调整。以湖北省为例,湖北省发展和改革委员会、湖北省司法厅印发《关于完善我省公证服务收费政策的通知》,明确"公证机构为当事人提供证明有法律事实和有法律意义文件文书的公证服务实行政府定价,其收费标准按不超过附件所列上限执行,当事人与公证机构可以在此标准内协商确定具体价格。政府定价以外的其他公证服务,其收费标准由市场竞争产生",确立起当事人和公证机构之间的价格协商机制。在实际操作层面,湖北省公证协会及时制发了《公证服务协商收费确认书》样式范本供各公证机构使用。该协商收费确认书的内容实质上已经具备了合同的部分要素,在当事人和公证机构之间产生服务费用的纠纷时,能够作为违约之诉的证据使用。

有法国学者提出,法国公证人的收费标准具有行政性质,因此不存在公证人与客户的契约性关系。[①] 该观点恰好为中国公证活动形成合同关系进行了佐证。经过2021年这一轮的公证收费改革,我国的公证收费情况几乎完全不具备行政性质,一方面各地对关系民生的基本公证服务采用政府规定最高上限价格的多,采用政府定价的少;另一方面即便是政府定价,涉及的公证事项也少于由市场形成价格

---

① 参见[法]让-吕克·奥贝赫著、[法]瑞夏·科罗改编:《公证人之民事责任》(第5版),唐觉译,上海人民出版社2015年版,第19页。

的公证事项及公证事务。当事人和公证机构之间能够就公证服务进行议价,当事人可以依据价格水平和服务质量自由选择公证机构;不同省份公证服务收费标准不同,同省同地公证机构之间对于非政府定价公证服务收费不能形成垄断性定价。公证服务定价市场化的特征是公证活动形成民事合同关系的坚实基础。

2. 相当数量及类型的公证服务纠纷无法通过侵权责任解决

最高人民法院《若干规定》将公证民事赔偿责任归类于侵权责任,但在公证法律服务实践中,大量的出具公证书之外的公证服务无法通过侵权责任调整。例如:(1)公证前服务。在"绿色继承服务"的场景下,公证机构受理公证申请之前,根据当事人的要求提供证明材料的调查取证服务。如公证机构未按时完成调查事项或者经调查无法取得所需的证据,又没有对当事人造成损害的,就不能依据侵权责任追究公证机构的法律责任。反之,公证机构妥善完成调查取证服务后,当事人既不支付合理费用也不向公证机构申请办理公证的,公证机构既不能依据《公证法》的规定要求当事人支付公证费用,也不能基于侵权进行救济。(2)公证后服务。在"证照代办服务"的场景下,公证机构出具真实有效的继承权公证书后,在延伸服务阶段出现了过错,如将为当事人代办的不动产权证书不慎遗失。按照《公证法》《公证程序规则》等规定,公证机构是没有法定义务为当事人代办产权证书的,且公证书已出具,因此不存在公证侵权责任承担的情形,当事人在此种情况下只能按照合同纠纷进行救济。① (3)非证明服务。如公证保管事务,公证机构为当事人(寄存人)保管财物,受到《公证法》和《民法典》合同编第 21 章保管合同规定的双重调整。② 公证机构和当事人除了要依法完成申请和受理程序之外,还需要签订专门的保管合同。③

出具公证书之外的公证服务不能适用侵权责任,一方面是因为长期以来公证行业基于当事人的现实服务需求,主动拓展服务思维,调整公证法律服务始于当事人申请、止于公证书出具的传统做法,将服务端口主动前移和后延。这样的做法符合管理部门提出的优化公证服务更好利企便民的要求④,但无法纳入"申请—受理"的程序制度。另一方面,即使是《公证法》规定的公证事务,有些也受到《民法

---

① 公证机构为当事人代办法律事务,双方的权利义务可以依据《民法典》关于委托合同的规定来确定。参见熊选国主编:《公证理论与实务》,法律出版社 2018 年版,第 417 页。

② 参见上书,第 418 页。

③ 上海市公证协会《公证机构办理遗嘱保管事务的指导意见(试行)》(沪公协办(2013)第 8 号)第 5 条规定:"公证机构接受遗嘱保管的操作程序:(一)保管申请人填写遗嘱保管申请表。……(三)公证机构接受保管遗嘱申请的,应当就遗嘱保管相关事宜与保管申请人签订遗嘱保管协议。"另关于保管合同的内容,参见熊选国主编:《公证理论与实务》,法律出版社 2018 年版,第 418-419 页。

④ 司法部《关于优化公证服务更好利企便民的意见》明确提出"倡导公证机构开展代办服务"。

典》关于合同规范的调整,采用"申请—受理"制存在明显的不适配。对于上述情况,当事人(公证服务的接受方)与公证机构有必要通过订立合同的方式对各自的权利义务予以明确,双方达成的合意为典型的合同行为,且难以按照侵权责任进行主张和实现救济。

3. 民事案件案由专门规定了法律服务合同纠纷

民事案件案由是民事案件名称的重要组成部分,反映案件所涉及的民事法律关系的性质,是对当事人诉争的法律关系性质的精准概括,是人民法院进行民事案件管理的重要手段。①《民事案件案由规定》专门规定了第四级案由"法律服务合同纠纷",实践中请求支付和返还公证费用的案件,也使用了这一案由。②

最高人民法院认为法律服务合同是指律师、律师事务所等专业人员和机构接受当事人委托,为当事人提供非诉讼法律帮助,明确双方权利义务的合同。③ 一方面,此处的"等"因为只列举了一个行业,所以应当按照"等外"理解,公证员作为专业人员、公证机构作为专业机构理应涵括在内。另一方面,此处的"非诉讼法律帮助"恰好符合公证制度的特征,并得到了很高规格的规范性文件的确认。④ 因此,由公证服务合同关系引发的民事诉讼,完全适用"法律服务合同纠纷"案由,甚至不需要进行任何修改和调整。

(二)实现公证服务合同关系的规范依据和法理基础

1.《公证法》和《公证程序规则》对权利义务的规范

考察《公证法》和《公证程序规则》,会发现它们实质上已经对于服务合同关系下公证机构和当事人之间的权利义务作出了相当多的规范。⑤ 作为服务提供者的公证机构,在公证活动中有咨询义务(《公证法》第27条第2款、《公证程序规则》第29条),信息处理义务(《公证法》第28条、第29条),亲自履行义务(《公证程序规则》第5条),完成成果义务(《公证法》第30条),专业技能义务(《公证法》第18条

---

① 参见最高人民法院《民事案件案由规定》(法〔2020〕347号)第1条。
② 参见江西省靖安县公证处与李先妹服务合同纠纷案,江西省靖安县人民法院民事判决书(2016)赣0925民初247号;安徽省合肥市徽元公证处与合肥市蜀山区五里墩街道办事处服务合同纠纷案,安徽省合肥市蜀山区人民法院民事判决书(2018)皖0104民初5664号;铜陵县公证处诉铜陵市祥英锌业有限公司法律服务合同纠纷案,安徽省铜陵县人民法院民事判决书(2014)铜民二初字第00882号。
③ 参见杨万明主编:《最高人民法院新民事案件案由规定理解与适用》,人民法院出版社2021年版,第389页。
④《关于深化公证工作改革的方案》第21条规定,"公证机构要改变单一证明的工作方式,努力拓展公证业务领域,积极提供综合性、全方位的非诉讼性法律服务"。
⑤ 相关权利义务在《公证法》和《公证程序规则》中都有体现的,则只列举《公证法》的条目;在《公证法》中没有体现的,则列举《公证程序规则》的条目。

第 4 项、第 19 条),履行职务义务(《公证法》第 22 条第 1 款),保密义务(《公证法》第 22 条第 1 款)和法定单方解除权利(《公证法》第 31 条)等。作为服务受领者的当事人,在公证活动中有信息披露义务(《公证法》第 27 条第 1 款),协作义务(《公证程序规则》第 24 条第 3 款),付费义务(《公证法》第 34 条)和自愿办理权利(《公证法》第 17 条)等。

2.《民法典》规范下的全方位支撑

将公证服务合同关系置于《民法典》的更大框架下观察,会发现在法律依据上不存在障碍。第一,关于民事主体地位。如上文所述,公证机构目前有事业体制和合作制两种组织形式。事业体制公证处属于《民法典》第 87 条、第 88 条规定的事业单位法人。合作制公证处当前还存在定性上的争议,有观点认为其属于《民法典》第 87 条、第 92 条规定的捐助法人,也有观点认为其属于《民法典》第 102 条规定的非法人组织,即不具有法人资格的专业服务机构。但无论如何,公证机构不属于《民法典》第 96 条规定的机关法人,其与公证当事人之间开展的均为民事活动而非行政活动。

第二,关于民事权利和民事责任。公证机构基于民事主体地位,则对应享有相关的民事权利、承担相关的民事责任,其中就包括享有债权(《民法典》第 118 条),受合同的法律约束(《民法典》第 119 条),承担继续履行、赔偿损失、支付违约金等民事责任(《民法典》第 179 条)等。

第三,关于合同。公证机构为当事人提供法律服务,如形成合同法律关系,则公证法律服务合同即属于《民法典》中的无名合同,准用一般原则和参照最相类似合同原则(《民法典》第 467 条)。如上文提到的遗嘱保管事务,适用"保管合同"的规定(《民法典》第 888 条至第 903 条);通过购买服务的方式取得政府部门、金融机构等的服务资质,本质上就是一个以服务行为为客体、服务成果为标的合同关系。再分析公证活动的过程,当事人来到公证机构提出要办理公证,符合要约的形式(《民法典》第 472 条);公证机构经综合判断后回复可以办理公证,符合承诺的形式(《民法典》第 479 条);公证机构在传统媒体和自媒体上宣传自身服务,符合要约邀请的形式(《民法典》第 473 条);当事人支付公证费,公证机构提供包括出具公证书在内的单项或者多项服务,符合合同履行的形式(《民法典》第 509 条);等等。

3. 违约责任:权利救济的优势选择

按照学界通说和现行法律规定,一般侵权行为采取过错责任原则[①],违约责任

[①] 参见马俊驹、余延满:《民法原论》(第 3 版),法律出版社 2007 年版,第 997 页;参见《民法典》第 1165 条第一款。

的归责原则采取无过错责任原则与过错责任原则相结合的二元体系①。基于公证活动视角比较两种责任承担的方式。

首先,对于损害赔偿,在请求权基础的顺序上,合同关系优于侵权行为②,有利于公证当事人向公证机构主张权利,基于双方签订的公证服务合同中约定的履行义务即可。其次,《公证法》第43条规定的过错责任,实际上可以比照《民法典》第929条第1款的规定,理解为违约责任的过错而非侵权责任的过错。通过《公证法》的特别规定来适应《民法典》第11条确定的法律适用规则③,调整公证活动主体间的权责平衡,落实公证机构及公证员合理的保证责任④。最后,违约损害赔偿采取完全赔偿原则,违约方不仅应赔偿受害人遭受的全部实际损失,还应赔偿可得利益的损失。⑤ 侵权损害赔偿以全面赔偿原则为主⑥,除了财产上客观损失的全部赔偿,还可以主张精神损害赔偿。传统观点认为,精神损害赔偿不能通过违约责任主张,但随着法律制度和法律实践的发展,违约责任与侵权责任存在法律效果越来越趋同的趋势,精神损害赔偿不再是违约和侵权的区分价值。⑦ 即便考虑请求权竞合的问题,在加害给付和违反保护义务两种违约和侵权竞合的情形下,无论是归责原则还是证明责任,抑或是法律效果(责任范围因果关系的判断、精神损害赔偿)、诉讼时效、责任缓和规则等,两种责任在绝大多数时候是一致的。⑧ 综上,适用违约责任完全可以解决公证机构的民事责任承担问题,同时能够解决公证当事人违约前提下公证机构的权利救济,实现权责的双向性。

五、对《公证法》修改的几点建议

基于在最低限度内调整法律规范的原则,本文针对公证服务合同关系问题,提出《公证法》修改建议如下。

---

① 参见马俊驹、余延满:《民法原论》(第3版),法律出版社2007年版,第618页;魏振瀛主编:《民法》,北京大学出版社、高等教育出版社2000年版,第427页;参见《民法典》第577条、第824条第1款。
② 参见司法部办公厅《关于严格规范司法鉴定机构开展亲子鉴定业务有关工作的紧急通知》,司办通〔2020〕100号;司法部办公厅、中国银行保险监督管理委员会办公厅《关于规范涉及保险理赔司法鉴定工作的通知》;司法部办公厅《关于充分发挥司法鉴定职能作用 协力打击拐卖妇女儿童犯罪专项行动的通知》,司办通〔2022〕50号。
③ 类似的实例,包括《律师法》第54条、《中华人民共和国旅游法》(以下简称《旅游法》)第74条等。
④ 参见王胜明、段正坤主编:《中华人民共和国公证法释义》,法律出版社2005年版,第165页。
⑤ 马俊驹、余延满:《民法原论》(第3版),法律出版社2007年版,第628页。
⑥ 同上书,第1030页。
⑦ 参见叶名怡:《再谈违约与侵权的区分与竞合》,载《交大法学》2018年第1期,第21页。
⑧ 参见叶名怡:《〈合同法〉第122条(责任竞合)评注》,载《法学家》2019年第2期,第185页。

第一,修改《公证法》第25条,修改后的内容建议为:

第25条 自然人、法人或者其他组织办理公证,可以选择住所地、经常居住地、行为地或者事实发生地的公证机构。

办理涉及不动产的公证,应当选择不动产所在地的公证机构;办理涉及不动产的委托、声明、赠与、遗嘱的公证,可以适用前款规定。

【简要说明】本条删除了原法律条文中"提出""申请"的表述,旨在解决"申请—受理"程序制度和固有观念对构建公证服务合同关系的影响。不涉及条文中关于公证执业区域的规范调整。

第二,在《公证法》第26条后增加一条,作为新的第27条,内容建议为:

第27条 公证当事人应当与公证机构签订服务合同,约定双方的权利和义务。

【简要说明】本条明确公证活动当事人和公证机构之间的合同关系,合同的性质为服务合同非委托合同,以及合同应采用书面的形式。

【相关法条】《民法典》第464条、第465条,《律师法》第25条,《注册会计师法》第16条,《资产评估法》第23条,《旅游法》第57条。

第三,修改《公证法》第27条,修改后的内容建议为:

第27条 公证当事人应当向公证机构如实说明办理公证事项的有关情况,提供真实、合法、充分的证明材料;提供的证明材料不充分的,公证机构可以要求补充。

公证机构办理公证时,应当告知当事人公证事项的法律意义和可能产生的法律后果,并将告知内容记录存档。

【简要说明】本条删除了原法律条文中"申请""受理"的表述,旨在解决"申请—受理"程序制度和固有观念对构建公证服务合同关系的影响。同时对因删除上述表述造成的语句不通顺作出了相应的文字修正。不涉及条文中关于公证当事人信息披露义务和公证机构咨询义务的规范调整。

第四,修改《公证法》第43条,修改后的内容建议为:

第43条 公证机构及其公证员因过错给当事人造成损失的,由公证机构承担相应的违约赔偿责任;公证机构及其公证员因过错给公证事项的利害关系人造成损失的,由公证机构承担相应的赔偿责任;公证机构赔偿后,可以向有故意或者重大过失的公证员追偿。

【简要说明】本条对公证机构承担具体的损害赔偿责任进行了区分,相对人与公证机构形成合同关系的,适用违约责任;相对人是合同关系以外第三人的,适用侵权责任。同时,公证当事人仍可以依据《民法典》第186条选择行使责任竞合时的请求权。

【相关法条】《民法典》第179条、第583条、第1165条,《律师法》第54条,《司法鉴定机构登记管理办法》第41条,《司法鉴定人登记管理办法》第31条,《注册会计师法》第42条,最高人民法院《关于审理涉及会计师事务所在审计业务活动中民事侵权赔偿案件的若干规定》第1条,《资产评估法》第50条。

专题五 立法论视域下公证员助理的主体地位研究

李全一*

在我国的公证制度中,公证员助理是在公证活动中协助公证员办理公证事务的业务类辅助人员,属于公证机构中"公证人员"的重要组成部分,在公证事业的发展中起到不可或缺的积极作用。然而由于《公证法》没有给予公证员助理明确的法律规定,公证员助理在公证机构中的身份、地位得不到应有的确立和尊重,公证机构对公证员助理的管理、规范与考核缺少应有的法律依据支撑,造成公证员助理在公证机构的队伍建设中处于十分尴尬的境地。以上情形不利于公证机构的规范建设,也不利于整个公证事业的健康发展。鉴于此,笔者认为,在修订《公证法》时,有必要明确公证员助理的地位,给予其应有的"名分"。本文就此展开讨论,并提出具体的修订建议及其理由。

一、我国公证员助理制度的发展沿革

我国在公证机构中设置公证员助理职位由来已久。根据可检索的历史资料记载,1949年新中国成立初期至"文革"结束后公证恢复重建的早期,有关规范性文件、法规都明确地规定:在公证机构中应当设置助理公证员职位。[①] 如1956年12月8日,司法部在致陕西省司法厅的《关于公证人员等级和任命问题的函》中指出,公证员的职级相当于法院的审判员,助理公证员的职级相当于法院的助理审判

---

* 本文作者:李全一,四川省公证协会副秘书长。
① 助理公证员是公证员助理的早期称呼。20世纪80年代中期以前,公证员与公证员助理均采任命制,由直辖市、县、市人民政府依照干部管理的有关规定任免。助理公证员任职二年以上可任命为公证员。具体参见1982年国务院颁布的《公证暂行条例》第8条第4项规定。

员。① 1982年4月13日,国务院颁布的《公证暂行条例》第7条第1款规定,公证处设公证员、助理公证员。② 助理公证员是在公证处担任公证员的助手,协助公证员办理公证事务的公证业务人员。③ 1989年3月1日,中央职称改革工作领导小组批准下发的《公证员职务(试行)条例》规定,公证处按岗位职责设有一、二、三、四级公证员和公证员助理,明确将公证助理纳入专业技术人员管理体系。④《公证员职务(试行)条例》印发后,助理公证员一职正式改称公证员助理,并延续至今。

2005年7月7日,司法部办公厅《关于规范公证员助理管理有关问题的通知》(以下简称《规范公证员助理通知》)第一次对公证员助理的工作职责进行了明确界定,并规定公证员助理"不得独立开展公证业务、出具公证文书"⑤。但遗憾的是,2005年8月28日第十届全国人大常委会第十七次会议通过的《公证法》未就公证员助理作出规定。2006年7月1日起施行的司法部《公证程序规则》,则将公证员助理涵摄于"公证机构的其他工作人员"之中。⑥ 不过,《公证法》实施后虽然法律法规行文没有出现公证员助理的字眼,但事实上在司法行政机关的管理规范中,仍然保留有公证员助理的提法和相应的数据统计。例如,司法部一年一度的《公证报表》专门设置有公证员助理数据统计一栏。根据统计,2018年,全国公证员助理总数为12660人。⑦ 全国各省、自治区、直辖市的公证统计报表也都对公证助理有专项统计,如据2021年四川省司法厅《公证报表》统计,2021年年末,全省共有公证人员2665人,其中公证员989人、公证员助理961人、其他工作人员715人,公证员助理占全省公证人员总数的36.06%。另据全国人民代表大会常务委员会执法检查组《关于检查〈中华人民共和国公证法〉实施情况的报告》披露,"截至2021年11月底,全国共有公证机构2980家,公证员14147人,公证员助理9874人"⑧。

---

① 参见司法部《关于公证人员等级和任命问题的函》,〔56〕司人字第2061号,载司法部编:《中华人民共和国司法行政历史文件汇编》(1950—1985),法律出版社1987年版,第402页。
② 参见司法部公证司编:《公证规章集成》,法律出版社1992年版,第36页。
③ 参见江晓亮等:《公证实务指南》,中国社会科学出版社1993年版,第16页。
④ 参见江晓亮等:《公证实务指南》,中国社会科学出版社1993年版,第14-15页;张云柱、郭凯峰、韩桂珍、王增奎编著:《现代公证法学》,新华出版社2001年版,第61-62页。
⑤ 参见司法部律师公证工作指导司、中国公证协会编:《公证规章汇编》,法律出版社2010年版,第342-343页。
⑥ 参见《公证程序规则》第5条第2款。
⑦ 参见司法部公共法律服务局:《成绩可喜 未来可期——2018年公证行业成绩单出炉》,载《中国公证》2019年第3期,第9页。
⑧ 参见全国人民代表大会常务委员会执法检查组:《关于检查〈中华人民共和国公证法〉实施情况的报告》,载中国人大网,http://www.npc.gov.cn/npc/c30834/202112/ce7508b19a8248dfab686ef9c91bf8dc.shtml,2023年1月5日最后访问。

二、公证员助理在公证服务中的职责与作用

毫无疑问,公证员助理在公证机构中的身份地位如何,取决于其实际的职责作用是什么。如果其职责作用可以明确界定与划分,那么,其作为公证机构业务性辅助人员的身份地位就能够清晰确立。反之其与公证机构的其他工作人员(主要指行政、后勤等人员)无明显区别,便不能成为公证机构中相对独立的一种业务类工种岗位。

关于公证员助理在公证机构中的具体职责,早期并没有明确的规范性文件对其予以界定和划分。根据有关理论研究专著的解析,一般认为,公证机构中的公证员助理,是由公证处聘任,协助公证员办理公证事务的公证业务人员,不能独立办理公证事务,不能在公证书上署名。[1] 其主要职责是"负责完成出证前的调查取证工作,做好与当事人的谈话笔录及回访、立卷等辅助工作,有时还兼任财会、司机等工作"。[2] 较早明确规定公证员助理职责的地方司法行政规范性文件,为上海市司法局于2002年12月30日印发的《上海市司法局关于公证员助理管理的规定》。该《规定》第9条规定:"公证员助理可以协助公证员办理下列5个方面的公证事务:(1)参与接待公证申请人,审查其的资格和申请事项,核实证明材料,制作谈话笔录;(2)解答有关公证业务咨询,指导申请人填写公证申请表,接受委托代书申办公证的有关材料;(3)调取书证;(4)随同公证员外出调查、进行现场勘验;(5)其他公证业务辅助工作。"[3] 2005年7月7日,司法部办公厅印发的《规范公证员助理通知》,第一次从最高公证主管机关的层面明确划定了公证员助理协助公证员办理公证事务的具体职责,一共有如下6项:(1)解答有关公证业务咨询;(2)指导当事人填写公证申请表,接受公证当事人委托代书申办公证的有关材料;(3)审核公证当事人的资格及其提交的证明材料、制作谈话笔录;(4)调查取证;(5)立卷归档;(6)其他公证事务辅助工作。[4]

在司法部《规范公证员助理通知》印发前后,各省、自治区、直辖市司法行政主管部门也相继出台公证员助理管理规范。这些地方性管理规范所规定的公证员助理职责有宽有窄,不尽相同。如山东省司法厅于2005年1月5日印发的《山东省公证员助理管理办法》规定,公证员助理的辅助性业务工作主要包括:解答业务咨

---

[1] 参见张文章主编:《公证制度新论》,厦门大学出版社2005年版,第104页。
[2] 参见叶青、黄群主编:《中国公证制度研究》,上海社会科学院出版社2004年版,第74页。
[3] 参见上海市司法局《关于印发公证员助理管理规定的通知》,沪司发法制〔2002〕15号。
[4] 参见司法部办公厅《关于严格规范公证员助理管理有关问题的通知》第2条。

询、草拟各类法律文书、制作询问笔录、协助调查核实、文书校对、立卷归档等。①而 2005 年 9 月 5 日四川省司法厅印发的《四川省公证员助理管理规定(试行)》规定,公证员助理在公证活动中协助公证员办理的事务主要分为五项,包括解答公证咨询、审核证据材料、制作询问笔录、协助调查取证、整理公证材料及立卷归档等②,并未对草拟法律文书的职责进行规定。

《公证法》实施后,虽然法律上没有明确规定公证员助理的身份,但各地仍然高度重视公证员助理的管理工作。如由北京市公证协会审议通过的,并于 2014 年 1 月 1 日起施行的《北京市公证员助理管理办法》将公证员助理的职责设定为 8 条,在作出与前述其他省、自治区、直辖市相同或相近规定的基础上,新增了公证员助理可以协助拍照、录音、摄像、制作现场工作记录等的内容。③ 2017 年 3 月 17 日,广东省公证协会印发的《广东省公证员助理管理办法》有关公证员助理职责的规定中,不但保留了《公证法》实施前的传统辅业务范围,还与时俱进地规定了公证员助理可以协助办理招标投标、拍卖、开奖等现场监督类公证,以及保全证据等公证,并创新性地规定了公证员助理可以"参与公证事项的调解事务"④。

从上述各个时期司法部和全国各地司法厅局、公证协会对公证员助理的管理规范规定中,我们不难发现,长期以来我国公证机构的公证员助理几乎参与了从申请受理到解答咨询、告知法律意义法律后果、审查核实、外出调查取证、草拟修改法

---

① 《山东省公证员助理管理办法》(2005 年)第 4 条规定:"公证员助理主要从事下列辅助性业务工作:(1)解答公证业务咨询,指导当事人填写有关公证申请材料,草拟各类法律事务文书;(2)协助执业公证员查询资料,制作询问笔录;(3)参与调查取证,随同执业公证员进行现场监督、勘验,承担监督、勘验记录工作;(4)负责公证文书的校对、送达;(5)整理已办结公证事项的有关材料,承办公证卷宗归档;(6)公证业务联络;(7)其他辅助性公证业务工作。"
② 《四川省公证员助理管理规定(试行)》(2005 年)第 10 条规定:"公证员助理协助公证员办理如下事务:(1)解答有关公证业务咨询,指导当事人填写公证申请表,接受当事人委托代书申办公证的有关材料;(2)接待公证当事人,审核当事人的资格及提交的证明材料,制作谈话笔录;(3)随同公证员外出调查,进行现场勘验;(4)整理公证文书材料,进行立卷归档;(5)其他公证事务辅助工作。"
③ 北京市公证协会《北京市公证员助理管理办法》(2014 年)第 6 条规定:"公证员助理可以协助公证员办理下列公证业务:(1)解答公证业务咨询;(2)指导当事人或接受当事人委托填写公证申请材料、代拟有关文书;(3)协助审查公证当事人的资格、公证申请事项,收集、审查、核实证明材料,核实有关情况;(4)协助进行拍照、录音、摄像、制作现场工作记录等工作;(5)协助制作公证询问笔录;(6)协助起草、校对公证书证词;(7)协助办理公证文书及相关材料的汇总整理、立卷归档事务;(8)其他辅助性公证业务工作。"
④ 《广东省公证员助理管理办法》第 10 条规定:"公证员助理可以协助公证员办理的公证事务范围包括:(1)解答有关公证业务咨询;(2)参与接待公证申请人,协助审核申请人的主体资格及相关证件;(3)根据当事人提供的信息制作或指导当事人填写公证申请表,接收当事人申办公证的有关材料;(4)审核公证当事人提交的证明材料,记录当事人陈述,制作谈话笔录、告知书等;(5)应当事人的请求,代书、打印申请公证的文书草稿;(6)在公证员指导下草拟公证书证词初稿;(7)协助公证员外出核实或收集有关公证事项的证明材料;(8)在公证员带领下,协助办理招标投标、拍卖、开奖等现场监督类公证以及保全证据、遗嘱等公证,按公证事项的有关要求制作工作记录;(9)参与对公证事项的调解;(10)整理公证资料,负责立卷归档工作;(11)其他公证事务辅助工作。"

律文书及公证证词、整理档案、立卷归档的公证证明活动全过程。可以说,公证员助理协助公证员办理了全流程的公证事务。基于此,可以得出以下结论:公证员助理是公证证明活动中非常重要、不可或缺的业务性辅助人员。与公证机构中的一般事务性辅助人员,即"其他工作人员"(主要指行政、后勤等人员)在职责、义务上存在显著区别。公证员助理在我国的公证活动中,是一个职责明确、义务清晰的业务类职业群体。

三、我国公证员助理制度存在的主要问题

如前所述,公证员助理在我国公证事业发展的过程中作用显著,每一份公证文书中都凝结着公证员助理的智慧和辛勤付出。尽管如此,我国公证员助理制度中依旧存在着许多不容忽视的问题,应当予以重视。

首先,现行公证法律法规上没有明确公证员助理的性质和地位。不仅是《公证法》未对公证员助理的身份进行规定,《公证程序规则》《公证机构管理办法》等部门规章也未对公证员助理进行明确界定,而仅仅是被笼统地归纳在公证机构的"其他工作人员"之中。2005年司法部办公厅印发的《规范公证员助理通知》虽然对公证员助理有所规范,但由于出台在《公证法》实施之前,在《公证法》等"一法三规"中均无公证员助理规定的前提下,其效力已经存疑。[①]《公证法》实施后,各地司法行政主管机关或者公证协会出台的公证员助理管理规范,虽然在一定范围内起到了对公证员助理的规范作用,但由于缺乏上位法的支撑,其效力甚微,作用堪忧。而反观同为法律职业共同体的法院和检察院的组织体系中,则明确规定有助理法官、助理检察官制度。[②]同时,还专门设有书记员职位,协助法官、检察官开展辅助性司法业务工作。[③]与之相较,反差明显。

其次,各地公证员助理的准入条件规定极不统一,以致造成了各公证处各自为政的尴尬局面。2005年司法部办公厅印发的《规范公证员助理通知》并未对公证员助理的准入条件进行明确规定。目前,全行业也没有统一的公证员助理考核任职机制。虽然在各省、自治区、直辖市司法行政机关或公证协会印发的公证员助理管理规范中,一般都设有公证员助理的准入条件,但其标准五花八门,各行其是。

---

① 公证"一法三规"为《公证法》和《公证程序规则》《公证机构执业管理办法》《公证员执业管理办法》的简称。

② 参见《中华人民共和国人民法院组织法》(以下简称《人民法院组织法》)第48条和《中华人民共和国人民检察院组织法》(以下简称《人民检察院组织法》)第43条。

③ 参见《人民法院组织法》第49条和《人民检察院组织法》第44条。

例如,江苏省司法厅于2016年3月21日印发的《江苏省公证员助理管理办法》规定,公证员助理的任职条件包括:60周岁以下身体健康、具有法律大专或其他专业本科以上学历、品行良好、实习满6个月、通过国家法律职业资格考试者享有优先受聘权等。① 广东省公证协会于2017年3月印发的《广东省公证员助理管理办法》,对公证员助理的入职年龄没有设限,但规定必须参加所在公证机构的业务培训,并经考核合格。② 而山东省2018年版《山东省公证员助理管理办法》则规定,入职公证员助理不但要培训考核合格,取得公证员助理合格证,且需交纳执业保证金。③ 有的地方的公证员助理管理规范规定,年满21周岁且符合其他条件即可受聘担任公证员助理④;有的地方的管理规范则规定,年满23周岁才可受聘担任公证员助理⑤;而有的地方的管理规范,则未对受聘者最低年龄予以明确限制。由此可见,各地规定极不统一。

再次,公证员助理的禁业规则严似公证员,但其职业声誉却未受到应有的尊重。司法部《规范公证员助理通知》对公证员助理的禁止性规定十分严格,除明确规定其不得独立开展公证业务、出具公证文书外,还规定公证员助理在协助公证员办理公证事务时,不得违反法律法规及规章之规定,必须遵守保密原则、廉洁纪律、维护公证市场秩序等。⑥ 此外,多数省、自治区、直辖市的公证员助理管理规范规定的公证员助理禁业规则,均与《公证法》第23条对公证员的禁止性行为规定基本相同。如2013年10月浙江省公证协会通过的《浙江省公证员助理从业规范(试

---

① 《江苏省公证员助理管理办法》第6条规定:"担任公证员助理,应符合下列条件:(1)具有中华人民共和国国籍;(2)具有高等院校法学(法律)专业或其他专业本科以上学历;(3)公道正派,遵纪守法,品行良好;(4)年龄60周岁以下,身体健康;(5)在公证机构实习满6个月,并经公证机构鉴定合格。通过国家法律职业资格考试的人员,可以优先被聘任为公证员助理。"

② 《广东省公证员助理管理办法》第4条规定:"公证员助理应符合下列任职条件:(1)遵守守法,作风正派,品行良好;(2)具有法律专科以上或其他专业本科以上学历;(3)掌握必要的法律基础知识和公证业务知识,了解办证程序,能协助公证员完成公证业务中的有关事务性工作;(4)参加所在公证机构的业务培训,并经考核合格。"

③ 《山东省公证员助理管理办法》第3条规定:"具有法律专业大专以上学历或其他专业本科以上学历的人员,具备下列条件,可从事公证员助理工作:(1)遵守宪法和法律,品行良好,身体健康;(2)在公证机构连续工作6个月以上;(3)已参加公证员助理上岗培训并考核合格,领取公证员助理工作证;(4)已交纳参与公证执业活动保证金。"

④ 如四川省司法厅于2005年9月5日印发的《四川省公证员助理管理规定(试行)》第5条规定:"公证员助理应具备以下条件:(1)年满21周岁,身体健康;……"

⑤ 如浙江省公证协会于2013年10月24日审议通过的《浙江省公证员助理从业规范(试行)》第3条规定:"公证员助理须符合下列条件:(1)年满23周岁以上,法定退休年龄以下,身体健康;……"

⑥ 司法部办公厅《关于严格规范公证员助理管理有关问题的通知》第2条第2款规定:"公证员助理协会公证办理公证事务,要严格遵守国家法律和《公证程序规则》等的规定,不得泄露知悉的国家秘密、当事人的商业秘密和个人隐私;不得私自收取公证费或索取、收受当事人财物;不得给付回扣等不正当手段争揽公证业务;不得有其他违反法律、法规和规章的行为。"

行)》对公证员助理规定了8项禁止性行为①,其内容即与《公证法》第23条所规定的公证员禁止行为如出一辙。毫无疑问,对公证员助理从事辅助性公证业务工作加以严格规制,无可厚非,也完全必要。但问题是在对其进行严厉约束的同时,也应当给予其对等的权利和尊重。然而事实上,各层级的公证员助理管理规范基本上都侧重于准入条件、职责范围、禁止性行为、法律责任以及惩戒措施等方面的规制。在权利保障方面,除规定公证处应依法为公证员助理购买"五险一金"外,其他的业务性绩效待遇却较少涉及或基本未予涉及。整个行业对公证员助理职业群体的漠视,还体现在公证协会会员的入会资格上。我国的全国性公证行业自律组织和地方行业自律组织,虽然均已经由20世纪90年代以前的公证员协会演变为公证协会,但除北京市等部分地区的公证协会章程规定公证员助理可以申请加入公证协会作为其会员外,《中国公证协会章程》仍然没有规定公证员助理可以加入行业协会。②

最后,公证员助理的法律地位不明确给公证机构的人事管理带来严重困扰。现行的司法部《公证机构管理办法》仅就公证机构及其公证员的管理作出了规范,只字未提公证员助理的管理问题。③ 此外,其他涉及公证的法律法规及规章也都没有提及公证员助理的管理问题。目前,全国各地的公证员助理管理依据的都仅为地方司法厅局或者公证协会发布的管理规范。由于这些管理规范设定的管理内容各不相同,故难以形成全行业的标准化公证员助理管理机制,给公证机构内部人事管理的规范性建设造成困扰。这种状况,既不利于我国公证机构的标准化、科学化建设,也不利于公证事业的可持续发展。

四、《公证法》规定公证员助理职位的建议及理由

众所周知,我国的《公证法》是一部准组织法和公证程序性法律,并非公证员法。因此,应当像《人民法院组织法》《人民检察院组织法》那样,在法律上对公证机构的组织架构及其组成人员予以清晰、明确的界定与规范。这不但与《公证法》的

---

① 《浙江省公证员助理从业规范(试行)》第11条规定:"公证员助理办理公证辅助性事务,不得有下列行为:(1)办理法律法规和规章规定须公证员亲自办理的事务;(2)以公证员名义办理公证事务、签发法律文书;(3)泄露工作中知悉的国家秘密、商业秘密和个人隐私;(4)侵占、挪用公证费或侵占、盗窃公证专用物品;(5)索取、收受当事人的财物或利用职务便利牟取其他利益;(6)丢弃、毁损、篡改公证文书或公证档案;(7)协办与本人、配偶或近亲属有利害关系的公证事务;(8)其他违反有关规定或损害公证职业形象的行为。"

② 根据《中国公证协会章程》第8条的规定,"取得公证员执业证书的公证员为本会个人会员。公证管理人员、从事公证法学教学、科研以及对公证制度有研究的人员,经本会同意,可以成为本会个人会员。中国委托(香港)公证人、中国委托(澳门)公证人,经本会同意,并报业务主管单位审核批准,可以成为本会个人会员"。

③ 参见司法部《公证机构执业管理办法》第32条第1款。

立法体例相吻合,也是促进公证机构规范管理,推动公证事业健康有序发展的应然要求。

(一)《公证法》增设公证员助理职位规定的修法建议

建议在修订《公证法》时,在《公证法》第二章"公证机构"中新增一条,规定公证机构的组成人员。此条可放置于现行《公证法》第 9 条的后面,作为第 10 条。具体条文内容建议设定为:

第 10 条 公证机构由公证员、公证员助理和其他工作人员组成。

公证员负责办理公证事务,公证员助理协助公证员办理公证事务,公证机构的其他工作人员从事公证机构的行政、后勤等其他工作。

至于公证员助理的入职条件、基本职责、禁止性义务、法律责任及惩戒方式方法等,可以放在《公证程序规则》《公证机构管理办法》等部门规章中去具体设定和规范。

(二)《公证法》增设公证员助理职位规定的具体理由

第一,在《公证法》上增设公证员助理规定,符合国际公证立法之惯例。考诸其他大陆法系国家或地区的公证立法模式,通常采用两种立法体例:一种为公证人法,仅规定公证人的准入条件、任命程序、执业范围、执业标准、公证程序、违法惩戒等内容,原则上不涉及公证人事务所的其他组成人员等的规定;另一种是在公证法或公证法纲要上明确规定公证机构的组织架构及其组成人员,以及各类人员的职责等。即使是前一种立法例,一般也会就公证人聘用助理(书记员)等辅助人员进行适当的规范。例如《俄罗斯联邦公证立法纲要》第 19 条对公证员助理的任职条件、职责范围等作出了明确规定①;《德意志联邦公证人法》明确规定有公证人助理的职责义务以及惩戒程序等条款②;《巴西公证及登记法》明文规定,公证员可雇佣书记员(相当于我国的公证员助理),并从中挑选替代性或辅助性的雇员③。我国台湾地区"公证法"也规定民间公证人可以雇佣助理。④ 法国、日本、韩国虽然在公

---

① 参见苏国强、汤庆发、刘志云编:《域外公证法汇编》,法律出版社 2015 年版,第 588 页。
② 《德意志联邦公证人法》第 95 条规定:"公证人和公证人助理由于自身责任损害其他职务义务的行为,属于失职。"参见苏国强、汤庆发、刘志云编:《域外公证法汇编》,法律出版社 2015 年版,第 482 页。
③ 《巴西公证及登记法》第 20 条规定:"为了完成相关工作,公证员及登记员可雇用书记员并从中挑选作为替代性或辅助性的雇员,并根据相应的劳动法律法规给予报酬。每个公证员及登记员可依其需要决定替代性人员、书记员及辅助人员的数量。"参见苏国强、汤庆发、刘志云编:《域外公证法汇编》,法律出版社 2015 年版,第 407 页。
④ 我国台湾地区"公证法"第 28 条规定:"民间之公证人经所属地方法院或其分院之许可,得雇用助理人,辅助办理公证事务。"参见苏国强、汤庆发、刘志云编:《域外公证法汇编》,法律出版社 2015 年版,第 197 页。

证人法上未明确规定公证人助理,但在公证人法的实施法上一般都对公证人助理(书记员)进行了清晰规定。如《法国公证机关条例》第4条规定,公证人公会,有权决定招聘公证人事务所的书记员和职员[①];《日本公证人法实施规则》第5条规定,公证人雇用书记员,须事先令其就事务所办理的事务宣誓,保证其不泄露公证人在职务中不能泄露的事项[②];《韩国公证人法实施令》第4条、第5条规定,公证人雇用书记员须向全国公证人协会申告,并与书记员签订保密协议[③]。

第二,在《公证法》上增设公证员助理规定,有先例可循。如前文所述,1956年司法部在《关于公证人员等级和任命问题的函》中,即规定公证机构应当设置公证员助理职务;1982年国务院颁布的《公证暂行条例》第7条、第9条也明确规定有公证员助理的身份和职位。20世纪90年代,部分省、自治区、直辖市人大或政府颁布的地方性公证规范中,也设定有公证员助理的内容。[④] 此外,还需要看到的是,目前各地司法厅局出台了大量的公证员助理管理规范,国家在制定法律的过程中不能忽视地方实践中创造的经验。因此修订《公证法》时,在公证机构的组成人员中明确规定公证员助理的工种和身份有先例可循,并不存在新创设法律规定的问题。毋宁说在《公证法》上增设公证员助理的内容,仅仅是对过往行政法规的恢复性改造,抑或是将地方司法行政部门规范性文件的规定上升为法律规范而已。

第三,在《公证法》上增设公证员助理规定,是对现实公证机构组成人员从法律上予以科学划分与规范的需要。如上文所述,目前,全国各地司法行政主管机关或者地方公证协会都针对本省、自治区、直辖市公证行业的管理需要,制定相应公证员助理管理规范。这些地方性的管理规范,一方面,结合公证机构运行的实际情况,实事求是地承认了公证员助理在公证业务活动中不可或缺的职责需要,同时也充分肯定了公证员助理协助公证员办理公证事务的积极作用。另一方面,也较为清晰地界定和划分了公证机构组成人员的框架及其职责范围,体现了公证机构内部以事设岗、以岗设职、职责分明的现代社会组织管理理念。《公证法》增设公证员助理内容的条款,既是对这种科学管理理念的肯认,也是推进我国公证机构深化体制、机制改革的现实需要。

第四,在《公证法》上增设公证员助理规定,是公证业务发展的现实需要。长期以来,由于我国执业公证员的严重短缺,导致公证法律服务供给侧捉襟见肘,不能

---

① 参见司法部律师公证工作指导司编:《中外公证法律制度资料汇编》,法律出版社2004年版,第676页。
② 参见苏国强、汤庆发、刘志云编:《域外公证法汇编》,法律出版社2015年版,第23页。
③ 参见上书,第73页。
④ 如1990年10月24日由广东省人民政府批准印发的《广东省公证工作暂行规定》第4条规定:"公证处由公证员、助理公证员及其他工作人员组成。公证员、助理公证员经考核后统一由省司法厅任命。"参见司法部律师公证工作指导司编:《中外公证法律制度资料汇编》,法律出版社2004年版,第287页。

完全满足广大人民群众日益增长的公证法律服务需求。这一状况，在全面建设社会主义现代化的新时代尤显突出。正如全国人民代表大会常务委员会执法检查组在《关于检查〈中华人民共和国公证法〉实施情况的报告》中所指出的那样：目前，《公证法》实施中一个突出的问题是，公证员数量总体不足，部分基层、偏远地区公证员队伍缺口问题严重。① 与此同时，全国的公证业务办证量却呈现大幅攀升之势。近5年来，全国公证行业年均办证总量均在1200万件以上，公证员年均办证量在800件以上，办证任务十分繁重。以四川为例，2021年全省公证机构共办理各类公证事项118.44万件，公证员人均办证量达到1198件。要完成如此大的公证办证量，如果没有公证员助理的辛勤协助，将难以进行。

第五，在《公证法》上增设公证员助理规定，是公证机构深入开展公证便民利民服务的实际需要。2021年1月1日起实施的新修订的《公证程序规则》已经将"便民"设定为公证活动中与客观、公正并列的一项基本原则。② 在这一大背景下，公证法律服务的便捷、高效、精准、普惠，已然成为常态。公证法律服务不再局限于坐堂办证、"拿证换证"，而是要按照"放管服"改革的要求，实行"减证便民"，让当事人"最多跑一次"甚至一次都不跑。这一公证法律服务方式的重大变革，需要公证机构和公证员按照"证明材料清单制"，主动调查核实公证事实和证据，需要深入基层，依托于各层级的公共法律服务平台，向广大人民群众提供就近、贴近、及时、快捷的公证法律服务。在这一新常态下，公证员办理公证更加需要公证员助理的大力协助，否则，便不能满足人民群众日益增长的高效、便捷化公证法律服务需求。也正是在这一便民公证服务的新常态下，笔者认为，公证员助理在法律上的明确肯认，比过往任何时候都显得更加重要和急迫。

第六，在《公证法》上增设公证员助理规定，有利于公证员队伍的建设和发展。笔者在调研中发现，四川省近十余年来，公证行业新增加的执业公证员绝大多数均有着担任公证员助理的经历和背景。这些青年公证员，要么是通过从事公证员助理工作熟悉法律和公证知识后，再通过法律职业资格考试走上公证员岗位；要么是大学毕业后先考取法律职业资格证，然后到公证机构任职公证员助理实习1~2年后，再申报为执业公证员。依笔者推测，全国各地的情况也应当与四川的情况大致相近。笔者之所以作出如此判断，是因为全国各地的公证员助理管理规范一般都规定了公证机构配备公证员助理的比例，从而保障公证机构的准公证员或候任公证员，能够通过担任公证员助理这一路径，充分掌握办理公证事务的实际操作技

---

① 参见全国人民代表大会常务委员会执法检查组：《关于检查〈中华人民共和国公证法〉实施情况的报告》，载中国人大网，http://www.npc.gov.cn/npc/c30834/202112/ce7508b19a8248dfab686ef9c91bf8dc.shtml，2023年1月5日最后访问。

② 参见司法部《公证程序规则》（2020年修正）第2条。

能,为正式担任执业公证员做好准备。如四川省规定,公证机构中公证员助理的比例可以为公证员人数的 2 倍[①];江苏省规定,公证员助理可以按公证员人数的 1.5 倍配置[②]。由此不难看出,公证员助理岗位在法律上的确立,对我国公证员队伍的建设与发展,能够起到后备人才孵化器的积极作用。

余　论

现代公证制度既是一项预防性法律制度,也是一项治理性社会制度。作为以机构本位为基本公证立法模式的我国公证制度而言,公证机构的治理也必然是此项制度的一个重要方面。在这个意义上,毋宁说,只有公证机构的治理达到规范化、科学化,公证的预防性法律功能和治理性社会功能才能得到有效发挥。从现代管理学的视角审视,"正是各个要素的集成,而非个别要素,构成了科学管理"。[③] 公证机构的科学管理也是如此。如果法律上只规定公证员这一个核心要素,而忽视了公证员助理和公证机构其他工作人员这些不可缺失的必备要素或者辅助要素,那么作为一个承担着预防性司法职能,体现着现代社会非营利组织文化色彩的公证机构而言,其组织建设的科学化管理就无从谈起。从这一侧面,也可以发现修订《公证法》时,增加公证员助理规定的必要性和其积极意义。

---

① 《四川省公证员助理管理规定(试行)》第 6 条规定:"公证员助理职数,由公证处根据公证业务需要,在不超过本处公证员人数 2 倍的幅度内确定。"

② 《江苏省公证员助理管理办法》第 8 条第 3 款规定:"公证机构可按照执业公证员人数 1.5 倍的数量配备公证员助理。"

③ 参见[美]弗雷德里克·泰勒:《科学管理原理》,马风才译,机械工业出版社 2021 年版,第 25 页。

专题六　我国不动产法定公证制度的重新审视与规则构建

廖永安　蒋龙威[*]

引　言

纵观世界各国的公证立法,尤以拉丁公证国家为典型,法定公证制度通常为其重要的组成部分。而在法定公证制度中,不动产物权变动以其类型之繁多、占有关系之复杂、牵涉利益范围之广泛而被普适性作为适用对象。[①] 然而,同样作为拉丁公证国家,我国的不动产法定公证制度却长期处于缺位状态。尽管在2007年《中华人民共和国物权法》[②](以下简称《物权法》)颁布前,我国学界对《物权法》中是否应当规定法定公证制度进行了一场广泛的讨论,并且多数学者认为应当将部分不动产物权变动行为纳入法定公证的范畴。[③] 但是,与学界对法定公证纳入《物权法》的呼吁形成强烈反差的是,最终颁布的《物权法》并未有涉及公证的规定。尽管不动产法定公证制度长期处于缺位状态,但是有关不动产强制性公证[④]的规则在实践中却曾普遍存在,如1991年公布的《司法部、建设部关于房产登记管理中加强公证的联合通知》[⑤](以下简称《联合通知》)。虽然就效力层级而言,该文件难以望法律、行政法规之项背,但是在实践中却也留下了预防纠纷并为不动产物权变动保驾护航的印记,而这本应是不动产法定公证制度所应发挥之功效。与不动产法定公证制度的缺失相伴随而来的是,我国涉不动产纠纷案件数量近年来呈井喷式增

---

[*] 本文作者:廖永安,法学博士,湘潭大学教授、博士生导师;蒋龙威,湘潭大学法学院硕士研究生。
[①] 参见黄辉:《中国不动产登记制度的立法思考》,载《北京科技大学学报》(社会科学版)2001年第3期,第67页。
[②] 《民法典》自2021年1月1日起实施,《物权法》同时废止。
[③] 参见汤维建、陈巍:《物权登记与法定公证制度》,载《法学论坛》2007年第1期,第22页。
[④] 为与法定公证进行区分,本文将法律、行政法规之外的应当进行公证的规定称为强制性公证。
[⑤] 该文件已于2016年7月5日被废止。

长,这一现象自 2016 年《联合通知》被废止以来尤为明显。通过中国裁判文书网检索案例可以发现,我国法院 2016 年共审理涉不动产的案件数量为 105492 件,然而,而后仅一年时间,案件数量便增长近一倍,达到了 186878 件。更为夸张的是,2020 年审理的案件数量增长至 376824 件,与 2016 年相比,案件增长率竟高达 257.2%,而在同一时间段内,我国整体的案件增长率仅为 41.5%。[①]

面对社会转型期纠纷数量的急遽增长,党的十九届四中全会明确指出,要坚持和完善中国特色社会主义制度、推进国家治理体系和治理能力现代化。然而,透过纠纷数量这块"投影布",映射出在不动产领域国家制度未臻完善与治理能力趋于弱化的图景。故而,不动产法定公证制度的缺失所造成的绝不仅仅是公证难以获得改造与重塑不动产登记环境的机会,更为严重的是,会导致社会秩序紊乱、阻碍国家治理能力提升。基于此,重新审视并建构我国的不动产法定公证制度是党运用法治方式增强国家治理能力的重要程序,亦是对习近平法治思想中"必须坚持从中国实际出发""学习借鉴世界上优秀的法治文明成果"的基本遵循。

一、不动产法定公证制度的现状检视

(一)立法导向:相关规定的日趋消弭

1. 不动产法定公证制度长期缺位

根据我国《公证法》第 11 条和第 38 条可知,法定公证是指对于法律、行政法规规定应当公证的事项,有关自然人、法人或者其他组织依法向公证机构申请办理的公证。此外,在向全国人大常委会提交的审议报告中也曾明确将法律、行政法规中规定的"应当公证"认定为"法定公证"。[②] 故我国的法定公证事项应当只能由法律、行政法规进行规定。而纵观法律、行政法规的规定可以发现,即使法定公证曾经存在,但是相关规定很快便"消亡"。[③] 与涉外收养等事项不同的是,不动产物权变动从未被纳入法定公证的范畴。尽管在《物权法》颁布前,《联合通知》已施行长达 14 年之久,其中继承房产办理继承权公证、赠与房产办理赠与公证更是成为实

---

① 此数据来源于《中华人民共和国最高人民法院公报》。
② 参见杨遂全:《民商监管机制与法定公证研究》,法律出版社 2011 年版,第 3 页。
③ 如我国 1991 年颁布的《中华人民共和国收养法》(以下简称《收养法》)曾经将涉外收养纳入法定公证的范畴,该法第 20 条规定,外国人在中华人民共和国收养子女,应当提供收养人的年龄、婚姻、职业、财产、健康、有无受过刑事处罚等状况的证明材料,该证明材料须经其所在国公证机构或者公证人公证,并经中华人民共和国驻该国使领馆认证。该收养人应当与送养人订立书面协议,亲自向民政部门登记,并到指定的公证处办理收养公证。收养关系自公证证明之日起成立。但随着《收养法》的修改与《民法典》的颁布,涉外收养应当进行公证的规定已不复存在。

践共识,但是《物权法》及近年颁布的《民法典》却未提及该制度。因此,不动产法定公证制度在我国长时间以来处于缺位状态。

2. 地方性法规中不动产强制性公证规定逐渐减少

长期以来,地方性法规中的强制性公证规定普遍存在。以省级行政单位为例,共有20个省、自治区及直辖市的公证条例或公证规定存在或曾存在关于不动产强制性公证的规定。如《黑龙江省公证条例》规定,城镇私有房屋的赠与、继承、分割应当办理公证。但随着社会的发展,地方性法规中不动产强制性公证规定的数量呈现逐渐减少的趋势,如2000年颁布的《内蒙古自治区公证条例》曾规定房屋的买卖、抵押、赠与、分割、继承、交换应当由当事人向公证机构申请办理公证,但2022年修订《内蒙古自治区公证条例》时该项规定已被删除。据统计,目前仅《山西省公证规定》与《黑龙江省公证规定》两部省级行政单位的公证规定尚存在涉及不动产强制性公证的内容。在不动产交易日趋频繁复杂、公证制度渐臻完备的情况下,不动产强制性公证反而渐失立足之处。

从图1不难发现,1993年后,涉及不动产强制性公证的地方性法规数量开始大幅上升,而这一变化的出现应该说与《天津市公证若干规定》的发布不无关系。在《天津市公证若干规定》发布后不久,司法部随即下发了《关于转发〈天津市公证若干规定〉的通知》,其中明确要求各省、自治区、直辖市司法厅(局)予以参照。以此为肇始,各地司法行政机构纷纷予以效仿。① 此外,观察图1还可以发现,以2006年、2007年为时间节点,开始呈现与此前完全相悖的下降趋势。这一情况的出现可以归因于以下两点:其一,2005年颁布、2006年实施的《公证法》使部分学者

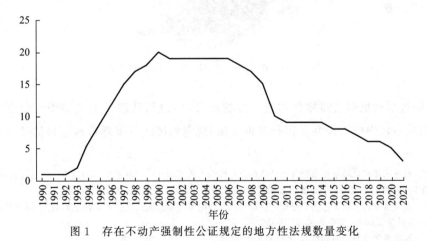

图1 存在不动产强制性公证规定的地方性法规数量变化

---

① 在该通知中,司法部还明确提出要争取在地方立法中将一些对稳定经济秩序,保护合法经营和公平竞争有重要影响的公证项目固定下来。这一目标的提出对之后地方性法规中不动产强制性公证的规定产生了重要影响。

以其第11条为理据,认为带有强制性质的公证规定只能由法律、行政法规来创设,其他规范无权对之进行规定。[①] 更有学者指出,我国各省、自治区、直辖市通过地方性法规所确立的强制性公证规定从2006年起就不再具有效力了。[②] 其二,2007年施行的《物权法》中法定公证条款的阙如,引发了兹后废止公证条例、删除不动产强制性公证规定的浪潮。

(二)司法旋律:对公证前置的取态不一

为检视法院对不动产登记中公证前置之态度,本文选取了行政诉讼中不履行法定职责这一案由为视角,通过法信数据库和中国裁判文书网以公证、登记为关键词进行检索,在排除无关案件与重复案件后,共有27件案件可作为有效分析样本。[③] 在这27件案件中,法院对不动产登记中公证前置持赞同态度的有10件(见图2),如靳传文与合肥市房地产管理局不履行法定职责一案[④]、赵芙蓉与天津市红桥区房产总公司不履行法定职责一案[⑤]。而持反对态度的则有14件,如金桂芳与绍兴市住房和城乡建设局不履行法定职责一案[⑥]、汪仁怀与句容市人民政府不履行法定职责一案[⑦]。此外,有3件案件回避了不动产登记中公证前置的问题,未表明对此持何种态度。综上可见,我国法院对不动产登记中公证前置的取态不一。

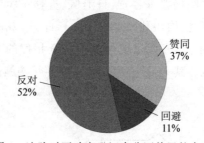

图2 法院对不动产登记中公证前置的态度

通过对持反对态度案件的进一步梳理可以发现,其理由主要集中于以下三个方面:其一,《中华人民共和国行政诉讼法》规定人民法院审理行政案件的依据为法

---

① 参见杨伟东:《继承受遗赠强制公证的合法性和未来走向——以陈爱华诉南京市江宁区住房和城乡建设局不履行房屋登记法定职责案为分析基点》,载《法律适用》2015年第4期,第100页。
② 参见杨翔:《公证正在失去平衡——论〈公证法〉的影响及公证制度的若干问题》,载《湘潭大学学报》(哲学社会科学版)2008年第3期,第15页。
③ 检索案例分布的时间段为2013年至2021年。
④ 参见合肥市中级人民法院(2014)合行终字第00175号二审行政判决书。
⑤ 参见天津市红桥区人民法院(2015)红行初字第0043号一审行政判决书。
⑥ 参见绍兴市中级人民法院(2015)浙绍行终字第125号二审行政判决书。
⑦ 参见江苏省句容市人民法院(2015)句行初字第22号一审行政判决书。

律、行政法规及地方性法规,而《联合通知》不属于上述类别之一,故不能对其中要求公证前置的规定予以适用。持此种观点的案件共有7件,在数量上占据了多数,如周秀琴、周雪芹等与金乡县房产管理局不履行法定职责一案①。其二,法律、行政法规中并未有不动产登记公证前置的规定,因此行政机关不能在这之外创设新的权力来限制或剥夺行政相对人的合法权利。持该观点的案件如于凯因认为齐齐哈尔市房产管理局不履行房屋变更登记职责一案②。其三,《房屋登记办法》中并无公证前置的规定,持这一观点的案件如原告李庆、李衡亮诉被告衡南县住房和城乡建设局不履行法定职责一案③。

此外,需要指出的是,在反对不动产登记公证前置的案件中,还包括最高人民法院的公报案例,如原告陈爱华诉被告区住建局不履行房屋登记法定职责一案④。由于最高人民法院公报案例具有超越个案之影响,故而可以预见,就司法维度而言,若无不动产法定公证制度,法院对不动产登记中公证前置的认可度无疑会呈逐渐降低的趋势。

二、不动产法定公证制度长期缺位的成因分析

(一)立法的二元性引发其衔接障碍

我国的公证立法由两部分构成,一是关于公证机构的组织法与公证程序法(以下简称"组织、程序法"),二是关于公证机构的活动法(以下简称"活动法"),前者体现为我国的《公证法》,后者则体现为《民法典》《中华人民共和国公司法》等法律中关于公证运用的规定。⑤ 前述所称即为公证立法的二元性。以我国公证法制之流变为视域不难发现,活动法常常落后于组织、程序法。新中国公证制度恢复以来,最早的组织、程序法为1982年颁布的《公证暂行条例》,而此时的活动法仅为同年颁布的《中华人民共和国民事诉讼法(试行)》⑥,随着社会的发展,组织、程序法渐趋完善,至2005年《公证法》的颁布,已形成一个较为完备的体系。反观活动法,虽然也曾受到重视,然而从长期的视角观之,二者却处于迥异的两条轨道当中。⑦ 究

---

① 参见山东省嘉祥县人民法院(2016)鲁0829行初14号一审行政判决书。
② 参见齐齐哈尔市龙沙区人民法院(2015)龙行初字第34号一审行政判决书。
③ 参见湖南省衡南县人民法院(2016)湘0422行初1号一审行政判决书。
④ 参见南京市江宁区人民法院(2013)江宁行初字第49号一审行政判决书。
⑤ 参见徐国栋:《公证制度与民法典》,载《中国司法》2005年第7期,第61页。
⑥ 其中对公证书的效力、赋予强制执行效力债权文书的执行等内容进行了规定。
⑦ 之所以称其曾经受到重视,是因为我国的《收养法》《中国银行对外商投资企业贷款办法》等法律、行政法规曾经规定了涉外收养、抵押贷款的抵押文件等法定公证的内容,但这些规定很快便被修改或废止。

其原委,可以归因于公证立法的二元性引发了二者之间的不均衡发展,最后便演变为如今的衔接障碍。

以《民法典》的立法过程为例。无论是最终颁布的《民法典》还是此前有关学者起草的草案,都未见到不动产法定公证制度的身影。如在梁慧星教授主编的《中国民法典草案》中,共计有 1924 个条文,但涉及公证的仅 9 条,其中法定公证的范围仅包括企业担保的设定行为,未涉及不动产领域。① 再如王利明教授主编的《中国民法典草案建议稿及说明》,全文共 2056 条,其中仅 5 条涉及公证,法定公证的范围仅限于遗嘱管理人的遗嘱清册,同样不包括不动产领域。② 由此观之,不动产法定公证制度并未得到民法领域学者的重视,而这也正是公证立法二元性所引发衔接障碍中的一个缩影。

(二) 不当干预公民契约自由的质疑长期存在

契约自由原则,萌生于古希腊、亚里士多德和斯多葛学派的自然法思想,发展至今,其内涵可概括为缔约的自由、选择相对人的自由、契约内容的自由、契约形式的自由等方面。③ 可见,不动产法定公证制度将公证作为交易双方所达成契约生效的条件,侵犯了公民契约形式的自由。然而,对契约自由的干预并非被绝对禁止,当公民之间的契约涉及国家利益、社会公共利益时,国家便需对之进行限制。实际上,契约自由原则的发展同样也经历了从契约自由的绝对化向相对化的转变。在自由资本主义时期,人的意志得到绝对的尊重,"人们可以依其自身法则去创设自己的权利、义务"④。但是,当完全竞争的市场经济"失灵"时,国家便不能任由市场主体以契约自由原则作为其"免死金牌"而对涉及国家利益、社会公共利益的契约行为"坐以待毙",如现代各国的合同法中,几乎均确立了公序良俗、诚实信用原则,若当事人之间的合同有违这两个原则将被认定为无效。基于此,在一定情况下对公民之间的契约自由进行一些限制尤有必要。

然而,这种限制的边界却并非总是泾渭分明。换言之,国家公权介入个人私权的时机往往难以把握。若将公权与私权的范围比作以立法权、行政权和司法权为

---

① 参见梁慧星:《中国民法典草案建议稿》,法律出版社 2003 年版,第 39、110、193、214、355、357、376、378 页。

② 参见王利明:《中国民法典草案建议稿及说明》,中国法制出版社 2004 年版,第 82、86-88、90、144、191 页。

③ 参见蔡文成:《自由、正义、秩序:契约自由原则的价值变革与重构》,载《私法研究》2015 年第 1 期,第 73-74 页。

④ 王丽萍:《对契约自由及其限制的理性思考》,载《山东大学学报》(哲学社会科学版)2006 年第 6 期,第 111 页。

中心的"场域",则该"三权"因与公权联系最为紧密而处于最内侧的同心圆上,从该同心圆向外延伸,随着与"三权"联系越来越弱而逐渐转为公民私权范围。而两者的交界点处于何处,往往取决于社会的发展情况,如在不动产交易尚不频繁时,未有造成市场失灵之风险,公权便可以无须扩张以对之进行干预。故而,过往对不当干预公民契约自由的质疑使不动产法定公证制度的构建难竟其功。

(三)增加交易成本侵犯公民私益

交易成本的增加体现为以下两个方面:公证费用的支出与核查成本的增加。前者是指当事人除缴纳不动产登记费用外仍需额外支付一笔公证费用,后者是指对当事人不动产交易情况的核查除登记部门的审查外还需增加公证机构的审查。尽管核查成本的增加部分由公证机构负担,但是该成本的负担以当事人缴纳公证费用为代价,其实质仍属于对公民私益的侵犯。此外,反对不动产法定公证制度的学者还认为这一制度将导致公证行业对不动产领域的垄断,以至于其他中介机构无从涉足,并在没有市场竞争的情况下导致公证作用"质次价高"的情况出现。① 故由此来看,公民支付了相应的公证费用却难以获得与之相匹配的服务是对其私益的进一步破坏。虽然不动产交易是否安全事关国家利益、社会公共利益并由此给予了公权介入公民契约自由的可能性,但是以侵犯公民私益为代价终究难以符合我国"以人民为中心"的理念导向,且现今公民个人权利意识的勃兴也为该制度的构建加大了阻力。

(四)公证参与不动产物权变动历史传统的缺失

纵观各国法定公证制度的发展脉络可以发现,几乎每个国家均自公证制度建立起便存在参与不动产物权变动的规定。如日本的公证制度更是直接缘起于对土地自由交易的干预。此外,在德国、瑞士等国家,虽不至日本般重视公证在不动产物权变动中的作用,但在公证制度的发展过程中,不动产法定公证却也始终占据十分重要之地位。与世界各国的不动产法定公证形成鲜明对比的是,我国的公证制度长期以来缺乏参与不动产物权变动的传统。其具体缘由可以从我国公证制度建构的历史环境中得以管窥:我国公证制度嚆矢于计划经济时代,其时不动产买卖等重大事务是在国家计划内流转,故法定公证无存在之必要。② 故而,我国公证制度自然不会存在参与物权变动之传统。然而,令人感到吊诡的是,在向市场经济体制

---

① 参见陈康:《刍议深化改革期拓展公证业务的方法——从顶层设计到新动能培育》,载《中国公证》2017年第12期,第12页。

② 参见薛凡主编:《公证改革的逻辑——基于公证属性、全球和中国语境展开》,厦门大学出版社2018年版,第67页。

转型的过程中,多年来仍未对不动产交易等重大事项施行法定公证。因此,建构一套与国家经济体制相适应的公证制度应当是未来公证改革的方向之一。

三、不动产法定公证制度引入的多维证立

(一)基于国家利益保护的有限干预

在现行不动产登记实行国家赔偿的背景下,登记人员怠于履行职责并导致登记错误的情况时有发生。而国家赔偿的金额往往十分巨大,如深圳规划国土局曾因登记错误被广东省高级人民法院判决赔偿 870 万元,这也创下了当时国家赔偿的最高历史纪录,且赔偿的确认经过了长达 6 年的诉讼。[①] 昂贵的赔偿金额与长期处于悬置状态的法律关系无疑会对社会秩序之稳定造成强烈冲击,而依靠诉讼手段解决不动产纠纷,除国家司法资源的投入外,还需要当事人在时间与金钱方面的额外支出。因此,由现行不合理的不动产登记制度所衍生出的纠纷,不仅侵害了国家利益,更是与"提升人民满足感、幸福感、获得感"的制度旨趣背道而驰。故而,借此可以洞察出,当事人之间的不动产契约需要国家公权的及时介入。然而,公权的介入不能只聚焦于碎片化地修复已破坏的社会秩序,而应当转变治理思维,以预防纠纷的发生为切入点。

基于此,宜选择一种有限的国家干预手段,以降低纠纷发生的风险。新古典经济学家认为,实现资源最优配置的重要途径是自愿交易,而私人合同是交易双方保障自愿交易的一种内在自我救济机制,但与此同时,"在一个交易成本为正的世界里,自我救济往往是不够的,还需要外在的公共救济"[②]。法定公证便是这样一种公共救济的机制。当事人在进行交易时,都希望能"从合作中获得回报、合作愿意接受的价格及其他与承诺相关的信息,这些信息的不对称会阻碍正常交易的顺利进行"[③]。而作为多数当事人一生只经历一次的不动产交易,在社会信用体系未臻完备的背景下以其涉及财产金额之大、当事人经验之缺乏而使交易双方都更迫切地希望对方披露全部信息。因此,法定公证作为一种强制披露交易信息的手段便具有了合理介入的空间,其可以实现双方当事人的需求以促使交易的安全达成,并进而达到维护国家利益的目的。

[①] 参见黄群、薛凡、李华玺、陈德锋:《物权法中引入公证制度的建议与论证》,载《中国司法》2005 年第 9 期,第 53 页。

[②] 史晋川、吴晓露:《法经济学:法学和经济学半个世纪的学科交叉和融合发展》,载《财经研究》2016 年第 10 期,第 60 页。

[③] 史晋川、吴晓露:《法经济学:法学和经济学半个世纪的学科交叉和融合发展》,载《财经研究》2016 年第 10 期,第 61 页。

(二) 对政府"放管服"改革的因应

"放管服"改革,是党的十八大以来我国为"促进简政放权、激发市场活力、提高国际竞争力的重要战略部署,是深化行政管理体制改革、加快政府职能转变的一场深刻的自我革命"①。在这一背景下,不动产法定公证便具有了更重要的理论价值与实践意义,具体体现在以下三方面。

1. 放权社会与多元共治格局的打造

打造共建共治共享的社会治理格局是党的十九大所提出的重要思想,其主张以各行为主体间的多元合作和主体参与作为治理基础,并在科学规范的规章制度指引下,更好地应对社会问题,促进社会资源的合理配置。② 故而,在我国公证机构彻底脱离行政体制并逐步走向社会化的背景下,由公证机构进行实质审查与登记部门进行形式审查可以共同打造不动产监管的新范式,从而实现对社会资源的重新配置与耦合,有利于打造社会多元共治格局。

2. 登记职能与监管责任的结合

放管结合意在强调在"放"的同时不能将"管"弃之不顾,若一味"放权",将会走向无政府主义的错误道路。诚然,不动产法定公证制度的施行将导致政府登记部门实质审查权的让渡,但其同时又保留了形式审查的权力,如此可以实现对公证机构与不动产的双重监管。易言之,政府登记部门职责之重心发生了从审查责任向监管责任的转移。

3. 服务效率与质量的优化

政府登记部门囿于人员有限、审查压力大、法律专业知识不足、服务意识薄弱,往往不能给予申请登记的当事人良好的服务。与之相反的是,作为公共法律服务重要组成部分的公证,在经过体制改革与职能转变后,服务能力与水平已大幅提升,且公证机构内部的竞争性也可以消弭公证产品向"质次价高"的异化。同时也有学者指出,在公证体制改革背景下,公证员的职务双重性可以使其在严守法律与社会公共立场的同时,又以自身的专业法律服务收取合理的报酬。③ 因此,不动产法定公证制度不仅不会导致公证产品"质次价高"的情况发生,反而会对于提高服务效率与质量大有裨益。

---

① 何颖、李思然:《"放管服"改革:政府职能转变的创新》,载《中国行政管理》2022年第2期,第6页。
② 参见向德平、苏海:《"社会治理"的理论内涵和实践路径》,载《新疆师范大学学报(哲学社会科学版)》2014年第6期,第19页。
③ 参见薛凡:《中国公证改革发展新阶段与公证制度的重大转型——中央深改委审议通过的深化公证改革〈意见〉解读》,载《中国公证》2021年第10期,第21页。

(三) 公证公信力与登记公示效力的内在契合

公证的公信力是指公证制度所具有的令社会公众信服的力量。具体而言,是指"公证机构通过对当事人所申请公证事项的证明而建立起一定的公共信用,法律为保护此种公共信用而推定凡经公证的民事法律行为、有法律意义的事实和文书都真实、合法"[①]。基于此,公证的公信力来源于法律的保障,如《公证法》第36条、《中华人民共和国民事诉讼法》(以下简称《民事诉讼法》)第72条等,这些条文均将有效公证文书所确定的事实纳入免证事实的范畴,与人民法院生效裁判效力相同,故从这一层面来看,公证机构的公信力与人民法院的公信力几无差别。因此,在实现政府不动产登记部门职能转变的过程中,公证机构是承担政府部门部分职能的不二人选。需要指出的是,相较于不动产登记部门,公证机构之公信力具有一定的"脆弱性",具体体现在公证书所认定的事实仍然可能被推翻,而登记公示效力却有绝对性,在诉讼中无法被推翻。[②] 然而,我们却难以判定二者的公信力孰优孰劣,原因在于不动产登记部门的公信力是以牺牲财产所有权的安全为代价,但是实际上,善意第三人的利益与财产所有权的利益两者谁更值得被优先保护往往需要结合特定个案去衡量。因此,公证的公信力在某种意义上来说更具有合理性,其可以弥补不动产登记公信力的"僵硬性",二者的结合可以谈得上相得益彰。

(四) 公证核实权对登记审查能力的补强

不动产登记审查主要包含两个方面:其一为土地登记审查;其二为房产登记审查。根据《土地登记规则》的规定,我国土地登记实行的应当是实质审查。[③] 然而,我国房产登记审查却没有明确实行何种审查形式。由于法律没有明确规定,导致实践中登记部门的审查行为较为混乱。[④] 但房产登记部门的审查行为"直接决定了房产产权是否有效、是否具有权利瑕疵"[⑤],若出现登记错误的情况,不仅会危害当事人的权利,更会导致国家利益的虚耗。基于此,若不确立实质审查的标准,将

[①] 雷达:《如何突破公证公信力的现实困境》,载《中国公证》2006年第11期,第17页。

[②] 参见蒋轲:《公证公信力的品格特征和法律思考——从与不动产登记公信力的比较说起》,载《中国公证》2008年第8期,第21页。

[③] 根据《土地登记规则》第14条规定,土地管理部门应当根据地籍调查和土地定级估价成果,对土地权属面积、用途、等级、价格等逐宗进行全面审核,填写土地登记审批表。但是,需要注意的是,由于国家土地管理局已被撤销,因此该文件实际上处于失效状态。

[④] 参见杨宏云、孙春雷:《形式审查还是实质审查——〈物权法〉不动产物权登记审查的解析及完善》,载《学术界》2008年第5期,第184页。

[⑤] 张睿:《我国转型期下公证制度转型之困——以房产产权法定公证为契》,载《云南师范大学学报》(哲学社会科学版)2013年第1期,第106页。

会导致登记后果与审查标准之间的严重失衡。与对实质审查的需求形成反差的是,登记部门并不具备进行实质审查的能力。如登记部门在对合同法律效力进行审查时,其工作人员并不具备相应的法律知识,故此时未免有"强人所难"之嫌。此外,由登记部门对合同的实质条款进行审查,将使其职责无异于司法机关,不动产登记程序将异化为向司法机关提起的合同确认之诉,如此规定将加剧我国行政权与司法权严重失衡的现状。① 相较于登记部门的工作人员,具备专业法律知识的公证员更具备进行实质审查的能力,其可以弥合登记后果与审查标准之间裂缝,且由已脱离行政体系的公证机构承担实质审查的职责亦有利于缓解我国公权力严重失衡的困境。

(五) 公证法律责任与风险承担

根据《中华人民共和国国家赔偿法》第 36 条之规定,国家只对登记错误所产生的直接损失予以赔偿。但鉴于在实践中直接损失的判定标准极为模糊,导致在认定过程中争议较大,进而造成当事人获得赔偿所需花费的时间往往较久,如在本文前述深圳规划国土局赔偿案中,当事人维权便持续了 6 年时间。此外,不动产登记错误引发的国家赔偿数额通常较大,一旦登记错误的频率变大,其将是国家难以承受之重。基于此,分担登记错误的风险殊为重要,而具备完备权利救济机制的公证机构便可以适配于此种风险分担需求。借由《公证法》第 15 条可知,参加了公证执业责任保险的公证机构,可以应对各种错证、假证的赔偿要求,不仅无须以国家赔偿为保障,且可以缩短当事人获得赔偿的周期。故而,由公证机构与登记部门共同分担登记风险是不动产法定公证制度的重要图式,不仅便于当事人维护自身权利,亦有利于解放国家财政负担。

四、不动产法定公证制度发展的具体路径

(一) 新时代不动产法定公证制度构建的基本遵循

党的十八届三中全会指出,国家治理体系和治理能力现代化是全面深化改革的总目标。因而,衡量一项制度的构建是否成功,其基本判断依据在于,对于国家治理体系与治理能力现代化的推进是否有所裨益。对于不动产法定公证制度的建构,主要着眼于以下两个价值目标的实现:

---

① 参见黄辉:《中国不动产登记制度的立法思考》,载《北京科技大学学报》(社会科学版)2001 年第 3 期,第 70 页。

1. 把非诉讼纠纷解决机制挺在前面

纠纷治理体系是国家治理体系的内生机制,而纠纷治理效能则是衡量国家治理体系、治理能力是否现代化的重要表征。2020年,习近平总书记在中央全面依法治国工作会议上指出,"法治建设既要抓末端、治已病,更要抓前端、治未病"。党的二十大报告所提出的"中国式现代化是人口规模巨大的现代化"论断,亦表明我国要注重纠纷的预防治理,以此才能避免走向西方式"诉讼大国"的道路。因此,面对日益严峻的纠纷数量增长现状,为缓解法院"案多人少"的矛盾,习近平总书记明确提出要"把非诉讼纠纷解决机制挺在前面",这也为未来我国公证制度的改革与完善指明了方向。

作为非诉讼纠纷解决机制重要组成部分的公证,素有"多设一家公证处就可少设一家法院"的美誉。故而,在矛盾纠纷的"重灾区"内,提升公证预防纠纷、化解矛盾的质效,既是对"把非诉讼纠纷解决机制挺在前面"思想的有效贯彻,亦是推进国家纠纷治理体系、治理能力现代化的重要路径。基于此,面对不动产领域矛盾纠纷频发的困局,由公证提前介入,可以过滤掉相应的纠纷风险,进而大幅提升纠纷治理效能。不动产法定公证制度的适时构建无疑是有效破解当今不动产领域诸多问题的一剂良方。

2. 共建共治共享社会治理格局的打造

社会治理格局的打造是国家治理体系的重要组成部分,对于国家治理能力的提升殊为重要。"根据马克思主义理论,回归社会是人类历史的发展趋向。"[①]我国亦有学者指出,国家权力向社会的回归是善治的本质。[②]而"共建共治共享社会治理格局"的基本意涵与上述论断高度耦合。这一治理格局的形塑,首先强调的是治理的社会化,社会力量的高度参与是这一治理格局的基本特征。在众多的社会力量中,"社会组织是社会治理中最具活跃性和潜能的主体要素,是否、如何以及多大程度上发挥社会组织的作用,事关现代社会治理格局建设的成败"[③]。与此同时,公证体制改革的推进使公证机构向着社会组织的定位逐步发展,并因此而使"共建共治共享"的理念涵摄入不动产法定公证制度的基本框架。在此意义上,不动产法定公证制度内嵌入了全新的价值取向,公证参与到不动产物权变动中不再仅仅以预防效能为理据,其仅是立法创制的法律修辞,而向共建共治共享社会治理格局的

---

① 刘燕妮:《"共建共治共享"社会治理的生成逻辑和制度优势》,载《重庆社会科学》2022年第1期,第68页。

② 参见俞可平:《治理和善治引论》,载《马克思主义与现实》1999年第5期,第40页。

③ 江必新、王红霞:《论现代社会治理格局——共建共治共享的意蕴、基础与关键》,载《法学杂志》2019年第2期,第57页。

不断聚拢则是不动产法定公证制度更深层次的意涵。

然而,社会力量的参与仅仅是共建共治共享社会治理格局最表层的特征,"社会治理的专业化"是对其更进一步的要求。有学者指出,"多元参与的问题不单纯是提升政治合法性问题,更重要的是对治效的诉求"[①]。更有学者表示,社会治理现代化就是多元主体所代表的专业化知识的融合应用。[②] 故而,由公证机构参与不动产物权变动过程,不仅仅是其社会组织的地位使然,更重要的是公证机构具有可以对不动产物权变动行为进行实质审查的"遗传基因",其法律专业性可以确保社会治理效能的提升。基于此,由公证机构掌握不动产登记的部分阀门,彰显了我国向共建共治共享社会格局与善治目标的追求。

(二) 不动产法定公证的具体适用范围

鉴于不动产法定公证制度在我国长期缺位,因此在构建之初,其适用范围不宜过宽,应当给予公证机构、登记部门以及社会公众必要的适应时间与空间。随着该制度的推广,待至实践的发展与时机的成熟,可以逐渐适当扩宽其适用范围。基于此,具体范围的划定应以实践基础与利益保护的迫切性为导向,故笔者建议,宜以地方性法规与《联合通知》中关于不动产强制性公证的规定为基础来对具体适用范围进行把控。

经过统计(详见表1),纳入各地不动产强制性公证的事项中,数量最多的为:所有房屋的买卖、涉及外国和港澳台地区的房产所有权变更、所有房屋的抵押、城镇房屋的抵押、涉外房屋的抵押、所有房屋的赠与、城镇房屋的赠与、涉外房屋的赠与、所有房屋的继承、城镇房屋的继承、涉外房屋的继承、土地使用权的转让、国有土地使用权的转让、国有土地使用权的抵押。基于此,可以考虑将以下事项纳入不动产法定公证制度的适用范围:

1. **涉及外国和我国港澳台地区的房产所有权变更**

在房产所有权变更中,涉及外国和我国港澳台地区的变更以其核查难度之大、与国家利益联系之密切而应当受到格外"关注"。此外,若不动产登记出现错误,亦加大了当事人维权的难度。因此,对涉及外国和我国港澳台地区的房产所有权变更进行强制公证是妥切保护国家利益与当事人利益的必要之举。

2. **房屋的赠与**

房屋的赠与涉及当事人重大的财产处分且该处分具有无偿性。由于实施赠与

---

① 江必新、王红霞:《论现代社会治理格局——共建共治共享的意蕴、基础与关键》,载《法学杂志》2019年第2期,第60页。

② 参见张康之:《论社会治理中的知识》,载《学海》2014年第5期,第20页。

表1 部分省、自治区、直辖市关于不动产强制性公证的规定

地方性法规	纳入不动产强制性公证的具体范围
《内蒙古自治区公证条例》	房屋的买卖、抵押、赠与、分割、继承、交换
《吉林省公证条例》	1. 房产继承权的确认 2. 房产赠与 3. 公民为处分房产所设立的遗嘱 4. 涉及外国和我国港、澳、台地区的房产所有权变更
《上海市公证条例》	1. 土地使用权的转让、抵押 2. 房屋的赠与、抵押 3. 外销商品房的买卖 4. 非居住用私房的租赁合同
《浙江省公证条例》	1. 国有土地使用权的转让、抵押合同 2. 房屋的赠与、继承 3. 有关房产所有权转移的涉外和涉港澳台的法律行为 4. 以不动产为抵押物的抵押贷款合同
《福建省公证工作若干规定》	1. 土地使用权的出让、转让及其协议 2. 房屋的买卖、继承、赠与、抵押
《湖北省公证条例》	1. 以出让方式取得的国有土地使用权转让合同 2. 城镇房屋的买卖
《广东省公证工作暂行规定》	1. 不动产的继承、买卖、转让 2. 土地使用权的出租、转让
《四川省公证条例》	1. 国有土地使用权的转让、抵押合同 2. 城镇房屋、涉外房屋的买卖、抵押、赠与、继承、分割合同(协议)
《云南省公证工作若干规定》	1. 国有土地使用权的出让、转让、抵押合同 2. 城市私有房屋的赠与、继承
《陕西省公证工作若干规定》	1. 土地使用权的转让 2. 房屋等不动产的买卖、抵押、赠与、继承

的当事人多年长,对其财产处分易受他人影响,故要求在实施房屋赠与行为时进行强制公证有利于查清赠与人的行为是否为其真实意思表示。此外,公证形式的严肃性可以使当事人对其赠与行为进行深思熟虑,进而实现对"冲动"处分房产行为的部分过滤。

3. 国有土地使用权的转让、抵押

土地在不动产中居于最重要的地位,其只能归国家与集体所有,而公民对国有土地使用权的每次处分无不牵涉最核心的国家利益,故而,为防范相应的风险,应以公证—登记的程序逻辑对之进行约束。在对国有土地使用权进行处分的行为中,转让、抵押适用范围最为广泛,故对这两种行为进行强制公证可以有效遏制侵害国家利益的情形出现。

(三) 自愿公证与法定公证收费的二元化

根据《公证法》第 46 条之规定,公证费的收费标准由省、自治区、直辖市人民政府价格主管部门会同同级司法行政部门制定。虽然各地的公证收费标准不一,但是在合同公证的收费模式上却呈现出一致性,几乎均规定按合同标的额进行收费。① 而与之相悖的是,《民法典》第 223 条规定,不动产登记费按件收取,不得按照不动产的面积、体积或者价款的比例收取。出现上述收费模式差异的原因是,不动产登记以国家的强制管理为表征,具有一定的公益性,不宜按合同标的额进行收费。因此,当不动产法定公证施行后,应采取二元化的收费模式以契合不动产登记独有的制度逻辑。在具体的构建方式上,应当权衡多方利弊,不能以牺牲某一方的利益尤其是公民个人之利益为代价,否则既会不利于制度的落地实施,亦会背离我国"以人民为中心"的目标导向。因此,笔者认为,为弥补当事人在个人成本方面的额外支出,可以考虑让作为受益方之一的政府部门以购买公证服务的方式承担(部分)公证费用。②

(四) 建立公证与登记的衔接机制

公证与登记的衔接机制是保障不动产法定公证制度顺畅运行的逻辑前提。首先,将公证设置为登记的前置性程序。其次,合理分配二者的审查形式。由于公证机构较登记部门更具备实质审查的能力,故在对公证与登记资源进行重新配置与耦合后,建构起公证机构进行实质审查与登记部门进行形式审查的新范式可以实现对资源的最大化利用。最后,明晰登记部门与公证机构的对接机制。根据《不动产登记暂行条例》的规定,不动产登记原则上应当向不动产所在地的县级人民政府申请。③ 与之相契合的是,《公证法》第 25 条规定,申请办理涉及不动产的公证,应当向不动产所在地的公证机构提出。因此,登记部门与公证机构的对接应当以不动产所在地为连接点,即不动产所在地的县级人民政府通过向其管辖范围内的公证机构购买服务,由其对不动产法定公证事项进行公证。需要指出的是,目前公证机构在县级行政区域并非全覆盖,故针对此种情况,应允许政府向其管辖范围以外的公证机构购买服务,但是公证机构的确定应当以便民利民为基本原则。

---

① 如《湖南省公证服务收费管理办法》规定,标的额在 10 万元以上的按分段累加计算法计收。《北京市实行政府指导价的公证服务项目目录和收费标准》规定,50 万元(含)以下部分 0.3%(按比例收费不到 200 元的按 200 元收取),50 万~500 万元(含)部分按 0.25%收取等。

② 此种做法存在先例,如在实践中,存在部分法院以购买服务的方式让公证参与司法辅助事务。

③ 根据《不动产登记暂行条例》第 7 条的规定,不动产登记由不动产所在地的县级人民政府不动产登记机构办理;直辖市、设区的市人民政府可以确定本级不动产登记机构统一办理所属各区的不动产登记。

（五）在公证中探索发展不动产登记代理业务

2022年4月13日，自然资源部印发的《不动产登记代理专业人员职业资格制度规定》和《不动产登记代理人职业资格考试实施办法》对不动产登记代理人制度进行了详尽的规定，这是为规范我国不动产登记制度运行而采取的重大举措。然而，这并非我国第一次规定登记代理人制度，早在2002年，我国原人事部、原国土资源部便出台文件对土地登记代理人的职业资格进行了明确规定。① 鉴于不动产登记代理人制度具有确保产权、减轻民众负担、利于房地产市场的管理与理性发展的独特价值，② 故设立该制度几乎是世界各国的普遍做法，如日本的司法书士制度、中国台湾地区的土地代书人制度等。需要指出的是，在其他国家，不动产登记代理人往往非专门的职业，通常由律师或者公证员兼任，如我国香港地区主要由律师来代理不动产登记。③ 故在公证中探索发展不动产登记代理业务是可行之策。如此既能实现资源的优化配置，又能保障不动产市场的良性运作，同时对公证制度的发展亦大有裨益。

结　　语

在过去20年内，我国两次启动对于公证体制的改革，以寻求通过提高公证人员积极性、激发公证行业自身活力来推动公证发展。毋庸讳言，公证行业在服务质量、便捷性等方面确已实现了一定的发展。然而，其作为一种公共法律服务，在预防矛盾纠纷、服务经济社会发展方面还远远不足。2021年，全国人大常委会在开展公证法执法检查时已经意识到这个问题："2006年，全国共有公证员11685人，全年办理公证业务980.7万件；15年过去了，目前全国公证人员数为13620人，全年办理公证业务仅逾1000万件，公证预防纠纷的作用发挥不够。"故而，在体制改革这一内在自我革新机制对公证发展的推动仍显乏力的情况下，有必要再考虑引入一项外在保障机制以推动公证事业的发展。不动产法定公证制度便是这样一项外在保障机制，其不仅具有预防纠纷、维护社会公共利益的效能，还可以通过其强制性来保障公证行业的业务量需求。在体制改革与法定公证的双轮驱动下，我国的公证制度便能实现更长远的发展。2021年，司法部印发《关于深化公证体制机制改革　促进公证事业健康发展的意见》，提出"对于继承等民生类公证服务事项、

---

① 参见原人事部、原国土资源部：《土地登记代理人职业资格制度暂行规定》。
② 参见谭启平：《完善我国房地产登记制度的实证思考》，载《西南政法大学学报》2004年第4期，第14页。
③ 参见李倩：《论不动产登记中的强制公证》，载《暨南学报》（哲学社会科学版）2011年第3期，第59页。

涉及不动产的公证服务事项,以及重大财产处分等涉及群众切身利益、审查核实告知公证程序要求高的公证事项,结合实际情况,稳慎推进扩大执业区域"。这一改革意见为不动产法定公证制度之推进提供了政策动力。

不过,增加公证行业业务量并不能作为不动产法定公证制度构建的出发点,该制度构建的出发点应当始终是预防纠纷、维护社会公共利益。著名法理学家富勒曾言:"法治的目的之一在于以和平而非暴力的方式来解决争端。"这也是我国推崇非诉讼纠纷解决机制的重要出发点之一。在众多的非诉讼纠纷解决机制中,公证无疑具有最强烈的"和平"属性,其以预防纠纷的形成为己任,因而与我国从末端治理向前端治理的社会治理理念的转变相耦合。基于此,面对日益增长的不动产纠纷案件数量,公证的适时介入殊有必要。而实践中不动产强制性公证规定的"大行其道"亦洞察出社会对不动产物权变动行为进行强制公证的诉求。若对社会的诉求一直悬置,极有可能导致"滚雪球"式社会秩序的紊乱。正如马克思所言:"社会不是以法律为基础,那是法学家的幻想,相反,法律应该以社会为基础。"唯有以此作为不动产法定公证制度构建的立足点,才不至于使其如一株自由生长的野生植物一般,虽开枝散叶,却不知导向何处。

专题七 论新形势下公证调查权对真实性的保障与实现
——兼论对《公证法》第29条的完善建议

许 婧[*]

长期以来,公证机构在我国发挥着预防纠纷、定纷止争的作用。公证作为预防性司法制度、综合性公共法律服务的重要一环,在化解财产纠纷、融洽人际关系、促进民商事交易安全等方面发挥着较大作用。以公证在继承中的效能为例,其因更易被大众所接受而帮助法院节约了大量司法资源。以近3年笔者所在公证机构与笔者所在市的某基层法院为比较对象:基层法院2019年、2020年、2021年继承案件的收案数量分别是170件、144件、166件(平均每年160件),而笔者所在公证机构办结继承公证数量分别为3690件、3796件、3752件(平均每年3746件)。通过以上数据可以发现,公证制度通过去对抗化设定减轻了法院的诉讼压力,减少了当事人的诉累。

自《公证法》开始实施至今,公证事业不断推进。公证行业以人民利益为出发点和立足点,进行了全方位的改革和创新,顺利完成了公证机构向事业单位的转型和合作制体制的试点,坚持发挥"服务、沟通、证明、监督"的职能作用,更好地维护了国家利益和公民、法人及其他组织的合法权益。在公证具体业务的办理中,公证机构同样遵循"以事实为依据,以法律为准绳"原则,努力追求"客观真实"和"法律真实"两者的平衡以保证公证质量和公信力。

一、真实性的要求:公证属性与法律职能的内在因应

(一)公证公信力对真实性的要求

公信力就是使公众信任的力量,其在公证中的体现则是通过特定的程序来最

---

[*] 本文作者:许婧,江苏省无锡市梁溪公证处公证员。

大限度地降低交易风险,进而满足社会公众所期望的公平与正义。为实现上述愿景,则需要真实表达出公证机构的公共权威,即体现公证工作的权威性和影响力,反映人民群众对公证工作的满意度和信任度。因此,公证的公信力要求公证工作遵循真实性、合法性的原则。公证质量是公证公信力的标志,是当事人权益的保障,是公证工作的生命和灵魂,是维系公证事业健康持久发展的基础。《公证法》全文共47条,其中共8个条文[①]、10处内容出现了"真实"二字,足见公证工作对真实性要求之高。

(二)公证证明力对真实性的要求

公证的职能作用是"服务、沟通、证明、监督"。然而,社会公众对公证机构的认识却呈现出正负面认知交叠、认知模糊居多的多样化特征,更有甚者还留有公证摇号、抽奖的片面印象。以上现实困境均是对公证职能的误解,具有中立、非营利和公益属性的公证制度作为社会信用的重要载体和法律制度保障,既是判断民商事行为是否真实合法的重要途径,也是司法机关裁判纠纷的重要根据。

真实性是公证证明的本质要求。传统观念认为,公证证明所要求的真实性仅针对公证词所表述的特定部分,而非公证文书涵盖的所有内容,同时此种真实应当是"法律真实"[②]而非"客观真实"。但是在新形势下,公证已经成为社会多元化纠纷解决中的核心一环,公证公信力不断增强,社会公众也对公证真实性有了更高的期望,要求公证能提供公证文书中实质内容为真实的证明效力。从《民事诉讼法》第72条的规定来看,已为有效公证文书所证明的事实在没有相反证据足以推翻的情况下可以作为免证事实。正因为公证具有高度证明力,便更需保障证明对象的真实性。在服务、便民等公证服务要求不断加强的当下,当事人举证责任不断弱化,公证的调查核实对于公证真实性显得尤为重要。

二、真实性的基础:公证调查权与核实权的历史沿革

(一)从公证调查权到公证核实权

《公证暂行条例》《公证程序规则》均规定了公证调查权,但《公证法》《公证程序规则》均将"调查"调整为"核实"。随之而来的则是公证在司法实践中遭遇的困境,因此理论界和实务界便逐渐有恢复公证机构调查权的呼声,如在全国人民代表大

---

① 分别为《公证法》第2条、第13条、第23条、第27条、第28条、第30条、第31条、第42条。
② 所谓法律真实即是指公证员仅需按照特定的程序,根据当事人和其他相关人员的陈述以及提供的书面材料,依适当的自由心证来进行综合审查判断并出具公证书。

会2010年10月27日发布的《全国人民代表大会内务司法委员会关于第十一届全国人民代表大会第三次会议主席团交付审议的代表提出的议案审议结果的报告》中便对此进行了深入讨论。①彼时公证机构被定位为中介服务机构,其被要求作为中立的第三方并仅对按照程序要求需要核实或存在疑义的内容进行核实,以此便强化了公证当事人的举证责任。然而,在"放管服"改革、"最多跑一次"的公证模式等新形势、新要求下,以核实权为基础的公证职责履行方式已不再满足当前的公证要求。

(二)《公证法》规定核实权的实施现状

1. 公证立法现状

尽管《公证法》第29条对公证核实权进行了规定,但从目前行使现状来看,其仍缺乏制度性保障。在公权力与私权利的属性争议之外,公证调查权还陷入了无国家强制力保障的困局。尽管《公证法》规定了有关单位或者个人应当依法协助公证机构及其公证人员的核实活动,但是对不予协作的行为却未规定相应的责任进行规制,更毋谈及向其他行政机关或司法机关寻求帮助。换言之,公证立法在保障性条款方面的阙如导致公证机构在核实过程中无法有效应对有关单位或个人不合作的情形。

2. 公证实践现状

实务中公证员的核实工作往往不能满足公证证明的真实性要求,这便导致公证文书的出具陷入两难境地:一方面,公证员需对当事人提供的证据材料是否合格作出评价和认定,但公证核实权却无法有效帮助公证员及时获取证据,故而在这种矛盾下,公证便无法满足申请人对于尽快出具公证书的要求;另一方面,公证核实权无法使相关事实达到公证程序所要求的证明标准,在无法形成证据链闭环的情况下,相应的公证事项便只能根据实际情况而被终止,此时便又导致与当事人申请公证的目的相背离的情况发生。

以目前我国遗赠扶养协议公证为例。遗赠扶养协议作为对继承人以外的人或

---

① 根据全国人民代表大会于2010年10月28日发布的《全国人民代表大会内务司法委员会关于第十一届全国人民代表大会第三次会议主席团交付审议的代表提出的议案审议结果的报告》,"孙桂华等30名代表提出关于修改公证法的议案1件(第81号)。议案提出,公证法将原公证暂行条例中公证机构的调查权改为核实权,难以保证公证书的真实、合法,建议修改恢复公证机构的调查权。司法部提出,建议在调研论证的基础上,考虑修改完善公证法,或者通过立法解释完善第二十九条的规定。我委认为,为确保公证事项的真实性、合法性,公证法要求当事人承担举证责任、公证机构履行核实责任,并分别在第二十七条、第二十九条作了规定。公证法还要求,对于公证机构的核实,'有关单位或者个人应当依法予以协助',当事人'提供虚假证明材料,骗取公证书的'应当承担民事责任甚至刑事责任。这些规定符合公证机构的性质,符合公证制度改革的方向。代表在议案中提出的问题主要是属于执行中的问题"。

组织的附义务的继承协议,扶养人完全、适当履行遗赠扶养协议是继承遗赠财产的前提。但在实践中扶养人大多对此并不知悉,这也造成扶养人履行了协议却无相应证据予以证实的现象时有发生,在此时便亟待公证调查权进行介入。此外,实践中扶养人即使留存了相应证据也多为被扶养人支付生活、医疗等费用的凭证,但这些支付凭证却并非履行协议的唯一标准,仅依靠上述证据无法有效证明扶养人履行了遗赠扶养协议。鉴于部分被扶养人对生活上照护、精神上陪伴、去世后埋葬等需求更大,故在当事人对遗赠扶养协议申请公证后,公证人员往往会采取不定期上门访问、电话联系、视频等方式确认协议执行情况。此外,公证人员在遗赠扶养协议公证中亦难以把握必留份制度的适用,在"可以分给适当的遗产"条款的运用上体现得尤为明显。

再以继承公证中的具体案例为例。案例一:夫妻一方去世,有子女若干,但去世的一方隐瞒了其系再婚并有其他子女的情况,导致健在的一方及双方子女对之前的婚姻、子女信息均毫不知情。此时,公证人员便需主动调查确定继承人的范围从而帮助被遗漏的继承人参与遗产继承分配。除此之外,公证人员主动查明继承人范围的情形还包括继承中遗产管理人的确定。① 案例二:在涉外公证中当事人申请办理未成年子女的出生公证时,会出现出生医学证明上子女姓氏与父母均不同的情况;经公证人员发现,子女母亲系在未开放二胎政策时,为取得生育指标便在假离婚后与双方信任的朋友形式上再婚,进而生育了第二胎的子女。

由此可见,公证核实权已无法满足查明事实的办证需求,实务中出现的需要公证人员自行调查的情况亦证实了这一点,除了之前提及的遗赠扶养协议外,还有意定监护协议、附条件的赠与合同等其他民事协议(包括继承协议)的履行,以及出生、婚姻、财产、家庭亲属关系、生活状况、违法犯罪记录、动产或不动产的相关现状,等等。公证人员不仅需要练就材料审查的"火眼金睛",还要不断尝试与相关知情的个人和单位取得有效沟通和联系,争取得到线上、线下调查核实的配合。

3. 核实权的运行困境

在公证核实权的作用对象上,除政府机构、企事业单位、各地退休人员管理中心等常年固定的单位外,其余核实对象是否配合往往具有较强的不确定性。在实践中,时常出现公证人员当面完成了询问并制作了询问笔录但相关个人或单位却不愿意签字盖章确认的情况,这也导致了事实查明的结果处于悬而未决的状态并使公证人员无法就办证期限问题给予当事人明确具体的答复。在当前公证为民、公证便民的新形势下,公证申请人办证体验不佳,将直接对公证的公信力产生不利

---

① 根据《民法典》,继承中遗产管理人的资格需要公证人员在对继承人的范围进行查明后才能进一步确认。

影响。以笔者所在城市为例,在 2022 年 7 月启动的农房继承(受遗赠)事实调查法律服务项目中,公证机构因缺失了公证调查权而无法参与该项目的招投标,相关部门在公证以外选择了其他调查替代方案,这也使得公证在继承领域的专业能力优势无法发挥,并让公证业务大受影响。

三、真实性的保障:新形势下应赋予公证机构调查权

(一)真实证明职责需要对等的公证调查权

目前在核实过程中还存在公证员享有权利与社会公众期望公证员承担义务不一致、公证员办证风险过大问题。社会公众尤其是办证当事人通常认为公证员必须核查与公证有关的、出现在公证书里的所有事实与证据材料(包括待证文书的具体内容)。法院在审判实践中也倾向于追究公证机构、公证员在办证及核实中未达到"客观真实"的法律责任。以委托售房公证[①]为例,若持"法律真实"的标准,则只需公证证明的签名、印鉴属实即可以认定为相对应的文书属实。但仅要求公证机构、公证员尽到审慎关注义务的"法律真实"标准已不能满足社会公众对真实性的新要求。在新形势下,为了确保公证员可以履行公证证明职责,笔者建议在《公证法》中明确授予公证机构必要的调查权,以保障公证机构和公证员能够积极主动地展开调查。此外,相关法律法规应当规定,政府保管的户籍婚姻登记信息、房地产和车辆登记信息、公司和其他企业登记信息等均应向公证机构开放,公证机构、公证人应可以向个人调查,获取证言、笔录,相关部门和个人应对公证机构的调查行为予以配合。只有这样,才能使公证机构证明各类有法律意义的文书、事实的真实性成为可能。[②]

(二)司法改革新形势要求公证机构主动调查

司法行政改革要求"拓展创新公证服务领域,改进公证服务方式方法"[③]。因此,公证机构在办理公证过程中应不断摸索、创新以开拓便民利民措施,提升公证

[①] 委托售房公证是指具有完全民事行为能力的公证申请人在与公证人员的交流沟通、知晓委托的法律意义和法律后果后,由公证人员提供专业的指导和文书起草,并在确认的《委托书》文本和其他公证材料上签字的法律行为。

[②] 参见施珂芸:《我国公证制度的问题分析及其改革策略——以公共服务民营化为研究视角》,华东政法大学硕士学位论文(2014 年),第 46 页。

[③] 《全面深化司法行政改革纲要(2018—2022 年)》规定,要求"全面落实公证领域'放管服'改革要求,扩大公证'最多跑一次'的服务事项范围,实行公证事项证明材料清单制度。拓展创新公证服务领域,改进公证服务方式方法"。

服务能力,让人民群众获得更加便利、高效、优质的公证法律服务。最典型的例子就是云南省昆明市明信公证处首创并在行业内大范围自发推广的"绿色继承公证"。以房产继承公证为例,申请人仅提供身份证明材料以及被继承人的死亡证明即可申请办理,而被继承人的婚姻、继承人范围、房产权属等证明材料则均由公证机构代为收集取得。"绿色继承公证"相比传统继承公证,将当事人到处"跑腿"变为公证员精准定位收集证明材料、最大限度利用大数据信息代跑。这不仅减轻了当事人在办理继承事务提供材料方面的负担,避免了当事人盲目跑路、来回奔波,更减少了户籍、人事等档案部门在档案提供上的重复劳动,充分发挥了公证公正性、客观性、专业性、服务性优势。上述公证模式,充分彰显了公证调查权的效能,实现了公证服务模式由当事人自行提供证明材料向公证机构主动调查、收集材料的转变,是公证便民、利民、惠民的有效实践。

(三)人民法院司法辅助需要公证机构参与调查

最高人民法院、司法部联合发布的《关于开展公证参与人民法院司法辅助事务试点工作的通知》为公证调查令制度的构建创造了契机。据《民主与法制周刊》《中国新闻网》等媒体报道,2020年11月27日,北京市第三中级人民法院与北京市方圆公证处联合召开新闻发布会并现场签发了审判阶段的"公证调查令",北京市方圆公证处两名公证人员持令赴朝阳区不动产登记事务中心协助法院对涉诉不动产的相关登记材料展开调查,为查明多项权属争议,顺利开展后续审理工作奠定了坚实基础。

公证调查令制度缘起于法院的"人案矛盾"。法院在审判阶段中往往需要对当事人的婚姻状况、亲属关系、财产状况、未成年子女抚养情况、企业登记信息、经营场地等事实的真实性进行调查核实。而在执行阶段同样需要对被执行人纷繁复杂的被执行财产现状进行调查,但是囿于法院人员数量有限,案件审理压力大,对于部分调查事项无法做到事必躬亲。此时,公证以其搜集证据的专业性而契合了法院的需求。虽然公证参与法院调查是基于人民法院的司法调查权,但实际操作中仍会遭遇被调查人员不予认可法院出具的公证调查令、委托调查函并要求法院派工作人员亲自出面调查的情况,由此便会带来背离于公证调查令制度设计初衷的问题。因此公证在司法辅助中同样需要法定调查权的保障。

四、真实性的实现:完善我国公证调查权的可行路径

(一)公证调查权的法律规定完善

公证调查权是正确适用法律、及时预防民事纠纷的必备装置,其必要性体现为

以下两点：一方面，公证机构只有在配备了调查权后才具有对纠纷事件进行深入调查、分析并作出最正确、合理判断的能力，从而可以实现最大限度保障当事人利益的目的；另一方面，公证调查权的确立可以极大提高公证机构的审查效率，有利于发挥公证机构在社会治理方面的效能，保障社会公共管理的良好效果。

仅靠公证核实权的行使不足以确保部分公证事项中法律行为或事实的真实性，因此公证调查权是保证公证真实性、提高公证文书证明力的重要手段，若公证机构未配备公证调查权，却要负担实质证明的责任，则当事人申请公证的目的便难以完全实现，同时亦有悖于《公证法》的立法本意。[1] 因此，笔者建议应将《公证法》第 29 条修改为"公证机构对申请公证的事项以及当事人提供的证明材料，按照有关办证规则需要调查、核实或者对其有疑义的，应当进行调查、核实，或者委托异地公证机构代为调查、核实，有关单位或者个人应当依法予以协助。公证机构对公证的事项进行调查时，有权依法查询有关人身、财产的档案、资料、资产等情况，对物证或者现场进行勘验，收集证据材料，有关单位和个人应当予以协助"。同时，对于《公证程序规则》也应相应进行完善，并视具体情况增加有关单位和个人不予以协助的后果条款。

（二）公证调查权的信息技术完善

在符合法律法规的前提下，为确保公证文书的真实性，同时便于公证当事人办理各项公证，最大限度降低当事人为办证准备资料所需时间、精力，应建立能切实服务群众的信息化系统。具体而言，公证机构在调查过程中应与多方协商，寻求各部门的支持，在技术上建立数据资源共享和信息查询机制，紧跟社会需求，建立多渠道、多元化、全方位的平台，以便提供最为简洁、高效、优质的公证法律服务。简言之，目前亟须建立如下五种平台。

1. 全国公证联网查询平台

目前实践中办理公证常遇有如下困境：在当前全国公证书没有统一的标准制式和防伪标记的背景下，一旦当事人遇到在本地办理公证需要提供外地公证机构出具的公证书的情形，公证机构之间便只能采用电话和发函联系，这大大降低了公证的效率。所以最好的方式就是建立全国性的网上公证内部查询平台：在该平台上只需输入公证书编号以及关键词，便既能查询到相关内容以确认公证内容的真实性，又能防止公证信息材料的泄露。此外，全国范围内办理委托、放弃继承声明书、遗嘱公证、异地的赠与书、受赠书等当事人亲自办理的公证数量逐年增加，但各

---

[1] 参见李艳：《公证法的缺失及其完善》，载《山西省政法管理干部学院学报》2010 年第 4 期，第 110 页。

地相关部门的要求又不尽相同,导致不同地方办理公证事项时往往要较多地考虑使用地的情况。故而在此背景下,全国公证系统的联网对于推进综合性家事公证法律服务可以发挥较大作用。

2. 不动产联网查询平台

不动产联网查询平台可以使公证人员在办理房屋出售委托书、房屋买卖合同、继承等公证时及时掌握相关房产信息、避免遗漏房产共有人(特别是隐性共有人),有利于公证文书的正确起草,从而可以维护交易安全,避免给当事人造成不必要的损失。

3. 公安部门户籍信息联网查询平台

公安部门户籍信息联网查询平台可以使公证人员对于当事人家庭成员户籍登记关系的户籍信息的查询开辟专用通道,由专人负责登记、查询、打印,以最大限度减轻当事人在提供材料上的负担,免受来回奔波之苦。

4. 婚姻登记中心、婚姻档案管理部门的公证专用核实平台

因婚姻事项涉及个人隐私,所以办理公证事项时无法直接在线查看婚姻登记申请表、离婚协议等具体内容。因此有必要建立这样一个公证专用核实平台,通过将婚姻部门所掌握的婚姻登记信息在该平台上公布,既有利于解决财产权利上可能存在隐性共有人以及在继承中可能存在再婚配偶作为继承人的问题,又不会泄露当事人的个人隐私。

5. 已故被继承人的存款、理财产品等金融产品的查询平台

已故被继承人的存款、理财产品等金融产品同样涉及个人隐私,在该平台上进行查询确认的主要范围为被继承人的开户银行、账户等财产线索,可不涉及具体的金额。此外,根据相关文件可以在进行查询的同时进行小额提取。①

由于需要取得车辆、保险、证券等信息的情况在公证中也较为常见,且相关财产凭证被遗失的概率亦较大,故后续公证机构的调查工作可以在这几个层面不断拓展,使公证办理更准确及时。

(三) 公证调查权的信息保护完善

随着信息技术的飞速发展,若上述调查查询平台均得以顺利建立,公证工作将掌握更多的个人信息,故在此背景下,有必要加强个人信息保护。2021年11月1

---

① 根据中国银保监会、司法部联合发布的《关于简化查询已故存款人存款相关事项的通知》(银保监办发〔2019〕107号),已故存款人的配偶、父母、子女、公证遗嘱指定的继承人或受遗赠人凭相关证明材料可直接向金融机构办理存款查询业务。根据该文件精神,相关小额存款可由继承人直接领取。

日起实施的《中华人民共和国个人信息保护法》(以下简称《个人信息保护法》)明确指出,处理个人信息应该具有合理目的,其基本原则为正当、合法、必要。具体而言则是指应该与处理的目的直接相关,并且对个人的权益影响最小。落实到公证工作中,则要求公证人员在公证调查核实以及公证事项的办理中,严格遵照法律规定,收集公证当事人的相关材料以与公证事务具有关联性和真实必要性为前提。

首先,调查前,公证人员应事先向被调查单位和人员明确告知涉及的公证事项,在其知悉或同意的情况下完成调查工作并收集相关的个人信息,绝不过度调查与公证事项无关的内容。其次,调查时,应当确保被调查人员不受外界或其他因素的干扰,独立接受调查和提供相关信息。最后,调查后,则需要对个人信息加以保护,包括纸质信息保护(如身份证明材料的复印件等)、电子信息保护(录入公证系统的信息数据等),将所调查取得的结论以及收集的个人信息仅用于既定的公证目的,及时将公证资料整理、移交、归档。同时,未经当事人同意、授权,公证机构及其工作人员不得擅自将调查过程中取得的个人信息用于其他目的。

结　　语

公证作为一项预防纠纷、解决纠纷的制度,意味着公证机构、公证员可以在社会治理中大有可为。但是其前提应当是赋予公证机构相应的权能,才能使其得以大展拳脚。在新形势下,应当首先要明确公证调查权,并结合《民法典》实施以来的遗产管理人、居住权等新制度,进而开拓定制化综合公证法律服务的新领域,满足社会公众对公证真实性的期待、持续保障公证质量、维护和增强公证公信力,使公证具有更广泛的群众基础,使公证行业的发展有更大的空间。唯有如此,才能更好地使用非讼程序保障各方的合法权益,为法院系统进一步筑牢防线,最后使维护社会和谐稳定的依归得以实现。

第二编
公证服务优化与现代科技支撑

专题八　机遇与挑战:元宇宙时代公证信息化建设的推进路径

唐政委　全　亮*

公证作为一种替代性纠纷解决机制(Alternative Dispute Resolution,ADR),对缓解司法机关"诉讼爆炸"和"案多人少"的压力以及实现诉讼纠纷的诉源治理具有重要作用。但随着互联网3.0时代的到来以及元宇宙的兴起,纠纷的产生与解决形式逐渐从线下转移到线上,特别是大数据的广泛应用,使得纠纷的表现方式日渐多元化、数字化和虚拟化。传统的公证体制如何因应这种变化,是公证信息化建设工作的当务之急。

一、逻辑前提:对公证信息化内涵与建设要求的理论解读

信息化是当前社会发展的动力和载体,互联网+司法公证已成大势所趋[①],区块链、信息隐藏及互联网法律服务等技术的不断成熟也为公证行业信息化提供了强大技术支撑。但在我们全面展开公证信息化建设之前,应当首先对公证信息化的基本内涵和基本要求作出正确的解读,解决理念误区,形成基本共识。

(一)意蕴解读:公证信息化的基本内涵

根据中共中央办公厅、国务院办公厅2016年印发的《国家信息化发展战略纲要》,信息化由信息技术和信息资源两部分组成,是开发利用信息技术和信息资源,增进信息传递与知识共享以促进经济发展质量的提高,推动经济社会发展转型升

---

* 本文作者:唐政委,四川师范大学少年司法研究与服务中心助理研究员;全亮,四川师范大学少年司法研究与服务中心副主任,四川省法学会公证法学研究会常务理事。本文系四川省法学会公证法学研究会2022年重点课题"公证指导案例制度研究"的阶段性成果。

① 参见苏国强、张雪松、詹爱萍、张晓红、肖芸、王婵婵、何婷婷:《公证信息化建设》,载《中国公证》2021年第8期,第11页。

级的一种历史过程。公证信息化是以实现办证自动化、标准化、网络化,内外部信息的共享和有效利用,和最大化提高公证效能为目标,以公证业务流程优化重组为基础,充分利用互联网计算机技术和大数据库,使得管理公证业务活动中的所有信息达到集约化。所以,有学者认为公证信息化建设包含公证的信息化与信息的公证化两部分,一是"公证+互联网"即为公证的信息化,要求公证工具的信息化,包括服务和管理的信息化,解决公证业务的管理问题以及存量业务的升级问题;二是"互联网+公证"即信息的公证化,要求借助互联网技术来实现互联网和传统行业信息的公证化,并以客户需求为导向,解决公证增量业务拓展问题。[①]

(二)方向解读:公证信息化的基本要求

其实,公证信息化建设有两部分的要求:一是内部"管理型"信息化,即利用新兴互联网技术和大数据实现办公系统自动化(OA),建成公证行业内部的信息共享平台,构建公证数据网、数据库和数据平台等,进而实现内部公证管理体制的信息化,尤其是公证档案的信息化。二是外部"服务型"信息化,即利用新兴互联网即时搭建公证互联网生态系统,实现公证办理全流程的信息化,让申办人"不跑路",提高公证服务效率。尽管,目前公证信息化建设利用"互联网+"取得了一些成果,但过分看重"互联网+"而忽视大数据建立起的公证在线受理平台、网上电子数据存证平台以及将线下的平台搬到线上的做法,只是服务手段的区别,尚不足以从根本上实现公证模式的转变以及公证的信息化。

只有利用大数据才能建立公证信息数据库,使公证行业自己掌握社会中涉公证的自然人、法人或者其他组织的财产、身份和其他公证所需关键信息,公证行业才能实现信息化建设的独立与自主,从而避免过分依赖第三方数据服务商。而这些关键信息的合法抓取与存档,可以在排除非公证事项并缓解一些证明难的问题的同时,提高公证质效。此外,以公证信息数据库构建的契机为公证信息化建设提供足够的信息资源基础,并通过与其他部门信息共享的方式,打通公证与其他行业的数据信息共享壁垒,使公证信息化的建设真正融入整个社会组织的信息化建设进程中去。因此,大数据与"互联网+"的结合才是破解当前公证信息化建设难题的一剂良方。[②]而元宇宙大数据时代的到来,为公证信息化的深入进行提供了一次绝佳的机会。所以,本文尝试分析我国公证信息化建设的要点与困境并以当下正处于"风口"上的元宇宙大数据时代为切入点,力求为公证信息化迈上新台阶提出有益建议。

[①] 参见苏国强、陈艳、王倩:《"互联网+"时代下的公证信息化建设》,载《中国司法》2016 年第 9 期,第 61 页。

[②] 参见刘崴:《公证信息化建设的现状分析和发展方向》,载《中国司法》2016 年第 7 期,第 57 页。

二、机遇与挑战:当下公证信息化建设的现实思辨

我国早在21世纪之初就开始了公证信息化建设的探索,经历了四个主要阶段。第一阶段,公证主要采取的是线上预约与线下办理相结合的"互联网+预约"模式,显然这仍旧需要申办人预约成功后亲自到线下现场办理。第二阶段,公证采取了部分公证业务线上办理模式,其中线上公证存证服务可以较好地解决电子数据易丢失、易被篡改、举证艰难的问题。但公证存证只可以证明存储后的数据状态,保证事后的数据不被篡改,而对数据存证前的产生、交换等环节缺乏证明力。第三阶段,公证使用视频通信工具进行远程视频公证。在2016年司法部颁布《关于进一步加强公证便民利民工作的意见》后,绝大多数公证机构利用既有技术开发网络在线公证工具。这个阶段的网络在线公证主要是将公证业务办理过程转移至线上,但是在公证业务办理完毕后,申办人还是需要到线下领取公证文书,公证智能化程度很低。第四阶段,公证采取的是以电子公证技术进行公证,即利用电子公证技术提供的电子公证服务(公证法律服务+电子公证技术产生的不可抵赖的电子证据)。具体是指公证机构通过电子公证技术,参与并见证电子环境中所发生数字行为全过程,以电子公证技术形成的电子数据证据为依据,通过公证法律服务对数字行为的真实性进行证明。公证机构借由电子公证技术,可以确保公证机构线上服务全过程的真实性,实现最高证明力。疫情期间,为促进民众消费而推出的消费券摇号,各大公证处纷纷采用使用了电子公证作为核心技术支撑的公证摇号系统,通过电子公证技术保障电子摇号的过程公平公正。

综合上述公证发展历程可以看出,公证信息化的主要手段便是利用互联网实现在线公证智能化办理,但这种将公证业务从线下搬到线上的做法实际上只是改变了公证的物理化形式。虽然四个阶段的公证信息化建设在一定程度上可以提高公证效率,让申办人"最多跑一次",但始终未能实现高水平的自动化办公,且可以使用的信息技术资源较少,公证信息化的建设进程缓慢。可以说,公证信息化改革已经进入了深水区,必须抓住元宇宙大数据时代的机遇进行信息化建设才有焕发生机与活力的可能。

(一) 机遇:元宇宙与法律的深度交融

元宇宙逐渐成为现实并与法律进一步交融,有不少法学专家对元宇宙已经或将要产生的法律问题进行研究。一方面,元宇宙衍生出的法律治理问题在当前数字经济时代开始有所暴露,不仅带来不少值得思考的法律问题,甚至有些已经开始

挑战现有法律秩序。① 对元宇宙的法律治理将围绕着数据、算法及其构建起来的社会关系开展,将对旧有社会治理规则和方式产生挑战。② 另一方面,与传统的"互联网+"将互联网视为简单的传播中介工具不同,元宇宙是一种新的社会形态,将虚拟网络与现实高度融合,对纠纷的解决产生某些正向的影响。③

其实,作为未来人类数字生态的一种可能模式,元宇宙与纠纷解决方式某些理念和功能的共同期盼,为克服当前在线纠纷解决机制和公证信息化建设发展瓶颈以及内卷现象带来绝佳契机。

1. 元宇宙技术的整合优势可以克服"证多人少"的局限

元宇宙可以通过整合纠纷解决资源和公证资源,提供纠纷解决和公证办理的智能化方案。其基于虚拟现实性的特点,可以为公证机构、司法机关等纠纷解决机构的实体提供一个虚拟空间进行办公,让不同纠纷解决主体在元宇宙空间内相互协作,以消除平台之间的数据壁垒,实现数据信息共享,建立起跨机构联动的多元纠纷解决机制,提升各纠纷解决主体的业务能力。此外,元宇宙还可以根据各纠纷解决主体提供的纠纷信息数据和档案,有针对性地形成智能化纠纷解决方案,减少司法机关、公证机构人力和物力的耗损。

2. 元宇宙的去中心化技术可以克服传统职权主义体制的不足

元宇宙能激发公证机构等非诉讼纠纷机构的活力,提升他们的地位并推动当事人积极有效参与纠纷的解决④以及公证事务的办理。传统的纠纷解决方式是司法机关主导和主抓,忽视了当事人主体地位和包括公证机构在内的其他多元性纠纷解决主体的能动性。元宇宙"去中心化"的特点和"用户中心主义"的理念,使得其能通过去中心化元宇宙,基于 5G 互联网、区块链、AI、物联网等技术资源赋予参与主体一个虚拟数字分身,建立起一个永续开放、各主体平等、公正参与的虚拟空间(如虚拟会议)。这种虚拟空间与现实相链接,使开放式、平等式、扁平化成为常态,消除当事人、包括公证机构在内的多元化纠纷决主体参与纠纷解决的时空障碍,减少对抗与焦虑,提高其参与纠纷解决和公证事务办理的自主性和对纠纷解决的认同度,实现定纷止争。同时,市场化改革背景下的公证信息化建设必须以服务"人"为中心,利用元宇宙技术集成中心构建的虚拟空间,将申办人本身作为参与主体,而不仅仅是被公证的客户,将申办人的申办事项作为公证办理的中心,不是简

---

① 参见程金华:《元宇宙治理的法治原则》,载《东方法学》2022年第2期,第20页。
② 参见李晓楠:《网络社会结构变迁视域下元宇宙的法律治理》,载《法治研究》2022年第2期,第25页。
③ 参见喻国明、耿晓梦:《元宇宙:媒介化社会的未来生态图景》,载《新疆师范大学学报》(哲学社会科学版)2022年第3期,第110页。
④ 参见曹建军:《"元宇宙"司法与纠纷解决的智能化》,载《政法论丛》2022年第2期,第96页。

单的公证流水线作业,只有这样才能实现"证结事了"。

3. 元宇宙的虚拟现实技术可以减少公证资源的不必要消耗

元宇宙是"虚拟的真实世界",有很强的沉浸性,可以带来真实体验,链接并映射着现实①,让公证申办人切实经历公证办理的虚拟现实办理过程并有针对性地进行公证事项的申办。作为一个与现实法律世界相平行的虚拟法律世界,公证申办人通过 VR 穿戴设备甚至"脑机接口"进入元宇宙世界时,可以将自身的诉求或者是公证申办事项置于其中,通过元宇宙大数据集成中心的公证数据库资源给予申办人法律知识和实际操作的指导,指引公证申办人并根据当事人的公证申请事项进行情景模拟,推导出预估的公证办理结果,使申办人可以提前熟悉公证办理流程,补充完善公证所需的材料,避免申办人"跑断腿"。当事人身临其境并可以"倍速快进"和"拉进度条"控制公证进度的这种公证模式不仅保障当事人参与公证事项的各项权利实现,更使得公证机构可以便捷通过元宇宙的"公证接口"进入元宇宙世界,探知当事人的公证需求,有针对性地提供公证服务,将公证信息化建设完全化,实现在线公证的迭代升级。

(二)挑战:公证信息化建设的"内忧"与"外患"

互联网科技的迅猛发展,使得大批传统公证业务逐渐丧失价值的同时,公证的公信力也因为各种"绯闻事件"而大打折扣,传统公证业务与新兴事务的脱节使得公证业务流失严重,公证行业面临"内忧"与"外患"。根据 2021 年《关于检查〈中华人民共和国公证法〉实施情况的报告》显示,我国《公证法》的实施还面临公证业务量增长乏力、公证业务量地区差异较大等问题。② 虽然各地的公证机构对公证信息化建设进行了诸多有益尝试,但是仍旧存在很多难题。司法部原党组成员、副部长熊选国曾经指出公证信息化建设还存在整体管理信息化水平不高,公证业务数据的信息化进展过慢,公证行业内部与其他部门、行业之间的信息沟通共享以及协作不足等问题,公证信息化建设已经落后于其他行业。③

1. 公证行业的"内忧"

尽管近些年来公证行业立足职能定位,利用互联网大力拓展在线公证业务,推

---

① 参见黄明安、晏少峰:《元宇宙》,中国经济出版社 2021 年版,第 12 页。
② 参见全国人民代表大会常务委员会执法检查组《关于检查〈中华人民共和国公证法〉实施情况的报告》,载中国人大网,http://www.npc.gov.cn/npc/c30834/202112/ce7508b19a8248dfabb686ef9c91bf8dc.shtml,2022 年 8 月 1 日最后访问。
③ 参见《公证信息化建设存在三大问题 熊选国副部长支招儿解难题》,载搜狐网,https://m.sohu.com/a/159796053_121220/,2022 年 8 月 1 日访问。

动公证信息化建设,但整体上看仍旧存在诸多实际问题有待解决。

一是公证信息化建设理念存在误区,需要及时纠正。某些公证机构将公证信息化建设片面理解为单纯的公证在线办理,认为互联网与公证的简单结合便可以解决信息化建设问题。这种利用互联网构建网上受理平台、网上电子存证平台、将线下公证业务利用在线公证办理平台和远程视频公证系统进行公证业务线上办理的模式,只是接入手段的细微区别。虽然,前述方式的确能提高公证业务的效率,但实际上公证信息化必须得利用大数据构建起公证信息库和开放的信息共享机制,才实现公证机构信息资源的自足与"公证＋互联网＋行业"协调联动的目标。粗放式的在线公证模式已经远远落后于这个信息化腾飞的时代。

二是公证行业之间缺乏协作,重复建设造成资源浪费。实践中,绝大多数的公证机构都以公证受理平台的建设为突破口,构建自己的在线公证受理平台,并创建自己的公众号、官微甚至杂志,通过这些渠道进行反复推文与宣传自身动态与优势。但公证机构之间闭门造车,各自树立数据和建设标准的做法,形成了一种不和谐的行业竞争环境,甚至造成"敌对",致使后续公证信息化改革和统一性公证平台建设整体推进更加艰难,公证信息化建设资源的重复投入与浪费现象严重。

三是公证信息化的建设缺少体系性。公证信息化的建设必须要从理论入手,试点先行,并最终上升为统一的法律规范作为支撑。如果仅仅将公证信息化建设作为"面子工程"进行建设而忽视公证服务对象的实际情况与运作质效,公证信息化将会面临成果作出易、实际运行难的尴尬境遇。有学者曾指出公证信息化建设应当以老百姓是否觉得适应为导向,包括前端平台、后端大数据库和宣传推广三个与大数据相关的部分。①

2. 公证行业的"外患"

首先,元宇宙大数据对传统公证行业提出了新要求。元宇宙大数据是对互联网的再升级,特别是随着互联网为首的大数据经济产业的蓬勃发展,与大数据相关的如网络平台交易纠纷、网络平台电子签名纠纷、人脸数据采集纠纷等新型互联网纠纷日渐增多,而这其中所涉的电子数据的公证保存问题尤为重要。但是传统公证的网络证据保存平台相对于其他具有开放性的网络平台而言,封闭且"敏感"。所谓封闭是指公证机构所建立网络存证平台与其他网络平台和大数据库之间缺乏必要的信息共享机制,信息资源的来源单一。"敏感"则是指网络存证平台指向的新型大数据网络证据不同于传统有形的物理证据,其介质不是纸张而是计算机等

---

① 参见刘崴:《公证信息化建设的现状分析和发展方向》,载《中国司法》2016年第7期,第57页。

互联网设备,它可以将图像、声音、文字进行混合表现出来,但不能像物证一样将实物进行展示证明事实,只能是利用内容进行证明,所以网络证据客观真实性和脆弱性的特殊性更为突出。网络证据的客观真实性是因为网络数据一般不会受到外界的侵蚀,并且可以长期存储,能够客观还原实物原貌。但同时也容易被人为篡改或者丢失,实时取证较为困难,所以说网络证据具有脆弱性。加之,元宇宙大数据背景下的各种互联网接口的存在,网络证据的原始存储介质环境的"清洁性"会受到影响,极易导致网络证据在保存前就已经被"污染"。[①] 这些新业务产生的新问题,公证机构必须予以回应,并通过公证信息化建设实现公证信息数据资源的"自给",建立一个开放、透明、易接触、可靠且洁净的公证生态系统。

其次,外来行业对公证行业领地的抢占敦促公证行业必须实现模式转型。公证机构作为法律服务机构,其基本任务不在于专注信息技术的运用,但互联网相关技术与公证行业的进一步结合,使得许多公证业务面临着被其他互联网企业侵夺的危险。比如中华遗嘱库的建立,使得遗嘱公证业务逐渐被分流,而电子存证公司如"e签宝""链门户"等的兴起使得公证机构的电子存证业务又被分走了一部分,许多地区的公证机构都不得不开始自身互联网平台"公证云"的建设。2012年,上海东方公证处便开发了"公证证据室"。但是相较于其他专业且拥有自身数据源的科技存证而言,公证机构的电子存证平台没有自己的核心技术,其主要数据的来源是与之合作的第三方互联网企业,长此以往不仅容易导致公证行业的数据命脉被把控,更容易造成公证机构权威性的降低。试想如果有朝一日,这些科技公司的存证都能被赋予当然的证据效力,那么公证行业的电子存证业务将逐渐丧失存在的必要。

三、比较与借鉴:国内司法与域外公证信息化建设的前沿经验

鉴于目前公证信息化建设已经到了一个瓶颈期,因此很有必要放眼域内外信息化建设的最新有益成果,进行反思与借鉴,而我国正在进行中的智慧法院建设以及域外法国、意大利、日本等国家公证信息化建设的某些成熟做法值得学习。

[①] 参见中国公证协会《办理保全互联网电子证据公证的指导意见》第7条规定:"公证机构办理保全互联网电子证据公证,应当在公证机构的办公场所使用公证机构的计算机和公证机构的网络接口接入互联网,否则,应当对所使用的计算机进行清洁性检查。"第8条第1款规定:"公证机构办理保全互联网电子证据公证,可以使用本单位的移动硬盘、存储卡、U盘、光盘、录音机、录像机、照相机、手机等移动存储介质,也可以使用当事人或者第三人提供的移动存储介质。使用当事人或者第三人提供的移动存储介质应当对移动存储介质进行清洁性检查。"

(一) 国内智慧法院建设的前沿经验

一方面,智慧法院建设采取的基本进路便是法院信息化建设①,即借助既有数字化和网络化的基础,利用人工智能、区块链和大数据技术,将智能化融入法院审判与管理工作的全流程中,走出一条新型法院现代化道路。② 根据2021年《法院信息化蓝皮书》显示,中国法院的信息化建设已经走在了世界前列。截至2020年,我国法院信息化建设进入3.0时代,法院围绕智慧审判、执行、服务、管理构建起了智慧法院的基本体系,利用区块链、大数据、人工智能等技术,让法院信息化建设愈加智能化、精准化、集约化,并陆续试点建设互联网法院(法庭),制定在线诉讼、在线调解等在线运行规则,形成在线诉讼规范体系,固定了法院信息化建设的成果。而另一方面,元宇宙的本质就是一个技术汇集中心,是集合人工智能等先进信息技术的产物,智慧法院信息化建设利用的这些先进技术,其实都是当下元宇宙"技术包"里面的。所以,可以预见的是法院信息化建设4.0版势必会进一步加深与元宇宙的结合,毕竟建设智慧法院,离不开大数据、算法和算力的相互支撑。

(二) 域外公证信息化建设的前沿经验

2021年国际公证联盟成员大会通过了修订后的《国际公证联盟在线公证十诫》,总结了联盟成员公证信息化建设的一些有益经验,将在线公证视作目前联盟各国公证信息化建设的亮点之一。而从域外其他国家公证信息化的建设路径来看,利用互联网和大数据实现公证信息化是他们之间的共同之处,但也有些许差异,寻找之间的共性与差异,对于我国的公正信息化建设具有参考价值。

1. 法国的公证信息化建设情况

作为先驱的法国公证,对新技术的利用有着敏锐的触觉,率先实现了文书的数字化、档案集中管理、电子签名和电子公证文书、视频公证。1975年,法国公证人实现了"中央遗嘱登记库"的信息化登记;1989年,启动了不动产交易信息的数据库;2005年,实现了公证人与不动产登记部门之间的文书远程信息化传输,提高了不动产登记的效率;2008年10月28日,法国公证人签署了第一份电子公证文书,

---

① 《最高人民法院关于加快建设智慧法院的意见》指出,智慧法院是人民法院充分利用先进信息化系统,支持全业务网上办理、全流程依法公开、全方位智能服务,实现公正司法、司法为民的组织、建设和运行形态。2015年7月,最高人民法院首次提出"智慧法院"的概念,其目标就是通过推进法院信息化建设的转型升级,实现审判体系和审判能力的现代化。智慧法院的本质在于"现代科技应用和司法审判活动深入结合起来"。参见邓恒:《如何理解智慧法院与互联网法院》,载《人民法院报》2017年7月25日,第2版。

② 参见王禄生:《智慧法院建设的中国经验及其路径优化——基于大数据与人工智能的应用展开》,载《内蒙古社会科学》2021年第1期,第104页。

"电子公证文书正本中央档案库"同步成立,用以存放全国的电子公证文书。截至2020年12月31日,法国公证人累计出具了1631万份电子公证文书。实际上,法国的公证信息化建设源于法国公证人高等理事会主导推进的遗嘱存管中心,而后借助互联网技术,升级成为电子遗嘱档案存管中心。在后续的发展中,法国还依托该中心并利用互联网和大数据技术推出了一系列公证信息化产品,极大地推动了公证信息化的建设。

法国公证信息化建设高度重视互联网和大数据与公证行业的结合,并强调协会组织的牵头作用以及不同行业对公证信息化的实际需要,有针对性地进行信息化建设。首先,法国建立了遗嘱存管中心(FCDDV)。1971年普罗旺斯地区的公证负责人在马赛地区设立"遗嘱存管中心"。1976年,法国公证人高等理事会开始在全法范围内推广FCDDV,并且要求采用信息化方式管理数据。1998年,FCDDV完成公证人内网访问。其次,法国成立公证发展服务协会(ADSN)。该协会的主要使命是研发公证行业信息数据系统与网络认证系统,搭建公证人专用网络,管理公证行业的计算机文件、数据库,负责电子公证档案(含FCDDV),促进公证行业内部以及对外的互联互通。此外,该行业协会还陆续推出了Real、Télé@ctes(电子公证文书传输系统)、MICEN(电子公证文书原本保管中心)、MESSAGERIE@NOTARIES.FR(统一邮件系统)等一系列个性化公证业务咨询服务的资讯网站。[1]

然而,元宇宙世界作为一种虚拟的现实,要想利用元宇宙进行公证信息化平台的构建,身份识别尤为重要。值得一提的是,Real系统做到了身份的有效识别。Real是公证人专用网络,有如下几个功能:一是身份识别功能。法国公证人高等理事会为每个公证人都颁发了身份验证电子证书,可以完全做到公证人身份的识别与验证,保证网络的安全访问,并且该识别过程以及公证人在Real中的一举一动,包括电子签章的使用都可以被该系统完全追踪记录,实现"公证留痕"。对于拥有电子公证书的申办人来说,也可以随时进入公证发展服务协会网站核验电子公证书。法国公证人高等理事会为了防止存储在Real上的数字档案和其他隐私数据被篡改甚至是外泄,还特意开设了数字证书行政监督系统,监视证书持有人在Real上的活动。与此同时公证人通过Real访问FCDDV,采用MESSAGERIE@NOTARIES.FR收发邮件,不仅可以接入不同地区公证人事务所统一配备的办公软件,还能够达到办理电子公证书并经过电子公证文书传输系统Télé@ctes发

---

[1] 参见周志扬、吕宏庆:《法国、意大利公证信息化发展对我国的启示》,载《中国公证》2016年第11期,第32页。

送到电子公证文书原本保管中心 MICEN 存储的目的,确保公证环境与流程的隐秘性和"清洁性"。

2. 意大利和日本的公证信息化建设情况

意大利同法国一样建立了自己的公证身份认证系统,实现了数据化。意大利在 1997 年建立 R. U. N. (Rete Unitaria del Notariato)和 Notartel 公司信息技术中心,使得各地的公证人都可以通过 R. U. N. 这一全国公证专用保密网络统一办公,并利用 Notartel 公司开发的信息技术中心网络,采用统一的办公软件同其他公证机构、公民和政府部门进行安全、保密、快捷的公证学习沟通,节省了公证机构在自身管理上的耗费,将精力集中到公证服务本身去。

日本的公证信息化建设主要围绕新系统、在线认证系统和遗嘱搜索系统展开。[①] 首先是新系统,日本早在 21 世纪初便开发了电子公证系统并将其普及到了公司章程的认证中[②],该系统允许申办人以附上电子签名的形式制定电子章程申办公证。日本公证人联合会还在 2019 年前后为该电子系统引入了"在公证人在场时认证"的程序。最后是遗嘱搜索系统。从 1989 年开始,公证后的遗嘱以及与之相关的文件信息均会被该计算机系统收纳,遗嘱利益相关人可以跨区域在日本任何一个公证机构申请查询被继承人是否进行过遗嘱公证和是否存有公证后的遗嘱文件信息,如果存在,申请人便可以要求公证机构出具副本,由此避免遗嘱纠纷。

3. 小结

从上述法国、意大利和日本的公证信息化建设情况可以总结出如下经验供借鉴:首先,公证信息化建设应当趁早且步步为营。法国从 20 世纪便创建了公证数据库,并利用电子信息技术逐步构建起了公证信息化建设的基本框架,日本则是在 2000 年就开始将电子公证运用于实践,意大利全国一体的公证人网络 R. U. N. 从 1988 年至今已经运行了 34 年之久。虽然我国公证信息化的建设也是从 2000 年开始,但是至今为止还没有建立起像意大利一样统一有序的公证系统。[③]

其次,公证信息化的建设应自上而下整体推进。我国的公证体制改革推进困难且已经进入深水区,存在公证机构性质定位不明确、机构设置和管理职权主义和计划色彩过浓,公证行业协会地位式微且缺乏统一权威部门牵头等问题,严重阻碍了公证信息化的建设。而无论是法国,还是意大利以及日本,他们都有一个强有力的公证行业协会牵头进行,公证行业本身已经基本参照拉丁公证制度以服务为导

---

① 参见森田悦子:《公证活动信息化建设》,载《中国公证》2018 年第 10 期,第 32 页。
② 在日本,设立股份公司、一般法人团体或一般财团法人等法人时,需针对规定法人的成立宗旨、内部组织和活动的企业章程提交公证证明,所以只有通过公证人当面认证程序才能确保公司章程的有效性。
③ 参见刘晓东:《浅谈网络与公证》,载《天津市政法管理干部学院学报》2000 年第 S1 期,第 18 页。

向进行了改革,公证行业具有鲜明的主体性意识与服务意识,公证行业和协会的地位较高,改革的推进井然有序且统一。

再次,要重视互联网和大数据的运用,并完善配套信息化系统。法国和意大利都以自己既有的公证系统为基础进行延伸,开发了一系列衍生的信息产品,有力确保了公证行业在互联网和大数据时代的独立地位。

最后,要注重公证行业与其他主体之间的互联与资源共享。公证行业不仅需要完善自身的公证系统与平台,注意公证数据与信息的存储与保密,还要实现数据开源,即建立内外两个系统,利用电子身份认证将内网与外网隔离的同时,将外网与其他系统相链接,实现数据资源的互联互通。① 如德国、法国的公证人联手开发了 Bartolus(巴特鲁斯)平台,该平台与欧盟 EUFides 平台相链接,使得链接了 Bartolus 平台的联盟各国都实现公证电子档案无国境办理。

四、从区块链到元宇宙:元宇宙时代公证信息化建设的出路

区块链技术本身有去中心化、不易篡改性、可溯源性等特点,其与公证行业结合形成的区块链+公证发展模式符合当下公证信息技术和大数据发展的需要,形成了存证固证的"公证公信力和技术本身信任力"的双重增信效应,并且由于该技术去中心化的可信分布式存储技术,可以破解传统公证遭遇的信息易外泄、流动成本高和信息流动效率低等问题,也可以很好地契合公证信息化建设对信息数据库的建设要求。但"区块链+公证"的技术并不成熟,存在上链前信息真实性保障不足、技术 bug 使得计算机容易受病毒影响、可能侵犯公民个人隐私、数据存储平台储量有限和监管风险大等问题。所以,必须对公证涉及的电子数据进行上链前的真实性审核,为全国公证业务搭建一个可以实现资源整合与共享的平台,升级区块链技术,使公证+区块链制度更加完善。② 元宇宙作为一种技术汇集中心,是数据与人工智能先进科学技术叠加后未来数智世界的理想具象③,可以利用其技术汇集的优势解决这些问题。公证信息化建设必须有效利用元宇宙这一虚拟现实平台的优势进行构建,但应当坚持"公证本位",避免片面强调技术主导而造成公证行业自身地位的日渐势微。具体而言,可以从以下几个方面入手。

---

① 参见张雪松:《八届中国公证协会公证行业信息化建设工作情况回顾》,载《中国公证》2021 年第 8 期,第 12 页。
② 参见杜牧真、解庆利、胡继晔:《区块链技术在公证领域的应用初探》,载《贵阳学院学报》(社会科学版)2020 年第 3 期,第 45 页。
③ 参见赵星、陆绮雯:《元宇宙之治:未来数智世界的敏捷治理前瞻》,载《中国图书馆学报》2022 年第 1 期,第 52 页。

（一）原则指引：以"四大原则"指导公证信息化建设

1. 坚持合法性与直接性原则

首先，公证信息化建设的定位和主体必须合法。世界各国公证信息化的建设，无一不是在先行立法和制订程序的框架下进行的，必须要事先有法律的明确授权以及程序规则的相应修改。在公证法正式修订前，可以在已有《全国公证综合管理系统技术规范》等规范的基础上先制定《在线公证规则》，合法规制目前开展的在线公证活动，并就区块链技术等信息技术参与公证活动的具体条件与程序予以明确。与此同时，尽管不同国家和地区对公证信息化的理解以及采取的具体构建方案各有差异，但是公证信息化建设不能偏离公证制度的"原点"和初衷。根据《公证法》第6条的规定，公证机构是依法设立，以公益和公共法律服务为目的的证明机构，而公证行为是一项具有公共职能性质的非讼司法程序活动，它兼具证明和服务两种职能，是社会治理体系现代化和非诉纠纷多元解决机制的重要组成部分，具有相当的社会价值。[①] 具体包括以下两个方面：一是公证文书作出的主体要合法。公证文书必须是根据申办人的申请有享有公证职权的公证机构以及公证员依据真实的信息数据材料作出，除此以外的其他组织和个人无权作出公证文书。对于第三方企业为公证活动提供的信息数据，公证机构和公证员应当进行数据核验，确保信息数据的真实性。二是公证的程序必须合法。公证信息化建设中，公证机构和公证申办人在互联网平台通过任何信息技术手段进行的公证活动都应当严格遵守《公证程序规则》的规定，对于违反效力性强制规范的公证文书，应当归于无效。

其次，公证信息化建设要坚持直接性原则。公证信息化的实际运行中，第三方数据服务商只是公证活动的数据来源提供者，而不是数据的实际看管者，因为申办人按照公证机构的要求完成取证后，应当将第三方数据服务商提供的数据"交由"公证机构自有且有专门的电子密匙的网络存证平台存储，第三方数据服务商和申办人都无权直接接触该数据。与此同时，公证机构办理公证所需的数据应当是承办公证员可以直接接触和掌握的，包括公证涉及的提供信息数据服务的第三方数据服务商自身的资质、提供的数据来源以及质量，都要由承办公证员亲自核验。

2. 坚持可检验性原则和安全性原则

采用信息技术得出的公证结论应当是可检验的，可以做到公证过程可回溯，确保公证结论的绝对正确性。公证数据的安全性则主要是体现在公证数据中心的建

[①] 参见周志扬：《社会治理创新背景下对公证职能的再认识——从公证"证明论"和"服务论"之争谈起》，载《中国司法》2017年第2期，第55页。

设与管理方面,最重要的便是自建自管。基于信息安全、数据主权等因素以及电子公证档案的管理需要(大陆法系国家的公证档案被视为是托付给公证人管理的国家公共财产),公证信息化的建设应当确保公证系统本身和公证数据的安全性以及可靠性,具体而言,对于公证系统的信息平台应当是全国统一的公营平台,应排除具有商业或外国背景的平台,实现公证信息系统的准确性、完整性、可靠性、保密性。同时还要确保公证平台的物理安全、网络安全、应用安全和操作系统内部的安全,重点在于平台本身要有足够的能力抵御外来的计算机病毒。

在具体采取的方式上,应当采取分布式建设方式。一是数据中心可以有多个,即以省或者是某个连片区域为单位建设相对独立的公证数据中心,对于各自产生的公证信息数据自行存储在自建的公证数据中心(库)中,但是要确保该区域内的各个公证数据库可以相互关联,实现部分数据的共享,实现区域公证的协同发展。二是公证数据中心存储的内网数据只有经过公证系统电子识别认证的公证机构和公证员才有权限查看,任何其他组织和个人无权查看,保证数据中心的隐秘性和安全性。

(二)建设指引:基于元宇宙大数据的双轨建设

公证信息化的建设应当以元宇宙大数据为基础,分为内部建设和外部建设两个部分。内部建设最重要的便是公证信息数据中心的建设,外部建设则主要是指网络身份验证平台和网络存证平台的建设。

1. 内部建设:建设"五库四系统",实现"管理型"公证信息化建设

公证信息数据中心(库)应当依托公证元宇宙信息与技术这一集成中心进行"五库四系统"的建设,"五库"是指机构人员信息库、业务信息库、行业管理信息库、风险信息库、信用信息库,"四系统"是指公证行政管理和行业管理系统、公证基础数据系统、公证服务查询系统、公证征信查询系统。

在迅速增长的公证业务中,存在大量关于公证申办人,如自然人出生年月、家庭住址、联系方式等事关身份识别的重要信息,以及法人和其他组织的工商登记信息、内部交易记录等关键数据。作为一种"沉睡的数据财富",倘若公证机构能够将这些数据安全地存储在指定的数据库里,可以为公证机构业务的拓展和公证信息数据库的建设提供海量资源。但长期以来这些数据未能得到公证机构的有效重视,公证机构未能对其进行有效存储与分析并将之用于公证实践,其价值尚待挖掘。为了建设公证信息数据中心,具体可以从下列路径展开。

第一,建立业务信息库,实现公证数据信息的抓取与录入。公证信息数据库建设的基础在于电子化和数据化的海量公证数据。首先,过往的纸质数据的转化。

由于过去的公证数据往往都是纸质存档的,所以必须将这些纸质数据通过扫描或者其他方式转化成为电子数据(电子卷宗),实现公证档案的信息化。虽然任务量巨大,但却是不得不做的工作,因为数据的积累是梳理和反思公证信息化建设经验与教训的有效捷径。其次,当下公证大数据的抓取、筛选与分析。公证大数据的抓取对象分为办理前、办理中和办理后产生的数据。而筛选的数据主要是能够实现身份区别的关键信息,包括身份信息(本人及其关联亲属的姓名/名称、身份信息/证照)、公证事项、受理日期、公证机构名称、公证员和助理人员姓名、公证申请表内容、办结记录等。这样做的好处在于,如果该申办人或该申办人关联亲属再次申办公证事项时,公证机构可以直接从数据库里面调取与之相关的数据信息,省去不必要的浪费。此外,还可以进一步将这些数据进行归类,比如借款类公证,可以就借款的金额、事由和用途、还款方式与期限进行抓取;遗嘱继承类公证,可以将遗嘱继承涉及的财产信息、继承人的年龄和职业等数据进行抓取。与此同时,将这些抓取的数据统一转化为电子信息数据存储到公证信息数据库之中。借鉴裁判文书网关于裁判文书查询的事项,根据公证事务的实际需要,整理形成公证事由、关键词、公证机构、当事人、区域、公证文书形成程序等选项,并进一步利用元宇宙技术把数据进行分析和关联,就可以形成申办人"画像",结合申办人的电子签名,很容易就能识别和生成该申办人与关联关系人的亲属关系、资信状况等信息,形成多条完整的数据链。公证机构存储和掌握这些证据链,就可以构建属于自己的信息数据库,自然而然拥有独当一面的信息资源优势。

第二,完善数据信息共享机制,实现公证行业信息数据库的融通与对接。长久以来,公证机构的信息化建设各自为战,重复投入的分散型发展模式在短期内看似取得了一些表面上的业绩,但实际上造成公证资源的不当浪费。特别是公证行业内部以及公证机构与其他行业之间尚未真正建立有效的信息数据共享机制,公证机构之间文书资料的调阅仍有障碍。对于公证机构信息化的建设,公证机构内部之间应当首先实现行业聚力与抱团取暖。通过整合区域内的公证信息数据库可以形成集群优势。具体而言,构建公证信息资源目录管理系统、公证信息资源交换管理系统的总体架构,实现公证机构之间的信息数据交换的融通。

第三,对于公证行业与外部的信息数据共享平台的构建,应当设置公证行业与其他行业之间的数据接口。比如为落实司法部、自然资源部联合印发的《关于推进公证与不动产登记领域信息查询共享机制建设的意见》[①],2022年山东省推进常态

[①] 该《意见》要求各地司法行政机关和自然资源主管部门应积极推进部门间"点对点"信息查询共享机制建设和"点对总"信息查询共享机制建设,实现基于全国数据库查询结果的传输交换,满足公证和不动产登记领域对跨地区业务办理的需要。

化的信息查询共享机制建设,推动公证机构与不动产登记机构的业务协同和服务创新,确保公证的一站式服务,"一窗受理、一次办好",实行"公证＋不动产登记",实现公证数据与不动产数据互联互通和不动产登记事务联办。2016年,上海市卢湾公证处还推动了"藏宝湾计划",以公证信息数据采集和存储数据库为主体,将公证信息交换平台和公民身份验证平台作为依托,通过对于传统公证纸质卷宗中的当事人信息、亲属关系状况等关键数据进行采集、归类和分析来构建公证大数据库,以大数据的方式实现公证行业内部存量证明材料的实时调取,并在此基础上与民政、户籍、房产登记、银行征信等部门之间搭建信息共享的桥梁,从根本上解决"证明难"的问题。未来,可以进一步扩展到征信系统、婚姻登记中心、公安机关等系统,并进一步建立公证行业的知识智库和PKI系统,完善公证行业CA认证中心。

2. 外部建设:建设"服务型"生态系统,提升公证信息化服务水平

公证行业所具有的公共法律服务的性质要求公证信息化的建设应当以便民、利民和为民服务为中心,建设一个非专业公证人员也可以熟练使用的外部操作系统。该系统应当以在线公证信息化办理平台为基础展开建设,其核心在于在线公证系统及其配套机制的完善,主要涉及虚拟现实环境的构建、当事人网络身份的识别、当事人意愿自由表达和数据传输安全性的确保、在线公证与地域管辖的调适、电子签约技术的改进等多个方面问题的解决。首先,虚拟现实环境的构建问题。在线公证要解决场景失真问题,传统线下公证当事人以面对面办理,不仅能让当事人感受到公证办理过程的严谨性和权威性,还可以确保公证审查的质量,预防假冒公证、虚假公证,而传统的线上公证当事人和公证机构之间隔着屏幕,给核查当事人身份带来不便。元宇宙拥有的虚拟现实技术可以创造一个具有仿真性和沉浸性的公证环境,当事人通过佩戴虚拟设备进入该空间内便可以实现面对面的交流与沟通。

其次,当事人身份识别问题。基于元宇宙虚拟现实世界构架下的公证信息化平台,一切公证活动的展开都必须解决当事人身份识别的问题,这是在线公证办理最为关键的第一步。必须开发符合公证标准的电子身份识别证书,加强对数字证书技术的学习并加大与其他行业数字证书认证资质企业的交流与合作,目前而言,可以先由申请人向公证机构提出申办申请,再由公证机构交由合作机构制发电子签名。只有合法拥有该电子签名和电子密匙的当事人才可以进入这个在线公证平台,查阅、办理和下载同公证有关的事项与资料。

再次,当事人意愿自由表达和数据传输安全性的确保。申办人的申请是公证程序启动的前提,所以,需要确立各种"安全阀"机制以解决申办人的意思自由表达

问题。① 这里存在两种情况,一是申办人故意隐瞒事实作有利于自己的虚假陈述,二是申办人被胁迫作出的虚假陈述。对于第一种故意的虚假陈述,公证机构可以将制作好的权利义务告知书在公证开始前送达给申办人,要求申办人仔细阅读理解并在公证员注视下签字捺印,申办人拒绝签字或者公证员有合理怀疑申办人做虚假陈述的,公证员有权拒绝办理公证事项,并将此申办人纳入公证失信系统。而对于第二种被迫陈述的情形,公证员如果在线上发现的,有权停止此次在线公证活动,以在线公证办理不适为由要求申办人到现场办理;在事后发现的,可以要求撤回该公证文书。如果有多个当事人,有条件的公证机构至少应让一名当事人在公证人面前线下出席,避免彼此串通,保证文书制作全过程中申办人的意思真实与自由。

同时,公证机构与当事人进行在线互动,必须使用经加密且符合公证行业保密标准的信息技术平台,并主动与几大电信运营商寻求网络技术合作。公证开始前,公证机构需要对申办人的网络环境和背景环境进行检查,申办人自身网络环境和背景环境不适宜开展在线公证办理的,可以让其到当地合作的电信营业厅进行,保证公证的严肃性、隐秘性和清洁性。而为确保公证的合法性、视频会议的流畅运行以及敏感数据的安全性,特别是敏感数据的跨境传输,平台应尽可能由公证行业直接运营或监管,或明确为此目的而设置。如果无法满足这一点,则必须极其谨慎地评估私营平台的使用。要对公证员进行保密培训,并要求公证申办人在事前签订保密告知书,要求其遵守公证办理数据保护的所有规范,还要加强对公证员保密知识和技能的培训,严守公证办理过程中接触到的各种个人信息和数据秘密。为了提高办证效率,还可以设置类似于法院庭前会议的预先咨询程序和前期在线讨论程序,对信息数字格式的原始申办材料进行分析整理,提前归纳公证事项的办理要点。

还需要注意在线公证与地域管辖的调适问题。元宇宙世界里的互联网在线公证具有跨区域性,甚至会跨国界。所以,"在线出席"的公证行为可能对公证人地域管辖规则产生影响。远程视频公证或其他任何电子技术手段可能都需要考虑新的链接因素,如当事人的居住地或国籍,或者合同标的财产的地理位置。所以,以"在线出席"方式所达成的文书,应当由那些最熟悉适用法律和当地要求并且更容易接触其他相关部门的公证人直接负责。然而,我们需要重视糅合国内和跨境技术工具的立法性规定,这样才能实现不同数字公证平台之间的通信(例如,国内身份识别工具的跨境使用),以及数字文书的采纳、流通和执行。

最后,电子签约技术的改进问题。公证机构应当建立一个兼具可靠性和易操

---

① 参见施艺:《在线公证框架下的身份真实、意思自由》,载《中国公证》2020年第6期,第54页。

作性的系统,由公证人实时向当事人直接提供最高安全级别的电子签名。没有条件实行电子文书的公证机构,可考虑在获得当事人明确同意的声明后,由公证人单独在文书上签字,此项事实应记载于文书之中。同时由于在元宇宙数字领域有时很难区分草稿和最终文本,故制定能够清楚区分草稿和最终文本的方法尤为必要。只有各方的意愿在最终文本中达成一致时,行为或交易才被视为完成,这一点如今在文书的统一性中得到了明确的体现。①

上述便民的公证信息化建设举措,可以在提高公证办理信息化水平的同时,实现公证当事人正当权利的保障,确保公证信息化建设的信息系统实现当事人敢用、好用,以及用得安全、用得放心的目标。

结　语

元宇宙将人类带入了大数据3.0时代。虽然元宇宙世界的构建还处于探索阶段,但是颠覆性的前沿信息化理念却引起了学界和实务界的激烈反应,其进一步与现实生活的结合趋势必然会潜移默化地改变民众的信息化生活、生产方式,甚至促进法律智能化的革命性变革。而公证制度作为非诉讼替代纠纷解决方式的重要一环,无论是出于国家推动参与社会综合治理的需要,还是公证行业自身的未来发展,都必须重视和善用元宇宙背景下信息化建设。只有顺应互联网大数据趋势进行公证信息化的建设,公证行业的发展才能行稳致远。

---

① 《国际公证联盟在线公证十诫》,蔡勇译,载微信公众号"律政学堂"2022年2月9日,https://mp.weixin.qq.com/s/gYMvsJ8uJLb1CYobIuLCGg,2022年8月1日最后访问。

专题九　论在线公证中标准化规则的引入

孔令聪*

我国长期以来注重于公证行业的标准化建设,如自2019年起司法部便陆续发布了8项公证行业标准,并在不断进行着更新,这一举措为公证行业的管理、业务、服务等规范提供了有力的质量支撑。在线公证是公证行业快速发展的新浪潮,一方面具有传统公证中立性、客观性的特点,另一方面又具有自身独有的安全性、便利性优势。在线公证是公证制度与信息技术的有机结合,构建在线公证的制度性保障和引入技术标准的基础性支撑,能有效促成在线公证的长期稳定发展。

一、在线公证与标准化的内在关联

(一)在线公证的标准化理念

在线公证和一般公证的内涵并无差别,是公证机构根据自然人、法人或者其他组织的申请,依照法定程序对民事法律行为、有法律意义的事实和文书的真实性、合法性予以证明的活动。① 在线公证本质上是对当事人无争议的行为、事实、文书等进行确认并形成具有较强的证明力的证明文书,其处理的是民商事法律关系,属于程序法意义上的证明活动。

我国立法上对在线公证尚未有统一的定义,根据公证机构日常办证的实践情况,在线公证是指公证机构利用互联网等网络技术资源提供公证的网上办证法律服务,公证的全部或者主要程序,包括申请、受理、告知、询问、签发、送达等都在网

---

* 本文作者:孔令聪,浙江省杭州市西湖公证处公证员助理。
① 参见《公证法》第2条。

上进行。^① 从国内相关的研究和立法现状来看,在线公证又被称为"互联网公证"^②"电子公证"^③"远程公证""远程在线公证""远程视频公证"^④等。"互联网公证"强调的是在线公证的便利性特点,在线公证能依托普惠的互联网技术打破时空限制,创造公证行业便民利民的新价值;"电子公证"强调的是在线公证的科学性特点,在线公证能将公证流程全部或部分转化为电子数据后对公证业务电子数据进行可靠、规范、安全的管理;"远程视频公证"强调的是在线公证的客观性特点,在线公证活动中的公证员虽不是物理意义上的亲临现场,但可以通过视频等技术手段实现公证员"在场"这一公证活动的客观要求。这些概念从不同层面强调了在线公证的特征,弥合了目前实践中在线公证立法和理论上的不足,同时也从侧面反映了目前在线公证缺乏统一标准,导致公证员办理在线公证的案件时需要结合过往经验和专业技能进行个案分析,存在较多的不确定性因素。本文采用"在线公证"这一概念,"在线公证"能概括线上公证业务的各个环节,同时将"互联网""远程视频""电子"等概念作为在线公证体系下某些具体场景的名词,以厘清在线公证体系中的各个环节和基本要素。

值得注意的是,在线公证并不是传统公证的对立面,而是传统公证在信息技术领域的延伸。^⑤ 在线公证的相应法律规范和技术规范并不能脱离现行公证相关法律法规的范畴,而是应当在此基础上实现科技与法律的良性互动,激发公证行业的潜在活力。具体而言,在线公证的常见运行模式有两种,第一种是公证机构将在线公证作为纯粹的辅助工具,用于配合线下公证活动。例如公证员通过专业设备与当事人进行远程视频会见,完成公证流程中的告知、询问等部分环节。第二种则是公证机构将公证的全部流程转为线上进行,替代了线下公证活动的全部环节。公证员不仅在线与当事人远程视频会见,所有的文书也全部以在线电子签名的形式完成签署。

从中可以看出,在线公证体现着标准化的理念。标准化是指"为了在既定范围内获得最佳秩序,促进共同效益,对现实问题或潜在问题确立共同使用和重复使用的条款以及编制、发布和应用文件的活动"。标准化的对象包括"包括农业、工业、

---

① 目前在线公证并无明确的定义和制度,关于在线公证的运行机制须参照其他法律法规进行管理。参见司法部《公证程序规则》(2020年修正)第70条。
② 参见王兴和、蒋华超、丁闻等:《"互联网+"公证战略前瞻与探索》,载《中国司法》2016年第10期,第54页。
③ 参见邓矜婷、周祥军:《论电子公证的基本原则》,载《上海政法学院学报》(法治论丛)2020年第6期,第52页。
④ 参见《司法部办公厅关于推进海外远程视频公证试点工作的通知》,司办通〔2022〕57号。
⑤ 参见邓矜婷、周祥军:《论电子公证的基本原则》,载《上海政法学院学报》(法治论丛)2020年第6期,第53页。

服务业以及社会事业等领域需要统一的技术要求"①,标准化产生的规则根据文件形式被分为"规范性文件""标准化文件""标准"②。标准化规则并不具有法律规则的性质,它属于技术规范的范畴。③ 作为技术规范的标准化规则,能调整人与客观规律的关系,使人类活动能符合自然规律和技术法则,在社会中建立起技术秩序。④

在线公证融合了法律规范和技术规范。第一,在线公证需要与传统公证类似完善的法律规范作为指导,以帮助公证员处理好在线公证的各个环节,使之符合公证活动真实性、合法性的要求⑤,相应地,公证机构应具有对在线公证进行的管理能力,以保障在线公证的有序运行。第二,在线公证同时有关于基础设施的明确的技术规范需求,故在线公证的运行系统、现场设施、网络环境都需要达到清洁性的标准。这些基础设施一旦存在瑕疵,便会导致在线公证的办证流程受到影响,使形成的电子数据不再可靠,进而会影响到公证的公信力。第三,除设备、系统等基础设施的"硬性"要求外,在线公证的服务标准、材料标准、收费标准等"弹性"规范也应追求客观、合理的目标。尽管部分公证机构具有符合实施条件的基础设备,但其若缺乏对在线公证进行管理的能力,如导致在专业素质、服务、收费等方面标准模糊,最终也会使当事人对在线公证服务失去信心,公证机构也会因此而陷入尴尬的境地。

在线公证中的法律规范和技术规范相辅相成,共同构成了在线公证的体系。虽然标准化的技术规范并不具有天然的法律效力,并不能像法律一样直接指引、评价、预测、强制或教育人们的日常生活行为方式⑥,但技术规范本身是一种具有私权属性的规范,当被引入到法律中时便能为其提供明确的事实判断依据,从而起到配合调节法律关系的作用。

(二)标准化规则的私法效力

标准是标准化规则的文本,属于技术规范的一种形式渊源,其与标准化之间具有密不可分的联系。具体而言,标准是标准化的产物,标准化的目的和作用均需要

---

① 参见《中华人民共和国标准化法》(以下简称《标准化法》)(2017年修订)第2条。
② 参见国家质量监督检验检疫总局、中国国家标准化管理委员会《标准化工作指南 第一部分:标准化和相关活动的通用术语》,GB/T 20000.1-2014。
③ 参见柳经纬:《标准的规范性和规范效力——基于著作权保护问题的视角》,载《法学》2014年第8期,第98页。
④ 参见李春田:《标准化与秩序——社会存在和发展的基础》,载《中国标准化》2004年第2期,第60页。
⑤ 参见蒋笃恒:《公证制度研究》,中国政法大学博士学位论文(2002年),第11页。
⑥ 参见张文显:《法的概念》,法律出版社2011年版,第105-108页。

通过制定和实施具体的标准来实现。① 从我国《标准化法》的规定来看，标准是一种规范，和法律一样均具有规范的属性，能规范社会中人的行为。② 但标准的规范属性并不能使其拥有和法律一样的规范效力：标准只是从技术层面对事实进行判断，而不涉及价值评价。只有标准被引入法律时，才能依法对涉及标准的事实进行价值判断，得出合法或违法的结论。例如《公证程序规则》第42条规定，"公证书应当按照司法部规定的格式制作"③。其中的"格式"是指司法部发布的公证行业标准《公证书制作规范》，该标准规定了公证书的证词、封面、印刷、装订等各项规范性要素。④ 依据该规范，能判断公证处出具的公证书是否符合标准，而判断的结果则是评价公证书是否合法的依据。换言之，法律规范回答了权利和义务是什么的问题，技术规范则回答了权利和义务该怎么做的问题。

标准化规则中的规范性要素是其具有规范性的基础，也是其能被引入法律制度并发挥效力的前提。规范性要素是指界定文件范围或设定条款的要素，其规定了适用对象应当满足的技术指标⑤，是标准的使用者需要遵守的内容⑥。例如《电子数据公证保管技术规范》对公证机构办理的电子数据保管、存证、取证业务规定了推荐性标准。⑦ 如果公证机构在办理相关业务时达到了该项标准的要求即意味着相关公证业务的质量达到了合格的标准，如此便实现了合法合规的目的，降低了办理业务时的法律风险。

标准化形成的文件按照效力可被分为强制性标准和推荐性标准，强制性标准必须被执行，推荐性标准则是国家鼓励执行的标准。⑧ 例如司法部发布的《公证数据中心建设和管理规范》中包括了安全系统、机房系统等强制性标准，是所有公证数据中心必须满足的技术要求。该规范性文件同时也包含系统运维管理方面的一些推荐性标准，供各公证机构参照执行。⑨

从中可以看出，标准化规则中的规范性要素使其具有了明确适用界限和范围的技术指标，使标准化规则具有了规范性。当标准化规则被引入法律制度时，便实现了技术规范向法律规范的转化，使之成为判断权利义务合法性的依据。标准化

---

① 参见李春田主编：《标准化概论》，中国人民大学出版社2014年版，第11页。
② 参见《标准化法》（2017年修订）第2条，第4条。
③ 参见司法部《公证程序规则》（2020年修正）第42条。
④ 参见司法部《公证书制作规范》，SF/T 0038-2021。
⑤ 参见国家市场监督管理总局、国家标准化管理委员会《标准化工作导则 第一部分：标准化文件的结构和起草规则》，GB/T 1.1-2020。
⑥ 参见王忠敏：《标准化基础知识实用教程》，中国标准出版社2010年版，第70-71页。
⑦ 参见司法部《电子数据公证保管技术规范》，SF/T 0091-2021。
⑧ 参见《标准化法》（2017年修订）第2条。
⑨ 参见司法部《公证数据中心建设和管理规范》，SF/T 0033-2019。

规则能为在线公证提供技术层面的基础性支撑,使在线公证符合技术、法律的规范要求,促成在线公证的平稳运行。

二、标准化对在线公证运行的助益

(一)标准化对在线公证管理的系统优化

根据《公证法》《公证机构执业管理办法》《公证员职业管理办法》,公证机构的管理制度主要包括以下六个方面:(1)业务、公证档案、财务、资产管理制度;(2)执业监督制度;(3)执业过错责任追究制度;(4)公证员培训制度;(5)公证员执业年度考核制度;(6)公证员职业档案制度。① 若出现违反上述规定的情况,相应负责人要依法承担责任。基于此,公证机构对公证活动各个环节的管理均须做到严格要求,以防止违法情况出现。

目前实践中公证机构对于在线公证的管理多以仿照线下公证的模式进行,可以说得上是对线下公证管理制度的"模拟"。然而,在线公证具有其自身的独特性,不能一味照搬线下公证的管理模式。以在线公证中对公证场所的要求为例,具体包括以下三个方面。首先,对于公证机构来说,通常需要委托第三方公司进行开发以保证清洁的设备和网络环境。其次,对于被委托的第三方公司来说,通常需要明确技术规范以保障技术及其实施时的中立性。② 此外,还需要用提高系统自身安全性、加密关键数据、将不宜转为线上的数据线下处理等措施来保障公证中个人隐私和数据不被泄露。③ 最后,对于当事人来说,其在参与公证时的场所也有清洁性的要求。较为规范的做法是选择家中或办公场所来进行公证,从而确保本人处于相对舒适的环境中。与之相反的是,部分当事人选择在开车、聚会时办理公证,在此种情形下进行公证便有使当事人意思表示不完全、泄露隐私的风险,进而会影响到在线公证的顺利开展。上述情形均是在线公证与线下公证的殊异之处,其产生原因主要是线下公证的整个流程都处于公证机构的掌控中,但在线公证仅能由公证员通过视频来判断当事人的真实意思和所处的环境。于是,在这一背景下便对公证机构和公证员提出了新的要求。

在线公证对公证员的专业素质提出了新的要求,具体包括以下三个方面。首先,公证员除需要了解专业的法律规范外,还需要了解在线公证所必需的技术规范,具体包括《中华人民共和国电子签名法》(以下简称《电子签名法》)、《个人信息

---

① 参见《公证法》(2017年修正)第14条,《公证机构执业管理办法》第24、25、26、28条,《公证员职业管理办法》第21、22、27、28条。
② 参见宋锡祥:《论日本〈电子签名法〉及其对我国的启示》,载《政治与法律》2003年第5期,第152页。
③ 参见杜颖:《电子认证制度刍议》,载《当代法学》2002年第5期,第115页。

保护法》、《中华人民共和国数据安全法》（以下简称《数据安全法》）等。如《电子签名法》对不适用电子签名的法律文书作出了规定，聚焦到公证层面则是指公证员在办理在线公证时应当注意不能以电子签名的形式来签署与继承相关的文书。① 其次，公证员还需要了解不同地区对于在线公证所形成公证书的接受度。由于我国在线公证尚未形成统一的制度规范，不同地区之间可能存在不同的规范要求。这样便导致部分地区可能会以缺乏基础设备和法律制度支持的缘由而不予采纳以在线公证形式所签发的公证书。最后，公证员还需要了解相应的技术规范。以视频方式会面难以规避当事人采取技术手段骗取公证书的情况发生，例如实践中便存在当事人通过修改地址信息来规避我国对于公证执业区域的限制。因此，这就对公证员能够识别部分基础技术隐患提出了新要求。故而，笔者建议公证机构应当将在线公证的相应基础知识纳入公证员培训制度中，从而可以培养符合承办在线公证业务的公证员。在这一方面可以对美国的相应制度进行借鉴，例如美国所设立的在线公证员制度，只有具备相应专业素质的公证员才能办理在线公证业务。②

在线公证还对收费标准的管理提出了新要求。由于在线公证尚无统一规范，各地对其风险和后果的评估亦有所不同，故而各地对收费标准的设定往往存在较大差异。而收费标准因涉及当事人之利益，故可以说是在线公证发展的生命线。此外，在线公证还对监督机制和过错责任追究制度的建立提出了新要求。相较于线下公证，在线公证的法律规范和技术规范都有更为严格的要求，因此在监督与责任追究方面应有不同于线下公证的要求。这些制度的建立有利于调整矛盾纠纷的预防方式，为公证机构判断法律风险和后果提供明确的指引。

标准化规则有利于在线公证形成系统性。标准化规则包括规范、应用标准等内容，具有明确的界限范围和统一性，同时各个具体内容之间也具有协调性和统一性，使之天然契合于在线公证的基本逻辑。在线公证的运行情况与每一环节均息息相关，当前端发生瑕疵错误，后端也会受到不利影响。如公证员的行为具有瑕疵或发生错误，则公证收费和公证档案会因此而具有瑕疵或发生错误。再如当设备和网络环境发生问题时，其所形成的公证文书便不能符合法律的要求。因此，对于公证管理而言，标准化的引入可以提升其统一性和完整性、促进其系统优化。

（二）标准化对在线公证业务的质量支撑

实践中在线公证的业务以单方申请办理的公证事项为主，例如签名、保全、委

---

① 参见《电子签名法》（2019年修正）第3条。
② See National Notary Association, How to Become a Remote Online Notary?, https://www.nationalnotary.org/knowledge-center/remote-online-notary/how-to-become-a-remote-online-notary（Last visited on October 14, 2022）.

托、声明、证人证言、婚姻、出生、毕业证、营业执照等。这些公证事项背后具有相似的法律机制：证明内容相对简单，仅需要确认当事人是否适格，意思表示是否真实、有效即可。实践中公证机构也乐于受理此类事实和文书不复杂的在线公证。

尽管实践中在线公证涉及的公证事项相对简单，但是仍须注意以下几个方面。第一，在线公证的管辖范围和线下公证相比是否一致。管辖问题无论当事人是位于境内抑或境外均存在，如浙江省曾发布调整公证机构执业区域的规定，显然，该规定不能在江苏省适用，但是会引发位于江苏省的当事人是否可以向浙江省的公证机构办理在线公证的问题。在境内时当事人和公证机构、公证机构和公证书使用部门之间还可以通过类似协商的机制来解决此类争议，但当涉及当事人在境外时，法律制度的差异往往使公证文书需要经过相应的法律程序来完成，以此确认公证文书的真实性和有效性。[①] 当事人如果在我国香港、澳门和台湾地区办理了在线公证，其公证书在发往内地使用时可能还不致形成法律风险。但若公证书发往内地以外的地区使用，便需要考虑在线公证的准据法问题，即能否适用《公证法》。

国际公证联盟[②]和英美法系国家对此看法不一，其根本原因是二者对于公证机构和公文书的定位不一样。国际公证联盟认为公证书是公文书，具有高于私文书的效力。其还认为公证书的出具是一种行使国家证明权的行为，并体现了一个国家的司法主权，这就意味着当事人如果向这些国家申请办理在线公证，便有可能遇到国际法上的管辖权冲突问题。具体是指，国家的司法主权具有地域范围的限制，超出地域范围的司法活动需要双边国家的认可，故在当事人一方向象征国家司法主权的公证机构申请办理在线公证时，公证机构若适用本国公证法便会有侵犯其他国家司法主权的嫌疑。而以美国为代表的英美法系国家并不认为公证书是公文书，不认为其具有高于私文书的效力。美国甚至认为公证书并不是法律文书，公证员也不是法律职业人员，公证活动仅仅是为了满足法律制度中必要的技术环节，并不具有其他的价值属性。此外，美国也不认为公证是国家司法主权的象征。按照其理论，公证活动属于私主体之间的民事法律关系，故按照私法自治原则，公证人和当事人自然可以约定公证活动如何进行，包括公证的收费、文书的转寄等内容。[③] 在这种理念的指导下，当事人在美国办理在线公证时的要求就会相对较低，例如当事人在美国以外的其他国家和地区，美国的公证人依然可以为其办理在线

---

① 参见周莹莹：《论跨境诉讼当事人委托律师的第四种模式——基于"在线授权见证"模式的分析》，载《西部法学评论》2021年第4期，第80页。

② 国际公证联盟主要由传统大陆法系的国家组成，中国与法国、德国、意大利等国家均是成员国，英国、美国不是。See UINL, Member notariats, https://www.uinl.org/member-notariats(Last visited on October 14, 2022).

③ See DocuSign, Are all electronic or remote notarizations RON?, https://www.docusign.com/blog/remote-online-notarization-guide(Last visited on October 14, 2022)

公证、签发相应的公证文书,文书的送达甚至可以通过邮寄的方式来完成。① 相较于国际公证联盟的司法活动,美国的公证活动更像是私主体之间的服务合同,仅仅具有证明意思表示真实和签名真实的作用。

办理在线公证时还需要考虑当事人主体和证明材料的真实性、合法性问题。在在线公证兴起前,最高人民法院便为在线诉讼的进行出台了相应规范,其中明确了对于诉讼主体和证明材料的判断依据,这对于在线公证规则的制定具有十分重要的参考意义。在实践中,当事人的身份确认有赖于公安机构的户籍登记信息和身份证件的有效性审查,对于持有中国身份证的公民,通过技术手段接入公安机构的身份系统便可以识别身份的有效性。② 但对于位于国外并已经加入所在国国籍的华裔,因其身份不是中国籍并且其不在中国境内,故缺乏适用中国法的连接点,此时当事人主体的确认便存在了难点。而对于当事人提供的证明材料问题,司法部期冀于通过梳理和发布证明材料清单制度并逐步建立证明标准制度和电子材料的有效性标准制度来予以解决。③

从中可以看出,在线公证的办理既需要法律规范,也需要技术规范。设立法律规范的目的在于避免管辖权的冲突、保障在线公证开展的合法性,从而降低公证机构的执业风险。同时技术规范的指引也是必需的,其可以引导公证员规范自身的办证行为,使在线公证有序开展。此外,技术规范的引入还可以辅助公证员识别当事人身份、对电子证据等进行合理判断。

(三)标准化对在线公证服务的水平提升

在线公证可以包括从公证申请到签发公证文书等一系列流程。区别于线下公证,当事人需要在终端完成大量的人机交互,一方面是接收屏幕另一端公证员发出的信息,另一方面则是自己在屏幕上完成签字等流程,向公证员表明对申请公证事项的真实意思。

公证员在线下公证中可以通过表情、语气、肢体语言等来判断当事人的心理活动,从而引导当事人顺利办完公证流程。而在线公证则无法做到这一点,在时空的限制下,在线公证会面临较多的不确定性因素,如若当事人面临突发情况,则会倾向于推迟公证程序的进行。此外,办理在线公证时,公证员和当事人均会对公证效

---

① See National Notary Association, Remote Notarization: What You Need To Know, https://www.nationalnotary.org/notary-bulletin/blog/2018/06/remote-notarization-what-you-need-to-know (Last visited on October 14, 2022).
② 参见《人民法院在线诉讼规则》(法释〔2021〕12号)第7条。
③ 参见司法部公共法律服务管理局、中国公证协会联合印发的《关于做好公证证明材料清单管理工作的指导意见》,司公通〔2021〕15号。

率提出更高的要求,在确认当事人身份信息和真实意思表示后,便会急于完成签字等流程。从这个角度来看,在线公证效率价值的实现是以牺牲部分公证程序保障价值为代价的,其并非对公证环节本身效率的提升。

在线公证还会存在限制部分人群享受公证服务的问题,如不擅长使用科技设备的人,其中尤以老年人为明显。尽管训练有素的公证员可以在在线公证中主动为当事人提供专业的法律服务,并为当事人提供技术、设备等方面的支持。但老年人这一不擅长使用科技设备的人群相较于其他人群在享受公证服务这一维度,终究会存在差异。在以人为本的理念指导下,如何解决在线公证的这一问题将面临严峻考验。

除此之外,为使在线公证最大化接近线下公证的环境,可以从以下几个方面着手。首先,设置专门的技术人员,解决日常公证执业中遇到的各类技术问题。其次,设置专门的在线公证办证间,贴上醒目的公证机构标识等,使屏幕另一端的当事人能感受到公证行业的庄重感。最后,公证员应佩戴国徽,穿戴公证处的制服等,提升当事人对在线公证的信任感,从每一次在线公证服务中感受到公证的价值和内涵。

标准化规则的引入能为在线公证服务提供基础指引。标准化的文件中包含指引类文件,其中部分是推荐性标准,标准化的对象亦包括法律服务行业在内的社会各行各业。在线公证发展的初期,囿于专业素养和技术水平的参差不齐,各个公证机构不可能实现统一的公证标准,只能由其基于自身特点,为当事人提供各类个性化服务。但这恰恰也是标准化规则引入的契机,推荐性的规范文件能够为公证机构提供在线公证服务的指引方向,以便更好配合在线公证的实施、提升在线公证服务的质量和水平。

三、在线公证引入标准化规则的现实背景

(一)在线公证法律规范的缺失

目前我国在立法上尚未对在线公证有统一的制度安排,也没有指引性的文件,导致实践中各类公证机构只能根据自身实际情况进行个案分析,长此以往将不利于在线公证的长期发展。

在线公证和线下公证一样,前端公证环节是否存在瑕疵会影响到后端公证环节的顺利开展,故而,在线公证制度的设计必然要求具有体系性思维。但目前实践中在线公证的开展,尚未形成统一的体系性思维。如当在线公证流程遇阻时,公证员首先期冀于通过线下公证程序进行弥补,如此反使公证环节更为复杂冗长,背离

了在线公证便民利民的制度旨趣。这些制度上的困境又会转化成公证机构管理层面的难题,使得公证机构管理手段僵化、被动滞后。① 此外,体系性制度安排的匮乏亦会增加公证员对执业风险的担忧。在线公证与线下公证的不同之处还体现在涉及范围上,如在线公证还涉及数据领域的民事法律关系,其中的政务数据部分还有可能引发国家安全问题。最后,各项法律制度的衔接问题亦会影响到在线公证的顺利开展。如在线公证通常会形成电子公证书,以及当事人的电子签名等,而这样一些电子化的证据材料在实践中会被部分部门认定为不具有真实性,最终导致经在线公证后所产生的公证书无法发挥其应有的效力。

在线公证法律规范的缺失还引发了公证管辖冲突的问题,该问题的成因是在线公证打破了时空的界限,使当事人可以随时通过远程视频的形式办理公证。该问题的具体情形包括以下两种。其一,该冲突是由公证机构以外的其他部门的规定所导致,例如各地不动产登记部门对登记的要求不一,由此便导致不同公证机构出具的公证书可能遭到拒绝使用;其二,该冲突是由公证机构自身的执业行为所引起,如各地对于公证机构的执业范围均有不同规定,若当办理在线公证的公证机构受理了超出当事人所在地公证机构执业范围的公证事项时,该公证书的合法性和有效性便会得到质疑。

除此之外,鉴于在线公证法律规范的缺失,导致实践中部分公证机构不考虑在线公证的特点,一味对线下公证模仿,以线下公证的标准来衡量在线公证的行为是否妥当、合法。如此做法模糊了在线公证的特点,使在线公证的效能不能充分发挥。

(二) 在线公证技术规范的不足

随着互联网的发展,我们期冀于公证机构在办理在线公证的过程中能够充分利用互联网技术,提升自己的业务效率和质量,不断将公证业务由线下向线上进行拓展。② 除《公证法》《公证程序规则》等法律法规外,公证机构还受司法部、中国公证协会发布的规范性文件、标准等指引、约束。这些规范性文件和标准中蕴涵着标准化的理念,设定了大量的技术规范,引领着公证业务的有效开展。

但是,目前这些技术规范缺乏统一的制度安排③,具体体现在两个方面。一个

---

① 参见江晓亮:《规范公证业务管理的新理念——论"技术"元素在公证管理中的价值和作用》,载《中国公证》2005年第3期,第16页。

② 参见蔡虹、夏先华:《网贷纠纷治理的新进路:基于"互联网+"的强制执行公证》,载《湘潭大学学报(哲学社会科学版)》2019年第6期,第49页。

③ 参见苏国强、陈艳、王倩:《"互联网+"时代下的公证信息化建设》,载《中国司法》2016年第9期,第61页。

方面是在线公证中关于数据的使用、保管、运输等规定的缺失。首先,尽管公证机构有需要对在公证中提供数据的主体负责并对公证业务数据进行妥善保护的责任,但除了关于数据提取、数据管理方面的行业标准外,司法部并未对开展在线公证所需要的硬件标准和网络环境标准进行详细规定。例如对当事人该使用何种设备以及当事人的网络环境该如何进行检测,是否能够达到清洁性标准,均未有具体规定,如此便有可能导致公证机构或当事人的数据泄露。其次,公证机构需要对国家政务相关的数据进行妥善保管,而相关规定的缺失使公证机构没有行为准则进行参照,使这一数据类型面临被泄露的风险。而行政部门行政活动所产生的数据与公证机构公证活动产生的数据不同,需要公证机构更为谨慎地处理。故应当及时对这一空白进行弥补。

另一方面,公证机构对电子签名的使用和管理也缺乏明确标准。电子签名作为信息化时代个人数据与公证机构进行关联和互动的重要载体,对于身份识别、提高文书的有效性具有重要意义。目前我国关于电子签名的规定主要集中在《电子签名法》中,但其中的规定并不属于明确的技术标准,仍未给公证机构在实务中的操作提供明确指引,这便导致公证机构无法审查电子签名的形成等过程,也无法从技术层面准确识别电子签名的有效性。另外,在以法人为主体所申办的在线公证中,还会涉及电子印鉴的问题。而我国对于电子印鉴的保管和使用也没有法律和技术层面的标准规范。综上可见,我国在线公证的发展面临诸多困境。

如果说在线公证是公证机构提供的一项服务,那么电子公证书就是这项服务的"产品"。"产品"的质量直接影响着服务的质量。故而,如何保障电子公证书的质量并充分彰显电子公证书的优势是拓展在线公证适用范围的关键。目前司法部发布了关于纸质公证书的行业标准[①],但没有发布电子公证书相关的标准。这导致在实践中各个公证机构会使用不同的方法签发电子公证书,进一步引发了各类电子公证书核实标准的混乱。这一乱象增加了公证书使用的成本,降低了在线公证的效率,不利于在线公证的发展。

四、在线公证引入标准化规则的路径分析

(一)厘清公证机构的管辖范围

在线下公证中,鉴于当事人必须亲自到达公证机构,所以公证活动开展的时间和空间都能在公证机构的控制下进行。而置于在线公证当事人不受时空限制的场

---

① 其内容涉及公证书的排版、装订等。

景中，公证机构需要厘清其管辖范围，以合法的开展公证活动。①

　　法国的立法经验值得我们借鉴。法国公证人高等理事会发布了开展在线公证需要满足的技术规范，可以被认为是在线公证相关的强制性标准。② 其中指出在线公证需要具备以下要求：（1）需要有配备麦克风、摄像头、音响设备的 Windows 或 MacOs 操作系统的电脑；（2）需要使用最新版本的 Google Chrome、Mozilla Firefox 或 Microsoft Edge 网页浏览器；（3）需要有情况稳定的网络环境；（4）提供用于接收公证人通知的邮箱；（5）需要有用于接收短信的移动设备；（6）需要有正反面彩色扫描的有效身份证件（身份证或护照）；（7）在公证人员的引导下，通过 IDnow 身份识别应用逐步完成在线身份确认；（8）在线会见的软件只能使用由法国法律规定的软件，出于安全考虑，不能使用 Skype、Zoom、WhatsApp、FaceTime 等常见的大众通讯软件。关于在线公证的服务流程方面，法国规定了以下两步：第一步是进行身份确认，第二步是在线签署公证文书。在第一步中，法律对于身份信息、电子签名的收集和确认进行了明确规定，要求当事人和公证人员只能通过官方的规定进行。③ 此外，法国政府在疫情期间签发了在线公证的政令，使在线公证的开展有了明确的法律依据。④ 该政令并不是推翻了现有的公证理念，只是对原有的法律进行修改，并且明确了在线公证只能用于办理委托公证事务。⑤ 但法国并没有直接规定跨境的在线公证该如何开展，只是提到了海外部长（Le ministre des outre-mer）应协同负责在线公证的相关事宜。⑥

　　法国在线公证的立法进展相对比较有序，从标准的角度确认了当事人需要在何种环境和网络状况中进行公证，同时又通过法律赋予了在线公证以合法性并对在线公证的开展给出了明确指引。法国在线公证的立法并不是一蹴而就的，同样也是从暂时性的法令开始，再逐步形成稳定的成文法规范。其对于我国的镜鉴则是，一方面可以通过标准＋法律的方式，调整公证人员与当事人之间的公证活动，以及公证人员和设备之间的人机交互活动。另一方面可以采用暂行规范或试点等措施，从实践中汲取经验，逐步明确我国在线公证的管辖范围，最后形成稳定的基础制度规范。

---

① 参见《公证法》（2017年修正）第11条、第25条、第26条。
② See Notaires de France, Power of attorney at the notary: how to sign online?, https://www.notaires.fr/en/notarial-profession/role-notaries-and-his-principal-activities/power-attorney-notary-how-sign-online(Last visited on October 14, 2022).
③ See Arrêté du 12 avril 2018 relatif à la signature électronique dans la commande publique et abrogeant l'arrêté du 15 juin 2012 relatif à la signature électronique dans les marchés publics.
④ See Décret n° 2020-1422 du 20 novembre 2020 instaurant la procuration notariée à distance.
⑤ Ibid. Article 1.
⑥ Ibid. Article 2.

（二）制定统一的标准化发展框架

目前公证机构的标准化文件主要由司法部和中国公证协会发布，此外，司法部与民政部、自然资源部、银保监会等部门也会联合发布文件，这些文件共同用于调整公证机构的日常活动。

值得注意的是，尽管这些文件对在线公证的开展具有一定指引作用，但目前仍缺乏统一的制度安排，导致各地的实施情况存在差异。在目前我国制定了《电子签名法》《电子商务法》等相关规范性法律文件、国务院发布了如何开展在线政务的相关通知文件的情况下[①]，公证机构办理在线公证时仍常常需要和文书的使用部门协商，甚至一个地区之内的不同公证机构出具的公证书都缺乏统一的标准。针对这些情况，可以从以下几个方面进行改善。

第一，建立公证行业的内部统一标准。公证行业的统一标准包括管理标准、业务标准和服务标准等。从管理标准构建的实践情况来看，目前以司法部陆续建设的公证行业的信息管理平台为主要路径，其对在线公证产生的数据和实施环节提供了参考性的实施依据，但仍并未解决在线公证统一办证平台和办证流程缺位的问题。因此，笔者建议可以以浙江省公证协会发布的《浙江省在线公证暂行规范》和美国国家公证协会制定的《电子公证示范法》为参考建立公证行业的内部统一标准。前者对于在线公证的数据、信息系统、在线公证平台、电子公证文书和档案等作出了规定。[②] 后者则对美国实施电子公证中远程会见、公证人资质、信息保护等方面作出了规定，并要求实施的电子公证中涉及信息数据的部分应当符合强制性技术规范的要求。[③]

第二，建立公证行业与其他行业相衔接的标准。公证与公安、自然资源部、民政、金融等部门在实践中已常有合作，在在线公证的场域下，公证行业更应加强与上述行业的沟通交流以统一在线公证是否有效的判断标准。值得注意的是，这些部门内部同样存在大量关于公证或涉及公证业务的规范性文件，故而通过建立和健全在线公证与其他部门的标准化协同发展机制能有效提升在线公证的服务水平和服务能力、畅通在线公证的办证渠道、提升在线公证的办证效率，从而使在线公证的服务范围不断扩大。

（三）完善风险评估和质量评价体系

相较于线下公证，在线公证对于公证机构的管理、业务、服务能力都有新的要

---

① 参见《国务院关于在线政务服务的若干规定》。
② 参见浙江省公证协会《浙江省在线公证暂行规范》，浙公协〔2021〕21号。
③ See National Notary Association, The Model Electronic Notarization Act 2017.

求,因此应当建立与在线公证制度规范相配套的风险评估和质量评价体系以匹配新形势下对于公证机构的新要求。具体而言,应当定期对公证机构开展的在线公证业务进行风险评估和质量评价,预防在线公证的执业风险,提升在线公证的执业能力。因此,笔者认为应当从以下两方面着手。

一方面,公证机构需要建立自查机制,定期整理案卷并检查案卷质量,对于质量有瑕疵的问题案卷应及时进行整改,不断归纳在线公证的技巧和方法,完善在线公证的办证环节和流程,提升自身的抵御风险能力。

另一方面,司法行政部门以及其他相关部门也应当设立在线公证质量考核的具体指标。质量考核不仅需要公证机构自身的检查与反省,同样也需要外部力量的监督。通过定期考核公证机构和公证员进行在线公证业务,推广在线公证的优秀经验,普及在线公证的常见风险点,可以有效提升公证行业的服务水平。

(四) 建立健全在线公证争端解决机制

公证法和公证程序法等公证相关法律法规并非传统意义上的民事法律,公证机构也不是民法意义上的民事主体。[①] 然而,实践中人民法院却常常在涉及公证机构的纠纷中援引公证法和公证程序法等法律法规并将这一类案件归类于民事案件。由此便导致公证机构承担的责任畸重或畸轻的问题。

目前我国涉及公证机构的纠纷解决路径主要包括诉讼和投诉。[②] 诉讼的结果是公证员或公证机构承担相应的民事责任[③]或刑事责任[④]。从司法部和两院处理涉公证机构争端的结果来看,公证机构均被排除在了国家机关之外并暗示了公证机构和公证人员是民事私主体。此外,还强调了公证机构和公证人员的价值理念为中介、公益,并且不能从事侵害社会公共利益的行为。

值得注意的是,尽管司法机关和司法行政部门将公证行为评价为民事行为能短期内处理公证机构和当事人之间的关系,解决因纠纷引发的经济问题。但这样不可避免地模糊了公证人员"公属性"的特点,尤其是当公证人员因实施在线公证而引发纠纷时,此种定性不免会难以明确相应单位和人员的责任。因此,有必要根据在线公证自身的性质特点,建立健全在线公证的争端解决机制,从技术规范和法律规范的角度对在线公证进行综合评价,使参与在线公证人员的权利和义务都能得到公平的保障。

---

① 参见陈六书、赵霄洛:《论公证的性质》,载《法学研究》1984年第6期,第61页。
② 参见《公证执业活动投诉处理办法》(司法部令第147号)。
③ 参见《最高人民法院关于审理涉及公证活动相关民事案件的若干规定》(法释〔2014〕6号)。
④ 参见《最高人民检察院关于公证员出具公证书有重大失实行为如何适用法律问题的批复》(高检发释字〔2009〕1号)。

(五) 加强区域间的公证合作交流

由于各个国家和地区对于公证机构的定位不同,导致公证活动的开展和公证文书的确认程序也有所差异。国际公证联盟在其发布的《国际公证联盟在线公证指引》中指出,要解决跨境公证的管辖权和法律适用问题,开展在线公证适用的法律应当遵守公证机构所在地法律,并建议各国加快本国的涉外民事法律关系适用法的修订,使公证机构开展跨境的在线公证具有合法性。[①]

一方面可以加快双边或多边的谈判交流。以中国大陆/内地地区和港澳台地区为例,虽然公证制度存在巨大差异,但显然中国大陆/内地地区与港澳台地区开展公证交流合作相较于其他国家或地区要更为容易。因此,可以先从周边的国家和地区入手,逐步建立公证合作交流的框架,推动双边公证的跨境合作,提升在线公证的服务水平和能力。

另一方面可以在世界范围内推动国际公约的制定。由于国际法能协调不同国家和地区的利益,故参与的国家越多,越能推动中国的公证制度被其他国家和地区认可,增强中国公证书在其他国家或地区的认可度和接受度。

结　语

在线公证是近些年来快速发展的公证新业态,体现了法律规范和技术规范的融合。标准化规则凭借着自身特有的规范性,能够为在线公证的有序运行提供私法效力支撑,保障在线公证的实施质量。具体而言,标准化规则可被分为强制性标准和推荐性标准,规则类型可以被分为规范、标准、规范性文件等,这些文件能从不同层面调整在线公证的运行和实施,为在线公证的运行发挥着基础性的支撑作用。尽管我国已经逐步建立了在线公证的法律制度和技术标准,但实践中仍然存在现实困境。例如在线公证业务管辖范围不明确、技术性规范不健全等,这些因素导致了公证机构在提供在线公证服务时只能具体案件具体分析,缺乏统一的制度安排,长此以往不利于在线公证制度的发展。通过在现有的制度中引入标准化规则,可以厘清在线公证的管辖范围,提升公证机构在线公证的水平。通过构建配套的质量监督考核机制和在线公证争端解决机制,推动跨区域间公证合作交流,能有效促成在线公证的有序发展。

---

① 参见《国际公证联盟在线公证指引》(*UINL Guidance On Notarial Authentication with Online Appearance*)第(7)条。

专题十 远程视频公证规则探讨

王耀宗 孙 戈[*]

引 言

近年来,各地区公证机构都在着力探索公证发展新模式。最早开展远程视频公证服务的是浙江温州,文成县公证处自2017年起即借助法院的海外调解庭办理了首例远程视频公证;借鉴"温州模式",2019年起,多地区公证机构开始探索和发展远程视频公证业务;2020年的新冠疫情,更是无形中增加了该项业务的需求,推动了该项业务的发展。2020年3月发布的《中共司法部党组关于加强公证行业党的领导 优化公证法律服务的意见》指出要创新优化服务方式方法,并要求合作制试点公证机构于2020年年底前全部具备海外远程视频公证服务等能力。至此,多地公证机构开始创新公证服务模式,开展远程视频公证服务。2022年5月,司法部办公厅发布《关于推进海外远程视频公证试点工作的通知》(以下简称《远程视频公证试点通知》),进一步扩大海外远程视频公证试点,并对适用对象、业务范围和办理要求等作出了规定,确保远程视频公证试点工作依法有序推进。

据不完全统计,已开展远程视频公证业务的公证机构中,业务受理范围可大致分为境外远程视频类公证和境内远程视频类公证;对于业务类型而言,又可以分为可直接办理的公证事项、需见证辅助办理的公证事项以及不可受理的业务类型。为保证远程视频公证服务合法合规且能够平稳运行,深入推进"互联网+公证"服务,各地区公证机构或当地管理部门均出台了远程视频公证的通知、规则、指南或指导意见,以保障远程视频公证服务真正落到实处,提升公证服务能力。但鉴于目

---

[*] 本文作者:王耀宗,浙江省杭州市杭州互联网公证处公证员;孙戈,浙江省杭州市杭州互联网公证处知识产权中心秘书长。

前各地公证机构办理的方式和制定的规则不尽相同,在实际办理过程中也存在一定的争议,相关程序规则和指导意见也有待完善。

一、远程视频公证的适用范围

目前各地区均有公证机构尝试开展远程视频公证业务,但在没有统一程序规则的情况下,各地区为保障此项业务的顺利开展,大都各自制定了相应的规则,而不同的规则反应的则是理念、认识的差异。

(一)远程视频公证的多种模式

鉴于远程视频公证中,当事人与公证员无法处于同一物理空间内,公证员对当事人各种询问、沟通、观察等手段比照线下公证会有所限制,因此从法律法规和风险防范上看,通过远程视频方式办理的公证事项必然有其局限性。目前,各地区公证机构对于远程视频适用范围的规定各有差异。

综合各地区公证机构办理远程视频公证的模式,其中最为完善的模式是在本地公证机构之外设立或约定一个固定的场所,由当事人与公证机构都认可、信任的第三方作为见证人。当事人根据事先约定来到该场所,公证机构通过远程视频连线方式与当事人进行沟通,该场所内可以设置多个摄像头,让公证员从各角度观察到当事人的现场情况。办理公证时,当事人在现场签署相关的纸质公证文件,由见证人现场核对无误后密封并邮寄给公证机构。

但并非所有的远程视频公证均以此模式进行,有些公证机构在办理部分远程视频公证时,不要求必须有第三方见证,当事人可以单独申请办理;有些不要求纸质签署,可以电子签名;有些没有固定场所,可以在任意有网络和远程设备的地点办理;有些没有多摄像头,只通过单一摄像头进行视频。

(二)远程视频公证的实践事项

从现在各地公证机构的实践情况来看,可以办理的公证事项大致可以分为以下三种:第一,以委托为典型代表的单方法律行为,主要是涉及不动产买卖为主,同时也有涉及继承的委托、声明和投融资的委托等事项;第二,有些公证机构受理其他涉外民事公证事项,如上海新虹桥公证处提供国籍、亲属关系、无犯罪记录、学历等有法律意义的事实和文书公证;第三,保全证据公证,如重庆两江公证处受理核保等内容的保全证据公证,或通过保全证据等方式受理单方法律行为公证。

对于处分财产的委托,部分公证机构认为夫妻之间或父母与子女之间处分财产的委托可以直接办理,如江苏省试点公证机构;部分公证机构认为夫妻之间或父母与子女、兄弟姐妹等近亲属之间处分财产的委托可以直接办理,如深圳市前海公证处等;部分公证机构对于涉及处分财产的委托则全部采用见证辅助方式进行办理,如上海市张江公证处等。

根据笔者已获得的信息,各公证机构均排除遗嘱公证以及与人身关系密切的法律行为公证事项通过远程视频方式办理。

(三) 远程视频公证的事项边界

目前,由于各地公证机构办理远程视频公证起步的时间有先后,加之对公证执业风险的考虑,并未就远程视频公证的适用范围达成共识。囿于以上情况,我们不能以现行各地公证机构正在办理的公证事项作为远程视频公证的适用范围,而应抽丝剥茧,厘清规则与风险的界限,以法律法规的规则为框架,以现行可普及的技术为支撑来分析远程视频公证的适用范围。此外,更要以当事人的现实需求为起点、以公证执业风险为边界,来评估本公证机构是否要以远程视频的方式办理公证。

因而,在讨论哪些公证事项可以采用远程视频方式办理前,应当先确定办理原则:首先,涉及公证的事项类型应不违反法律的禁止性规定,如《电子签名法》规定不能适用电子签名的方式的公证事项自然也就不能运用远程视频公证进行办理。其次,远程视频公证的事项类型总数必然小于或等于线下公证的事项类型外延,不应在任何事项类型上超过线下公证事项的外延。最后,远程视频公证的事项类型本身应满足允许非现场要求,即并不必然要求公证员与待证事实处于同一物理空间内的公证事项。

由此,笔者认为,不符合远程视频公证原则的公证事项为现场类公证,主要是现场监督公证与现场保全证据公证。现场类公证要求就是"现场"二字,也就是需要公证员亲临现场,比如现场监督,本身就是以公证员亲临现场作为公证的基础前提的。至少在现阶段,科技无法让公证员在远程端真正身临其境,眼耳口鼻身均是公证员的工具,视觉、听觉、嗅觉、味觉、触觉中任何一种感觉都有可能在现场为公证员判断提供依据。因此,现场类公证都不符合远程视频公证的原则。"现场"一词已经将公证的要求框定于物理空间之内。虽然现如今有许多公证机构将现场监督公证的应用场景替换使用保全证据公证,但依然逃不开"现场",现场保全证据依然需要公证员亲临现场。

(四) 远程视频公证适用范围的展望

除"现场"类公证外,其他的公证事项在理论上都可以允许开展远程视频公证。从理论层面来看,如果公证机构可以以最为完善的方式办理,那么即使通过远程视频公证来办理赋予强制执行效力的债权文书公证、离婚协议公证、监护协议公证、遗嘱公证等公证事项也未尝不可。

举例而言,疫情期间,有部分公证机构尝试以外地公证机构的公证员为协作员,协助其办理本地的赋予强制执行效力的债权文书公证。外地公证机构的公证员通过远程视频的方式,不仅协助本地公证机构的公证员与在外地的当事人进行视频沟通,同时还可以进行人证实名比对,指导当事人签署相应材料,并形成工作记录,将工作记录与相关材料一并邮寄给本地公证机构,由本地公证机构根据收到的工作记录与相关材料,出具公证书。

或许将来,离婚协议公证、监护协议公证、遗嘱公证也可以通过远程视频公证的方式进行办理。以遗嘱公证为例,其在形式要件上,除了必须要两人办理以外,与委托公证、声明公证等单方法律行为公证并没有太大的区别,因此在理论上,我们不应轻易否定遗嘱公证在远程视频方式办理上的可行性。假设一位身患重病但依然还能自由活动的中国公民因各种原因暂时无法回国,来到中国驻外使馆,在使馆工作人员的见证下,与国内公证机构进行远程视频,并纸质签署各类公证文件(包括遗嘱),由使馆工作人员密封并邮寄给国内的公证机构,由国内公证机构出具遗嘱公证书也未尝不可。

但是,公证机构对其他公证事项是否均应开展远程视频公证服务呢？笔者认为,可以开展不等同于应该开展,更不等同于必须开展,这是一个长期探索实践的过程,而非一蹴而就。公证机构不能自我局限,至少在理论上不应直接否决诸多公证事项以远程方式办理。当然,在具体开展公证时,由于各公证机构对于公证执业风险的把握并不一致,故而也就意味着不能一刀切,将所有可以办理的远程视频公证事项一并放开。远程视频公证的办理应分阶段、分情况地逐步放开,各公证机构可以根据自身实际情况,谨慎选择可以办理的公证事项。

二、远程视频公证中的"面谈"与"面签"

在办理远程视频公证过程中,最大的争议莫过于制度层面的合规性,即公证中的"面谈""面签"原则是否可以突破的问题。虽然《公证法》中并未明确"面谈""面签"原则,但公证实践中公证人员均将其作为公证的基础原则之一。在目前的公证法律体系下,可以谨慎突破传统意义上的"面谈""面签"原则,通过替代性的方式,核验公证内容的真实性。

一般而言,对谨慎突破传统意义上的"面谈""面签"原则构成障碍的主要有《公证程序规则》和针对部分具体公证事项的相应规则。司法部 2006 年制定的《公证程序规则》第 17 条明确了"自然人、法人或者其他组织向公证机构申请办理公证,应当填写公证申请表"并"应当在申请表上签名或者盖章";2020年10月20日司法部《关于修改〈公证程序规则〉的决定》对此条款并未进行修改,而是新增"公证机构采取在线方式办理公证业务,适用本规则。司法部另有规定的,从其规定"条款。但即使在没有"另有规定"的情况下,《公证程序规则》也没有限定当事人一定要在公证员面前进行纸质版签名,且《电子签名法》中明确了"可靠的电子签名与手写签名或者盖章具有同等的法律效力"。至于部分具体公证事项的相应规则的规定,如最高人民法院《关于适用〈中华人民共和国民事诉讼法〉的解释》及《人民法院办理执行案件规范》中规定,被执行人一方未亲自或者未委托代理人到场公证等严重违反法律规定的公证程序的,属于公证债权文书确有错误。

由上,如何理解亲自到场的"面谈""面签"问题,也就成为认定通过远程视频公证方式办理公证并形成公证文书是否存在错误的关键。

面对这一问题,司法部和外交部在解决侨胞需求时迈出了关键性一步。文成县海外远程视频公证之后,华东公证处在海外公证联络员协助下,借助互联网技术远程视频,为远在国外的华侨办理公证,这也是最早的由公证机构自主进行的远程视频公证模式。效仿这一模式,各地公证机构逐渐形成了远程视频公证见证辅助模式和直接办理模式并存的格局。司法部办公厅《远程视频公证试点通知》中明确了远程视频公证的见证辅助模式,要求当事人本人前往试点使领馆或签证中心指定的海外远程视频公证现场完成公证程序,由试点使领馆或签证中心相关人员协助核验当事人身份、全程见证办理公证并录音录像、邮寄书面材料等,以见证辅助方式达到公证人员与当事人沟通交互的目的,确认当事人签署真实以及现场无胁迫、欺诈等情况,以解决亲自到场的"面谈""面签"问题。而对于一些公证事项,尤其涉及非处分财产的委托、不涉及转移、放弃权利的声明等,很多公证机构都可以直接通过远程视频方式进行办理,并将当事人通过公证机构指定的系统平台申请办理并与公证员以全程视频的方式在线交互的情形视为"在公证员面前"。

公证程序中适用"面谈""面签"原则的目的在于公证人员能够通过交互确认当事人的身份以及当事人的真实意思表示。因为亲自到场的"面谈""面签"的整个过程是直接和持续的,公证人员可以从当事人的状态、表情、反应等方面获得信息,以达到有效的内心确认,但这并非机械性地要求当事人一定要坐在公证员面前进行交流和签字。如果通过远程视频的方式进行识别,能够明确申请人的身份,此种方式即可被认定为"亲自";同样,如果通过远程视频的方式进行持续性交互,能够明确当事人已进行公证申请并作出对应公证事项的真实意思表示,如委托他人购买房屋的意思表示、达成合意签署合同的意思表示等,即可被认定为"到场办理"。内容的真实是根本,外在形式是为内容真实服务的,通过远程视频方式进行恰当、持续、规范、有效和充分的交互,把握当事人的真实需求,确保内容的真实可信,即可谨慎突破传统意义上的"面谈""面签"原则。

　　远程视频公证需要多方合作：一方面，要保证设备和网络能够支撑远程视频公证的办理；另一方面，远程视频交互系统既要确保公证办理全过程被完整记录，又要保证当事人所处环境无他人的胁迫。此外，远程视频还要实现公证逻辑，防止公证过程中的信息被篡改。远程视频公证依托技术，带给当事人便利，但却不局限于作为工具价值的便利。远程视频公证与传统的线下公证有着不同的逻辑，其并非是线下程序的线上转化，而是既包括技术应用又包括公证人员支撑的新的公证模式。对于技术应用部分而言，公证机构可综合运用视频语音技术、可信身份认证技术、电子签名、电子证据固定、电子储存等技术支撑远程视频公证的办理；而应属于人员支撑的部分，如告知询问、法律释明、意思表示确认、审查核实等，这是体现公证职能的重要环节，必须由具有专业知识的公证人员完成，而绝不能采取无人工的方式自动办理公证。技术与公证人员二者相互支撑又相互独立，因而在办理远程视频公证时，公证人员应避免陷入循环论证之中，一定程度上跳出传统线下模式的思维，从法律逻辑上去理解公证程序的相关规定，把握公证的实质，从而满足社会中多元化的公证需求。

三、远程视频公证中的第三方见证

　　远程视频公证在办理程序上，需要额外考量诸多因素。目前，线下办理公证时，公证相关材料的签署，包括公证机构程序要求的材料以及需要公证机构证明的对象，均以纸质签名为必要要件。在远程视频公证的场景下，应该使用哪种签名形式？笔者认为，纸质签名作为传统签署方式，没有必要过多进行限制，在远程视频公证时依然可以使用。根据《电子签名法》，结合当前的远程视频公证实践，一些公证机构在办理部分公证事项时以电子签名的方式替代了纸质签名。但囿于《电子签名法》适用的限制，部分公证事项无法使用电子签名。

　　当使用远程视频方式办理公证且需要当事人纸质签名时，我们更多需要考虑的是如何在两个不同空间下，让当事人通过远程视频方式在公证员面前纸质签署材料后将材料准确无误地递交到公证员的手中。这既有空间的转换，也有时间的先后，纸质材料在签署人和公证员出现的时空均无法一致，这个在线下公证中不需要考虑的因素，在远程视频公证中却变得非常重要。

　　远程视频公证需要额外考量的因素不仅仅是递交环节。如公证过程中的行为是否为当事人本人所为？而其本人的这些行为是否确为其真实意思表示？面对这些问题，许多公证机构提出的综合解决方案是第三方见证。

（一）第三方见证的优势

对于公证相关材料的递交，一般通过邮寄的方式进行。但由于邮寄的时间并不确定，因此当事人通过摄像机在公证员面前将材料交付给快递员的可能性较小，且也无法有效避免快递员离场后不再回来更改材料的情况发生。这些问题在线下公证时并不会遇到，或者由于公证员在现场，能有效避免这类问题的发生。

对于判断行为是否为当事人本人所为，仅仅通过一个摄像头无法完整体现，摄像头可拍摄的幅度是有限的，无法与线下真实面对面相比较。

判断行为是不是当事人的真实意思表示，曾有人提出"没人知道镜头后是否有把枪"。这虽然有些极端，但依旧充分体现了一个镜头表现的信息是极其有限的，无法完全确认是否有人胁迫当事人作出不真实的意思表示。

为了解决远程视频公证中诸如此类问题，各公证机构有着自己的方式方法，如以多镜头替代单一镜头，通过多角度、多摄像头的方式，保障公证员可以在各个角度看到当事人，确保公证行为为当事人本人所为；或以固定场所进行远程视频，确保当事人是自由进出场所，以达到类似进出国内公证机构的效果，确保在远程视频时当事人没有被胁迫、欺骗等；又或以在摄像机前进行密封邮件并进行骑缝签署的方式，来保障公证员收到的材料就是当时当事人邮寄的材料。

针对以上问题，实际通过第三方人员进行现场见证的方法即可解决，即由第三方人员来保障当事人行为系本人行为，且为其真实意思表示，同时邮寄交由第三方人员进行，保证材料不被更改。

（二）目前最为完善的远程视频公证方式

第三方见证是完善的远程公证视频中的一环。目前最为完善的远程视频公证方式，莫过于由司法部和外交部联合对海外远程视频公证工作的规范，在这个规范中对远程视频公证有着详细的规定。

根据 2022 年《远程视频公证试点通知》的相关规定，当事人通过驻外使领馆和签证中心与国内的公证机构进行视频连线，由驻外使领馆和签证中心充当固定场所并配备相应设备，当事人可选择电子签名的方式也可选择纸质签名的方式办理相关公证事项，由驻外使领馆和签证中心的工作人员充当第三方见证人并提供邮寄服务。但即使这样，《远程视频公证试点通知》对公证事项也仅限于"声明、委托（包括涉房产、股权、继承等财产类事务）、婚姻状况、国籍、姓名、出生、死亡、亲属关系、无犯罪记录、经历、学历、证书（执照）、文书上的签名、印鉴、文本相符公证等"，且对于声明和委托也有更加详细的要求，而非一切均可。根据《远程视频公证试点通知》的规定,"涉及处分财产的声明公证应当符合以下条件:(1)为公证机构办理关联公证事项时所需;(2)当事人承诺将其手写签名的声明书纸质文本原件,通过试点使领馆或签证中心邮寄给公证机构存档。涉及处分财产的委托公证应当符合以下条件:(1)受托人是委托人的近亲属;(2)该处分遵循公平原则;(3)受托人无转委托权;(4)处分价款全部转入委托人本人在国内的银行账户"。

司法部关于海外远程视频公证的规定,是目前最为完善的远程视频公证方式,它从多个维度考量、平衡了当事人的实际需求、疫情的现实情况、当前技术的可行性、各海外机构和国内公证机构的法律风险。

(三)无第三方见证的远程视频公证

因第三方见证方式有诸多优势,故司法部启动海外远程视频公证试点工作时采取了这类方式。通过第三方见证方式辅助远程视频公证,从而帮助海外华人解决无法公证的难点,并在2022年印发了《远程视频公证试点通知》,支持进一步推进试点工作。

但不可否认的是,第三方见证也有其固有的劣势。如何寻找当事人与公证机构均认可的第三方?如何确保第三方能够在新冠疫情的背景下可以及时面见到当事人?如何保障相关人力、物力的支出?虽然驻外使领馆和签证中心可以帮助解决以上的部分问题,但使领馆和签证中心无法遍布全球所有地方,也无法解决当地在封控时的人员出行问题,故依然解决不了所有问题。因此,当我们确认远程视频公证并非适合所有公证事项之后,我们需要论证是否所有的远程视频公证都需要第三方见证。

从便民的角度考虑,许多公证机构在办理远程视频公证时,并不强制要求一定有第三方见证。但又由于没有第三方见证,从风险防控的角度,公证机构并没有对所有公证事项都以远程视频的方式办理。

此外,各地公证协会对此都已经有所探索。例如,深圳市公证协会规定可以远程视频公证的公证事项为:(1)不涉及处分财产的委托;(2)夫妻之间或父母与子女、兄弟姐妹等近亲属之间处分财产的委托(可以征询申请人的意见,是否授予受托人转委托权);(3)不涉及转移、放弃权利的声明;(4)不涉及处分财产、转移或放弃权利等文书上的签名;(5)其他适合海外远程视频办理的公证事项。[①] 天津市公证协会规定可以远程视频公证的公证事项为:(1)不涉及财产处分的委托;(2)夫妻、父母子女、兄弟姐妹等近亲属之间处分财产的委托;(3)不涉及转移、放弃权

---

① 参见深圳市公证协会印发的《关于办理海外远程视频公证的指导意见(试行)》。

利的声明;(4)不涉及财产处分、转移或者放弃权利等文书上的签名;(5)经公证协会认可的其他公证业务。① 山东省公证协会规定可以远程视频公证的公证事项为:(1)非意思表示确认事项;(2)无权利处分的意思表示确认事项;(3)有权利处分的意思表示确认事项。② 江苏省公证协会规定可以远程视频公证的公证事项为:(1)不涉及处分财产的委托;(2)夫妻之间或父母与子女之间处分财产的委托;(3)不涉及转移、放弃权利的声明;(4)不涉及处分财产、转移或放弃权利等文书上的签名;(5)经江苏省公证协会认可的其他公证事项。③ 这些地方公证协会对办理远程视频公证均未强制性要求第三方见证。但是四川省司法厅与四川省公证协会出台的规定中却要求公证申请人与远程网络公证协办员必须在同一受理场所,而四川许可的公证事项包括:简易涉外民事业务、小额存款继承、简易声明承诺、简单委托,以及不涉及不动产处分的其他单方行为公证等事项。明确不得办理遗嘱、赋予债权文书强制执行效力、房屋继承与赠与、保全证据、现场监督等公证事项。④

从时间上看,四川省规定出台的时间为2019年12月,尚在新冠疫情暴发前,但其依然包含了小额存款、继承这类继承类业务。其他地方公证协会的相关规定均在疫情后制定,但仍然未认可继承类业务可以以远程视频公证方式办理。综上,第三方见证对地方公证机构在执业风险把控方面的影响可见一斑。

(四)第三方见证对公证执业风险的规制

目前,即使有许多公证机构已经对远程视频委托处置房产的委托类公证不强制要求有第三方见证,但是在办理诸如更加需要谨慎办理的公证的情况下,公证机构依然要求有第三方见证。第三方见证是对公证程序的一种完善,同时也是对公证执业风险的一种防范,只有防范了风险,完善了程序,公证机构才敢于办理远程视频公证。如上文提到的,目前部分公证机构尝试以外地公证机构的公证员作为协作员,协助其办理本地的赋予强制执行效力的债权文书公证。因此,第三方见证并非远程视频公证必不可少的环节,但它是公证机构办理远程视频公证时的风控手段,在办理一些需要谨慎办理的公证事项的时候,可以让公证机构放心推进工作,更好地为当事人服务。

---

① 参见天津市公证协会印发的《远程视频办理公证指导意见》,津公协〔2020〕10号。
② 参见山东省公证协会印发的《山东省"远程视频"公证服务指引(试行)》,鲁公协〔2021〕12号。
③ 参见江苏省公证协会印发的《江苏省远程视频公证规程(试行)》,苏公协〔2020〕4号。
④ 参见四川省司法厅、四川省公证协会共同印发的《四川省公证机构远程网络办证指引(试行)》,川司法发〔2019〕124号。

四、远程视频公证中电子签名的适用范围

就目前的公证实践而言,各公证机构通过远程视频公证模式办理的委托公证事项占比最高,但远程视频公证绝不是某一类公证事项的代名词,而是可以广泛适用的一种公证模式。上文提到,一些公证机构在办理部分公证事项时以电子签名的方式替代了纸质签名,电子签名不是表面所见的当事人在手机或其他载体上手写的签名,而是指数据电文中以电子形式所含、所附用于识别签名人身份并表明签名人认可其中内容的数据。《电子签名法》中对"视为可靠的电子签名"情形进行了列举[①],同时明确了"可靠的电子签名与手写签名或者盖章具有同等的法律效力"[②]以及与电子签名相关的责任认定方式[③]。我们可以认为这种责任认定方式,确立了推定电子签名有效的原则,为电子签名的实际使用提供了法律依据。

在民事活动中,当事人可以选择使用电子签名,但《电子签名法》中也规定了不得使用电子签名的情形,即涉及婚姻、收养、继承等人身关系的,涉及停止供水、供热、供气等公用事业服务的以及另有规定的不适用电子签名。在公证实践中,主要涉及的是婚姻、收养、继承类的相关公证。这些类别的公证事项是否都排除适用电子签名,又是否可以使用远程视频方式进行办理,存在一定的争议。[④]

对于收养类公证事项,多数公证机构都认为办理如收养关系、解除收养关系、认领亲子、抚养事实和变更抚养关系等公证事项,不适用电子签名,且不适用远程视频方式办理。不适用远程视频方式办理的原因在于此类公证对公证员与当事人之间的交互要求高,需要给当事人一定的思考时间,甚至有些会涉及询问不具备完全民事行为能力的当事人,如《浙江省在线公证暂行规范》通过设置"黑名单"的方式,排除了"遗嘱、遗赠扶养协议、认领亲子、收养关系、解除收养关系、抚养事实、监护、意定监护协议公证"采用远程视频方式办理。至于不适用电子签名的原因则是收养类的公证涉及的是人身身份关系,如收养是创设拟制血亲关系、认领亲子是自愿认领非婚生子女或失散子女等,均需本人到场办理,对身份和事实的审查也较为严格,故而不适用电子签名。

---

① 参见《电子签名法》第 13 条。
② 参见《电子签名法》第 14 条。
③ 参见《电子签名法》第 27 条。
④ 有观点认为,《电子签名法》采取的分级限制模式,这种分级规则容易导致非民事活动或与民事活动界限并不十分清晰的领域使用电子签名,无法律保障。我国法律层面并没有公证活动能否使用电子签名的明文规定。有观点认为,在线公证的性质属于电子商务,如国务院办公厅印发的《关于加快电子商务发展的若干意见》;也有观点认为,在线公证属于社会活动。详见雷雷:《关于公证活动使用电子签名的法律属性探讨》,载《中国公证》2022 年第 3 期,第 42 页。本文对公证的归属暂不作探讨,但认为公证中可以适用电子签名。

而对于继承类公证和婚姻类公证则存在一定的分歧。排除适用电子签名的事项主要考虑的是涉及身份关系,但继承类公证和婚姻类公证中,并非完全涉及身份关系,还包括部分涉及财产或单方法律行为等。此外,在办理公证的过程中,涉及包括申请表、告知书、询问笔录在内的多份需签署的文书,是否因为涉及相关事项而所有文书均不得采用电子签名,也存在一定分歧。

以继承类公证为例,其包括法定继承公证、遗嘱继承公证、放弃继承声明公证、委托继承公证等多项公证事项。对于法定继承、遗嘱继承、放弃继承声明公证而言,当事人需在公证员面前明确接受继承或放弃继承的真实意思表示;对于涉及身份关系的文书不得使用电子签名,但未排除远程视频公证办理模式,也未排除公证过程中其他不涉及身份关系的文书(如申请表、受理回执、告知书等)适用电子签名。此种情况下,公证机构可以采用远程视频方式,对当事人进行告知与询问,当不涉及身份关系时,文书可直接在线电子签名;而涉及身份关系的文书,则需要进行实体签署,并选取可信方式送达承办公证员处。如部分公证处尝试适用此种方式办理继承公证,当事人就近前往远程视频公证服务点申办公证,提供相关证明材料,由服务点帮办人员协助当事人在指定平台完成公证申请、身份认证、证明材料递交、缴费等非审查环节,当事人通过远程视频询问方式与公证员"面对面"交流并进行文书签署,完成继承公证的前端环节。[①] 这种方式是线上线下相结合便利当事人的有益尝试,但要特别区分涉及身份关系的文书,不可一概进行电子签名;对于一些特殊情况,也可先进行电子签名,再与所收到的纸质文书进行比对留档,进行辅助性确认。对于委托继承的公证,有人认为其实质意义是委托他人代为办理继承公证并进行转移登记等事务的真实意思表示,而并非在公证员面前作出接受继承的意思表示,所以可以适用电子签名;也有人认为这种情况就是接受继承的意思表示,不适用电子签名。

对于婚姻类公证而言,其包括夫妻财产约定协议公证(含婚前财产约定协议,以结婚登记为生效条件)、离婚(补充)协议公证、婚姻状况公证等。其中婚姻状况公证主要用于涉外用途,部分要求办理有无婚姻登记记录的文本相符公证、部分要求办理实体公证或声明公证。与继承公证类似,包括婚姻内容的文书应依据实际情况进行区分,如结婚证(离婚证)公证、属于事实公证的婚姻状况公证等都不属于为设立、变更或消灭民事法律行为为目的而订立的文书,因而不应排除适用电子签名;而对于涉及婚姻内容的协议类公证,如内容涉及婚姻的身份关系,则不适用电子签名,反之,可以适用电子签名。

[①] 钱敏、王璐:《拓展在线公证事务领域 推动市域社会治理现代化》,载《中国公证》2022年第5期,第25页。

综上,对比电子签名的有效原则和远程视频公证模式的特点,可以明确的是,能适用电子签名与可采用远程视频方式办理并不是等同的。另外,包含《电子签名法》排除适用电子签名的相关内容的文书,是否可以适用电子签名,也不可一概而论,而是需要具体分析文书的类型和签署目的。

结　　语

目前远程视频公证的适用仍处于探索阶段,各地区公证机构在不断实践之中形成了各自对于如何规范远程视频公证的不同见解。但鉴于实践需求,公证行业需要进一步整合各地规范,出台全行业统一的标准。这个"统一标准"并非统一所有的远程视频公证标准,而是对现在已经行之有效、比较成熟的远程视频公证业务标准予以统一、规范。

公证行业可以在远程视频公证环节上进行统一,例如确定第三方见证的公证场景,确定电子签名应用的公证场景;也可以在公证事项上统一,诸如婚姻状况、国籍、姓名、出生、死亡、亲属关系、无犯罪记录、经历、学历、证书(执照)等公证事项,完全可以形成全国的统一标准操作流程,而不是各地各行其是。一些相对较为复杂且还未形成全体行业共识,但已经形成区域行业共识的公证事项,可以由地方行业协会进行经验总结并形成区域标准流程;而一些更为复杂的公证事项,可以由有经验和能力的公证机构自行实践,在实践中不断探索和总结,以期形成更好的示范效应。

专题十一 论区块链对公证的不利影响及相应对策

陈　明[*]

引　言

"区块链"这个名词,大家可能都有所耳闻,但大部分人肯定并不真正了解到底什么是区块链。笔者相信,大名鼎鼎的"比特币"(Bitcoin),大家对其一定不会陌生。自2009年比特币诞生至今,这个虚拟的产物不知是附加了何种魔力,竟然在2021年11月10日创下68928.9美元的历史最高交易价格。比特币这种虚拟物品其本质就是一串二进制代码而已,那为什么会有人疯狂地以68928.9美元的价格去购买这个二进制代码呢?虽然这种疯狂的交易中肯定存在资本投机炒作的因素,但支撑"比特币"运行的区块链技术才是其真正的价值所在。"比特币"作为第一个被全世界认可的区块链业务应用,真正实现了互联网交易的"去中心化""自治化""合约化""可追溯化"。既然区块链技术拥有如此优势,也许会有公证同仁觉得区块链将来一定会有助于公证行业的发展。但是笔者的观点却是"基于区块链技术的特性,在互联网时代中其可能会对公证的发展产生不利的影响"。

一、区块链技术的概念及其特性

(一)区块链技术的概念

"区块链"顾名思义,就是将信息数据分成若干块并且将若干块的数据像链条一样串起来。区块链是由所有参与者共同组成的分布式数据库系统,是对系统上

---

[*] 本文作者:陈明,江苏省南京市南京公证处公证员。

所有交易历史和数据进行记录的一种技术手段。狭义区块链是按照时间顺序,将数据区块以顺序相连的方式组合成的链式数据结构,并以密码学方式保证的不可篡改和不可伪造的分布式账本。广义区块链技术是利用块链式数据结构验证与存储数据,利用分布式节点共识算法生成和更新数据,利用密码学的方式保证数据传输和访问的安全,利用由自动化脚本代码组成的智能合约,编程和操作数据的全新的分布式基础架构与计算范式。[①]

上述解释可能过于专业,下面通过一则故事来说明区块链的内涵。假设互联网世界中有一个村子叫桃源村,这个村子里有1个村长和5个村民,这个村子里只使用一种货币叫"桃源币",每天工作最努力的人可以获得100桃源币。最开始是由村长1人记账当天谁获得100桃源币,账本也由村长1人保管。结果村长年纪大了,账本经常会记错,而且有村民担心村长与某个村民是亲戚,村长可能会给该村民多记账桃源币,于是就有村民提出不能只有村长才有权记账,所有村民都要有权记账。过了一段时间后,村民又发现虽然大家都有权记账了,但是账本传递过程中总有涂改,无法确定哪次涂改是正确的,哪次涂改是错误的。于是村民最终决定不但要大家轮流记账,而且村长和每个村民都各自要有一个独立的账本,每次记账人记录完毕桃源币发放后还要通知其他人在各自的账本上记录本次桃源币的发放情况,这样一旦发现账本有涂改后就可以让其他人把各自的账本都拿出来核对,如果涂改后的记录与大多数人账本上记录的内容核对一致,那么就认为涂改是有效的,如果核对结果不一致,那么就认为涂改无效。故事中的每个村民相当于区块链中的分布式节点,记录桃源币交易情况的账本就是区块,这种每个节点都可以参与记账,每个节点都拥有一个独立完整数据账本的方式就是"区块链"。

(二)区块链的 DACT 特性

区块链技术能如此举世瞩目,可以说比特币(Bitcoin)和以太坊(Ethereum)起到了一定的宣传作用,但比特币和以太坊实质上也只是基于区块链技术制造的两款较为成熟的应用。区块链真正的价值在于其所具有的 DACT 特性,即 Distributed(分布式的)、Autonomous(自治的)、Contractual(合约化的)、Trackable(可追溯的)。

1. 区块链技术的分布式、自治特性决定了区块链的去中心化

区块链技术实现"去中心化"主要依托于 peer-to-peer(点对点模式)分布式网络数据结构(详见图1)的大力发展,而点对点网络数据结构能够大力发展则离不

[①] 参见袁勇、王飞跃:《区块链技术发展现状与展望》,载《自动化学报》2016年第4期,第482页。

开个人计算机运算和存储能力的飞速提升。每一个参与节点之间都是对等的关系,每个参与节点可以随时加入区块链,加入后的每个节点都会在本地产生一个区块链完整交易记录的副本,每个参与节点也可以随时退出区块链,某个节点退出后也不会影响整个区块链交易记录的完整性。而传统的 Client/Server(服务器/客户端)网络数据结构中数据都先写入中心服务器端,服务器存储完毕后客户端才能够通过网络向服务器发出申请要求调阅数据,如传统的银联支付结算、淘宝购物、学信网查询等都属于服务器/客户端结构,所有交易、查询的确认和历史记录都由中心服务器完成,一旦中心服务器宕机,那么整个系统将无法运行。而区块链系统中的参与节点则依据一定的共识机制来确定每次的交易历史记录由哪个节点来进行写入,之后其他非写入节点将会收到写入节点的广播,将写入的内容在本地进行备份。在整个区块链系统中,不存在所谓的中心服务器,任何一个节点的退出都不会影响区块链系统的运行,每个节点都众生平等。

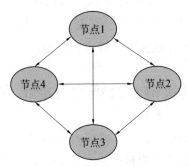

图1 区块链 peer-to-peer 分布式网络数据结构

2. 区块链技术的可追溯特性决定了区块链的难以篡改

区块链的可追溯特性来源于区块链的数据结构,系统中的每个数据区块中含有一个区块头,该区块头中包含了前一个区块的 SHA256(256 位哈希值)及当前以秒为单位的时间戳(一般每隔几秒更新一次)。对于一个上链的数据,如果某人修改了其中信息,那么在链式数据结构中必然会导致存储该数据的区块所对应的 SHA256(256 位哈希值)产生变化,该哈希值一定与后一个区块的区块头中所存储的原前一个区块哈希值不一致。为了让修改后的数据能被区块链系统所接受,篡改者就必须把后面所有区块中所存储的前区块哈希值进行修改,而且修改的节点还要超过整个系统的51%。当区块链系统中加入的节点足够多时,想要通过这种方式来篡改数据几乎是不太可能的。正是这种通过对链式数据块层层哈希运算并加盖时间戳的方式实现了区块链技术的可追溯性,从而保证了上链数据的难以篡改。

3. 区块链技术的合约化特性决定了区块链的应用广泛

区块链系统是一个实现了算法式信任的系统,它不需要任何人或者机构,一切都由程序来完成。智能合约(SmartContract)可以作为一段代码被部署在区块链中,智能合约由区块链内的多个用户共同参与制定,可用于用户之间的任何交易行为。协议中明确了双方的权利和义务,开发人员将这些权利义务代码化,代码中包含了会触发合约自动执行的条件。合约一旦部署完成,区块链中的所有节点都会收到该合约,该合约会定期检索合约条件是否触发,满足条件的事件将会被推送到待验证的队列中,之后由区块链中有验证权限的节点先对满足条件的事件进行签名验证,待其他节点对验证结果达成共识后该合约将自动执行,并通知合约各方。同时,合约执行的结果也会得到系统的验证。这种智能合约区块链可以应用于金融结算、知识产权交易、保险赔付、征信记录、房地产交易、遗产继承等场景中。

有一种观点认为互联网的四大特点是"公平、分享、公开、透明"。DACT 的这四个特性正好对应着四大特点,分别是 Distributed——分享、Autonomous——透明、Contractual——公平、Trackable——公开。[①] 可以看出区块链技术是一种与互联网完美契合的技术,其在互联网时代将大有作为。

二、区块链对公证的可能不利影响

要分析区块链会对公证产生的不利影响,首先要厘清"公证"的概念。《公证法》第 2 条规定:"公证是公证机构根据自然人、法人或者其他组织的申请,依照法定程序对民事法律行为、有法律意义的事实和文书的真实性、合法性予以证明的活动。"这是我国法律对公证的定义。但我国公证界泰斗薛凡认为上述条文仅是从公证职能的角度对公证加以了定义,并不能够真正说明公证的自身属性。薛凡老师对公证的定义为:"公证是指公证人基于法律授权独立执业,以公证人独立的民事责任作为担保,恪守社会公共立场,在合法性层面上,如实、客观、公正地作成载明事实,体现当事人真实意思表示、产生约束当事人和相关机构,具备法定效力和公信力的公证文书并提供相应法律服务,从而预防纠纷、保障权利的活动。"[②] 正如前文所述,区块链技术具有的 DACT 特性可以通过互联网产生"公平、分享、公开、透明"的效果,笔者认为区块链在互联网社会下所产生的部分功用与传统公证功用是具有重叠性的,其必然会对公证行业产生一定的不利影响。笔者将从下列几个方面与大家进行探讨。

---

① 谭磊、陈刚:《区块链 2.0》(第 2 版),电子工业出版社 2018 年版,第 39 页。
② 薛凡:《公证改革的逻辑》,厦门大学出版社 2018 年版,第 54 页。

(一) 从公证制度的历史看区块链对公证的不利影响

我国现代的公证制度主要是西方公证制度的舶来品。"公证起源于保障协议安全的需要,并且在不同地区和时期以多种方式产生。'公证'(notary)一词来自拉丁语(nota)。'nota'指的是古罗马'书记'们用来快速抄录文书的一种速记符号。"①"随着历史的演变,公证被用来表达为国家或社会公认的证明活动。关于公证的起源,通常认为巴比伦、古埃及和古希伯来时期的誊写员(lesscribes)是公证人的鼻祖。誊写员的主要职责是,赋予协议安全、可靠的形式,以防止由于口头协议常常出现记忆模糊或由于当事人的故意歪曲篡改而发生纠纷。"②但当时誊写员的职能与现代公证人的职能相去甚远。现代公证人雏形真正开始出现要到罗马共和国时期,当时罗马出现了一种经过奴隶主授权可以专门为奴隶主处理法律事务的奴隶,称为"诺达里"。"诺达里"有"书写人"的意思,算得上是奴隶主的专职法律书记。"诺达里"为主人处理有关民事事务上的函件,主要是撰写契约文书,对奴隶主来说其是"活的法律文书书写工具"。直至罗马共和国末期,在罗马法与罗马诉讼程序的要求下,大量罗马平民也觉得自身需要类似于"诺达里"的人为他们提供法律文书书写服务。以至于在罗马社会上就出现了一种专门从事法律文书起草的代书人,称之为"达比伦"。"达比伦"具有专业的法律知识,可以给人们提供专业的法律服务,不仅可以代拟各种法律文书,还可以对文书予以签字证明。他们按国家规定向当事人索取报酬。"达比伦"逐步代替了"诺达里",被学者认为是现代公证的始祖。而在现代公证的起源地法国,自公元3世纪出现了担当公证员职能的官吏,其不但可以书写法律文书,而且可以代表国家对契约的真伪进行认证。

从上述公证制度的历史渊源可以看出,公证制度之所以出现并起到预防纠纷的作用,就是基于在市民社会生活中需要有人去进行专门的记录,从而达到防止参与人员故意歪曲篡改事实导致产生纠纷的目的。而区块链所具有的布式记录的特性(即每个参与节点都进行数据记录)和可追溯特性(即任一节点的篡改都可以被其他参与节点进行校验)的两大特性,在当今互联网社会中定会在某些领域产生替代传统公证人忠实记录市民生活参与者真实意思并防止故意歪曲篡改的社会功用。

(二) 从公证的三大效力看区块链对公证的不利影响

学术界一般认为我国公证具有三大效力:第一,证据效力,即证据能够在证明

---

① 卓萍主编:《公证法学概论》,法律出版社1988年版,第5页。
② 叶青、黄群主编:《中国公证制度研究》,上海社会科学出版社1995年版,第15页。

案件事实中发挥作用的程度。公证的证据效力是指公证确认的法律行为、有法律意义的文书、事实所具有的法律约束力。证据效力是公证书的基本法律效力之一,其对应《公证法》第36条所规定的"经公证的民事法律行为、有法律意义的事实和文书,应当作为认定事实的根据,但有相反证据足以推翻该项公证的除外"。第二,强制执行效力,即公证机构依法赋予特定文书所具有的一种特殊法律效力。其目的在于公证相对人到期不履行时,申请人有权督促当事人履行公证书载明的义务而无须经过审判程序。其对应《公证法》第37条所规定的"对经公证的以给付为内容并载明债务人愿意接受强制执行承诺的债权文书,债务人不履行或者履行不适当的,债权人可以依法向有管辖权的人民法院申请执行"。第三,法律行为成立要件效力,即公证是该项法律行为成立的必要条件。也就是说,该项法律行为的成立基于法律规定或者当事人双方约定"必须经过公证证明才能成立并产生相应的法律效力"。倘若没有履行公证程序,则该法律行为就不成立,也不产生相应的法律效力。其对应《公证法》第38条规定的"法律、行政法规规定未经公证的事项不具有法律效力的,依照其规定"。

公证虽然具有上述三大效力,但除强制执行效力外,另外两大效力实际上并不是公证所独有的。证据效力只是说明公证证据具有制度上的优势而已,但法律并没有排斥其他非公证证据;而法律事项成立要件效力方面,我国目前基本上没有什么法定公证事项;一般来说如果要产生法律行为成立要件效力,那基本上都是要基于当事人双方的约定,既然可以约定公证作为成立要件,那么自然也可以约定其他方式(如约定合同文书在某区块链平台存储后生效)作为成立要件。正如前文所述,区块链技术分布式特性和可追溯特性决定了区块链可以产生证据效力,在区块链系统中所有的记录都是公众记录,其内容所产生的证明力可以理解为是一种公众证明,即大多数人的证明,而且这种证明内容是通过数学函数方式进行加密并加盖了数字时间戳,难以篡改。倘若只是纯粹地比较区块链的记录的安全性和不可篡改性,其在某种程度上甚至优于公证员的人工记录。

目前,所谓公证所独有的强制执行效力其实也只是基于传统制度下的某种选择,不排斥将来出现更优秀的制度选择。如基于区块链的合约化特性,通过区块链,借款双方可以订立借款合约,该合约中将约定好双方履行出借、还款义务的金额、银行账户、履行期限并写明双方认可的强制执行条件,之后该合约上链成为智能合约,一旦一方发生违约并达到强制执行条件,网络系统将会自动发出催告函给违约方。在合同约定的期限,若违约方仍未履行合约,则可通过网络查封违约方的银行账户并按照合约自动将执行款转至履约方;甚至如果没有银行财产,网络系统会自动对违约方的车辆、房产、证券自动进行查封操作,之后自动提交至法院的网络司法拍卖平台进行拍卖,之后将部分拍卖款作为执行款转至履约方,多余的款项将自动转至违约方的账户中。上述一切操作都是自动执行的,每一步操作都会在区块链的参与节点中进行记录,所有的履约、违约、查封、拍卖、转账行为都会被区块链中的每一个参与节点记录以确保其没有被篡改。总之,借款合同乃至违约后的强制执行都可以通过区块链生态系统自动执行。所以,在互联网社会中,公证强制执行效力制度将来不一定是最优选择。笔者认为,相较于公证强制执行,通过区块链智能合约技术实现自动强制执行在执行效率和执行成本是有优势的。

(三)从公证人职责看区块链公证的不利影响

从前述《公证法》第 2 条的内容"对民事法律行为、有法律意义的事实和文书的真实性、合法性予以证明"中,我们至少可以看出公证人至少有真实性、合法性的职责。公证行业专家段伟、李全息二位老师在其所著的《公证人职责研究》中对公证人的职责进行了扩充,认为公证人应当具有真实性、有效性、合法性、可行性四种职责。在公证人的这四种职责中,真实性最为重要。"法律行为的真实性是基础,真实性职责是公证人的基础职责。公证人真实性职责关注的是法律行为的成立要件,如果法律行为真实性存在问题致使法律行为没有成立,则法律行为的有效性、合法性和可行性也便无从谈起。"[①]也就是说公证人职责中的真实性是有效性、合法性及可行性的前提条件,倘若法律行为不真实,那么有效性、合法性和可行性将会成为无本之木、无源之水。

那么,公证人的真实性职责所需要证明的具体内容到底有哪些呢?"真实性证明内容系指法律行为的构成要素。法律行为主体的身份、意思表示的实在性、标的物、签字的地点、签字的时间、签约人是否亲自到场等都是真实性证明的内容。"[②]即公证人基于真实性职责一般需要涉及以下四点必证内容。

1. 证明当事人身份

《公证法》第 28 条规定"公证机构办理公证,应当根据不同公证事项的办证规则,分别审查下列事项:(一)当事人的身份、申请办理该项公证的资格以及相应的权利;(二)提供的文书内容是否完备,含义是否清晰,签名、印鉴是否齐全;(三)提供的证明材料是否真实、合法、充分;(四)申请公证的事项是否真实、合法"。也就是说确定当事人身份是所有法律行为公证的起点,确认当事人的身份是法律要求公证人必须审查的内容。倘若公证人在合理的审查范围内没有能够发现当事人身份的虚假,那么出具的公证书一定是一份错证。

---

① 段伟、李全息:《公证人职责研究》,法律出版社 2016 年版,第 199 页。
② 同上书,第 91 页。

2. 证明意思表示内容

一般来说证明意思表示内容是通过对法律行为所涉及的文本证明来实现的,例如证明存在一份买卖合同或离婚协议书,目前一般以展示实物公证书达到该效果。

3. 证明当事人的签名、印鉴属实

我国《公证法》第28条中也规定了公证机构应当审查文书上的签名、印鉴是否齐全。对于公证人而言,确认证明文书上是谁签的名或加盖的印鉴是最重要的任务。为了保证签名或印鉴的真实性,要求当事人在公证人的面前亲自签名或加盖印鉴,以防他人假冒签名或调包印鉴。

4. 证明签字的时间、地点

签字的时间、地点对于当事人参与的法律行为来说是非常重要的信息,其涉及合同成立的时间及发生纠纷后诉讼管辖的确认。公证人应当准确证明法律行为的签字时间和地点,不得错误记载或遗漏。

目前,区块链生态平台在某种程度上也可以实现公证人真实性职责,甚至在某些方面的证明会优于公证人,理由如下:第一,在证明当事人身份方面,倘若公安、民政或CA机构甚至是生物识别技术公司都加入了某一区块链系统,之后将某一当事人的身份信息、电子签名信息甚至其生物指纹或虹膜信息都存储到该区块链系统,那么将来是可以通过技术手段实现对当事人身份数字识别的,识别的精准度甚至远远超过公证人的肉眼识别。第二,在证明意思表示内容方面,通过区块链平台对法律行为所涉及的文本进行存储,各方将无法再对其进行修改,保证了协议订立后的唯一性,将不会再发生有当事人篡改协议文本后需要与公证机构存档文件比对的发生;倘若公证机构的存档文件发生遗失,那么将会给另一方当事人造成不利的后果。而基于区块链的分布式存储结构,只要协议内容存储上链,那么将会在每个参与节点上都会生成协议副本,基本上不会产生协议文本内容遗失的风险。第三,在证明当事人的签名、印鉴属实方面,区块链是基于点对点网络的一种互联网技术,对于上链的协议文书通过支持哈希函数的公钥、私钥技术使用可信的电子签名进行加签,而且对于当事人电子签名的真实性甚至可让全网区块链节点都参与验证,完全避免了冒名顶替签名的问题。第四,在证明签字的时间、地点方面,区块链本身就嵌入了时间戳技术,时间记录达到了秒级,而且也可以通过区块链参与节点来校验时间,记录签字时间既比公证人记录的时间精度高,又比公证人记录的快捷;至于签字地点,完全可以利用网络定位技术实现对当事人签名设备端进行定位,从而确定签字地点。

(四)从现实社会的发展趋势看区块链对公证的不利影响

当今社会已完全进入了互联网社会,网络已与我们每个人的日常生活息息相关。例如去商店购物,如果断了网络可能有人无法付款;出行旅游,如果没有网络可能有人无法乘坐交通工具;司法执行,如果没有网络可能法官就无法第一时间及时查封被执行人的财产。一旦人们习惯了互联网带来的快捷便利,那么就很难再去选择低效率的生活方式。传统公证业务之所以在过去能够蓬勃发展,主要是因为信息登记不完整和社会信用度较低。在当时,随着市场经济的发展,需要有一个角色来对缺失的信息予以补充的同时还可以对补充的信息予以增信,让市场经济的参与者都认可这些经过信用背书的信息。公证的作用正好与这些需求相匹配。但随着社会的发展,我们不但进入了互联网社会,还进入了大数据时代,信息数据呈现几何级的增长。当今的人们获取信息的渠道已多种多样,许多信息已可以直接通过政府部门的官方网站查询。如人们通过全国企业信息查询网检索企业的法定代表人、股权信息;通过学信网查验大学颁发的毕业证书、学位证书的信息;通过各地的政务服务平台查验企业的资质证书;通过人社部门的网站查验社保缴纳情况;通过税务部门的网站查验税务缴纳情况等。目前,人们最多可以对上述可查询信息的数据可靠性提出一些质疑。国内外的一些机构部门基于传统习惯考虑,还是需要公证机构对上述可以直接查验的信息单独出具公证书。倘若这些部门之间相互作为节点组成一个类似"行政信息查询链"的区块链平台,那么由多个政府部门之间相互背书、相互检验的信息将会大大增强信息安全性和可信度,如此将来很有可能会不再需要公证机构对上述信息予以信用背书。现实中某些业务也正因此在减少消亡,如过去一些基于招投标项目的营业执照、资质证书、法定代表人身份证明的公证。

区块链最重要的作用就是建立一个去中心化的网络信用生态系统,打破传统的中心权威机构,每一个参与区块链的节点都是平等的。国外有人甚至提出了通过区块链建立民间公证的设想,笔者看来这绝对不是天方夜谭。其实,从某种角度来看,传统公证机构是一种特殊的中介机构,是国家权力社会化运作趋势下的产物,是政府通过职能转变的方式授权公证机构行使特殊法定证明权的表现。正如前文所述,区块链的本质是要去中心化、去权威化,那么这就与公证机构目前享有特殊法定证明权这一机制格格不入。法律行为中公证机构一般都是扮演中间人的角色,比如甲、乙双方进行房屋交易,由于信任度不够,需要公证机构先对双方的交易合同进行公证后才愿意进行交易;又比如留学生甲向某个国家申请办理留学签证,由于该国无法确认甲某提交的毕业证书、成绩单的真实性,那么需要公证机构对毕业证书、成绩单出具公证书后才可以办理留学签证。但是一旦通过区块链技术建立一个所有人都可以自证并相互验证的信息公开平台,那么也许将来甲某申请留学签证可能就不会再需要公证机构专门出具毕业证书、成绩单的公证书;通过网络身份识别技术和区块链智能合约技术相结合,房屋买卖甲、乙双方可以通过网络就确信双方身份,通过电子签名技术签署买卖合同后上链形成不可更改的唯一合同,之后甚至可以通过区块链的智能合约技术确认买卖交易条件完成后进行售房款的自动支付,那么将来在房屋买卖环节中也不再会有公证机构发挥作用。我们甚至可以想象,随着区块链技术的发展,公安、民政、医疗、房产登记、银行证券金融机构等与市民生活息息相关的重要部门都将加入到一个区块链平台中。如果信息登记足够完善,一个人去世后,系统可以自动查询其死亡情况,自动对死者名下的遗产(如房屋、车辆、存款、股票、基金等)进行登记,自动列出死者的法定继承人并通知相应人员去相应机构办理遗产继承手续。如果一个人的遗产继承真的变得如此简便快捷,那么公证机构也就将要被淘汰出继承领域。

在互联网时代,人们越来越要求信息的公开共享,而区块链技术的去中心化和可信任化也会进一步削弱公证机构在市民生活中所扮演的权威证明作用。一旦区块链技术的民间自证效力和合约执行的高效率被司法裁判部门乃至整个社会所认可的话,那么区块链平台所提供的证明作用一定会在一定范围内取代公证机构的证明作用。

三、减小区块链对公证不利影响的可行对策

虽然笔者认为区块链会对公证产生不利影响,但是也不必过于悲观。现代公证制度毕竟是人类社会发展了几百年的结果,是法制社会下的一种制度安排,在社会主义市场经济下发挥着预防纠纷的作用。这种制度安排并不会在短时间内被一种互联网技术所完全取代,只要公证行业能够居安思危,紧随时代发展进行调整,那么一定可以最大程度上降低区块链对公证的不利影响。笔者认为可以从以下几点出发作出应对之策。

(一)在公证法律服务领域中增强人性化服务

公证人也许在信息记录存储和信息真伪校验能力上确实比不过区块链平台,但现实的市民生活并非都是简单的数据交换,每一个参与者也不是冷冰冰的机器人,有时候更需要的是公证人的温情工作。现代社会婚姻稳定性大不如前,笔者经常会遇到年轻夫妻到公证机构办理夫妻财产协议或离婚协议的公证。对于这些领域,仅依靠区块链技术是无法简单地解决问题的,此时就需要公证人仔细询问双方当事人的本意,了解双方订立夫妻财产协议或离婚协议的原因、目的,并根据实际

情况平衡权利义务,甚至要告知协议订立后将来可能会预见的法律后果。再如中国老年化问题越来越突出,经常会有老人前来办理遗嘱公证,那么公证人员可以耐心倾听老年当事人的诉求,详细了解遗产分配的原因、目的。有时,除了遗产分配的诉求外,有的老人更多担心将来子女不履行赡养义务,这时公证人可以建议这部分老人在遗嘱中附加要求受益人履行赡养义务的条件;有的孤寡老人想将财产留给平时对其照顾颇多的亲戚朋友,这时公证人可以建议其办理遗赠扶养协议公证;还有的老人希望在将来自己意识不清楚导致行为能力受限时有可信的人来处理自己的日常事务和财产,那么公证人则可以建议其办理意定监护协议公证。公证人与公证当事人面对面的接触,耐心交谈并了解当事人的真实意图,之后根据不同的意图提出相对应的公证服务建议。这种人性化的交流及法律服务是区块链网络技术永远无法替代的,也是每一个公证人在互联网社会中的立足之本。

(二) 强化信息上链前的公证审查职能

区块链平台通过分布式存储方式来防止数据因某一节点退出而受损,从而实现了互联网中数据的可靠存储,进而第一次从节点平等共享角度建立了一种基于互联网的平等可信的生态系统。作为一种数据交互记录的网络系统,区块链目前堪称完美,但是这种完美仅限于网络环境下产生的数据交互记录,即数据上链后才能实现,而对于数据上链之前的盲区则无能为力。也就是说,对于数据还没有进入到互联网阶段,其在真实世界中的产生的真实性及可靠性方面公证还是可以大有作为的。

公证行业可以在数据产生阶段参与现场监督以保证数据上链前的真实可靠;又或在区块链智能合约建立前对合同双方身份信息、履约能力进行尽职调查后出具法律意见书,以保证合约具有可以履行的前提条件。如以房屋交易为例,买卖双方能否有交易资质、房屋是否有抵押担保、房屋是否有质量上的瑕疵这些情况仅在交易记录上链前通过区块链平台是无法确定的,那么对这些与房屋交易息息相关的内容进行搜集、调查、审核的任务就可由公证人来完成,而这些正是公证人在区块链网络生态系统下开展公证工作的着力点。

(三) 摆正心态适度参与社会区块链生态系统

面对社会发展和互联网新技术的挑战,公证行业一定不能故步自封,要以一个积极拥抱的心态来面对区块链技术,可以适度参与社会区块链生态系统。只有摸了"区块链"这个石头,我们才有可能渡过"互联网时代"这条大河。无论将来区块链技术会对公证造成多大的不利影响,公证行业都应适度参与其中。俗话说得好"纸上得来终觉浅、绝知此事要躬行",公证行业只有真正参与到区块链中去,才能真正了解区块链技术对公证的影响,才能找到公证相较于区块链的劣势和优势,做到知己知彼、百战不殆,从而找到区块链背景下公证发展的新契机。目前,一些公证处已参与建设了一些区块链平台,如重庆公证行业建立的"行本·公证链"、北京市方圆公证处参与的北京互联网法院"天平链"、杭州市互利网公证参与的杭州互联网法院"司法区块链",这些有益的尝试将会给公证行业如何参与区块链平台积累宝贵的经验。

(四)公证机构对关键性数据需要有控制权

首先,慎重选择拟加入的区块链平台。大型公证处一般有能力自主发起建立区块链平台,自主甄选伙伴节点;而没有能力主导区块链发起工作的公证处可选择加入由政府机关,如法院、检察院或与公证业务密切相关的行政部门,如房产、民政、人行主导发起的区块链平台。这样可以在与公证业务相关的社会活动中,通过区块链体现公证的相关职能,增加社会对公证的认同感。值得注意的是,要尽量回避参与一些社会第三方公司如时间戳公司、数据存储公司或房地产中介公司主导发起的区块链平台。对于区块链技术的参与,公证机构也一定要慎重,避免替某些区块链平台做了信用背书后反而丧失原本属于自己的业务情况发生。

其次,谨慎选择上链数据。区块链系统使用分布式存储方式,即每个节点都会对上链数据予以记账存储。倘若,公证机构长期将一些具有实质内容的信息都上链存储,那么随着时间的推移,如公证机构退出该区块链平台,其他参与节点也会有大量公证实质内容的数据,公证也许真的会变得可有可无。信息时代数据为王,笔者认为公证机构在加入了某些区块链平台的同时,对于上链数据可以选择性地上传一些证据材料或公证书内容的哈希函数验证结果,而把具有实质意义的数据牢牢掌控在公证机构自己手中。

(五)从"证明人"向"法律职业人"转变

区块链对于公证机构最大的威胁是其去中心化的本质。区块链产生的目的,是建立一个参与节点之间对于每次上链信息都可以相互记录、相互自证的互利网平台。这种目的实质是与公证机构具有对立性的,即区块链试图以一种民间参与者相互记账、相互自证的方式取代公证机构的角色。虽然这个看似危言耸听,但时代抛弃你的时候从来不会与你打任何招呼,就如同传统的家电销售大佬国美电器、苏宁电器的市场空间被淘宝、京东、拼多多挤占一样。

面对社会重大转型的无情倒逼,公证人必须从"证明人"向"法律职业人"转变。"长期以来背靠公权力大树'盖章收费'的单一的'证明人'已经走到时代的尽头,根据社会现实新的客观需求,努力实现向法律职业人的转型,并且重新发现公证人这一职业在中国社会发展中的基本价值和合理定位,才能使公证人职责的履行有效回应社会重大转型的无情'倒逼'。"①过去那种"以证换证、坐堂办证"的办证思维模式是万万要不得的。在区块链平台中,所有内容都可以由其他节点来相互自证,每个参与者之间是平台,根本就不会存在类似于公证机构的权威证明节点。对于当事人而言,其提供材料、公证机构接收材料进而出具公证书的模式,既不快捷、也不经济。在区块链这种社会自证模式下,前者根本毫无竞争力。面对区块链的挑战,公证人必须主动了解当事人的真实意思,主动为当事人调查收集材料,运用所学的法律专业知识明辨事实和所适用的法律,在合法性层面为当事人提供便捷的法律服务,这样方能为公证行业在互联网时代赢得一席之地。

(六)适时对相关法律条文和办证程序规则予以修改

在互联网时代下,当事人通过区块链平台获得证明一定比获得公证证明更加高效、经济。为了降低公证证明与区块链证明竞争的不利因素,提升公证当事人的体验感,现行的某些法律条文和办证程序规则也应顺应时代的发展而予以修改。

笔者认为对于某些公证事项的地域管辖规定可以予以修改,如《公证法》第25条规定"自然人、法人或者其他组织申请办理公证,可以向住所地、经常居住地、行为地或者事实发生地的公证机构提出。申请办理涉及不动产的公证,应当向不动产所在地的公证机构提出;申请办理涉及不动产的委托、声明、赠与、遗嘱的公证,可以适用前款规定",或是《赠与公证实时细则》第6条规定"赠与书公证应由赠与人的住所地或不动产所在地公证处受理。受赠书、赠与合同公证由不动产所在地公证处受理"。

笔者认为,从方便当事人的角度出发,涉及不动产的全部公证业务都不应设置地域管辖限制,即《公证法》第25条修改为只保留第一款"自然人、法人或者其他组织申请办理公证,可以向住所地、经常居住地、行为地或者事实发生地的公证机构提出",而《赠与公证实时细则》第6条修改为"赠与书、受赠书、赠与合同公证由住所地、经常居住地、行为地或不动产所在地公证处受理"。过去提出这种地域管辖,一方面可能考虑不动产的登记材料一般都在不动产所在地,这样便于调查核实;另一方面则可能是对地方公证业务予以一定保护,以保障公证行业的发展。但随着社会的发展,在互联网时代下,信息查验的便捷已远远高于订立该法律条文的时代,而且《公证法》第29条也规定了公证机构之间的异地协助调查机制,故,为了能让公证证明相较于区块链证明更具有竞争力,必须让公证当事人有便捷的用户体验。倘若还为了保护区域公证业务而设置涉及不动产公证的地域管辖,从而使当

---

① 薛凡:《公证改革的逻辑》,厦门大学出版社2018年版,第28页。

事人有了不便的用户体验,那么面对区块链证明的竞争一定会产生得不偿失的后果。

(七) 加强研究和人才储备以拓展公证服务范围

在互联网时代下,公证行业要想能够从容应对区块链技术的挑战,需要建立一支既有丰富公证实践经验,又能掌握先进互联网技术的专业队伍。公证行业发展运用网络技术发展公证业务的传统模式,一般都是公证机构依托某一互联网公司实现公证业务的网络化发展。但这种模式存在明显弊端,即懂技术的不懂法律,而懂法律的又不懂技术。这使得开发的公证物联网业务系统远远达不到公证业务预期,导致公证实务与网络技术耦合度不够。从另一方面来讲,社会第三方技术公司最终的目的是盈利,如互联网技术公司基于自身利益与公证机构就互联网公证业务系统的应用发生分歧,那么其可能携带数据另立门户,甚至在公证机构已部署应用的系统中置留后门窃取相关数据,从而导致公证互联网业务无法顺利开展。

在建立了一支既懂公证业务又懂网络技术的队伍后,公证行业可以尝试利用自身的一些优势结合区块链开展某些衍生业务。例如,公证机构在经常办理售房、购房委托公证时会掌握很多房屋买卖需求,据此可以建立一个撮合房屋买卖双方的平台。公证机构以提供房屋买卖双方能否有交易资质、房屋是否有抵押担保、房屋是否有质量上的瑕疵等信息作为附加服务,以提供买卖合同公证,甚至提供房屋交易款提存服务作为信用背书,并运用区块链技术让整个市甚至是整个省的公证机构都作为节点参与到这个交易上下游公证服务平台中。这样不但可以以委托书公证为"点"带出房屋买卖合同公证、提存公证实务这个"面",甚至可以改变人们过去买卖房屋只找房屋中介的传统思维模式,打破传统公证业务模式下各地公证信息无法整合利用的"孤岛效应",有利发挥公证行业的群体效应。

面对以去中心化、去权威化为宗旨的区块链技术的不利影响,公证机构单打独斗肯定是不行的。公证机构只有寻找自身的信息资源,运用区块链技术将大量的公证机构的信息整合利用,从"点上"某一公证机构的信息增信优势上升为"面上"全国整个公证行业的信息增信优势,这样才能将区块链对公证的不利影响降至最低。

结　　语

正如人民网董事长叶蓁蓁所说,"'区块链'作为新兴技术,短时间内得到如此多的关注,在现代科技史上并不多见"[①]。区块链无疑将会成为当前互联网时代下

---

① 任仲文编:《区块链领导干部读本》(修订版),人民日报出版社 2019 年版,第 2 页。

最受人关注的技术之一。虽然笔者认为区块链的技术特性必然会给公证带来不利的影响，但是公证行业仍可以利用技术取代制度的窗口期进行变革。公证机构，不但要从内部转变服务理念和办证程序，而且要从外部利用区块链的技术特性来整合公证行业信息，早日抢占互联网公证业务的制高点。公证行业只要能够做到内外兼修，那么就一定可以在区块链技术飞速发展的互联网时代中占有自己的一席之地。

专题十二　基于数据融合的云公证数据处理及安全防护

谢宇艳[*]

一、数字化时代下云公证发展的现实需求

社会正在不断地向信息化迈进,数字化迁移及转型已经成为不少行业突破发展困境、与时俱进的最佳途径。处在信息时代的大背景下,科技给生活带来巨大的变革,各种新生技术、理念等随时可能为公证行业带来不同的提升与发展。数据在数字化时代的重要性不言而喻,而公证行业的性质就集中体现在数据之上。作为数据密集型行业,在数字化的大浪潮下,积极开展新变革,提升数据处理能力至关重要。目前,远程公证、电子数据公证等新形式的公证方式已取得初步效果,数字化变革已不断为公证赋能。但科学技术犹如一把双刃剑,互联网技术在公证领域的应用同时也为线上公证带来了新的挑战和风险,甚至可能直接影响云公证过程及其结果的正当性。[①] 在诸多发展新问题中,线上公证数据的处理即信息交互方面产生的问题等最为明显。办事效率与数据安全是各行各业进行"互联网＋"变革的核心要求,同时也是线上公证改革的着力点与发展的中心点。

由于各地公证处存在互不联网、互联网数据呈现孤岛式分布的现象,数据往往处于分散状态,线上公证所涉及的数据也来自不同系统,异构数据源的现象普遍,数据质量的问题愈发突出,特别是不动产权属证明的公证融通问题明显。公众在当地的国土资源局相关部门进行登记后,若需进行不动产房产的财产公证,在大多地区,仍然需要提供齐全的证明材料到当地的公证机构进行办理。如此重复的操

---

[*] 本文作者:谢宇艳,湘潭大学法学院硕士研究生。本文系国家重点研发计划项目"智慧司法科学理论与司法改革科技支撑技术研究"(2020YFC0832400)的阶段性成果。

[①] 周祥军:《电子公证中的数据安全风险及其应对——以两大法系的经验为镜鉴》,载《北京警察学院学报》2021年第3期,第17页。

作是否必要呢？从数据的准确性、真实性、行政程序的简约性、高效性出发，结合人民日常生活的真实需要，实现公证系统与外部相关系统的数据互联互通，具有紧迫的现实需求。

对此，本文对网络技术在公证领域的更好应用进行了一定的探究与思考，以推进线上诉讼证明服务的改进与发展。数据融合方法能够对不同来源的海量数据进行有效整合，并且创建一个大的数据集，通过此种方式，能够较好优化数据分析的速度和洞察力。云公证领域中多网多系统的融合应用，能够有效解决"信息孤岛"情况下面对的困境，建立"总对总"模式的信息共享通道，实现互联网多个系统之间的数据交互，使得线上公证平台能够实现对多个系统的数据管辖，进行科学有效的数据信息处理，助力公证行业的数字化。

因此，本文将研究数据融合技术在云公证线上平台的数据处理及其安全防护的实践应用，探究多网数据融合对公证云平台数据处理能力的提升，并且进一步发挥数据资源共享在转变公证线上职能、提升诉讼效率等方面的现实价值。

二、云公证面临的数据处理与安全保障困境

综合分析国内外的公证数字化发展现状可以发现，目前电子公证在为公证服务赋能的同时，也带来了不少问题。聚焦国内云公证平台的应用现状及智慧司法下对诉讼公证服务网络化转型的要求，积极参与互联网改革的发展浪潮，本文综合分析了当下云公证应用过程中所面临的数据处理及数据安全困境。

（一）来源结构复杂：数据多样海量，审核难度大

根据《公证法》第27条至第30条，公证过程涉及的数据材料主要包括当事人提交对应的证明材料，公证机构对当事人的身份、所提交的材料等进行审核。在我国公证发展的现阶段，公证机构所涉及的业务繁多，包括出生、死亡、经历、职称、有无违法犯罪记录、合同、出国留学、跨国婚姻、招标投标、保全证据、分家析产契约、夫妻财产划分声明、公司股权分配协议以及各种当事人自愿申请办理的其他公证事务。作为国家的司法证明机关，公证机构要对公证的对象进行全面的审查、核实，确保公证结果的正当性，确保公证内容的真实性、合法性。由此可见，从证明的业务出发，公证所涉及的数据是纷杂多样的。从公证的实质出发，公证的审核作用是关键的，对公证对象的调查亦涉及多元主体的数据收集与验证。

作为传统公证的升级转型，云公证的业务同样量多量大，纷繁复杂。线上公证的发展，不仅是实现纸质文本的照片化、电子化，也不应止步于目前的远程视频公证服务，还应开发具有数字特色的电子数据应用。一般来说，电子数据本质上具有

低成本、易交换等特点，早应在公证领域得到极大应用，在司法领域更应与法治事业发展相互促进。然而在审判实践中，对于电子数据的应用却极其慎重。考虑到电子信息在互联网端动态传输过程中存在不同程度的脆弱性、易破坏性、无形性、人为性等特征，司法部门对于电子证据的采纳大多要求"先做公证，否则不予采信"。所以在现实生活中，电子数据证据要应用在诉讼领域就必须经过一系列程序，这意味着公民和司法机关要对电子数据的司法采用付出更多的时间、精力，如此便与人们日常对电子数据的便捷、高效、常态化应用等基本认知大相径庭，甚至远远达不到便捷群众、以人民为中心的法治建设目的。由此可见，公证过程中有关电子数据的处理机制亟须健全发展，而在此过程中所涉及的数据处理、信息管理审核的难度很大，需要突破的关键问题较为迫切。

在线上公证过程中，由于个人在进行互联网交互过程中，大多情况下可能对于网络交互的数据无法完整获取，换言之，个体在面对海量的网络数据时，对数据的控制力较各大网络平台而言十分渺小。对此，国家出台了《数据安全法》《网络安全法》《个人信息保护法》等一系统法律法规以保障公民的信息安全，规范我国境内的数据处理活动，保障社会经济健康发展。而落实到法治领域的细节中，公证行业作为数据处理型的证明服务，更应落实国家法规政策，以更好地发挥公证行业的作用。

当前，公证行业正在积极迎接数字化转型，拓展网上公证服务。在具体的公证服务过程中，依照不同的网络数据产生方式，公证机构采取的处理方式也有所区别。例如，公证机构目前对于网络通信过程中产生的各类聊天记录、电子文档等网络数据的公证，已纳入业务范围，并且有关电子通信记录、网页保全等数字网络方面的公证文书一样具有同等的证明效力，在司法领域得到认可。需要注意的是，在电子聊天记录的公证程序中，由于数据管理存在一定的难度，公证机构只确保当事人产生、提取和留存网络聊天证据的行为过程的真实性，网络通信其他范围的证明服务暂时不予公证。因此，其形成的公证书无法证明聊天记录本身是否"真实"，同时公证机构对于电子聊天数据的形成方式难以界定其真实性。符合文件判断标准的真实数据确认标准也尚在完善。而公证机构出于数据安全方面的考虑，对于当事人在有预谋下、为获得仅在时间上的在先关系证明而作出的关于电子商业信息方面的公证请求，公证机构目前不予受理。因为公证机构无法对其数据的准确性、真实性等诸多因素进行确认，出于对公证过程及结果的正当性考虑，公证机构在电子数据证明方面的行动必定是谨慎且兼顾公平正义的。

云公证下不仅要对申请公证的当事人所提交的数据进行整合、验真，还需要根据不同公证业务的需求展开数据搜索与检验。此时，涉及的数据大多关联多网端多系统。若从线上公证云平台出发，发挥云平台的统筹作用，应用数据融合技术的自动分析、综合特性有助于实现在一定规则下的网络技术层面的多网多系统融合，进而实现适应公证发展需求的数据整合。同时，通过云公证数据治理能力的提升，对公证过程中涉及数据处理行为进行优化，可以提升公证过程中数据的价值，使得数据要素价值得到充分实现。

（二）管理结构分散：数据共享不畅通，"孤岛"现象严重

根据《公证法》第 7 条，公证机构统筹规划，在县级以上的行政机构设立。目前，我国各地的公证处尚未实现全国联网，全国公证处系统的信息处在不完全互通的状态。同时，各地设立的互联网公证平台也是根据自身情况建立，并未实现全国联网，容易导致公证机构、公证系统在源头上管理体系的分散，从而削弱了公证机构的信息共享水平，造成一定程度的数据分散。[①]

根据现行的公证法律法规，公证文书的证据效力是广泛的。公证行为作为一种证明性特征显著的法律行为，所出具的公证书具有绝对的法律证明效力。从公证的目的和本质作用考量，公证机关出具的公证书可以在民事、行政事务、市场经济活动等公民日常生活场景中直接应用，成为市民生活中不可或缺的重要材料。目前，公证文书的证据效力得到普遍承认，即公证已经实现了效力的空间延伸，公证业务不受地域限制，在全国范围内乃至一定的域外空间都有其效力。然而在互联网转型过程中，如何继续保持发展公证的空间效力呢？如何真正实现公证领域的"让信息多跑路、百姓少跑路"？

随着互联网时代的发展，万物互联已经成为数字时代的新标准新趋势，数字化转型趋势席卷各行各业。[②] 云公证作为"公证＋互联网"的新兴公证方式，其本身更应具有数据互联、多网多系统信息互通的特征。各类公证文书以及公证过程所涉及的数据在公证系统内实现信息的有效交互更是系统完善和发展的关键所在。因此，云上公证的重要突破点应集中在形成统一的数据交互整体，整合各地公证系统各个子系统的有效数据共同融入主系统，以互联网转型成功助力公证机构的系统管理者、工作负责人等更好地分析和处理数据，同时更高效地为公众提供适应当下社会需求的证明服务。[③]

然而，基于电子数据本身的性质，其在收集、应用、存储和处理的过程中必然涉及多方主体。现阶段，各大网络平台为确保一定规则下的数据安全，都各自采取了

---

① 张涛：《基于区块链的政府数据安全治理机制变革》，载《河南工程学院学报》（社会科学版）2022 年第 3 期，第 20 页。
② 赵乐瑄：《互联网行业在规范中持续健康发展》，载《人民邮电报》2022 年 6 月 14 日，第 1 版。
③ 王兴和、蒋华超、丁闻等：《"互联网＋"公证战略前瞻与探索》，载《中国司法》2016 年第 10 期，第 54 页。

一定的安全防护技术。若线上公证平台在对电子数据进行公证的过程中需要进行层层解码,逐一突破验证,将会导致互联网公证的程序更为复杂,数据处理难度明显加大。互联网数据的便捷使用和安全防护是云公证程序进行数据处理所考虑的主要因素。对此,云公证平台对内应该改善公证管理机构的分散问题,建立上下协同、互联互通的系统机制,使得数据能做到高效利用,既不遗漏信息,也不进行多余的重复信息收集工作。如避免在甲公证处收集的公证对象,在乙、丙、丁机构又进行某些重复的数据采集、审核工作。云公证平台对外应该克服不同网络、不同系统各类信息流转问题,形成公证机构、社会组织、企业等多元主体协同一致的数据处理体系。这需要应用数据融合技术实现多网多系统的信息整合,实现系统动态运行中的数据交互。同时注意云平台和数据流转过程中的安全防护问题,真正做到数据便捷、高效的应用,发挥数据要素的最大价值。

(三)权力结构失衡:数据所有权与控制权分离,公证处理能力弱

参照欧盟颁布的《通用数据保护条例》(General Protection Regulation,GDPR)中对电子数据流转过程中主体的分类,可以将电子数据处理过程涉及的主体分为三类:用户(Individual)、数据所有者(Data Controller)、数据传输者(Data Processor)。根据我国现行的《数据安全法》及欧盟的 GDPR 法规等,用户作为数据的产生者,是原始数据的现实所有者,对数据具有天然所有权,个人用户对于数据享有诸多权利。作为数据收集者的个人或者组织是数据的电子所有者,在一定规则下对数据享有控制权。基于对用户数据权利的保护,对于数据的所有者、传输者也有相应的责任要求,包括但不限于制定严格的个人信息采集流程、数据管理方案、风险预防机制等。

原始数据具有的价值是极其有限的,往往是经过特定规则下的数据分析,才能进一步挖掘数据要素的更大价值。由于数据主体和客体的分散性特征,数据安全治理必须建构行之有效的协同体系,才能在面对数据安全威胁时形成信息协同和治理协同,才能应对数据主体和客体多元化现状下的各种潜伏的危机。在数据处理的过程中,打造法律法规与计算机逻辑相结合的信息监管机制,协同多网多系统的数据融合,在很大程度上能够进一步规范数据管理者的政策合规,从而达到一定程度上的监督作用。

权力结构的失衡是目前处理数据合规问题的重点。在数据处理过程中,涉及多元主体,并且权利界定与信息交互流通的便捷度是否相平衡是影响电子数据司法应用效果的核心因素。线上公证作为司法诉讼中现代化技术转型应用环节中的一环,其本身对于数据的处理过程也面临一样的困境。作为以点协面的突破,以线上公证的多网多系统数据融合搭建的高效便捷数据处理平台,将进一步促进诉讼

业务的现代化转型突破。

三、基于数据融合的云公证数据处理与安全防护策略

纵观现有的公证电子化成果,远程公证、电子数据公证等新形式的公证服务已取得初步效果,数字化变革已不断为公证赋能,云公证平台发展已经取得初步效果。但公证数字化改革的发展空间尚大,随着科学技术的新发展,探究应用更多的网络技术对线上公证平台作出更好的设计与推动仍然是智慧司法大背景下的主题之一。

(一) 基于数据融合的云公证平台数据处理策略

1. 云平台技术及云公证平台发展

作为数字转型的新建设,应用真正符合云公证需求的技术是线上公证平台发展的关键因素。基于现阶段云公证过程中数据处理面临的困境,本文提出一种基于云平台和多网数据融合技术的云公证过程中数据处理的新策略,并对其可行性、必要性等进行一定的探讨。云公证平台的搭建必然处于互联网端,其范畴理应在互联网平台的理论范围内。目前,云平台基于其强大的云端计算能力、便捷的云上处理机制,展现出强大的应用潜力。应用云平台技术进行云公证平台的搭建,依照云平台的工作原理,划分一定数量的服务器,使之成为可供不同系统运行的多个弹性云服务器。同时,凭借云平台技术的特征,可以更高效地进行多网数据融合,实现多源数据采集、传输实时数据的感知,整合各类异构的数据接口和应用系统,集成各专业设备的海量数据完成信息的收集、整合及分析应用,实现云公证过程中的数据处理机制在逻辑上的便捷高效。

2. 数据融合在云公证数据处理中的应用

在云上公证的平台搭建研究之后,进行具体线上公证过程中的数据处理探讨。为应对公证领域的管理机构分散、数据孤岛现状等现实困境,本文提出在线上公证平台建设过程中应用多网数据融合技术,并对其应用形式展开合理研究,实现公证数字化转型在发展规划中更好地提升社会性、可行性。

社会生活是不断发展的,公民所进行的日常民事、经济、行政活动必然产生不断更新的信息。明确公证行业所涉及的基础信息之后,总结目前的发展困境,结合技术、功能等方面的问题进行探讨,并且通过网络技术应用与数据传输层在一定规则下的深度融合,能发挥出互联网技术的更大价值,更进一步促进现阶段线上诉讼证明业务的发展与转型。

通过计算机语言逻辑、数学逻辑来验证各种网络行为的真实性,相较于传统公证依靠公证人员的主观经验、主体感受的模式,线上公证具有更高的证明度、可信度,同时也能突破公证人员不懂电子证据取证技术的困境,实现更为高效的公证服务。

首先,简要介绍所用到的数据融合技术。应对线上公证目前存在的较为严重的数据分散问题,多网数据融合技术在网络结构的整合以及系统与子系统的数据分析处理方面具有强大优势,能够实现不同网络环境的有效融合,从而实现不同网络环境的信息资源共享功能,进一步解决线上公证过程中管理机构分散导致的信息不互联问题、数据多元主体下的数据分散问题。

其次,多网融合技术的实现手段诸多。利用如 TCP/IP 以太网的有线网络融合、无线通信的有机融合,以及长期演进、组网建设等都能实现多网多系统的数据融合。具体应用在公证领域,结合线上公证的理论特征与现实可能性,考虑技术方案的合理性,本文探讨一种基于无线网络融合的云上公证机制。根据我国目前各地公证机构设立的情况,在实际操作上,大部分的公证系统间物理距离较远,难以根据有限网络达成真正的多系统数据融合。而应用无线通信下的多网融合技术,能够克服因地理位置分散导致的公证管理机构分散问题,适应我国公证机构分布特征。更具体而言,在各地线上公证系统地理位置分布空间远近不一的情况下,可以实现不同区域的组网建设,应用无线通信机制,实现数据的无线交互。[①]

最后,应用数据融合技术,整合各个系统的数据融合。应对数据主体、数据控制者多元化带来的数据孤岛难题,同样可以利用无线网络下的数据融合机制,在符合《数据安全法》《个人信息保护法》《公证法》等法规政策的前提下,对于可能涉及的数据管理平台与云公证平台实现面广点多的多网多系统数据融合。如在云公证管理系统中构建符合需要的多个接口,实现动态的系统信息交互,并应用数据融合机制对多个接口所接收的数据进行综合处理、有效整合。现阶段下,不同网端的数据存储结构不一是普遍现象,而云公证系统自带云平台特性时,异构数据的整合问题得以突破,更好地实现了不同类型的网络数据融合。为进一步说明多网多系统数据融合下信息的交互流程,本文对云公证平台的数据在各个对象之间的传输关系进行 UML 交互图示展示,更为直观地呈现系统动态过程中的数据处理过程,如图 1 所示。

通过云公证平台打通与公证机构内部和外部的数据衔接,从而更好地应对诉讼证明工作中最重要的数据来源、真实性审查工作,为诉讼证明服务的电子化提供

---

① 徐健、莫蔚强、李成良等:《基于云平台的多网数据融合及安全防护方案》,载《信息与电脑(理论版)》2022 年第 12 期,第 229 页。

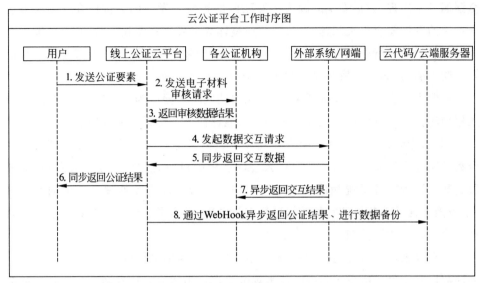

图1 基于多网数据融合的云公证平台数据处理时序图

技术支持和制度保障,进一步促进公证事业、诉讼事业、法治事业的数字化发展。

(二)云公证数据融合应用过程中的安全防护策略

针对云公证平台上关于数据融合技术应用过程中的数据安全问题,以下从平台应用的特点以及技术防护应用的合理性、可行性方面展开讨论。

1. 云公证之云平台数据安全分析

云公证平台基于云平台技术搭建,而云平台作为新兴网络平台搭建技术,其本身对于海量数据的存储、处理具有极高的可靠性,应用在多网多系统的数据融合中,更是优势的最大化。

2. 云公证之数据融合技术应用过程中的数据安全防护策略

多网数据融合技术应用在云公证平台时,需要对各个云公证管理系统以及外部接口融合的系统数据安全进行防护策略的设计。关于数据安全类的技术应用颇多,以下就与云公证平台相关的、可行的技术进行全方位、多维度的研究。

第一,云公证系统多网交互安全防护之防火墙。实现多网融合的云公证系统建设,必然要考虑不同网络交互过程中的安全问题,而防火墙技术在确保多个网络连接时的安全问题上所起的作用已然得到广泛认可。应用目前成熟可行的防火墙技术,进行多网连接中的访问限度控制、数据安全防护能有效对云公证过程中网络安全起到实质性的防护作用。

第二,云公证系统数据安全防护之入侵检测。目前各类木马病毒盛行,网络安全漏洞经常出现,数据安全问题成了互联网能否健康发展的关键所在。当某处公证系统的网络安全出现问题时,公证行业整体数据安全将受到威胁,甚至可能引发个人信息保护的行业危机。因此,信息安全的检测不可缺失。为提高公证系统的安全防护能力,必须采取必要的数据安全检测技术。而入侵检测技术可以在数据安全的侵入源头上进行危机预警,并对相关的网络入侵行为进行抵挡。因此,采取入侵检测技术等有效的信息安全防护技术能够提升公证系统的数据安全系数。

第三,云公证系统数据安全底线建设之数据备份与云端数据恢复。基于云平台数据储存容量大、可扩容的优势,云公证过程中对所有数据实现有效备份,能够避免数据缺少或者系统崩溃下的重构工作。当云公证程序处理过程中的数据丢失,也能根据云端备份的完整数据进行有效复原,提高了公证系统对数据危机的处理能力及安全防护性能。

一直以来,公证信息安全在国家法治发展的战略中都得到了重视,司法部基于公证数据安全也多次发布相应的技术规范要求。为适应时代发展,响应国家、社会对于公证行业的要求,搭建符合人民需要的线上公证平台是必要的。同时,进一步完善公证相关数据开放共享的安全机制等配套制度,也有助于为"数字公证"的发展添砖加瓦。[1]

结　　语

如能实现基于多网融合的数据安全流转云公证平台,将在极大程度上促进公证转型在"互联网+"的数字背景下获得最优化发展,大大提高公证效率,便捷公众与公证机构的操作。在此云公证平台上,群众的举证难度和维权成本可以实现最低化,更能真正贯彻落实"让信息多跑路、百姓少跑路"的方针政策。当下,数据驱动业务变革越来越深入人心,应多结合新技术、新理论,多探讨符合政策法规的线上法治应用,对已有的服务进行升级,对未开发的应用多采用新办法,进一步加强法治背景下我国公证行业的数据治理能力,深化科学技术在法治领域的应用与发展,为数字中国的建设与智慧社会的发展提供助力。[2]

---

[1] 殷浓利:《长三角公证一体化:信息化的未来畅想》,载《中国公证》2019年第9期,第40-41页。
[2] 孙福辉:《〈最高人民法院关于加强区块链司法应用的意见〉理解与适用》,载《中国应用法学》2022年第4期,第32页。

专题十三　公信力视角下的公证遗嘱信息化建设

付子昂[*]

一、公证公信力与公证遗嘱信息化建设的交互逻辑

遗嘱信息化建设，顾名思义，是指以提供快捷、私密的遗嘱服务为目标，充分运用技术手段和信息资源，形成以线上公证遗嘱为中心的服务体系。当前线上遗嘱公证存在的法律空白较为明显、理论争议尤为突出，对传统公证形式造成了巨大冲击，存在相当大的实践难度。事实上，电子邮件遗嘱、网络遗嘱等新颖遗嘱方式早已进入公众的视野，其特有的便捷性和私密性也引起了相当一部分群体的关注，但因运营主体的不专业、遗嘱程序的不完善、相应法律体系的不健全，导致目前难以得到法律人士的认可和司法裁判的认同。[①] 但从长远来看，如果在线遗嘱服务能够获得公证机构的公信力背书，并进一步完善技术手段和法律程序，必将激发出一片新的公证蓝海。所以，探究公证公信力与公证遗嘱信息化建设中的交互逻辑是推动公证遗嘱形式变革的前置与必要条件。

（一）影响公证公信力的主要因素

公证公信力是指公证机构依据法律规范、法定程序对民事法律行为、有法律意义的事实和文书予以证明并取得社会主体信任和信赖的能力。[②] 它包含主观和客观两个层面。客观层面是指公证权来源于国家权力的让渡与转化，再加上政策倾斜、制度设计、法律保障使其具备了优先的证据效力、强制执行效力、法律行为生效

---

[*] 本文作者：付子昂，江苏省南京市南京公证处公证员助理。
[①] 参见邹晓玫：《网络遗嘱服务的法律困境及对策研究》，载《黑龙江省政法管理干部学院学报》2016年第1期，第50页。
[②] 参见那淑伟：《公证的公信力研究》，吉林大学博士学位论文（2006年），第4页。

要件效力和"通关文牒"类的司法与行政辅助能力。① 主观方面在于公证具有"国家机关"的历史背景和优势地位，并通过长期工作与宣传取得了群众潜意识的信任。正如 Henry W. Ehrmann 所言："公证人员居于市民生活千事万物之开端与终点，恰如教士在宗教秩序中之地位。"②在公证实务中，每当群众遇到具有信任危机的事宜，会主动在第一时间寻求公证机构的帮助以进行风险管理和纠纷预防。

公证公信力的影响因素主要体现在以下几个方面。首先，理性并可持续积累的公信力必然建立在完善健全的法律体系之上，群众对公证法律法规存在理解和包容才能对其衍生出信赖，公证公信力才能诞生并延续、发展。其次，公信力的获得在于公证应符合真实性与合法性两种基本属性。只有严格遵守法律法规、公证程序的公证行为才是真实、合法的，最终的公证结果才是有效的。规范、严肃的公证行为既能提高公证人员的自我认识，也能取得公证当事人的理解与尊重。再次，每一份公证文书从出具到使用，都必须具备解决某种实际问题的效能和消解非理性问题的功能。以遗嘱公证为例，公证文书中承载了当事人的主观诉求和内心需求，既能解决遗产分配也能蕴含情感寄托。公证机构便能以此为基础在证明与使用的循环往复中不断取得社会公众的信任和信赖、提升公证的信用评级和社会评价。最后，公证是公共服务的重要组成部分，公证公信力的建设需要保持公证机构非营利性的组织特征。纵观社会经济发展，公证一直在金融创新、产权保护、普法宣传、司法执行、疫情防控、便民利企等方面发挥着职能作用。③

由此可见，完善的法律制度、客观真实的履行法定程序、实际效能与非理性功能的兼顾、非营利性质下的社会公益职能承担是增强公证公信力的重要手段。而在目前的公证事项中，与公证公信力存在深度交互的无疑是遗嘱公证。这是由于，每一个中国居民都有设立遗嘱的潜在可能，而实践中各公证机构每年递增的遗嘱办理件数也说明了这一点。此外，目前各地公证机构对遗嘱公证费用的减免亦推动了公证公信力的增长。以江苏省为例，根据《江苏省公证服务收费管理办法》、江苏省发改委、江苏省司法厅《关于降低部分公证服务收费标准的通知》，当前遗嘱公证每件收费 1000 元，包括录音、录像、遗嘱起草、刻录光盘、冲印照片等费用，对 80 岁以上老人首次办理遗嘱公证的，免收遗嘱公证服务费。尽管《民法典》时代公证遗嘱不再具有优先法律效力，但是这些贯彻了公证便民利民职能的减负及公益举措，使公证保护公民权益、预防社会纠纷的职能仍能得以彰显，有利于持续改变人

---

① 参见王琼、邓燕：《构建公证公信力评价体系的思考与研究》，载《中国司法》2016 年第 5 期，第 49 页。
② [美]埃尔曼：《比较法律文化》，贺卫方、高鸿钧译，生活·读书·新知三联书店 1990 年版，第 111-112 页。
③ 参见王强主编：《多元化纠纷解决机制之公证价值》，法律出版社 2018 年版，第 132 页。

民群众的传统思维和行为习惯,让人民群众信赖、接受并自觉运用遗嘱公证,增强了公证的公信力。

(二)公证遗嘱信息化发展的必然趋势

近年来,司法部为指导公证行业不断拓展创新公证业务领域,先后出台了《关于进一步拓展创新公证业务领域 更好地服务经济社会发展的意见》《关于深化公证体制机制改革 促进公证事业健康发展的意见》《关于优化公证服务更好利企便民的意见》等文件。这些文件明确指出,鼓励支持公证机构拓展创新,努力满足经济社会发展中多层次、宽领域、个性化的公证法律服务需求,并要求公证机构坚持巩固发展传统公证业务领域,制定完善的传统服务事项的规则、细则、业务规范,创新服务方式方法,优化服务流程,研发新的业务增长点。所以,发挥公证机构、公证员首创精神,综合运用制度特色和职能优势,不断创新服务领域和项目,努力满足新时代经济社会发展"全业务、全时空"的公证服务需求刻不容缓。综合司法部下发的政策文件,变革与创新公证形式势在必行,这也使得公证遗嘱的信息化具有宏观必要性。

《民法典》删去了公证遗嘱的优先效力,这也使部分当事人丧失了对遗嘱进行公证的动力。而实践中立遗嘱人常常因法律认识欠缺、难以掌握遗嘱的形式要件和核心意思表示,以至于遗嘱内容出现错误或不具备现实可行性,最终导致因自书、代书、打印、录音、录像、口头等方式设立的遗嘱存在瑕疵或违背法定要件而被法院认定为无效。因此,《民法典》对公证遗嘱的忽视并不能阻却公证介入当事人订立遗嘱过程的正当性与必要性,由受过法律专业培训的公证人员按照法定程序与遗嘱规则办理的公证遗嘱足够规范,且公证的公信力能增强社会不特定主体对遗嘱的内心确认。所以,公证遗嘱依旧有存在和推广的价值,而信息化是推广遗嘱的重要方式和关键步骤。[①]

伴随着公民法律意识的增强,只有行将就木的老年人才立遗嘱的现象已经一去不复返了,立遗嘱群体开始呈现年轻化的趋势,甚至连"00后"都已加入立遗嘱的行列。遗嘱也不再只是财产安排,也涵盖了立遗嘱人的期待之愿与未了之情。与此同时,遗嘱处分财产也呈现多样化趋势。随着《民法典》扩大了遗产范围,遗嘱处分的财产除了传统的房、车、存款外,股权、债权、合同权益、理财产品等财产也成了遗嘱处分财产的范围,并且所占比例越来越高。不少年轻人遗嘱中还有支付宝、微信、QQ账号、游戏账号、短视频账号、网络店铺等虚拟财产。[②] 上述情况导致社

---

① 参见彭爱华:《移动互联网时代如何提升公证公信力》,载《海峡法学》2015年第1期,第77页。
② 参见朱宣颐、林立:《民法典时代下的遗嘱公证业务发展——以广东遗嘱公证业务发展为例》,载《中国公证》2022年第7期,第33页。

会对公证产权年轻化的需求越来越高，公证遗嘱的信息化具有受众群体广泛的独特优势。

此外，随着在线公证服务模式的发展，许多公证机构通过建立在线受理平台、进驻微信城市服务等方式实现了传统公证业务的服务方式升级。如新冠疫情暴发后，江苏省南京市南京公证处率先推出了"远程视频公证"，让当事人可以在线完成身份验证、活体检测、材料传输、视频交互、电子签名等流程，实现超远距离的公证办理。[①] 再如浙江省宁波市鄞源公证处推出的"阿拉公证"APP中的"遗嘱通"服务，可以提供自书遗嘱、代书遗嘱、打印遗嘱这三种遗嘱形式的服务，涵盖了包括遗嘱固证、录像资料保管、遗嘱信息登记、纸质遗嘱保管申请在内的全方位服务。[②] 上述实务成果均表明线上遗嘱公证不存在技术性难度，目前已有足够的实践经验，因此公证遗嘱信息化具有微观可行性。

二、当前公证遗嘱信息化建设缺乏公信力支撑的原因分析

毋庸置疑，任何公证事项的良性发展都能增强公证公信力。在众多的公证事项中，遗嘱公证以其受众多、辐射广的特点，能对公证公信力产生深远持久的影响，但亦能对公证形式的改革创新产生巨大阻力。目前无法实现公证遗嘱线上办理的关键原因是这一公证形式暂不具备法律规范与程序规则的支撑以及公证行业内部对其尚未形成共识，这也是当前遗嘱公证信息化建设的堵点与难点。

（一）《电子签名法》的适用争议

自然人确认意思表示的行为通常有签字、捺指印、盖个人印鉴等，从实践情况来看，在遗嘱上签名的情形较多、捺指印的方式较少，而盖个人印鉴的情况则较为罕见。除《电子签名法》外，目前并无关于指纹和印鉴的电文数据化法律规定。事实上，公证遗嘱的在线服务未必需要涵盖所有的公证形式。按照逻辑推论，当事人如果受文化程度限制或因其他事由导致不能签字的，极大可能也无法完成设备操作及线上申请等具有一定难度和需要知识储备的流程，而且线上服务是应对遗嘱年轻化趋势的创新举措，所以设立时不必涵盖所有的确认形式，能将电子签名的遗嘱适用落实即可。但目前对遗嘱能否适用电子签名仍存在异议。

公证行业内有观点认为，由于《电子签名法》第3条对在涉及婚姻、收养、继承

[①] 参见张鸣：《兼顾疫情防控和社会需要——江苏公证探索远程视频公证模式》，载《中国公证》2020年第3期，第60页。

[②] 参见袁超达、徐苏琼：《在线遗嘱服务初探》，载《中国公证》2022年第5期，第18页。

等人身关系的文书中适用电子签名作出了禁止性规定①,而遗嘱必然与上述事项有关,所以遗嘱上的电子签名不具备法律效力,因此持这一观点的人认为线上遗嘱服务的推广需要先行修改《电子签名法》。但也有观点认为,根据《民法典》第1133条,自然人可以依照本法规定立遗嘱处分个人财产,而设立遗嘱的行为有时是一种单纯的财产处分行为。根据《公证程序规则》第70条规定的"公证可以以在线方式办理"以及2022年司法部办公厅《关于推进海外远程视频公证试点工作的通知》规定的"业务范围包含委托公证(包括涉房产、股权、继承等财产类事务),并可以使用电子签名",可以推论只处分财产的在线公证遗嘱可以使用电子签名。

(二) 公证遗嘱规范的冲突与滞后

1. 规则适用冲突

根据2000年司法部《遗嘱公证细则》第5条,当事人申办公证遗嘱必须亲至公证处或由公证人员至其住处。因此,在此规定的限制下线上办理公证遗嘱并不存在法律空间。但《遗嘱公证细则》已经颁布20余年,其依据的《中华人民共和国民法通则》(以下简称《民法通则》)、《中华人民共和国继承法》(以下简称《继承法》)、《公证暂行条例》、《公证程序规则(试行)》等均已失去法律效力。所以,《遗嘱公证细则》的合法性、合理性、可适用性等均受到了不同程度的影响。②

此外,《遗嘱公证细则》与2020年修正的《公证程序规则》存在内容冲突,如《遗嘱公证细则》第16条规定了应当进行录音或者录像的四种情形,这意味着在这四种情形外可以选择不进行录音或者录像。而《公证程序规则》第53条则规定了办理遗嘱公证必须进行录音录像。根据《中华人民共和国立法法》第92条的规定,同一机关制定的法律、行政法规、地方性法规、自治条例和单行条例、规章,特别规定与一般规定不一致的,适用特别规定;新的规定与旧的规定不一致的,适用新的规定。《公证程序规则》较之《遗嘱公证细则》是新规定,但《遗嘱公证细则》较之《公证程序规则》是遗嘱领域的特殊规定,因此在实践中到底适用何种规定仍然不甚明朗。此外,《遗嘱公证细则》还存在其他不尽合理之处,如实践中常出现当事人希望在遗嘱中加入财产处分之外的情感嘱托,根据"放管服"改革的便民取向以及《公证程序规则》所规定的便民原则,此类合理请求应该得到满足。但《遗嘱公证细则》第13条规定,遗嘱中一般不得包括与处分财产及处理死亡后事宜无关的其他内容。所以,目前遗嘱公证领域内的规则冲突现状使公证信息化建设困难重重。

---

① 参见《电子签名法》第3条。
② 参见房绍坤:《关于修订继承法的三点建议》,载《法学论坛》2013年第2期,第48页。

2. 程序规范滞后

江苏省公证协会出台的《江苏远程视频公证规范》在软件开发要求、业务范围、开展流程、数据存储、文书送达等方面对远程视频公证活动的开展作出了明确规定。如在软件的开发要求上，应当具备身份验证、生物识别、录音录像、留痕回溯、存储加密、电子签名等功能。在具体的流程上则要求在当事人作出意思表示、签署文件前，公证员应当综合使用肉眼识别、谈话识别、人证识别、系统识别等方式，交叉确认当事人身份。但是，即便在如此严谨的程序与信息技术的保障下，远程视频公证服务范围仍不包含涉及财产处分的委托（夫妻之间或父母子女之间的除外）、涉及转移或放弃权利的声明及签名等事项。

同样是远程视频服务领域，《关于推进海外远程视频公证试点工作的通知》则指出，通过海外远程视频可以办理的公证事项包括：声明、委托、婚姻状况、国籍、姓名、出生、死亡、亲属关系、无犯罪记录、经历、学历、证书（执照）、文书上的签名、印鉴、文本相符等。所以《江苏省远程视频公证规范》的公证范围已经滞后，对当事人的权利限制过多，应当予以修正。

（三）公证公信力的认知差异

站在公证的角度上看，在巩固传统公证遗嘱办理方式的基础上增加公证遗嘱线上服务是一件便民利民的创新举措，具有公证公信力背书的遗嘱效力必然要优于市场上存在的各类网络遗嘱。站在社会的角度上看，以在线方式办理的遗嘱公证书若经审查无误、具有公证机构印鉴与公证员签名，则与线下办理的遗嘱公证书一样具有可采信的价值。但在线遗嘱公证属于新兴事物，在守旧传统观念的限制下，自内而外的改革往往是十分艰难的。

众多业内人士认为，在线视频公证固然可以解决一些"急难愁盼"问题，树立有担当、敢作为的正面公证形象，扩充部分服务人群，增加部分公证收入，但却会有损公证根基，动摇公证安身立命之本。产生这一观点的原因主要分为以下几种，一种是指如果在线上就可以办理公证，则委托、声明类公证就失去了存在的空间和意义，因为众多委托相对人具备搭建视频平台的技术和条件，其完全可以通过视频方式直接验证委托人的身份及意思表示，无须公证机构多此一举；另一种是指公证公信力的维持关键在于其严格的受理条件和审查程序，而线上公证的程序必然不如线下公证严谨周详，故失去了严肃性的公证行为就如同失去了仪式感后的"皇权加冕"，必然会丧失其权威性与生命力；还有观点认为在线公证的本质是在用公证行业的执业底线去换取发展空间，是饮鸩止渴的不智举措。而已经处于实践中的在线公证服务仍在持续面临这些质疑，推动公证遗嘱信息化建设所面对的阻力足以预见。

三、推动公证遗嘱信息化建设与公证公信力并进发展的举措

钱穆先生在《中国历史政治得失》中有言:"任何制度,断无二三十年而不变的……要制度迁就现实,而不是现实迁就制度。"公证遗嘱信息化建设过去不可行,不代表现在不可行。现在不可行,不代表将来不可行。法律、制度、程序、观念应当随着现实条件的改变而修正、规范、完善、革新。①

(一) 相关法律与规则的修改建议

1.《电子签名法》的修改

理论上虽然对遗嘱中的电子签名是否具有法律效力存在不同意见,但根据《公证程序规则》第11条,遗嘱是具有密切人身关系的公证事项之一,所以可以推定其属于不能适用电子签名的情形。② 当然,即便《公证程序规则》没有对此进行明确限制,公证机构与公证员也不应在遗嘱公证领域去自主探索新的公证形式。这是因为,公证的公信力建立在明确的法律基础之上,一旦新的公证形式被后续出台的法律所否决,将会对公证的公信力产生不利影响。因此笔者建议,应当对《电子签名法》进行修改,扩大电子签名的适用范围。《电子签名法》作为全国人大常委会审议通过的法律,其位阶高于属于部门规章的《公证程序规则》。相比规章,法律的调整能够给线上遗嘱公证的开展提供更坚定有力的依据。

实际上,《电子签名法》对电子签名适用范围的修改早有先例。2019年《电子签名法》的第二次修改将电子签名不适用涉及土地、房屋等不动产权益转让的规定删去,以此增加了电子签名的适用范围。实际上,立法之初会对电子签名的适用范围进行限制是基于网络安全及法律之间的衔接问题的考量。但是,在法律意义上,如果认可电子签名与手写签名的效力一致性,那么就不应当限制其适用范围。故随着社会需求的增加及技术手段的升级,应当逐步对电子签名的适用范围进行解禁。就遗嘱领域而言,由于遗嘱内容多是财产安排和情感寄托,情感诉求本身不会导致人身关系的变化,财产处分在立遗嘱人死亡之前也并不发生物权变动,其法律风险反而小于土地、房屋等不动产权益转让等行为。再从客观角度上看,随着移动互联网、物联网以及三网融合等新技术的不断提升,电子签名技术的应用场景一定会进一步扩大和深入。③ 所以,笔者建议可以扩大《电子签名法》的适用范围,保留

---

① 参见杨立新:《我国继承制度的完善与规则适用》,载《中国法学》2020年第4期,第100页。
② 参见《公证程序规则》第11条。
③ 参见李叶宏:《我国电子签名法修改新探》,载《江苏商论》2011年第8期,第59页。

"法律、行政法规规定的不适用电子文书的其他情形"这一兜底条款便可。

2.《遗嘱公证细则》的修正

《遗嘱公证细则》作为公证遗嘱领域的专项规章已发布 20 余年,但是其却没有跟随经济、社会、科技的发展而更新,已远不能适应于当前各方面的需求,因此对其进行修正已势在必行。[①] 作为部门规章,《遗嘱公证细则》的内容不能超越基本法所规定的范畴和授予的权限,不应与同样是部门规章的《公证程序规则》相冲突,其具体内容的设定应当以便民利民为服务宗旨,简化公证的申请、受理、撤销流程。[②]

具体而言,可以对《遗嘱公证细则》的以下几条进行修改。第一,《遗嘱公证细则》第 4 条规定遗嘱公证由遗嘱人住所地或者遗嘱行为发生地公证处管辖。笔者建议应修改为"公证事项由当事人住所地、经常居住地、行为地或者事实发生地、不动产所在地的公证机构受理。"如此修改后便可以与《公证程序规则》同步,并增加对立遗嘱人不动产所在地的考虑。第二,《遗嘱公证细则》第 5 条规定遗嘱人申办遗嘱公证应当亲自到公证处提出申请。笔者建议可以将"到"改为"向",以此丰富遗嘱公证的形式、满足当事人的需求,也可直接增加"可通过线上申请办理"的相关表述,为公证遗嘱的信息化提供依据。第三,《遗嘱公证细则》第 13 条规定遗嘱中一般不得包括与处分财产及处理死亡后事宜无关的其他内容。笔者建议应当删去这一内容,遗嘱作为立遗嘱人的法定权利,在遗嘱中增加些情感寄托与人生感叹并无不可,该条款缺少对社会温情与人性化的考量。第四,笔者建议在遗嘱公证中应当无差别适用录音录像。第五,《遗嘱公证细则》第 18 条应当增加可以使用电子签名的规定。第六,《遗嘱公证细则》第 22 条应删去公证遗嘱必须通过公证撤销的规定。此外,应修正《遗嘱公证细则》全篇对《民法通则》《继承法》《公证暂行条例》《公证程序规则(试行)》等作废法律文件的表述。[③]

(二)操作规范的制定与保障

1. 制定专项技术规范

在线公证遗嘱作为线上公证服务之一,跟远程视频公证与其他线上公证平台存在密切关联,因此整合行业各类规范、规则,统一适用流程必不可少。考虑到公证遗嘱作为处分财产的重要形式,要同时满足《民法典》《公证程序规则》《遗嘱公证细则》的规定,这也对公证遗嘱的程序要求更为严谨,对公证人员的操作要求也更为严格,故订立专项的技术规范亦有利于为公证遗嘱信息化建设保驾护航,私密、

---

① 参见张宇红、寇玉芳:《修改〈遗嘱公证细则〉的几点建议》,载《中国公证》2010 年第 2 期,第 50 页。
② 参见李勇、陈凯等:《公证遗嘱制度存在的问题和改进方向》,载《中国公证》2018 年第 4 期,第 15 页。
③ 参见赵春:《民法典编纂视野下的遗嘱形式及其形式要件完善》,载《北方法学》2019 年第 4 期,第 66 页。

便捷、专业的服务也更能进一步增添公证公信力。

在线公证遗嘱的运行载体要经专业检测机构检测合格并取得公证协会或主管部门认可,在远程视频公证保留多重身份验证、活体检测、信息加密、录音录像、电子签名、留痕回溯的基础上,增加自主定位、指纹录入、环境扫描、一键示警、动态监测、实时评估、公证员身份识别、自动接入公证行政管理和行业管理系统等功能,同时遵循申请、受理、审查、出证、归档等公证流程。线上公证遗嘱服务是遗嘱信息化建设的一部分而非全部,在技术规范中也可明确自书遗嘱、代书遗嘱、录音录像遗嘱、口头遗嘱的线上适用条件,以及遗嘱线上备案、登记、保管、查询、送达、执行等服务标准。①

2. 明确公证质量标准

传统公证形式下,公证遗嘱质量好坏的判断标准是公证人员能否为立遗嘱人提供合法有效的公证书。然而,公证遗嘱信息化必然需要法律法规与专项规范的支持与引导,因而影响在线遗嘱公证书是否有效的因素便也越多。如申请人是否具有线上服务申请能力;线上服务可否打破地域限制实现"一网通办",超越管辖权的线上公证服务是否具有法律效力;在线遗嘱办理过程中出现卡顿、模糊、音画不同步等情形是否符合公证规范;在一般公证告知和遗嘱特殊告知的基础上,在线服务是否需要提供线上特别告知,未穷尽告知义务的线上服务是否具有法律效力;在线公证遗嘱的收费标准如何制定,是否存在根据服务需求协商议价的空间;是否需要出具电子公证书,又或是与远程视频公证类似,将电子签名与公证词页打印粘连后制成公证书即可;是否需要将录音录像及操作痕迹刻录存档;是否需要缩短公证书的出具期限等。法律与规章的规定是提供在线遗嘱公证的基础,规范标准的设定是提升在线遗嘱公证服务的保障。在兼具流程规范、收费合理、高效便捷的基础上,将上述问题一一明确并纳入公证质量的判断标准,对公证机构及公证人员进行考核是必要举措,也是推动公证规范化发展的常态化措施。

(三)传统公证理念的革新

孔子言:"不患无位,患所以立。"公证的公信力是建立在自身服务能力的基础上,而不是利用繁杂的程序、花哨的仪式拉开与群众的距离。居高临下的公证机构必然看不清社会的真实需求。我国的政治体制、现实国情、历史沿袭、经济进展都决定了无法仿效西方的公证制度,公证机构的不断深入改革也说明了公证现在处于顶层设计的规划中,由国家公权力担保转为社会公权力授信的公证机构必然要

---

① 参见李新辉、刘秀琴:《公证签系统和远程视频公证系统在公证实务中的应用》,载《中国公证》2021年第10期,第55页。

与社会整体相结合。以线上公证服务为例,有观点认为线上的公证形式削弱了公证的正当性与权威性,殊不知这一观点忽视了科技手段发展本身带来的变革。若公证的发展不随着科技而与时俱进,则公证的生命周期必然无法延续。这是因为科技的发展打破了时空的限制,其削减了委托、声明类等单方民事法律行为公证的必要性。进言之,与其说公证线上服务降低了服务标准,不如说是在第三方未开发线上服务的前提下延长了公证的生命周期。现如今,公证已不再是行政登记类等政务服务的必要前置条件,不与时代共进者,必被时代所抛弃。

所以,无论是实施公证机构的考核评比,或是采取激励手段调动公证人员的积极性,又或是对公证人员进行人事调动,公证行业都需要紧跟政策方向,建立"穷则变,变则通,通则久"的办证理念,坚持提高职业素养,改变对传统公证形态的观念,重建新时代公证活动的理性认知。公证公信力的建设和累积并不是一蹴而就的,需要整个公证行业长期坚持并不断革新。具体而言,要先改变和提高对新兴事物的态度和接受能力,再利用经验与反馈探索公证新的发展领域。

结　语

当前,传统公证业务日渐萎缩,公证行业发展陷入困境。公证人员必须变被动为主动,开拓新形式、采取新方法、创建新格局,坚持拓展服务领域、转变服务思维、创新服务方式,积极响应社会和群众的需求,在信息化时代浪潮下提供市场需要的新型公证产品。所以,在这种背景下的公证遗嘱信息化建设并不是"新瓶装老酒",而是传统公证效能与非理性消解功能的组合优化,其不仅能解决实际问题,同时也具备人文关怀。

公证遗嘱信息化的目的在于发挥公证机构的社会职能,运用信息化手段帮助当事人以便捷、私密的方式自由地处分个人财产、寄托个人情感。尽管公证遗嘱信息化面临着基础法律规范阙如、现有规范之间互相矛盾以及被传统观念束缚等困境,但可以在保障当事人遗嘱自由的基础上对有关法律规范进行修正和补充,逐步解除在线公证遗嘱的限制性条件。此外,整个公证遗嘱服务体系应以线上公证办理为中心,包括遗嘱存管、登记、备案、查询、送达、执行等功能,也可以提供自书遗嘱、代书遗嘱、录音录像遗嘱等服务内容。即便当事人不申请办理公证遗嘱,也可为其提供遗嘱参考格式、法律风险提示、常见问题解答,以满足当事人的个性需求。实用、严谨、创新、包容才是新时代提高公证公信力的基础,也是提升公证在民生领域内影响力的重要服务理念。

第三编
公证业务探索与现代化转型

专题十四 虚假公证中公证机构补充责任规则的反思与新解
——基于内外利益权衡的双重视阈

廖永安 刘浅哲[*]

一、问题的提出

公证是公证机构根据自然人、法人或者其他组织的申请，依照法定程序对民事法律行为、有法律意义的事实和文书的真实性、合法性予以证明的活动。公证对我国经济的发展与法治秩序的稳定作出了重要的贡献，产生这一贡献的基础就在于公证文书具有法定的证明效力、执行效力和法律要件效力。但正是由于公证文书具有这些特殊的法律效力，实践中就存在公证当事人利用公证弄虚作假牟取不当利益的情况。其中最为典型常见的就是虚假公证行为，即行为人出于非法的动机和目的，以假冒他人、捏造事实、伪造证据等提供虚假证明材料的方式，欺骗公证机构出具错误的公证书的行为。[①] 此行为不仅可能侵害他人的正当权益，而且也对公证制度的公信力产生了致命性的危害。

根据《公证法》第44条，如果当事人以及其他个人或者组织通过虚假公证的方式，骗取公证书，造成他人损失的，应承担民事责任。产生损害赔偿的情形乃是一方因信赖公证书而与公证书持有人发生民事法律关系，但是因虚假公证行为导致该公证书在效力上有瑕疵或者无效而致信赖方的利益受到损害。[②] 同时，最高人民法院在《关于审理涉及公证活动相关民事案件的若干规定》（以下简称为《审理公

---

[*] 本文作者：廖永安，湘潭大学法学院教授、博士生导师；刘浅哲，湘潭大学法学院博士研究生。本文系国家社科基金应急管理体系建设研究专项"突发公共卫生事件中涉疫矛盾纠纷的防范与化解研究"（20VYJ043）的阶段性成果。

[①] 邱鸿雁：《虚假公证的表现及应对》，载《中国公证》2014年第10期，第57页。

[②] 王胜明、段正坤主编：《中华人民共和国公证法释义》，法律出版社2005年版，第169页。

证规定》)第5条中,对虚假公证情形下的公证当事人与公证机构之间的民事责任认定与分担作出了更为详细的规定。该规定细分了三种情况:第一,公证机构尽到审查、核实义务的,公证机构不承担赔偿责任;第二,公证机构未尽审查、核实义务时承担相应的补充赔偿责任;第三,公证机构明知证明材料虚假或与当事人恶意串通时的连带赔偿责任。其中,第一种与第三种情况基于侵权法的基本理论,不存在争议。但是在第二种情况中法官应该如何分配不同主体之间的赔偿责任,在理论与实践中存在争论。主要存在三种不同的观点,一是认为公证机构应承担相应的补充责任,二是认为公证机构应当直接承担赔偿责任,之后可以向提供虚假证明材料的当事人追偿,三是认为公证机构承担相应的赔偿责任,类似于按份责任。[①]可以看出《审理公证规定》第5条采纳了第一种观点。但是这种责任的设定对是否平衡了受害人、公证机构以及公证当事人三方的利益、公证机构是否应该具有追偿权、"相应的"应当作何理解等一系列问题,司法解释者并没有给出具有说服力的理由。同时,在民法理论上对相应的补充责任这一概念本身的意涵也是众说纷纭。[②]

有学者指出"法律的任务在于调整、保障各种利益,并以最佳方式对利益实现合理配置",而"法律责任作为法律实现的保障机制,自然要以法律的利益价值作为衡量其合理性的标准,保证权利与义务、利益与负担(不利益)的合理分配"。[③] 基于此,笔者认为我们需要着眼于公证职业的自身特性,以平衡公众利益与公证职业利益的目标重新检视公证机构承担相应的补充责任的规定,厘清并明确该规定应该具有的功能与规范意旨。具言之,在公证机构承担相应的补充责任的制度设计中存在着两个方面的权利义务关系,一是权利人与责任人之间的法律关系,即公证当事人、公证机构对受害人的损害赔偿责任,我们称之为外部关系,也可以说是补充责任的对外效力;二是直接责任人与补充责任人之间的法律关系,即公证当事人(直接责任人)与公证机构(补充责任人)之间的法律关系,我们称之为内部关系,也即补充责任的对内效力。[④] 在这两个不同层面的权利义务关系中,因其法律效力、主体性质等多方面的差异,所以需要对内外两个层面予以单独分析。通过考察明确内外关系是基于何种利益上的权衡以达到怎样的规范目的,来准确解读出公证机构补充责任内外关系的规范意旨,助力司法实践的精准适用。

[①] 胡云腾、孙佑海主编:《最高人民法院审理涉公证民事案件司法解释理解与适用》,人民法院出版社2014年版,第133-134页。
[②] 例如补充责任是否属于一种独立的责任形态、补充责任人的责任范围等争论,参见郭明瑞:《补充责任、相应的补充责任与责任人的追偿权》,载《烟台大学学报(哲学社会科学版)》2011年第1期,第12-16页。
[③] 龚向和:《论法律责任的合理性》,载《法律科学(西北政法学院学报)》1998年第6期,第14页。
[④] 杨立新:《论侵权责任的补充责任》,载《法律适用》2003年第6期,第18页。

二、外部关系：基于功利性利益权衡的公证机构补充责任

人们在评价某种法律责任的设置是否合理时，最直观的标准就是衡量评价对象是否可以满足某种客观的效用目标，这个过程其实就是功利性的利益权衡。就民事活动领域而言，当人们发生利益冲突造成一方权益受损时，作为维护社会秩序的法律首先应当着眼于受损一方权益的恢复和补偿，尽快将物或人恢复到受侵犯之前的状态。那么基于功利性利益权衡，在面向受害人的外部关系中，首要目的应当是为了达到保障受害人权益的效用目标，在这个过程中"法律技术的中心和所侧重的对象并非侵权人的行为，而是受害人的损害"[①]。于是，法律责任应当更加强调对损害的赔偿，其所实现的最大效益是使受害人的损失可以尽可能地得到填补，保障受害人的合法权益。言外之意，功利性利益权衡的考察重点并不是侵权行为的可非难性，而是只要能够实现受害人损害填补的最大化即可。基于此，在民事责任中与功利性利益权衡相适应的法律效果就是填补损失，这也是侵权责任法基本原则"损害填补原则"的应有之义。[②] 符合现代侵权责任法作为"救济法"的基本定位。[③] 那么，从功利性利益权衡的角度来说，在外部关系中的公证机构补充责任的核心目标就是填补受害人的损失。所以，我们认为要达到填补损失的功利性目的，对公证机构的补充责任应当作出如下两个方面的理解。

（一）责任外观：损害赔偿的分担机制

在上述填补损害的功利性目的的指引下我们可以认识到，公证机构在整个损失赔偿中充当着重要的角色，主要表现为一种损失分担的机制，以此来提高受害人损失得到填补的可能性。具言之，首先，在实践中公证当事人在通过提供虚假证明材料获取公证书之后，将会利用骗取的公证文书从事欺诈活动。因此公证当事人的侵权行为不仅仅具有民事违法性而且有可能涉嫌诈骗犯罪，等到受害人察觉出自己被骗时，公证当事人要么潜逃，要么已经被采取刑事措施。同时公证当事人的赔偿能力往往也不高，所以对受害人民事权益的维护在客观上将造成一定阻碍。其次，我国的公证机构都必须购买职业责任保险以增强自身对损害赔偿风险的应对能力，在赔偿能力上相较于公证当事人而言普遍要强很多。所以为了降低公证当事人可能在赔偿能力上的不足而导致受害人损失不能获得填补情况发生的概

[①] 李拥军：《法律责任概念的反思与重构》，载《中国法学》2022年第3期，第232页。
[②] 王泽鉴：《损害赔偿》，北京大学出版社2017版，第25页。
[③] 王利明：《王利明学术文集·侵权责任编》，北京大学出版社2020年版，第132页。

率,在制度层面将公证机构作为补充责任人是实现损失填补目的的有力举措。对于这种"判断谁应当是侵权责任人时,人们更多的是看谁是最有能力分散损失的人"的制度安排。① 其背后的哲学基础就是损害的分担,更多体现的是分配正义的色彩,矫正正义反而退居其次。② 当然,我们也应该认识到,虽然在外部关系中填补损害是最重要的目的,但是也并不意味着公证机构拥有较好的赔偿能力就应该是他承担责任的原罪,显然这种"深口袋"的责任不能过度。因为这将可能导致公证机构的行为自由被过分挤压,容易使公证机构动辄得咎,进而导致在公证行业中出现防御性公证行为。③ 这不仅会降低公证机构的工作效率,导致公证成本的上升,更严重的会造成拒绝公证情形的增加,这些不利后果到最后都会反过来转嫁到新的公证申请人身上。④

(二)责任范围:概括性的责任承担

关于补充责任人的责任范围并没有统一的说法,目前主要存在着三种观点:一是补充责任人的责任范围属于一种概括责任,即补充责任人的责任范围以直接责任人的赔偿能力为前提,只要是直接责任人不能承担的部分就应该由补充责任人来承担,所以补充责任人有可能承担全部责任也可能不承担责任;⑤二是补充责任人的责任范围属于一种限额责任,即补充责任人承担与其过错相应的赔偿责任,换言之,补充责任人承担的是直接责任人不能承担部分的部分,具有一定的比例份额;⑥三是对补充责任人的责任范围到底是概括性的还是限额的,应当根据受害人利益与补充责任人利益间的平衡来考虑,具体交由法官自由裁量。⑦

笔者赞同第一种观点,即认为公证机构的补充责任是概括性的更具合理性。

---

① 程啸:《试论侵权行为法之补偿功能与威慑功能》,载《法学杂志》2009年第3期,第13页。
② 杨会:《论安全保障义务人承担补充责任的原因》,载《河北法学》2013年第7期,第87页。
③ 所谓的防御性公证行为是指公证机构为了防止自己在民事归责上的泛化,为了日后在诉讼中有足够的证据证明自己不存在过错,将采用一切能够采取的措施来审查证明材料,要求来申请公证的当事人提供各种证明材料,同时对人民群众有需求但是又没有规范支撑的一些新型公证业务,因害怕担责而采取回避态度。这种现象虽然会让公证机构审查更加谨慎严格,但是其效率将会大大降低,不仅增加公证机构人力财力的压力,而且也会增加公证成本,而这些成本都将被分散到新的公证当事人身上。这与我国所倡导的便民利民的公证法律服务的要求明显不符。并且因承担责任的概率提高,将会阻碍公证行业对新型业务的探索,影响整个行业的发展。
④ 蒋轲:《公证证明标准与责任》,北京大学出版社2015年版,第156页。
⑤ 王竹:《补充责任在〈侵权责任法〉上的确立与扩展适用——兼评〈侵权责任法草案(二审稿)〉第14条及相关条文》,载《法学》2009年第9期,第86页。
⑥ 郭明瑞:《补充责任、相应的补充责任与责任人的追偿权》,载《烟台大学学报》(哲学社会科学版)2011年第1期,第14页。
⑦ 张新宝:《我国侵权责任法中的补充责任》,载《法学杂志》2010年第6期,第5页;徐银波:《侵权补充责任之理性审思与解释适用》,载《西南政法大学学报》2013年第5期,第66页。

因为基于功利性的利益权衡来看,概括性的补充责任更能保障受害人的权益,有利于填补受害人的损失。而就限额责任的观点来说,因其忽视了补充责任的本质而产生了对受害人权益保护的欠缺。具言之,在民法理论上补充责任的本质在于担责上的顺序性,而非责任范围的份额化,所谓的顺序性是指只有当直接责任人不能确定或其没有足够的清偿能力时,补充责任人才有担责的义务。① 可以说补充责任制度中对不同过错程度评价的外部法律效力就体现在责任承担的顺序上而非责任的份额上。同时,对责任划分不同份额的情况只能在评价具有不同过错程度的侵权行为的过程中才有适用的意义,而这往往只体现在内部关系中。在外部关系中,不管公证当事人或公证机构的过错程度多小,相较于没有任何过错而无辜受损的受害人而言,后者都更值得被保护。并且责任范围份额化将本属于内部关系的利益权衡带进了外部关系之中,造成受害人丧失了本可以通过补充责任人获得损失完全填补与权益完整保护的机会,使得将公证机构作为损失分担机制的制度效能大为减损。而且这种划定特定份额或限额的做法,将会造成实务中容易产生补充责任按份化的判决,将补充责任异化为按份责任。② 至于第三种观点,其认为需要通过法官根据个案进行自由裁量,但是因每个个案中法官素质水平不等,将会造成相同情况下,各个受害人的维权成本与权益保障的机会出现差异,甚至相当悬殊,所以该观点对受害人的保障也具有欠缺性。

三、内部关系:基于道义性利益权衡的公证机构补充责任

与外部关系不同,内部关系利益权衡的重点并不是为了填补受害人的损失,而是为了合理分配内部各侵权行为人的损害赔偿责任。其中合理分配的依据就是根据侵权行为人的主观可非难性,评判其应承担的责任大小,而这个评判的过程就是一种道义性利益权衡。所谓的道义性利益权衡是指法律在利益权衡的过程中对轻视社会利益和他人利益的侵权者的责任配置要符合人们普遍的道德情感,与侵权行为人的主观恶性程度要相当。道义性利益权衡是以侵权人为中心,所关注的是侵权行为在伦理和道德上的可非难性,对侵权人的评价具有道义谴责的色彩。尤其是在故意与过失、重大过失与过失等各个侵权行为人的过错层次存在不同的情况下,道义性的利益权衡将起着非常重要的作用,因为在这种情况中需要法律对可非难性程度各异的数个侵权行为分别配置不同的民事责任。就本文的研究主题来说,就属于这种侵权行为人主观过错处于不同层次的情况,即公证当事人属于故意

---

① 王利明、周友军、高圣平:《中国侵权责任法教程》,人民法院出版社2010年版,第436页。
② 张海燕:《民事补充责任的程序实现》,载《中国法学》2020年第6期,第186页。

侵权,而公证机构是过失的不作为。那么基于道义性利益权衡,相较于公证机构而言,公证当事人更应该受到道德伦理上的谴责,其应该承担更严重的不利后果。所以正如学者所言:"无论如何,故意侵权挑战现存社会秩序的反社会性不能被侵权法抹杀,现代侵权法也往往将其作为侵权行为的一个加重情节,进而承认其诸多特殊性。"[1]于是根据道义性利益权衡,就公证机构补充责任中内部关系的特殊性而言,我们可以获得以下认识:

(一)公证机构作为中间责任人的证立

关于公证机构是属于中间责任人还是终局责任人存在着不同的观点,其具体争议就是对作为补充责任人的公证机构是否享有追偿权存在着不同的认识。在规范上最为直观的表现就是《审理公证规定》第5条并没有对公证机构的追偿权进行规定,足以表明司法解释者并不认为公证机构在向受害人赔偿之后可以向公证当事人进行追偿。就此争论而言,我们认为公证机构应属于中间责任人,公证当事人才是赔偿责任的最终承担者,在公证机构向受害人赔偿之后享有向公证当事人进行追偿的权利。因为让公证机构只承担中间责任,除了为防止公证机构的补充责任异化为按份责任之外,从道义性利益权衡的角度来看,还具有如下三个方面的理由。

1. 与各侵权人主观可非难性的程度相当

作为故意侵权的公证当事人不仅对公证所保护的公共秩序进行了破坏,而且也对他人私益造成了损失,理应受到更为严格的对待。同时,公证机构只是主观过失并不是直接侵权人,更不是期待公证书错误并带来不当利益的受益人。因此,如果让公证机构承担部分或者全部的终局责任,那么将造成侵权行为人的主观恶性与责任的大小不相当,有违人们心中的朴素正义情感。我们可以设想出这样一种情况:公证当事人与公证机构共同向受害人承担100万元的赔偿,其中公证当事人是直接责任人,公证机构是补充责任人。但是由于公证当事人潜逃或不具有履行能力,最后由公证机构补充赔偿了这100万元,那么在这种情况下如果公证机构没有追偿权,公证当事人岂不是故意侵权但又未承担任何责任,而公证机构因过失反而承担了终局责任。这种情况就是典型的在道义权衡上的失衡,不仅是对公证当事人的放纵,而且让公证当事人理应承担的责任因被公证机构承担而获得不当利益。因此,对主观恶意的公证当事人必须严厉打击,绝不能让其利用现行的法律制度获取非法利益的行为得逞。[2]

---

[1] 谢鸿飞:《违反安保义务侵权补充责任的理论冲突与立法选择》,载《法学》2019年第2期,第53页。
[2] 马宏俊:《试论公证法律责任的若干问题》,载《司法改革论评》2007年第2期,第159页。

然而,根据司法解释者的观点,他们认为根据《审理公证规定》第5条,公证机构的补充责任范围是限额责任,并不是对直接责任人不能履行的全部进行赔偿。并且公证机构自身也存在过失,由其承担与其过失相应的赔偿责任符合自己责任原则的要求,所以如果赋予公证机构追偿权,将会违背自己责任原则。[1] 笔者认为该观点并不成立,理由主要有两个:其一,公证机构的过失责任应当是一种风险责任,即存在公证当事人不具有履责能力时,将赔偿责任转移给公证机构的风险。同时存在公证机构承担补充责任之后,追偿不能的风险。[2] 并且在实践中因为公证当事人不具有履责能力的概率相当高,所以公证机构所承担的这种风险其实也较大。因此赋予公证机构追偿权与自己责任原则并不冲突。其二,公证机构补充责任的限额化不仅对外不利于保障受害人的权益,对内也会让公证机构承担一定份额的终局责任而使公证当事人受益。最终的结果是让公证机构承担的追偿不能的风险通过责任的限额化转嫁给了受害人。因此,这也说明了相比于使补充责任人的责任范围限额化而言,上述风险责任的设置更具合理性。

2. 与公证职能的公共属性定位相称

就公证职能的性质定位而言,《公证法》第6条将公证机构定位为不以营利为目的的证明机构。非营利性目的意味着公证机构的职能应当具有公共性,公证机构的活动必然与公共利益紧密相连,可以说这种公共性的公证职能为法律本身带来了决定性的增值。[3] 公证职能公共性的增值表现就在于其以一种具有公信力的法律手段来维护当事人的权益,保障法律的实施与秩序稳定,其职能的内容具有利他性。[4] 因此公证机构并不像其他市场主体那样是为了获取法律服务的对价,营利并不是公证机构的目的,收取的公证费相比其他营利性法律服务主体而言要低得多。并且正是这种在收费上的限制性规定,使得公证机构能够始终保持中立性与客观性,而不会因为利润的牵引产生党派性。那么即使公证机构在主观上存在过失,但因其收费的非对价性与公证服务的中立性所表现出来的公共属性,就使得公证机构本身在道德上的可非难性得以降低。因此,如果让公证机构承担一定份额的终局责任显然是过于严苛并有违公平原则的。[5]

---

[1] 胡云腾、孙佑海主编:《最高人民法院审理涉公证民事案件司法解释理解与适用》,人民法院出版社2014年版,第138页。
[2] 张文章主编:《公证制度新论》,厦门大学出版社2008年版,第170页。
[3] [法]让-吕克·奥贝赫著;[法]瑞夏·科罗改编:《公证人之民事责任(第5版)》,唐觉译,上海人民出版社2015年版,第79页。
[4] 易萍、余松毅:《未来公证人之专家责任》,载《中国公证》2003年第3期,第34页。
[5] 范世乾:《公证赔偿案件中亟需澄清的几个问题》,载《中国公证》2011年第2期,第41页。

3. 与威慑预防虚假公证的规范意旨相符

我国《公证法》第 44 条规定了虚假公证行为人应当承担相应的民事、行政与刑事法律责任,其规范意旨是为了通过对虚假公证行为进行法律制裁,以达到一定的威慑与预防作用。但是该条中关于民事责任的规定由于太过笼统而较难落实,因此其威慑与预防虚假公证行为的作用也受到了一定的限制。然而,确定公证机构是中间责任人,由公证当事人承担终局责任的安排,不仅与《公证法》第 44 条的规范意旨相符,而且也可以说是对该条在民事制裁方面的具体落实。具言之,我们可以以耶林评价罗马法中关于"如果没有在当场抓住小偷,那么小偷应按照被偷财物价值的双倍来赔偿"的规定来予以说明。耶林认为这就好比赌博,如果不对小偷施以双倍赔偿,那么在幸运的情况下,小偷没有被抓而得到了他人之物,在不走运的情况下,小偷即使被抓,他也只要返还原物,而他自己并不会失去任何东西,这岂不是稳赚不赔。① 同样的道理,如果不让公证当事人承担最终的赔偿责任,那么不管公证当事人是履行部分赔偿责任还是不具有履责能力,都将造成公证机构成为公证当事人的部分或者全部赔偿责任的"替罪羊",使公证当事人"稳赚不赔"。因此,这将有违《公证法》第 44 条的规范意旨,进一步降低此条对潜在的虚假公证行为人的威慑与预防作用。

(二)公证机构补充顺位中的道德意涵

正如上文所述,补充责任的本质在于对各责任人的担责顺序做了特殊安排,并非对各责任人担责份额的划分。虽然补充责任的顺序性会产生影响受害人行使请求权的外部法律效力,但是这种在担责顺序上做不同安排的设置其实是内部关系中道义性利益权衡的结果。正是因为补充责任规则对过错程度不同的侵权行为人在道德非难上的不同对待,这种顺序性设置才有了正当性。因为对主观恶性较轻的公证机构定性为第二顺序的责任人,符合植根于社会占主导地位的道德认知,也是补充责任制度对主观故意的虚假公证行为人的道德谴责,正是这种道德因素增强了法律责任本身的说服力。可以说,当多数责任人存在着责任划分上的不同层级时,相较于按份责任、不真正连带责任而言,补充责任的道德评价效果更佳。② 换言之,补充责任内部关系中最核心的意旨在于其所具备的道德意涵,公证机构责任的补充顺位乃是这种道德意涵的有力体现。

---

① [德]耶林著:《罗马私法中的过错要素》,柯伟才译,中国法制出版社 2009 年版,第 31-33 页。
② 李中原:《论民法上的补充债务》,载《法学》2010 年第 3 期,第 86 页。

四、对《审理公证规定》第 5 条中公证机构补充责任规则的再解读

基于上述内外关系中的利益权衡我们可以得出一个基本判断:在虚假公证的情形中,如果公证机构存在过失行为,就外部关系而言,我们应当最大限度地填补受害人的损失,这是补充责任效用价值的体现。而在内部关系中,要发挥法律责任对故意侵权的公证当事人的惩罚与威慑作用,这是补充责任道德评价的集中展现。这一基本判断将是我们重新解读《审理公证规定》第 5 条中关于公证机构相应的补充责任规则的基础。

(一)对"相应的"内涵诠解的归正

《审理公证规定》第 5 条规定公证机构"未依法尽到审查、核实义务的,应当承担与其过错相应的补充赔偿责任",基于上述内外关系的利益衡量之后,为了达到既能填补受害人的损失又能惩罚恶意公证当事人的效果,我们将对本规定中"相应的"的具体内涵重新界定,以回归其本义。

1. "相应的"不是对公证机构补充责任的限额化

在外部关系的利益权衡中,我们认为公证机构的补充责任属于一种概括性的责任,即只要是公证当事人不能承担的部分就应该由公证机构来承担。因为只有在这种情况下才能满足填补受害人损失的功利性利益权衡的要求,并且也能杜绝实践中将公证机构的补充责任异化为按份责任,防止补充责任顺序性的本质被消解,避免变相地让公证机构承担一定份额的终局责任。[①] 所以《审理公证规定》第 5 条中"相应的"具体内涵并不是对公证机构补充责任的限额化,受害人可以请求公证机构就公证当事人不能承担的全部进行赔偿。同时,在理论界就已有学者对"相应的"具有份额化(限定)的意涵进行了质疑,有学者指出"相应的和补充的是矛盾的,因为相应的就不会是补充的,补充的就不会是相应的",这种相应的补充责任从根本上改变了补充责任的传统内涵。[②] 而且,公证机构承担概括性的补充赔偿责任也在实践中得到了支持,在这些案件中法官们并未在判决书中明确公证机构补充责任的比例份额,而是仅认定了公证机构应当在直接侵权人不能赔偿的范围内

[①] 参见湖北省襄阳高新技术产业开发区人民法院民事判决书(2017)鄂 0691 民初 1376 号,法官直接在判决中明确了公证机构的赔偿数额,忽视了公证机构担责的补充性,成了按份责任。

[②] 王利明、周友军、高圣平:《中国侵权责任法教程》,人民法院出版社 2010 年版,第 37 页。

承担补充责任。①

2."相应的"是对公证机构主观可非难的程度性表达

在外部关系中,我们排除了"相应的"具有对公证机构补充责任限额的意涵,那么其具有的实质性意义就只能从内部关系中得到体现。如前所述,在内部关系中最核心的工作就是道德评价,根据各责任人主观可非难性程度的不同而予以分别对待。据此我们认为"相应的"实质性意义在于,凸显公证机构相较于公证当事人而言其主观可非难性程度要低得多,所以对公证机构的补充责任的设置必须与其主观可非难性程度相匹配。从公证当事人的角度来说,就是要对公证当事人的恶意侵权行为予以更加强烈的道德谴责。这种谴责具体表现在两个方面:一是必须坚持公证机构在担责顺序上的补充地位,这也与前述的公证机构概括性补充责任的观点形成逻辑上的自洽;二是公证机构不能成为终局责任的承担者。只有同时满足这两种设置之后,内部关系中道义性权衡的目标才能实现,即起到威慑与预防侵害公证法律秩序与他人利益的行为的作用。

(二)认定"未依法尽到审查、核实义务"的要点

在外部关系中,虽然作为补充责任人的公证机构对填补受害人的损失起到了重要的保障作用,但是这种"深口袋"的责任设置也不能被滥用,以免过度放大公证机构主观上的过失,忽视公证机构的正当抗辩事由。为了平衡填补受害人损失与公证机构责任过重的冲突,我们认为法官在认定公证机构是否依法尽到审查、核实义务时应该坚持以下三个方面的裁判要点。

1. 公证书错误不等于公证机构有过错

当公证书出现错误时,人们通常会习惯性地认为肯定是因为公证机构的过错导致的,认为公证书错误就等于公证机构有过错。这种笼统的认识对公平地认定公证机构的民事责任具有非常不利的影响,尤其是在公证当事人履责能力欠缺的情况下,为了保障受害人损失尽快得到填补,容易出现法官对公证机构是否尽到审查、核实义务的认定过于笼统,造成公证机构的责任负担过重。② 所以当出现公证书错误时,法官必须以公证书中的证词为基础,对认定公证机构是否尽到审查、核实的义务提出具体理由。具言之,如果公证机构有证据证明其在审查、核实、出证等环节根据法定程序履行了注意义务,那么即使最终不能发现当事人提供的证明

---

① 参见湖北省十堰市中级人民法院民事判决书(2014)鄂十堰中民四终字第00277号。在本案一审判决书中,法官仅认定了公证机构的补充赔偿责任,在二审判决书中法官直接表明法律并未对补充赔偿责任的比例划分进行了规定。还可见云南省昆明市中级人民法院民事判决书(2014)昆民三终字第814号。

② 参见辽宁省沈阳市中级人民法院民事判决书(2014)沈中民一终字第2214号。

材料是虚假的,也应认为公证机构已依法履行其审查义务而不能认为公证机构存在过失。绝不能仅以事后发现公证书中存在错误反推公证机构一定存在过错,否则将陷入客观结果归责的误区。①

2. 审查模式决定公证机构应履行义务的边界

根据《公证法》第28条的规定,可以看出我国公证机构采取的是形式审查与实质审查的二元审查模式②,不同的审查模式要求公证机构应当履行的审查、核实义务也不同。在形式审查模式下,公证机构对证明对象的审查仅要求其具备形式上的真实,对内容不负审查核实义务。比如,对国家机关出具的文书的审查一般只审查该文书是否符合格式、签章等形式要求,只要形式上足以证明该文书属于国家职能部门出具的即可,对内容的真实性应由出具单位负责。③ 因此公证机构基于该文书的形式判断,认为没有疑义或无必要进行核实,公证机构没有理由预见它不真实或不合法的,就不能认为公证机构没有尽到核实义务。在实质审查模式下,公证机构需要对证明对象的内容真实性与合法性进行审查,公证机构的审查核实、义务更重。此时公证机构需要对该证明对象内容是否真实、合法负责。根据《公证法》《公证程序规则》的规定,不同的公证事项所采取的审查模式并不相同,这就意味着公证机构的审查、核实义务的轻重因公证事项的不同而有差异。所以法官在认定公证机构是否尽到了审查、核实义务时,需要根据公证事项判断公证机构是仅需进行形式审查还是实质审查抑或是二者皆有,不能一概而论。

3. 公证机构的合理保证责任

公证机构虽然对证明对象的真实性具有保证责任,但是现实中由于公众对公证机构的公证行为所提供的保证程度的预期明显超过了公证机构能够给予的保证。这种过高的预期造成了公众对公证书的法律效力无限放大,只要公证文书无法达到其想要的法律效果就认为公证书是错误的,并要求公证机构承担赔偿责任,这无疑是将公证机构的保证责任绝对化了。然而事实上公证机构对证明对象的真实性仅负合理的保证责任。这种合理的保证责任的定位主要是基于两个方面的考量:其一,公证的成本效益考量。如果要求公证机构对证明对象的真实性承担绝对的保证责任,那么公证机构必须以非常高昂的审查成本来支撑这种绝对的保证责任。但是因我国公证机构的公共属性,国家对其收费进行了严格的限制,所以公证

---

① 中国公证协会理论研究委员会课题组:《过错是公证赔偿责任的核心要件——公证赔偿责任的构成要件研究(上)》,载《中国司法》2009年第1期,第71页。

② 袁琳:《公证审查范围研究——以与公证证明效力范围、公证法律责任范围的重合关系为视角》,载《河北大学学报(哲学社会科学版)》2013年第5期,第156页。

③ 詹爱萍:《真实、合法:公证证明标准之新思考》,载《河南财经政法大学学报》2014年第5期,第178页。

机构很难从公证申请人那里回收高昂的审查成本,结果就是公证机构将因成本倒挂、入不敷出而不堪重负。如果允许公证机构从公证申请人处回收审查成本,那么将会造成公证费用的提高而增加公证申请人的成本,这与公证制度通过预防机制来帮助市场主体降低交易成本的角色定位不符。[①] 因此基于成本效益的考量,应当认可公证机构对证明对象的真实性仅承担合理的保证责任,允许存在一定的公证风险。于是即使事后公证事项被认定为不真实,只要公证机构根据法律与办证规则履行审查职责,法官也不能认为公证机构存在过错。其二,客观上审查手段的限制。对客观真实的向往只能作为一种证明制度的追求目标,而且我国公证机构因限于审查手段、证据收集的能力、调查权等多方面的客观不足并不能满足对证明事项真实性作绝对保证的要求。因此,公证机构如果按照程序规则采取了相应的审查手段,并且基于现有的技术条件仍然不能识别出公证当事人提供的虚假证明材料时,应当认定公证机构尽到了审查、核实的义务。[②] 同时在现行规定中,可以说《公证法》第36条就是对公证机构的合理保证责任最直接的表达,即该条规定如果存在相反证据时,可以推翻公证书中所认定的事实。

(三)赋予公证机构追偿权的可行性解释

我们在内部关系的利益权衡中已经得出结论,认为公证当事人应该作为终局责任的承担者,因此作为补充责任人的公证机构在担责之后应当享有向公证当事人追偿的权利,否则将造成公证机构承担的责任与其主观可非难性的程度不相符。并且就现行规定而言,《民法典》也已经认可了补充责任人的追偿权,如《民法典》第1198条、1201条分别赋予了作为补充责任人的安保义务人与教育机构对直接责任人的追偿权。同时在司法实践中也不乏法官在判决书中明确公证机构担责之后有向公证当事人追偿的权利。[③] 据此,我们认为虽然《审理公证规定》第5条中未就公证机构承担补充赔偿责任之后是否享有追偿权作出明确规定,但是法官也可以基于类推解释与补充责任的法理在判决书中明确公证机构的追偿权,以实现内部关系中的利益平衡。

---

① 徐建辉:《如何评价我国公证民事责任制度》,载《中国公证》2008年第4期,第38页。
② 参见云南省昆明市五华区人民法院民事判决书(2018)云0102民初10834号。在本案中,法官认为按照当时的技术能力和客观现状,公证员对公证申请人与身份证原件上的影像是否为同一人的审查,只能以常人的标准通过眼力识别方式来辨别,不能苛求公证员以超越一般自然人的能力进行肉眼识别。所以,被告公证机构已尽到审查注意义务,并无过错。
③ 参见北京市第二中级人民法院民事判决书(2019)京02民终1605号、上海市第二中级人民法院民事判决书(2017)沪02民终4311号。法官在判决书中都明确了公证机构的追偿权,前者判决公证机构可以向直接责任人提起追偿权之诉,后者在判决书中明确了公证机构在担责之后即享有对公证当事人的追偿权。

结　　语

公证机构的执业行为,特别是作为其基础的证明活动,是国家对公众的民事活动适当干预的重要体现,是对公证当事人与公证事项利害关系人之间法律关系正向引导的重要手段。但是在实践中存在着不诚信的公证当事人利用公证文书的特殊法律效力来谋取不当利益,这与国家设立公证制度的初衷严重背离。为了防范这种破坏公证法律秩序稳定的情况发生,除了借助行政责任与刑事责任的手段外,运用民事责任来保障公证秩序的稳定通常被作为第一道防线。通过民事责任中的补偿与惩罚的双重机制将虚假公证行为造成的损害在各方进行合理分配,就规范层面而言,《审理公证规定》第5条中关于公证机构承担相应的补充责任的规定就是这一防线的具体表现。但是公证行为除了具备抽象民事行为的一般特征之外,其本身也存在着公证职业的特殊性,如果简单套用民事责任的抽象原理,那么将会对公证活动产生一种简化处理的结果。因此在进行责任配置的过程中,必须将公证制度的功能与角色定位予以考量,运用利益权衡的方法理顺各主体间交织的权利义务关系。这样才能发挥出补充责任制度所特有的行为指导、预防危害以及道德评价的作用,并为公证制度本身的健康发展提供保障。

专题十五　公证服务"三权分置"改革的多维检视

马宏俊　荆　洁[*]

引　言

"三农"问题历来都是关系着我国国计民生的根本性问题,要想解决"三农"问题,首先需要解决土地问题。而解决土地问题的基础在于农村土地是否能够依法、有序地流转,这也关系着农民权益的保护以及现代化生产的发展。自开展"三权分置"[①]改革以来,许多法律问题层出不穷。公证制度作为国家司法制度的一部分,是维护法律制度、巩固法治秩序的一种司法手段。在"三权分置"改革中,公证能够充分发挥其预防纠纷、减少诉讼的职能。因此,在修改《公证法》中有关公证业务的规定时,有必要探究在"三农"领域中的新型公证业务,使得公证能更好地服务于农村土地"三权分置"改革,帮助解决改革中所面临的法律问题。

一、"三权分置"改革的现存问题

(一)相关人员欠缺法律知识

1. 农民受教育程度低

据全国人口普查统计,目前中国农村农民的受教育水平仍以初中文化程度为主,2019年2月,农业农村部、国家发展改革委等七部门联合印发《国家质量兴农战略规划(2018—2022年)》指出,截至2022年,仅有35%的农民具有高中及以上

---

[*] 本文作者:马宏俊,中国政法大学法学院教授、公证法学研究中心主任;荆洁,中国政法大学法学院硕士研究生。

[①] "三权分置"思想是指在坚持农村土地集体所有的前提下,促使承包权和经营权分离,形成所有权、承包权、经营权三权分置,经营权流转的格局。

的受教育程度。教育水平低直接影响着农民对土地流转中相关权益和法律规定的认知。在多数土地流转关系中,农民对于土地管理法律知识、土地承包经营相关法律知识、合同法律知识知之甚少,导致其在土地流转中对自身权利义务认识不足。在出现明显的法律纠纷之前,多数农户难以意识到自己权利受到侵犯。加之,很多农户缺少契约精神,导致流转中的违约违法现象屡见不鲜。此类农村人口整体文化水平低与土地流转所要求的法律属性是不匹配的。

2. 基层干部欠缺法律知识和职业伦理

根据实务情况观察,不难发现,土地流转工作在农村推进得并不顺利。因为受到地域和文化水平等因素的制约,农民在土地流转上所得到的信息是不对称的,此时急需基层干部利用信息优势,为农民排忧解难。但实际上,在土地流转过程中,基层干部由于法律意识淡薄,往往为了一己私利作出违反法律规定的行为,例如强迫农户流转土地,或是为了从中谋取更高的利益而与不符合资质的企业取得联系,置农村土地与粮食安全于不顾等,使得土地流转工作的开展和落实缺乏规范性。①

综上,由于农户法律知识欠缺,契约精神不强,加之基层干部法律意识淡薄,工作不到位、不规范等原因,导致土地流转主体对于土地流转过程中值得关注的法律问题认识不足,在土地流转的过程中,法律纠纷频繁发生。

(二)配套法律规范不完善

目前,我国法律对于土地经营权的法律性质的规定尚不明确,在学界也存在较大争议。在《民法典》、《中华人民共和国农村土地承包法》(以下简称《农村土地承包法》)等法律法规中都对农村土地承包经营权的流转进行了明文规定,涉及承包草原、水域、滩涂进行养殖业生产活动的,则依照《中华人民共和国草原法》《中华人民共和国渔业法》等相关法律规定确权发证。尽管《民法典》的颁布将大部分土地承包经营权的规定进行了整合,但这类规定仍较为零散,并且制定的时间跨度也比较大。有的法律条文已经不再适用于现代化大生产的需求,无法满足当前土地承包经营权流转的需要;有些问题虽然在法律上进行了规定,并且给予了法律保障,但是在实践中,由于农民欠缺相应的法律知识和法律意识,并不会严格遵守法律规定。例如,现实中仍存在部分农民在土地流转的过程中,仅仅通过口头协议来达成流转土地的交易目的,而非采用具有法律效力的书面合同等形式进行交易,并且也不报集体组织备案。该种情况容易导致流转双方不按法律规定的要求进行土地流转,也容易出现流转双方不履行口头协议所约定的义务的情况。由于双方采用的

---

① 公茂刚、王学真、李彩月:《"三权分置"改革背景下我国农村土地流转现状及其影响因素研究》,载《宁夏社会科学》2019年第1期,第98页。

是口头协议,受其法律约束力较差这一缺陷的影响,难以获取法律保障,为土地流转带来了极大的法律风险,减少了农民流转土地的想法,也降低了农民流转土地的效率。① 另有调研报告显示,由于大部分农村地区没有设置专门的农村土地流转服务中心或者配备专业人员,在农村土地流转过程中,许多流转程序和流转合同不符合法律规定,为农村土地的流转带来了潜在风险。② 此外,另有调研显示,近九成的农户认为宅基地流转、退出具有风险,因而缺少流转的主动性。③ 这些都为土地流转带来了法律风险,也使得中央的政策红利大打折扣。

(三)流转对象有限且效率低

农村土地流转过程中,不免会产生交易成本。有研究结果表明,农户无法承担较高的交易成本,所以农村集体内部农民间的流动仍是最主要的流转形式。④ 这就导致农村土地在流转时,流转对象的范围受到了很大的限制。另外,部分农民因担心土地流转随之而来的法律风险也降低了流转积极性,再加上土地价值的日渐显露,农民多选择短期流转,这就导致土地流转的效率大大降低,从而流转效益也会随之减少。

二、公证服务"三权分置"改革的必要性

农村土地承包经营权流转中若干法律风险和问题的出现,需要我们必须坚持法治,加强对农村土地流转的监督和管理。公证机构作为依法设立的证明机构,可以在农村土地承包经营权流转中充分发挥其职能,为流转双方提供公证法律服务,从专业的角度为流转双方签订的土地流转合同进行完善,从而能够有效地避免因土地流转相关的事项发生纠纷,进一步稳定维护农村土地流转的发展秩序。

(一)公证发挥证明作用,为改革提供保障

在农村土地流转过程中,公证机构在受理经营户的公证申请后,首先要对农村土地流转事项的真实性、合法性予以审查,对于不合理、不合规、不合法的部分,会排除在外,从而保障经公证的土地流转事项是有效合法的。对于部分通过违法违

---

① 胡荣举、李洋:《探析公证视角下的土地承包经营权流转》,载《中国公证》2015年第8期,第50页。
② 施小燕、蔡志坚:《"三权分置"背景下农村土地流转问题探析——来自安徽省合肥市的实证》,载《中国林业经济》2019年第5期,第34页。
③ 滕淦、张全景、翟腾腾等:《"三权分置"下宅基地流转风险认知与影响因素——基于农户认知视角的实证分析》,载《资源开发与市场》2021年第8期,第974页。
④ 公茂刚、王学真、李彩月:《"三权分置"改革背景下我国农村土地流转现状及其影响因素研究》,载《宁夏社会科学》2019年第1期,第93页。

规行为在农村土地流转中取得经营权的社会资本,《农村土地经营权流转管理办法》明文规定了相关部门在这种情况发生时可以申请公证,对相关证据进行保全,可以为后续的诉讼提供法律依据,也能对违法违规行为进行监管。① 之后,相关部门会对农村土地流转双方所订立的流转合同内容的全面性以及该合同是否具备实施可能性提出专业的法律建议,并依法对该份合同出具公证证明。《公证法》第36条以及最高人民法院《关于民事诉讼证据的若干规定》都对公证的证据效力进行了规定,即经公证的事项,人民法院可以用作认定事实的证据,而无须当事人再另行举证。另外,在最高人民法院《关于民事诉讼证据的若干规定》中还规定了公证证明的优先效力,即经公证的事项,其证据效力优先于其他的书证、视听资料和证人证言。由此可见,公证为人民法院确认案件事实提供了有效证据,相较于其他的书证、视听资料和证人证言具有优先的证据效力,能够为农村土地流转提供法律保障。

(二)公证发挥服务作用,为改革完善措施

按照《公证法》的相关规定可知,目前中国的公证机构所能提供的法律服务包括证明、提存、保管与公证事项有关的财产物品和文书,代写与公证事项有关的法律事务文书和提供公证法律咨询等。在农村土地流转关系中,公证机构可以充分地站在中立的法律的角度上,公平、公正地帮助经营者起草、审查、调整和签订农村土地流转合同,使得双方当事人能平等地确定各自的权利义务,促进土地流转的进一步发展。

(三)公证发挥沟通作用,为改革解决纠纷

公证是有效的预防性法律制度,公证机构为民事主体提供公证服务时,能够为服务对象传达信息,提供法律咨询,调解双方的矛盾,在促进交易达成的同时,也能更好地预防纠纷的发生。另外,公证书效力法定,不易被其他因素所影响,是非常可靠的法律文书,为民事主体的交易提供了法律保障,有利于建立彼此的信任关系。公证的沟通作用还能体现在信息的收集方面,公证人员在与当事人进行沟通交流时,可以向当事人收集到与公证事项有关的信息。如果公证人员有良好的沟通技巧,能够取得当事人的信任的话,所收集的信息也能更为可靠,从而有利于公证人员审核相关的公证材料。② 因此,在农村土地流转时,公证可以充分发挥其沟通作用,从法律的角度为流转双方提供沟通平台,以达到双方合意的流转条件,促使流转合同的成功订立。

---

① 曲慧玉:《农村土地流转中的公证创新服务》,载《中国公证》2022年第1期,第32页。
② 张伟、陈鹏:《沟通职能在公证执业中的应用》,载《中国公证》2017年第8期,第68页。

(四)公证发挥监督作用,为改革保驾护航

公证制度作为国家司法制度的一部分,其在进行证明活动的同时,也对相关的民事活动起了监督的作用。第一,按照《公证法》的规定要求,公证机构在办理公证业务时,应对需要核实或者有疑义的公证事项和当事人提供的材料进行核实,在这个过程中,能够监督相关事项和材料是否符合法律规定,以及是否属于当事人真实的意思表示。第二,当事人在履行经有效公证的合同时,公证机构也能监督其是否依法履行了合同所约定的义务,如若当事人针对合同履行产生了纠纷,公证机构也可以对当事人进行调解,解决纠纷,监督当事人按约定履行合同义务。同时,公证机构所出具的有效公证书具有证据效力,尽管当事人因合同纠纷进入了诉讼程序,有效公证书也能维护当事人的合法权益,促使违约方按约定履行合同义务。第三,公证机构还能提供现场监督公证服务,充分发挥公证在民事活动中的规范作用,确保民事活动的公开、公平、公正。

在土地流转关系中,公证机构可以充分发挥其监督职能。公证机构在对流转合同进行审核时,可以确保流转合同的内容符合法律规定以及流转双方真实的意思表示。同时,公证机构还可以监督流转双方按照流转合同的约定,履行各自的义务,或是对流转活动进行现场监督,推动土地流转的顺利进行。

三、公证服务"三权分置"改革的形式

(一)流转合同的起草或审查服务

农村土地流转中的法律属性要求流转主体具备相应的法律知识和法律技能,能够起草符合法律规定和交易方需求的流转合同,同时合同的签订过程也要符合法律规定。然而,现实中的农民欠缺法律知识,难以起草合法恰当的土地流转合同。此时,公证机构作为法律服务机构,其公证员具备专业的法律知识技能,能够在农村土地流转过程中,为当事人提供专业的流转合同起草和审查服务。在土地流转双方意思表示达成合意后,将双方的权利义务等具体内容写入合同,并确定流转土地的位置、面积、用途、流转价款及缴纳方式、违约责任等内容。此外,公证机构还需要确认好构成违约的情况,包括承包方有权收回流转土地的违约情形。土地流转合同应由双方签字或盖章,这也是土地流转双方依法履约的基础和前提条件。

如若合同各方已经达成了一份内容完整的流转合同,也可以交由公证机构从法律专业角度进行审查,并出具公证书。公证机构通过审查合同主体资格以及流

转双方的真实意思表示,能够帮助流转双方完善合同内容,明确双方权利义务,让合同条款合法、合理,保障土地流转的有效性。同时公证机构也能在流转之前将双方的矛盾纠纷化解,从而提高农村土地流转的效率。

(二)流转程序的合法监督服务

《农村土地承包法》对农村土地流转的承包方资质以及流转程序都进行了明文规定。农村土地流转中的家庭承包方一般是本集体经济组织的农民,但是当承包方为本集体经济组织以外的单位和个人时,则应当事先经本集体经济组织成员的村民会议三分之二以上成员或是三分之二以上村民代表表决同意,取得同意之后还应当报请乡(镇)人民政府批准。在承包期间内,如果土地承包人因某些原因无法继续承包土地的,可以提前半年告知发包方,此时土地承包人既可以自愿将土地返还回发包方,也可以进行土地经营权流转。另外,法律并未强制性规定土地经营权流转的形式,而是由承包方自主决定,但决定好流转形式后要向发包方备案。公证机构在这个过程中,可以采取现场监督公证服务方式监督流转程度。此外,按照《农村土地承包法》的规定要求,选举产生承包工作小组、商讨通过土地承包实施方案,均需举行村民(代表)会议。公证机构将会对村民(代表)会议进行现场监督公证,对相关事项进行审查,公证员全程参与会议并形成会议决议或记录,另外还要监督村民(代表)签字,以保证会议表决的程序不会出现违法的情况,保证最终的结果合法且有效。同时,公证机构通过对流转程序的严格审查,可以避免农村土地流转暗箱操作、非法发包、低价流转等情况发生,可以有效防止因程序违反法律规定所造成的农村土地流转无效情形。[①]

(三)流转纠纷的非诉解决服务

1. 提存服务

公证机构可以为土地流转提供提存服务。随着现代化生产的发展,对土地流转的需求越来越多,流转价格也随之攀升。而针对土地流转市场价格变化带来的利益差价,部分发包方则会通过拒收承包方的承包费来达到合同解除的目的,继而再将土地以更高的价格转让。对此,承包方不仅要承担土地开发成本的亏损,还要面临着土地承包无法延续的风险。面对这类情形,公证机构也可为承包方提供提存业务,在双方合同约定的期限内将承包费提存至公证机构,可以视为已经履行了交款义务,以避免"被"违约的情况发生,从而保障自身的合法权益。

---

① 曲向东、董学武:《公证是农村土地流转行稳致远的法宝》,载《中国公证》2022年第1期,第15页。

2. 证据保全

公证机构具有证据保全的职能，能最大程度地发挥作用，为诉讼程序的顺利进行提供有效的证据或是促使双方纠纷在进入诉讼程序之前得以调解解决。当流转双方针对土地的面积、边界、现状、附着物等方面出现纠纷时，应尽可能地寻求公证服务的帮助，针对日后难以取得的有关证据和土地情况的现状进行公证证明。如果双方对已经公证的事项有争议的，公证机构可以采取中立立场证明相关事项，并帮助双方依法通过协商解决争议。即使协商失败，公证书也可以作为重要的证据，帮助人民法院更有效地作出判决。

四、公证服务"三权分置"改革的建议

（一）加强公证普法宣传

公证机构可以利用自身的法律专业知识优势，针对农村土地流转中存在的问题提供法律意见，为农民和基层干部普及相应的法律规定和政策红利。此外，通过做好普法宣传工作，农民可以更加熟悉公证制度以及公证的作用，更加相信公证的公信力，从而主动申请公证服务来维护自己的合法权益。

（二）拓宽公证服务领域

法国的公证法赋予了公证人多种法律角色。在农村土地转流中，公证员应农民的要求，为他们寻找资产或者投资他们的资产；为出售方找到买主；为承租人找到已决定出租经营权的出租人；为农民的农村资产进行出售磋商；参与新设公司的定案或者筹划；为农户起草税务申报并作为缴纳财产转移税的中间人；等等。另外，法国法律规定公证人应当为当事人提供法律咨询，并受理文书，在草拟文书时，也应向农民提供法律咨询。[①]

我国的公证行业针对农村土地流转中所包含的农村土地承包或转包合同等作出公证，这一类合同包含的主体、法律关系相对简单。但是由于中国现代化生产的快速发展，各种市场主体、当事人权利义务、有关法律规定等都更为繁杂多变，各类有关土地经营权的民事活动都迫切需要公证的介入和服务。因此公证行业在服务农村土地流转上要突破原有的服务模式，创造出新的公证服务方式，积极参与农村土地承包权流转全过程，并根据新情况、新发展、新问题发挥其自身作用，特别是应

---

① 李全一、闫峰、骆敏等：《法国农业土地经营流转制度及公证的特点》，载《中国公证》2018年第8期，第51页。

该从其法律专业角度出发,对不规范的流转行为和流转合同进行审查、完善。公证机构应进一步提升公证涉农服务能力和水平,帮助群众树立公证证据意识,防范土地流转中的法律风险。

(三) 发挥公证纠纷解决职能

由于部分农村土地流转的当事人缺少相关的法律知识,不了解自身的法律权益,从而使得流转双方之间难免会产生争议和纠纷。如果公证机构能够充分发挥其沟通作用和公信力优势,作为中立第三方对争议双方进行调解,那么很多问题都将迎刃而解。如果所有农村土地流转的纠纷都通过诉讼途径解决,一方面会增加人民法院的审判压力,另一方面也会因为诉讼耗时长而对农业生产活动和土地流转效率带来不利影响。公证机构在处理农村土地流转纠纷上具备明显的优势,例如,具备强有力的社会公信力,服务方式灵活多样、方便快捷,再加上公证具有较强的证据效力以及强制执行效力。因此,建议公证机构积极参与农村土地流转的过程,充分发挥自身非诉纠纷解决职能的优势,从而减少纠纷解决的时间成本,加快土地流转效率。

结　语

公证制度作为国家一项重要的司法制度,有着预防纠纷,减少诉讼的职能,是完善"三权分置"改革不可或缺的重要法律手段。公证在当前中国农村土地承包经营权的稳定有序流转中担当着重要的角色。在修改《公证法》时,立法机构应当充分考虑增加新型涉农公证业务,使得公证机构能够为农村土地流转提供全面专业、优质、高效的法律服务。此外,公证行业也应当要抓住机遇,勇于开拓创新,让惠农政策得以落实,促进社会更加和谐稳定。

专题十六 网络暴力侵权证据公证保全的困境与出路

王瑞琳　张庆霖*

互联网的开放性、交互性特点很容易使隐匿在网络世界后的用户将自身肆无忌惮的言行演化为"网络暴力"。这种影响恶劣的暴力形式往往突破道德底线，甚至伴随严重的侵权和违法犯罪行为，侵犯他人隐私权等合法权益，给他人造成极大的精神伤害。对于网络暴力侵权行为，受害者面临的最大困难就是网络证据取证。网络暴力事件以其传播范围广、速度快，侵权主体的匿名性等特点使得受害者取证时面临诸多难题。

互联网时代下，公证制度所具有的公正价值与效益价值，在网络暴力证据保全中具有强大潜力。突破网络暴力受害者取证难、维权难的困境，激发公证制度在网络暴力取证方面的价值，建立合理有效的网络暴力维权路径，是当下公证保全制度所迫切需要解决的问题。

一、网络暴力侵权证据的种类与特征

作为一种明显的侵权行为，网络暴力的主要表现形式为网络语言攻击、人肉搜索、制造与传播网络谣言及其他突破道德底线的网络侵权行为。这些行为可能涉及侵害人格权与公民个人信息、寻衅滋事与诽谤等诸多问题。网络暴力"寄生于"网络，其侵权证据大多以"网络证据"的形式存在。网络证据实际上为互联网上生成、固定、存储、处理、传输与展示的电子数据。

根据最高人民法院《关于民事诉讼证据的若干规定》，电子数据包括下列信息

---

* 本文作者：王瑞琳，湘潭大学法学院硕士研究生；张庆霖，法学博士，湘潭大学法学院讲师、硕士生导师。本文系最高人民检察院检察理论研究课题"智慧检务助推社会治理现代化研究"（GJ2020D14）的阶段性成果。

和电子文件:网页、博客、微博客等网络平台发布的信息;手机短信、电子邮件、即时通信、通讯群组等网络应用服务的通信信息;用户注册信息、身份认证信息、电子交易记录、通信记录、登录日志等信息;文档、图片、音频、视频、数字证书、计算机程序等电子文件;其他以数字化形式存储、处理、传输的能够证明案件事实的信息。①综上可知,网页、微博、即时通信等经过互联网传输的电子数据均可作为网络证据成为"呈堂证供"。下文将据此分析三种不同网络暴力侵权形式所涉及的网络证据类型。

(一) 网络语言攻击的证据种类

网络语言攻击型的网络暴力,是指通过简单粗暴的非理性语言实现对他人的人身攻击,达到对他人进行暴力发泄的效果。② 主要体现为在网络上散布以攻击性、侮辱性言论为主要内容的诋毁他人名誉的信息;将捏造的损害他人名誉的事实,在信息网络上散布,或组织、指使他人在信息网络上散布等。2022年年初发生的"寻亲男孩刘学州自杀案"③就是网络语言攻击导致的悲剧,也是其严重危害性的体现。

网络语言攻击针对的主要是特定的个人,侵犯的是他人的人格权和名誉权。此类侵权行为,主要是以网页、博客等网络平台,或电子邮件、通讯群组等网络应用服务为传播渠道,所涉证据种类有:包含诋毁侮辱等人身攻击内容的互联网平台网页证据;包含语言攻击内容的电子邮件、即时通信、通讯群组等网络应用服务通信证据;上传在互联网上的包含语言攻击内容的文档、图片、音频、视频类电子文件证据等。

(二) 人肉搜索的证据种类

人肉搜索主要是指通过集中网民的力量去搜索某个人的信息和资源,进行一定的加工和整理,将这些信息和资源通过互联网予以公开散布,并辅之以主观评价,该种行为对他人的隐私权而言无疑是一种严重的侵害,过度的人肉搜索甚至会造成受害者死亡的严重后果。公民姓名、身份证号、电话、家庭住址、工作单位等个人敏感信息的泄露,造成了一些"人肉搜索"事件,严重侵害了公民的隐私安全。

人肉搜索等相关行为是侵犯特定个人隐私权的行为。此类网络暴力侵权形式涉及的证据类型有:互联网平台上散布、公开他人隐私信息的网页证据;即时通信、

---

① 参见最高人民法院《关于民事诉讼证据的若干规定》(法释〔2019〕19号)第14条。
② 王金哲:《网络语言暴力的界定及规范化研究》,载《湖南警察学院学报》2021年第6期,第55页。
③ 李晓洁:《刘学州:"想要一个家"的少年》,载微信公众号"三联生活周刊"2022年3月23日,https://mp.weixin.qq.com/s/P4AYPGYa4ZESJVzbREwssA,2022年9月30日最后访问。

通讯群组等通信证据；涉及个人隐私的用户注册信息、身份认证信息证据；上传至互联网上的含有个人隐私信息的文档、图片、音频、视频等电子文件类证据等。

（三）制造散布网络谣言的证据种类

网络谣言是以互联网作为传播媒介所制造、散布的没有事实根据或没有可靠信息源头的消息或传闻，是随网络普及产生的新事物。与网络语言攻击、过度的人肉搜索不同，网络谣言已经不局限于对特定个体的侵害，其破坏范围逐渐扩展至人民群众生产生活甚至国家安全领域，具有传播范围广、传播速度快、社会危害性大等特点。该类侵权行为所涉及的证据类型有：互联网平台上散布谣言的网页证据；制造、散布谣言的手机短信、电子邮件、即时通信、通讯群组等网络应用服务通信证据；在互联网上用以传播谣言的文档、图片、音频、视频、计算机程序类电子文件证据等。

综上可知，网络暴力侵权证据多表现为网页证据，经由互联网传输的通信信息证据，上传至互联网的文档、图片、音视频等电子文件证据，它们有以下共同点：

第一，存在形式多样。互联网上传输的数据可表现为文档、图片、音频、视频等多种形式，这些不同的数据类型都可以成为网络证据。同时，由于网络信息传播速度快的特点，网络暴力侵权证据往往分布于多个互联网平台，以各类形式出现。第二，具有客观真实性。网络证据的形成、传输与应用的过程都是于电子设备正常工作下进行的，尽管学界多数观点认为网络证据因其存在形式而具有易篡改性的特点，但"即使是针对这类易于被篡改的电子数据也大都有相应的数据恢复技术和电子痕迹捕捉、鉴定技术来追踪其原貌"，网络证据还可以通过其他存储介质进行备份，因其自身的无形性可长期存在，故更能反映事件的客观真实情况。[①] 第三，对取证技术要求较高。网络证据的取证需要运用相对应的技术手段和程序且为保持网络证据的原始性往往需要专业技术人员的操作与监督，并非权利人自行简单操作就可获取。且权利人单方获取的证据在法庭上也会因引起合理怀疑而丧失证明力。第四，真实性标准严格。根据《关于民事诉讼证据的若干规定》第 93 条的内容，对于电子数据的真实性，要结合电子数据所依赖的计算机系统的软硬件环境是否完整、是否正常运行、是否具备有效的防止出错的检测核查手段；电子数据是否被完整地保存、传输、提取及对应方法是否可靠；保存、传输和提取的主体是否适当等因素综合判断。由此可知，法律对网络证据规定的真实性审核标准相较于一般证据更严格。

---

① 何文燕、张庆霖：《电子数据类型化及其真实性判断》，载《湘潭大学学报》（哲学社会科学版）2013 年第 2 期，第 31 页。

二、网络暴力侵权证据公证保全的特殊性

依前文分析,网络暴力侵权案件所涉及的证据多为网页证据、经由互联网传输的通信信息证据、上传至互联网的文档、图片、音视频等电子文件证据等类型。这些证据类型均归属于《关于民事诉讼证据的若干规定》第14条所列举的电子数据,且通过互联网传输而发挥作用,因而可以归类于电子数据下的网络证据,适用网络证据公证保全的相关规定。网络证据与一般证据存在不同,因而与一般证据的公证保全也存在诸多区别。

(一) 公证保全时效性要求不同

网络证据公证保全是公证行业的一项新业务,是指公证机构根据自然人、法人或者其他组织的申请,依法对与申请人权益有关的,以及有可能灭失或者以后难以取得的涉网证据、行为过程加以提取、收存、固定、描述、监督的活动。[①] 网络暴力侵权证据,想要作为认定案件事实的依据就同样应当具备证据的客观真实性、合法性及关联性。网络暴力证据依附于互联网载体,瞬息万变且易被修改和删除,内容发布者一旦删除了原文或者对内容进行了修改,先前截图的证据效力就会存疑。故其公证保全相较于一般证据的公证保全,有着更高的时效性要求。

(二) 公证保全操作方式不同

一般证据大多能为人所直观感受到,但网络证据不同,其作为电子证据通常无法被人直观感受。在实质上,网络证据是经过各种编码规则加工而成的一系列二进制信息,故网络证据之存在需借助某种媒介。因此,网络证据公证保全中有关证据的固定保全需采用不同于一般证据的专门方法,比如网上下载、存储打印,使用软件进行录屏录像等同步操作,截屏或者通过其他计算机网络技术进行抽取并储存等。

(三) 公证保全对象稳定性及被修改的隐蔽性不同

处于互联网环境中的网络证据相较于一般证据更容易受到外界的影响,例如网络暴力案件中,一些侵权行为主体往往在实施侵权行为并造成一定影响后,为规避法律责任而迅速删除有关证据,导致取证证据的缺失,丧失完整性。如果存在人为因素及技术障碍的干扰,网络证据就极有可能遭到篡改、损毁、伪造及销毁,并且

[①] 仇倍珍:《论网络证据保全公证的风险与防范》,上海交通大学硕士学位论文(2012年),第1页。

不存在可以比较的副本、影像文件等,存在很大不稳定性。

此外,尽管普通证据与网络证据均可以在后期被人为修正,但对一般证据进行修改易显露蛛丝马迹,普通公众非常容易感知,所以一般证据的修改并不会给侦查取证带来太大困难。但网络证据的取证涉及专业的计算机信息技术,在专业人士经过修改后,要找出修改痕迹也需要专业技术人员来评判,常人往往难辨真假。[1]

三、网络暴力侵权证据公证保全面临的困境

(一)网络暴力侵权证据公证保全难以满足时效性要求

根据《民事诉讼法》第 67 条的规定,受害者主张对方的网络暴力行为侵害了自己的权益,需要提供对方侵害自身权益的有力证据来自证,但网络暴力证据的取证与保全并非只是简单的截图留存。在网络空间中,取得并保存有效的被侵权证据并不容易,甚至需要法院的调令来固定证据,这些过程所消耗的时间可能会导致侵权损害的加深。同时,由于网络服务者对网络用户隐私的保护,使得网络诽谤发帖人、网络暴力的参与者具有一定的隐匿性。受害人往往因为缺失技术手段,无法获取平台许可,从而难以查明施暴者与参与者的身份、发布信息的 IP 地址、上网终端归属、网上活动记录等可追溯至本人的信息。所以多数情况下,即使受害人的人格及名誉已经且持续受到侵害,其很难拥有能力保留足够证据以寻求司法救济。

公证人员的工作能力对网络证据收集与获取的时效性也有影响。因公证人员大多对网络技术知识并不熟知,在对网络证据进行公证保全时可能会缺乏规范性,从而难以满足网络证据公证保全对时效性的高要求。若是所采集的网络证据缺失时效性,或者在有效时间内所采集的数据信息不够完整,将导致网络证据流失,对所保全证据的效力产生影响,最终在法庭上不易被采信,提高了网络证据保全以及诉讼的成本,给网络暴力受害者维权之路平添阻碍。

(二)网络暴力侵权证据公证保全的主体资质不足

第一,对于公证机构来说,网络证据是要从技术上查找、固定待证事实所遗留下来的事实信息,而网络证据的保全是从法律程序及技术方法层面判断证据的客观真实性,从而可以用于待证事实的论证。[2] 公证机构接受当事人网络证据公证申请常常囿于技术设备缺乏、计算机网络技术人员协助不到位等因素,面对网络证

---

[1] 戴璐璐:《网络证据保全公证中的隐私权保护探究》,苏州大学硕士学位论文(2018 年),第 7 页。
[2] 熊志海:《网络证据收集与保全法律制度研究》,法律出版社 2013 年版,第 25 页。

据采集,很难将需要高技术设备采集的证据及时高效地保存、传输与提取,以至于在确保所获取证据具有客观性和可靠性方面存在较大困难,进而无法满足《关于民事诉讼证据的若干规定》第93条对于电子数据真实性的要求。

第二,对于公证人员,网络证据的取证保全涵盖了法学、计算机科学等多个学科领域的专业知识,因其对互联网技术方面的知识空白,在对网络证据进行保全时,往往不会对申请保全的证据内容事项进行全面实质性审查,甚至还会侵犯到第三人的合法权益。由此不但没有规避纠纷,反而加重了申请人的负担。此外,公证人员在审查完网络证据后,保全的也不一定为真实的网络证据,而是经过篡改的网络证据版本,进而得到与原始网络证据相反的保全后果,使得网络证据公证保全具有实质上的瑕疵,影响到公证保全的公信力。[1]

第三,对于第三方数据存证平台。虽然第三方平台电子数据存证是当前证据领域勃兴的存证方式,在民事诉讼中具有巨大应用前景。但是,当前司法实践中,法官对其证据效力的认定仍然面临一些问题。第三方平台电子数据存证效力在诉讼中被质疑的原因,不只仅局限在审判阶段的各因素,还追溯到第三方平台本身的资质管理问题和存证技术的检验问题。以上两个问题则需归咎于第三方平台电子数据存证监督主体不明确,导致第三方平台电子数据存证的监督职责无法落实。[2]存证平台资质不健全、存证技术检验机构不完善、存证行业监管主体不明确等第三方机构问题,加上我国尚未明确规定在庭审中如何认定电子数据的效力,共同导致当前的网络证据公证平台难以使得当事人存证的网络证据在法庭上得到有效认可,无疑给网络暴力受害者的维权之路增加了阻碍。

(三)网络暴力侵权证据公证保全缺乏程序规范

传统公证在处理网络证据保全问题时,无论是对电子数据载体,还是电子数据信息自身,或者是对网络证据其他操作均需要进行记载和解释,以防其中的数据遭到破坏或篡改。但伴随互联网技术的发展,传统的公证保全已经逐渐脱轨于数字时代,传统的公证保全所依托的人工操作工作流程在变化莫测的网络数据证据面前显得黯然失色。

我国目前尚未明确规定关于网络证据公证保全的相关程序,实践中主要参考司法部《公证程序规则》及中国公证协会于2012年发布的《办理保全互联网电子证据公证的指导意见》。两个文件由于公布时间较早,且随着互联网的迅速发展,其

---

[1] 薛晔、薛正俭:《网络证据保全公证的法律问题分析》,载《宁夏师范学院学报》2021年第2期,第102页。
[2] 黄龄娇:《我国第三方平台电子数据存证的司法应用问题研究》,华南理工大学硕士学位论文(2021年),第20页。

中关于互联网电子证据公证保全的操作规范,既复杂难以操作,又不契合当下的互联网发展状况,已经滞后于当前社会对于网络证据公证保全的要求。因此,互联网证据公证保全的办理程序处于亟须完善的状态。

以2022年发生在杭州的"粉色头发女孩被网暴案"为例,当事女生在收到研究生录取通知书后,为与病床上的爷爷分享并记录这一时刻而拍照留念上传至社交平台,却因染了粉色头发遭受网络暴力。① 该女生整理出上千条涉嫌网暴及侵权行为的评论截图,于杭州市西湖公证处办理了公证手续。但是,在公证处进行取证完毕之后所新产生的侵权评论就会被遗漏。如果要将这些新的侵权评论作为证据,则需要重新进行公证,额外支出费用。这方面统一程序规范的缺失也拉长了该女生整个维权的时间跨度,包括取证、受理、开庭,这将是一场3个月至1年的持久战,极大地加重了该当事人的维权时间、精力成本和金钱负担。

任一公共领域的程序缺失,都会带来一定范围的混乱失序。网络证据公证保全缺失统一的程序很容易加重受害者的维权成本或造成网络证据因缺乏完整性与合法性而不被法院采用,更使得大部分网络暴力受害者最终只能无奈通过完全清空线上个人账户等个人信息来保护自己。如此情形下意味着受害者放弃了此种与他人积极互动的渠道,甚至丧失后期据以维权的证据。长此以往将会造成公证机构的公信力降低,无法满足公众对于互联网公证服务的需求,阻碍公证行业的发展。

(四)网络暴力侵权证据公证保全的收费较高

目前我国的网络发言大多为匿名,网暴往往以多对一的形式出现。基于网络的匿名性和隐蔽性,隐身在网络后面的网络暴力侵权方很难被确定,将他们的恶评和真实身份一一对应也不现实。因而在面对网暴时,受害者仅凭自身的力量难以完整收集和固定证据。此外,受害者的举证成本较高,需要花费大量时间、金钱用于收集证据,而最终在案件判决时却难以获得足额赔偿。

如上文所提"粉色头发女孩被网暴案"中,该女生将网络暴力的侵权证据公证取证后,对于网络上新产生的侵权评论会被遗漏在外。如果要作为证据,需要重新公证,额外支出费用,但若不将其作为证据公证,侵权主体就会更加肆无忌惮。此前她所整理出的上千条涉嫌网暴以及侵权行为的评论截图,在杭州市西湖公证处进行公证时已支付了4000元的费用,金钱成本耗费可见一斑。

网络暴力的违法成本较低,而维权成本过高,通过诉讼途径维护权利的程序也

---

① 傅一波:《一个粉色头发的女孩正在遭遇网络暴力》,载微信公众号"凤凰网"2022年8月28日,https://mp.weixin.qq.com/s/8Pry1VutJjOoJYzTyvSplA,2022年9月30日最后访问。

较为烦琐，这导致受害者往往选择忍气吞声，独自忍受网络暴力所带来的伤害。此种维权困境下，作为体现国家公信力的公证机构有必要承担起责任，通过完善网络暴力证据的公证保全程序，为网络暴力受害者开启维权新路径。

四、网络暴力侵权证据公证保全的完善建议

（一）建立统一的网络证据审查与公证的技术标准

为避免网络暴力侵权证据公证保全时因缺乏统一标准，导致网络证据丧失时效性而难以被法庭采信的情形，需要建立一套统一的网络证据公证保全审查标准、公证技术标准。应当以统一标准综合审查保存该网络证据的合法性与真实性；审查其所包含信息的合法性、真实性以及与案件的关联性；审查保全行为的原始性和完整性等内容。辅之以统一的公证技术规范明确网络证据公证数据的定义、特征和规范。

对于网络证据的审查标准的制定，一方面，对于不同的申请事项要明确制定不同的审核标准。在受理申请人的网络证据保全申请时，对于难以验证的类型应谨慎审查，而简易明确的则快速通过，以此平衡和满足网络证据公证保全的可靠性与网络暴力侵权取证的高时效性要求。另一方面，应当做到形式与实质齐要求。确保申请人的保全行为合乎标准，避免造成第三人合法权益受损。

此外还需要建立统一的公证技术标准，明确网络公证数据的存储规范、公证信息安全技术规范及公证信息共享的技术规范。涉及技术问题时，专业技术人员和公证人员应配合进行复核，以免网络证据保全出现操作技术错误和错误保全问题。通过严格审查标准，以技术手段驱动对网络证据的审查与保全程序，详细记录对申请人提交的证明材料的审查、核实过程，及对当事人的询问内容，最后依据相关法律、法规的规定出具公证书，避免公证书记载的信息存在瑕疵。

（二）规范网络证据公证保全程序和公证主体的资质要求

网络证据以多种形式存在，其易篡改性要求公证保全需具备较高的时效性。但对于网络暴力案件的受害者而言须经申请以及复杂的取证、固证环节才能完成证据的收集。以上环节无疑耗费时间颇长，很难帮助受害者及时有效地制止侵权行为以维护自身权益。因此，需要设立并完善一套平衡公证权威性与网络证据公证高效率的保全程序并明确公证主体的公证资质。

首先，相较于一般证据的保全，更应对网络证据进行合理的高效审查，不应放松对其审查的限度。以多层级的程序审查来扩充网络证据保存与固定的范围，从

而提升证据保全的可靠性,使网络证据公证制度发挥其所蕴含的效益价值,通过科学合理的程序运作来减少网络暴力受害者在维权过程中的困境。

其次,网络证据的保全公证对于多领域的学科知识都有一定要求,而网络证据基于其自身的特性相较于一般证据而言有着更高的保全标准。在设计网络证据公证程序时,应当综合考量各个学科角度,顺应网络取证的客观规律,制定一套确保公证机构科学、合理地搜集和审查网络证据并对其进行保全的程序规则。在遇到专业技术问题时,通过统一程序规定,推动相关技术人员与公证人员的配合,促进公证机构和网络技术辅助人在网络证据技术认定方面的衔接。如此不仅可以提升公证机构的工作效率,还可以通过合法程序及时公证保全申请人出示的网络证据。

此外,应当明确对公证主体的要求。在公证机构内部,应当展开一定程度的网络技术知识培训。相关公证人员不但要做到对公证相关法律和标准的熟知,更要掌握与理解网络信息技术等各方面的基础知识,以此来规范自身公证保全时的行为。同时应当加强对公证人员公证资格的考察,严格公证人员资格认证的要求,使公证人员在自身综合素质上不断提高,保证取证过程的规范性及所保全证据的原始性、完整性,确保经过公证保全的网络证据能够在法庭上被采信。

(三) 针对网络证据取证制定科学的收费标准

公证费用由每个省、区、市自行规定,以北京某公证处公示的收费标准来看,对于保全证据的公证每件收费为 1000 元起,具体数额要根据占用公证人员数目、时间,所涉及的环节、手段,标的物的复杂性,取证场所的便利、安全指数,保全证据的数量等因素收取。此外,对于摄影、录音和存储介质的使用都要额外计算费用。此种计费方式对于数量大、复杂程度高、取证困难且时间跨度大的网络暴力侵权证据而言,公证保全费用的负担不容小觑。网络暴力受害者也会因此而对公证维权望而却步。

为拓宽网络暴力受害者的公证维权之路,激发公证保全制度在网络暴力侵权事件中的潜力,各省、区、市的公证机构应当结合当地经济水平、考虑特殊群体的公证需求,针对网络证据的特性,于政府指导下制定科学合理的收费标准,避免对同一取证内容的重复收费。此外对弱势群体还应增加一定的费用补助和救济渠道。

(四) 建立全国统一的网络证据公证平台

按照我国法律,现行法定证据保全的主体仅含人民法院和公证机构。在法律规定上,网络公证平台实质上就是公证机构办理公证证明的新途径,是公证机构证明服务向网络空间的拓展。①

网络证据公证是传统公证与网络技术结合的产物,与当今的互联网时代相契合,脱离了地域的限制,能够利用互联网的快捷高效性,及时地对需要公证的主体的网络证据公证保全需求作出回应。网络证据公证依托互联网为交流媒介,而现实中的公证平台完全依附于地方的实体公证机构而存在,加上各地的网络公证平台构建步调不一致、平台应用的范围有限且标准不一。想要提高网络公证平台公证证明的权威性与可靠性,就必须建立起国家网络公证中心,以全国的网络证据为公证对象展开业务活动。

由全国统一的公证平台对网络证据进行完整性保护有着极大优势:首先,建立基于国家层面的统一公证平台,可以避免当事人使用第三方机构平台保全证据时所带来的风险纠纷,避免部分第三方机构为了逐利而制定不规范的存证标准,以及其对平台使用者个人信息的违法利用和泄露,保护当事人的个人隐私。其次,将公证后的网络证据加入全国统一的验证签章,可以使得网络证据具备强有力的证明效力,消除法院或其他当事人对所保全的网络证据的质疑,避免当事人因第三方机构的标准不达标而使得维权证据丧失证明力而进入维权困境。最后,建立全国统一的网络证据公证平台还可以从国家层面帮助网络暴力的受害方规避个人信息泄露的风险,以可靠有效的网络公证系统保护受害方的合法权益,提高网络公证平台公证证明的权威性与可靠性。同时,为向网络暴力受害者们提供有效的维权新路径。

结　　语

对于网络暴力案件受害者举证难的问题,作为具有国家公信力的公证机构有必要承担起相应的责任,通过完善网络暴力证据的公证保全途径,为网络暴力受害者开启维权新路径。

规制网络暴力事件,一方面要制度先行,必须进一步制定与完善针对网络暴力的相关司法解释和举证规定,为受害者收集证据提供明确指引,避免受害者盲目取证或无效取证。还需从法律或者司法解释的层面上予以明确,受害人的证据保全成本应由施暴者承担。另一方面,要充分利用统一平台的"网络证据取证""区块链存证"等技术,降低取证和存证的成本,为受害者维权保驾护航,通过搭建国家层面统一的网络证据公证平台、制定严格与效率兼顾的网络证据审查标准、设计出标准

---

① 邓小兵、李修燚:《公证制度在网络取证中的适用》,载《华南师范大学学报》(社会科学版)2017年第3期,第129页。

统一的网络证据公证保全程序来完善网络侵权维权的公证救济路径,在互联网模式下建立起一套根植于现代法治与公民社会权利的防护体系。以有效的权利保护渠道形成对侵犯他人权利的无良媒体和暴徒的震慑,有助于引导整个互联网环境健康有序发展,并进一步减少因网络暴力而产生的悲剧。

专题十七　公证机构在遗产管理人制度中的角色担当

李安宁*

引　言

《民法典》继承编新增的遗产管理人制度（Estate Administrator System，EAS）填补了《继承法》在遗产处理中的漏洞①，具有重要功能制度价值。《民法典》第1145条至第1149条构建了EAS基本框架的雏形，但EAS的具体内容仍需要进一步细化，其中最为重要的问题之一就是关于遗产管理人（以下简称"管理人"）的选任。依照《民法典》第1145条的规定：首先，管理人由被继承人通过遗嘱指定；其次，被继承人没有选定的，由继承人共同推选或继承人共同担任管理人；再次，在没有继承人或者继承人都放弃继承的，由居委会或村委会担任管理人；最后，学者们普遍认为法院也可以依申请或职权指定管理人。②《民法典》第1146条也认可在管理人有争议的情形下，利害关系人可以向法院申请指定。就第1145条规范内容而言，虽然明确了管理人产生的顺序，却忽略了最为关键的管理人主体的资格要素，即选任管理人是否还应考量其他的任职因素。如果仅仅按照《民法典》第1145条的内容，结合《民法典》总则编关于民事主体的规定，得出唯一解释即管理人只要具备行为能力就有资格成为管理人。

而在EAS适用场域中，管理人并非解决简单财产的分割，而是要面临数额较为巨大、种类多样且形式复杂的财产和债权债务的现实环境，因此在遗产管理中，

---

* 本文作者：李安宁，西南财经大学法学院博士研究生。本文系国家社科基金项目"'三孩时代'家庭法的福利化研究"（22BFX198）的阶段性成果。

① 杨立新：《我国继承制度的完善与规则适用》，载《中国法学》2020年第4期，第96页。

② 石婷：《遗产管理制度研究》，西南政法大学博士学位论文（2015年），第166页。

仅考虑行为能力的因素明显不妥。① 为解决《民法典》第1145条所显现的上述缺陷，实践中已经自发形成了"管理人库"制度，该制度可简要概括为：公证机构选任符合要求的律师事务所作为管理人库的成员，需要时再从遗产管理库中挑选合适的律师来担任管理人。在这种"律师＋公证"的间接模式下，律师是EAS的主体，而公证仅是管理人的认证机构。② 就此模式而言，其赋予公证机构的监督职权与公证机构的公证证明职责并不相容，而当管理人产生违约或侵权行为时，会产生公证机构和律所的责任划分不清的弊端③；并且此模式下无法充分发挥公证机构在遗嘱继承领域丰富的实践经验优势，进而很可能将导致无法发挥EAS的预设功能。

恰值《公证法》修改之际，正是基于上述问题的思考，本文认为公证机构应当直接担任管理人，直接参与遗产管理，不赞同目前"律师＋公证"的模式，建议在《公证法》中明确遗产管理属于公证业务之一。为了证明观点的合理性，本文将从《民法典》的EAS规范入手，分析公证机构进入管理人的路径（制度现实基础）和解剖公证机构直接作为管理人的模式优势（变更即存模式的必要性）。

一、角色与场域：遗产管理人制度的作用场景

按照社会学家布迪厄的定义，场域一词指的是"位置间客观关系的一网络或一个形构这些位置是经过客观限定的"④。而遗产管理人制度作用的场域，简言之就是遗产管理人制度的运作环境。虽然遗产管理人作为一种新的制度，司法实践中并不是无先例可循，在遗产管理人制度之前我国就存在遗嘱执行人制度，因此考察遗嘱执行人制度在我国的实践情况，就得以管中窥豹一览遗产管理人在我国未来运行的场域。

本文利用北大法宝数据库，在"法院认为"部分搜索"遗嘱执行人"，将法院层级限制在最高人民法院、高级人民法院，搜索得到48个案件，阅读后发现有四个案例属于重复案例，还有一部分案例中法院只是在引用《继承法》第16条时出现了遗嘱执行人，实际案情中并不存在遗嘱执行人，剔除上述案件，将剩余关于遗嘱执行人的案件汇总（见表1）。从案例中可以明确看到，我国继承案件纠纷很多，而在继承中设有遗嘱执行人的继承却仅仅有18.7%，这说明遗嘱执行人制度并没有在我国

---

① 吴国平：《民法典遗产管理人制度的规则适用与立法完善》，载《法治现代化研究》2022年第2期，第116页。
② 单志：《公证机构担任遗产管理人的问题研究》，载《中国公证》2022年第8期，第46页。
③ 单志：《公证机构担任遗产管理人的问题研究》，载《中国公证》2022年第8期，第47页。
④ 李全生：《布迪厄场域理论简析》，载《烟台大学学报（哲学社会科学版）》，2002年第2期，第146页。

的继承中得以普遍适用;设有遗嘱执行人制度的纠纷大都是复杂案件[①]或者涉及遗赠财产的处理[②]。尤其就复杂继承案件而言,不仅涉及股权的继承处理,还涉及数量复杂、种类多样的财产处理,因此遗嘱执行人所要解决的是一个复杂的遗产管理和分配活动,这时就需要遗嘱执行人自身具备一定的专业知识。

表 1 遗嘱执行人案件汇总

案号	遗产种类	主要职责
(2020)最高法民再 113 号	有限公司股份	4 位继承人都是执行人,股份信托负责人
(2021)京民申 5415 号	所有类型的财产	用遗产设立公益基金会
(2020)沪民申 2400 号	动产、不动产都有	唯一继承人为执行人
(2017)粤民申 449 号	有 7 位继承人,遗产分布在香港、大陆,香港的遗产价值为 1410 万元	2 位遗嘱执行人分配遗产
(2015)川民申字第 2465 号	房屋	向遗赠人分配遗产
(2016)苏民申 4203 号	房屋	遗嘱中房屋归 1 人所有,但有 4 个继承人,还有共同遗嘱变更的复杂问题
(2016)粤民终 1827 号	多套房屋、股权、债务、税费	由遗嘱执行人负责信托事务
(2018)渝民申 2296 号	分割房屋(购房款来源复杂,既有夫妻共同财产,也有住房公积金,还有借款),存款、抚恤金	分割房屋财产,存款、抚恤金
(2018)内民申 1662 号	有限公司的股权价值 100 万元	股权赠与第三人,赵某是执业律师执行人负责

比较法上,不管是遗产管理人还是遗嘱执行人,其作用场域的复杂性、专业性早已成为遗产管理人制度的特色。从 1980 年开始,美国的遗产管理人开始面临越来越复杂的工作,主要原因在于遗产复杂多样,尤其是股票、债券、投资产品的出现,要求遗产管理人具备更加专业的金融、法律知识。[③] 这些现实情况的转变使得各州的遗产管理制度需要变革,对遗产管理人行为给出更多的明确指引。[④] 在少

[①] 典型如最高人民法院民事判决书(2020)最高法民再 113 号、北京市高级人民法院民事判决书(2021)京民申 5415 号、广东省高级人民法院民事判决书(2017)粤民申 449 号。

[②] 如被继承人将自己唯一的一套房屋通过遗嘱赠与其侄女,并没有留给 4 位继承人。这种继承虽然简单,但是仅靠法定继承人肯定无法实现被继承人愿望,所以遗嘱执行人制度显得极其重要。参见四川省高级人民法院民事判决书(2015)川民申字 2465 号。

[③] See George T. Drake, Robert I. Kleinberg, Estate Administration in the 1980s. American Bar Association Journal, vol. 67, no. 1, January 1981, pp. 54-61.

[④] See Lerner, Steven D, Need for Reform in Multistate Estate Administration. Texas Law Review, vol. 55, no. 2, January 1977, pp. 303-322.

数并未正式规定遗产管理制度的州,律师凭借其专业特长在遗产管理活动扮演了重要角色。① 专业律师的介入使得遗产管理活动得以更加有效地进行。② 必须要说明的是,美国的遗产管理与信托制度联系紧密,而信托属于专业金融服务领域,因此增加了遗产管理的专业性和复杂度。③ 在德国,遗产管理人可以分为清算型遗产管理人和管理型遗产管理人。④ 清算型执行人主要为了实现遗嘱,尤其是落实遗赠和加重的负担,并结清遗产债务,分配遗产;管理型遗产管理人对遗产进行管理,典型代表是涉及独资企业或者股份公司财产继承中的遗产管理人。⑤ 就前者而言,遗产管理人角色类似于破产管理人,有相当大的权限,既可以进行必要的处分行为和负担行为,如遗产的处分遗产,也可以负担债务,还承担诉讼角色。就后者而言,遗产管理人相当于公司或独资企业的管理者。因此,德国的遗产管理人制度也是相当的复杂,从其制度设计来看遗产管理人设立并不是为了解决简单的继承活动,而是为了适应复杂的遗产继承纠纷。

总之,遗产管理人制度并非为了简单的遗产继承而设计,而是为了适应当下家庭不断增加的财富、复杂多样的财产继承场域。这一遗产管理人角色和场域的明晰,表明遗产管理人本身含有专业性的制度基因。因此,谁更符合遗产管理人应用场域的专业角色特征,谁就能够更好地完成遗产管理人的制度功能。

二、角色解构:公证在"公证+律师"遗产管理模式中的角色

就公证机构参与遗产管理的路径而言,公证机构在遗产管理活动中的角色有两类:一是直接参与模式,由公证员担任管理人,扮演遗产管理活动中主要参与者的角色;二是间接参与模式,作为管理人库的管理员,负责管理人库的"进库"与"出库"工作,其角色定位是遗产管理活动的辅助人员,公证机构并不直接参与具体的

---

① See Stein, Robert A., Ian G. Fierstein, The Role of the Attorney in Estate Administration. Minnesota Law Review, vol. 68, July 1984, pp. 1107-1230.

② See Stein, Robert A., Ian G. Fierstein, The Role of the Attorney in Estate Administration. Minnesota Law Review, vol. 68, July 1984, pp. 1107-1230.

③ See Rohan, Patrick J., Estate and Trust Administration. Syracuse Law Review, vol. 30, no. 1, Winter 1979, pp. 351-366.

④ 《民法典》将所有具有管理职责的人都称为遗产管理人,为了与《民法典》概念术语的统一,此处介绍的是德国的遗嘱执行人制度,称为遗产管理人。参见[德]雷纳·弗兰克、[德]托比亚斯·海尔姆斯:《德国继承法》,王葆莳、林佳业译,中国政法大学出版社2015年版,第100页。

⑤ [德]雷纳·弗兰克、[德]托比亚斯·海尔姆斯:《德国继承法》(第6版),王葆莳、林佳业译,中国政法大学出版社2015年版,第100-106页。

遗产管理活动。实践中已经形成的模式是间接参与模式①,即"公证＋律师"模式。

间接参与模式中,公证机构作为管理人库的负责人,充当对律师类管理人资格审查的制度角色,负责管理人库中人员的入库和出库。但这种公证机构参与遗产管理的模式,既与公证制度功能定位无关,又与管理人的角色定位相左,使得公证在遗产管理制度中处于可有可无的边缘地位,进一步减弱公证在整个诉源治理中的作用。

(一)"库管员"角色与公证制度无法衔接

从公证的制度功能而言,公证功能无法与现有管理人库的"库管员"的角色相"匹配"。公证最为重要的功能有二,一是公证证明功能,即公证通过对各种法律事实的认定,出具公证文书,以其法定证明地位和公证人员技能的专业性来确保公证内容的权威性与可靠性。② 二是由证明功能衍生的纠纷预防与私权保障功能,公证作为一种非诉制度,旨在预防纠纷,减少诉讼,从而保障私权。③ 但是,在现有的"公证＋律师"的遗产管理实践中,公证却充当了管理人库的"库管员"角色,负责管理人库人员的入库和出库工作,这种监管的角色与公证制度的证明功能、预防功能都无法兼容。首先,就公证的证明功能而言,证明功能主要是通过对既有法律事实的认定,而管理人库"库管员"的角色,看似通过公证对管理人的资格赋予专业性与可信度的背书,实则是超越我国现有公证机构的权责范围。因为"库管员"承担着管理人资格审查的功能,从任何角度看,这种证明功能的制度属性都无法嫁接管理人的监管角色。律师事务所担任管理人是因为本身是专业的法律服务机构,不管是律师事务所的成员还是律师事务所自身都是因具备法定专业条件才取得营业资格,已经过法定程序筛选的律师和律师事务所无须经公证机构筛选后才有资格担任管理人。其次,就预防纠纷和保障私权的功能而言,作为"库管员"的公证既不能通过监管防止遗产管理活动各种纠纷,又不能实现"保障私权"的目的。因为"库管员"角色只有对管理人库的管理权,无法监督管理人在遗产管理活动中的具体行为,从而不能对管理人在管理遗产过程中侵犯债权人、继承人权利的违法行为进行及时有效的管制。因此,在间接参与模式中,公证机构无法达到预防纠纷保障私权

---

① 目前主要公证机构已经颁布了第一批入库的管理人名单,并且各公证机构已经建立了互认机制。例如北京市正阳公证处、上海市新虹桥公证处、重庆市公证处、广东省广州市南粤公证处、四川省成都市律政公证处、江苏省南京市南京公证处、江苏省苏州市苏州公证处、江苏省无锡市江南公证处、湖北省武汉市尚信公证处、浙江省杭州市杭州互联网公证处、安徽省六安市江淮公证处、江西省南昌市豫章公证处等都已经公布了第一批入库的管理人名单。

② 罗厚如主编:《中国公证制度完善研究》,法律出版社2017年版,第21页。

③ 张文章主编:《公证制度新论》,厦门大学出版社2005年版,第19页;郑云鹏:《公证法新论》,元照出版有限公司2005年版,第65页。

的目的。此外,在管理人失职的诉讼案件中,作为"库管员"的公证机构很可能和管理人作为共同被告被要求赔偿权利人的损失,导致公证机构的诉讼风险增加。

(二)"库管员"角色与管理人制度之间存在矛盾

从EAS来看,第一,"库管员"角色与EAS无法从法理上衔接。从"库管员"的监督角色来看,《民法典》并没有对管理人的任职资格设定准入限制,在选任管理人时,遗嘱人可以直接指定,并不需要事前对管理人进行筛选。即使是在本文强调的复杂的遗产管理活动中,需要专业的律师事务所或公证机构作为管理人时,也并不代表未入选管理人库的律师不具有担任管理人的资格,也不能说明公证机构无权担任管理人。所以,公证机构作为管理人库"库管员"的角色与EAS存在制度衔接上的矛盾,EAS并没有对管理人进行资格审查的前置程序;甚至,"公证+律师"的管理人模式因不当剥夺了非入库律师事务所担任管理人的法定权利,存在违法的可能。第二,"库管员"角色排除了公证机构担任管理人可能性。我国公证机构并非是国家机关的组成部分,因此将专业性法律服务机构的公证机构排除在管理人之外,无法将公证机构在遗产继承领域多年积累的经验、信任等社会资本作用发挥出来,不利于EAS在社会生活中功用的发挥。因此,按照律师事务所因具备专业性的法律知识便可以胜任管理人角色的实践逻辑,公证同样也有理由成为管理人角色的候选人。

总之,实践中形成的"公证+律师"模式,从公证制度来看,公证制度无法嫁接管理人库"库管员"的角色,并且有明显的越权嫌疑;从EAS来看,不当限制管理人的范围,将公证机构排除在管理人之外,违背了EAS对管理人的选任规则,又削弱了公证机构在遗产处理中的地位。但是,否定既有实践模式中的"库管员"角色之后,需要从现实制度环境出发为公证机构参与遗产管理活动寻找一个更为合适的制度角色。

三、角色重构:公证机构何以担任遗产管理人

在否定公证机构的"库管员"角色后,公证机构在遗产管理制度中能够担任的角色就只剩下管理人。公证机构能否担任管理人取决于EAS的具体规范,因此需要考察《民法典》第1145条的管理人选任规则。本文伊始就已经详细分析了第1145条中的管理人产生方式,即遗嘱人指定、继承人推选或共同担任、居委会和村委会的兜底以及法院的指定的选任规则;除居委会和村委会担任兜底的管理人选任路径外,其他三种路径都有公证机构担任管理人的可能。因此需要就三种具体的路径来一一分析公证机构进入遗产管理制度的可行性。

第一种路径是由遗嘱确定的遗嘱执行人直接担任管理人。此时管理人和遗嘱执行人主体重合,因此只需要考察遗嘱执行人选任,就能够直接确定管理人。学界一般认为在遗嘱人指定遗嘱执行人时,遗嘱人既可以指定法定继承人,也可以指定法定继承人以外的人担任遗嘱执行人[1];如果执行人是自然人,只需具有行为能力即可;如果执行人是社团机构,则需要具备法律承认的民事主体资格[2]。而公证机构属于《民法典》所规定的事业单位法人,当然符合遗嘱执行人的主体资格要求。所以,从积极要件来看,公证机构担任具体管理人符合《民法典》的规定。从消极要件来看,遗嘱执行人除具备主体资格要件外,遗嘱执行人不能是破产企业,因此如果公证机构被认定为破产状态时[3],就不能担任遗产执行人。但目前公证机构的性质绝大多数为事业单位,因此实践中极少出现公证机构破产的情形。所以,从消极要件来看,公证机构没有不能担任遗嘱执行人的法定情形。如果遗嘱人明确指定了公证机构担任遗嘱执行人的,公证机构就是第一顺位的管理人。

第二种路径是在被继承人无遗嘱或没有在遗嘱中指定遗嘱执行人和管理人时,管理人由继承人推选或共同担任。在此种情况下,继承人共同担任当然排除了公证机构担任管理人的可能。有疑问的是,在继承人推选管理人时,能否推荐法定继承人以外的人或组织担任管理人。对于此问题学说有争议,有观点认为继承人选任管理人只能是继承人[4],也有观点认为继承人选任管理人的范围并不局限于继承人,只要具有"民事主体的自然人、法人、非法人组织都可以担任管理人"[5]。此外,虽有部分学者就继承人以外的自然人、法人、非法人组织能否担任管理人没有明确持肯定或否定态度,但从其"全体继承人共同推举出其中一名或数名继承人担任管理人"表述中则可以明确推断出继承人选任管理人范围应当限于法定继承人范围之内。[6] 限制继承人选任管理人范围的理由是遗产管理、分配是继承人对被继承人生前扶养照顾义务的延伸;继承开始时,遗产一般为继承人实际管理和控制,限制管理人的选任范围有助于遗产的管理和分配。[7]

然而这些论据都无法支撑对管理人选任范围的限制。首先,就遗产管理是对

---

[1] 陈苇主编:《婚姻家庭继承法学》,中国政法大学出版社2018年版,第332页;房绍坤、范李瑛、张洪波:《婚姻家庭与继承法》,中国人民大学出版社2018年版,第240页。

[2] 叶英萍、李永:《遗嘱执行人地位及其权利义务》,载《中华女子学院学报》2013年第2期,第35页。

[3] 房绍坤、范李瑛、张洪波:《婚姻家庭与继承法》,中国人民大学出版社2018年版,第241页。

[4] 参见最高人民法院民法典贯彻实施工作领导小组主编:《中华人民共和国民法典婚姻家庭编继承编理解与适用》,人民法院出版社2020年版,第620页。

[5] 参见陈甦、谢鸿飞主编:《民法典评注·继承编》,中国法制出版社2020年版,第218页。

[6] 此种表述具体参见黄薇主编:《中华人民共和国民法典解读》,中国法制出版社2020年版,第114页;杨立新:《中华人民共和国民法典释评·继承编》,中国人民大学出版社2020年版,第270页。

[7] 参见最高人民法院民法典贯彻实施工作领导小组主编:《中华人民共和国民法典婚姻家庭编继承编理解与适用》,人民法院出版社2020年版,第620页。

被继承人扶养照顾义务的延伸而言,遗产管理主要目的在于在遗产交付继承人或继承人放弃继承前,通过对管理人遗产清理、保全,确保遗产分配的公平和效率,同时维护交易安全。① 而继承人与被继承人之间的亲属关系并不能当然证成继承人更适合担任管理人角色,尤其是在本文所强调的存在多种遗产种类、复杂债权债务的遗产管理场域,律师事务所、公证机构担任管理人具有显著专业优势,更有助于实现遗产管理目标。其次,基于继承开始时继承人占有遗产的普遍社会现实,让继承人担任管理人方便遗产管理的理由也不合逻辑。第一,按照此逻辑,继承人占有的遗产越多就越方便管理遗产,因此就更有资格担任管理人。但是在多个继承人占有遗产情形中,由于法定继承人之间享有的平等继承份额,占有更多遗产的人出于自身利益的因素,更有理由藏匿遗产,让其担任管理人不仅增加管理遗产的障碍,甚至会危害遗产管理。相反,让占有遗产少的继承人管理遗产,其为了自身分得更多的财产肯定会积极查清遗产,这样更有助于遗产管理制度目的的实现。第二,选任管理人首要考虑因素是管理人能否中立地处理遗产,保障债权人和继承人的合法权利。若站在此角度观察,继承人之外的第三方担任管理人,更有助于遗产的查清和公平分配,所以更没有理由将公证机构排除在继承人选任管理人的范围之外。因此,继承人推选管理人时,有必要将公证机构纳入管理人的候选名单。

第三种路径是法院直接指定管理人。从《民法典》第1146条的文意来看,法院指定管理人构成要件是"对管理人确定有争议"与"利害关系人向法院申请指定管理人"。"对管理人确定有争议",可能情形有:A 遗嘱执行人不愿意担任管理人或多个遗嘱执行人之间存在纠纷;B 继承人因遗产管理发生纠纷;C 其他利害关系人对管理人确定有异议。② 就 A 情形来看,如果唯一的遗嘱执行人不愿担任管理人,则会出现没有遗嘱执行人的结果,需要各继承人选任或共同担任,此时就符合第二种路径,正如前文言,公证机构当然可以承认遗嘱管理人的候选人;如果是多个遗嘱执行人之间存在纠纷,出于对被继承人意思表示的尊重,法院只需要在遗嘱指定的执行人里选任适格的管理人,并不存在公证机构担任管理人的可能性。就 B 情形而言,继承人之间因继承发生纠纷,无法就管理人的选任达成共识时,此时如果选任继承人之外的第三方担任管理人,更加符合各继承人的利益,因此法院选任继承人的范围不应当局限于法定继承人。否则,即使按照《民法典》第134条决议行为的多数决规则选任出管理人,也会不可避免地出现"多数人的暴政",无法更好兼顾所有继承人的利益。因此,继承人之间发生纠纷时,为了更好实现遗产管理的目

---

① 陈苇主编:《中国遗产处理制度系统化构建研究》,中国人民公安大学出版社2019年版,第111页。
② 黄薇主编:《中华人民共和国民法典解读》,中国法制出版社2020年版,第116页。

的,法院应当优先考虑继承人之外的第三方担任管理人;只有当第三方无法或不愿担任管理人时,法院才需要在继承人中指定管理人。就C情形而言,遗嘱执行人和继承人之外的第三人对管理人的选任有异议的,法院按照具体情况处理。首先,法院必须实质性审查现有的管理人是否会损害第三人的权益;如果第三人没有足够的证据证明现有的管理人会损害第三人权利,法院应当驳回第三人更换管理人的请求。其次,如果第三人的证据能够证明管理人会损害第三人权利,需要对管理人进行更换。如果遗嘱指定了多位执行人,只需要将与第三人有利害关系的遗嘱执行人解任,由剩余的遗嘱执行人继续负责遗产处理;如果遗嘱指定的唯一执行人被解任,就需要继承人选任或共同担任管理人,此与将要讨论的情形重合,按照后面的具体情形处理即可。再次,如果管理人由继承人共同选任或继承人共同担任,视管理人的单数还是复数又有不同。继承人只推选了一位管理人时,就需要继承人再次共同推选管理人,只有继承人无法推选继承人时,法院才能指定管理人,此时情形又和B情形完全重合,此时公证机构担任管理人的资格无需赘言。如果继承人推选了多个管理人或由继承人共同担任管理人,其中的管理人被解任并不影响其他管理人继续处理遗产,并不需要法院指定新的管理人。但是,如果被解任的管理人对遗产管理有重要影响时,如涉及独资企业、一人公司的遗产管理案件中,管理人中唯一的律师事务所或会计事务所被解任,法院需要及时指定新的具有专业性技能的管理人,以确保遗产管理活动正常进行。概括而言,对《民法典》第1146条的确有争议时才能选任管理人,需要限缩解释,并非当管理人选任出现任何争议时,都需要由法院直接指定,只有当遗嘱执行人或继承人无法选任新的管理人时才需要指定。而在确需法院指定管理人时,公证机构应有机会被指定为管理人。甚至相较于继承人担任管理人,法院指定第三方公证机构担任管理人在某些情况下更具有可行性。

总之,除了村委会或民政部门担任兜底性质管理人的路径外,在遗嘱人指定管理人、继承人共同推选管理人以及法院指定管理人三条路径中,公证机构都能够以管理人身份参与遗产管理。所以,考察管理人选任制度得出的结论是,《民法典》遗产管理制度并没有将公证机构排除在管理人之外,公证机构担任管理人具有现实制度基础。

四、角色证成:作为遗产管理人的公证机构

虽然公证机构担任管理人不存在法律障碍,但是按照法律论证的基本要求,如果无法证明公证机构担任管理人的直接模式具有比较优势,就无须改变现有"律师+公证"的间接参与模式。因此,我们需要进一步讨论直接参与模式的优势,进而证

成本文主题——公证机构可以担任管理人的角色。这一论证将从两方面展开,一是从 EAS 和公证制度内在价值角度考察,比较律师制度和公证制度内在价值,两者内在价值体系上的更一致性[1];二是从技术经验视角观察,公证机构在遗产管理活动中更具有技术经验的比较优势,这种优势所具有的信任、技术等社会资本是遗产管理制度落地不可或缺的因素。

　　EAS 和公证制度内在价值都要求管理人和公证员必须秉持客观中立。关于管理人法律地位的学说繁多,既有法德国家的民法代理说与固有权之争[2],又有英美国家的信托代理人学说。我国学者大多认可固有权学说,即"管理人具有独立的不受继承人约束的、指示的法人地位"[3]。具体而言,在管理人由遗嘱人通过遗嘱指定情形,在执行遗产管理的职务时,管理人并不是为了遗嘱人的利益,因为遗嘱人已经死亡,不具有主体资格[4];在管理人由继承人推选的情形,管理人也不是仅仅为了赞同自己担任管理人的继承人利益,而是对包括反对管理人在内全体继承人负责,因此继承人推选出管理人后,管理人需要履行法定职责;由法院指定管理人的情形,管理人独立的地位更是体现无疑,此时管理人只能是负责处理遗产的第三方,与遗嘱人、继承人意志无任何关系。管理人这种独立地位正好与公证机构在公证活动中的地位相吻合。《公证法》第 4 条要求公证机构在具体的公证业务中秉持客观公正的原则,同时《公证法》第 6 条又赋予公证机构独立的主体地位和非营利性的组织性质。这些公证制度的基本价值追求使得公证制度和 EAS 在内在价值体系上具有高度的同质性。因此,当公证机构担任管理人时,出于自身内在价值属性,更加有可能独立履行管理人的职能。此外,EAS 的另一价值就是通过遗产管理制度,做到公平分配遗产,减少遗产处理中因继承人之间、利害关系人与继承人之间矛盾而引发的诉讼,其本身就具有预防纠纷的价值,又符合了公证制度减少纠纷的价值目标。

---

　　[1] 本文此处借鉴朱岩教授提出的用内在体系(价值)与外在体系(制度框架)视角来观察法律制度与法律价值的关系,即"内在价值取向决定外在体系"。参见朱岩:《社会基础变迁与民法双重体系建构》,载《中国社会科学》2010 年第 6 期,第 151 页。

　　[2] 法国民法将遗嘱执行人视为被继承人的代理人。《法国民法典》第 1025 条规定:"遗嘱人得指任一名或数名具有关注或执行其意愿的完全民事能力人作为遗嘱执行人。"参见《法国民法典》,罗结珍译,北京大学出版社 2010 年版,第 280 页。德国民法采用固有权说,认为遗嘱执行人类似于破产管理人,具有独立法律地位,参见[德]雷纳·弗兰克、[德]托比亚斯·海尔姆斯:《德国继承法》(第 6 版),王葆莳、林佳业译,中国政法大学出版社 2015 年版,第 101 页。

　　[3] 王葆莳、吴云煐:《民法典遗产管理人制度适用问题研究》,载《财经法学》2020 年第 6 期,第 55 页;刘耀东:《论我国遗产管理人制度之立法构建——兼论与遗嘱执行人的关系》,载《广西大学学报》(哲学社会科学版)2014 年第 4 期,第 113 页。

　　[4] 马丁:《遗产管理人的地位与功能阐释——实体与程序规制互济的视角》,载《交大法学》2022 年第 3 期,第 36 页。

相较于公证制度与 EAS 价值的契合程度,律师制度和 EAS 契合性明显低于前者。律师事务所为有偿提供法律服务的机构①,律师事务所的主要目的在于获取报酬。因此,既然律师事务所担任管理人得到普遍认可,按照当然解释的推理逻辑,公证机构当然能够担任管理人。

如果说价值优势仅能从抽象层面支持公证机构担任管理人,并不能凸显公证机构担任管理人的必要性,那么公证机构在遗产管理活动所积累的技术经验优势则是公证机构担任管理人的"关键证据"。首先,自 1985 年《继承法》规定了公证遗嘱以来,遗嘱公证就是公证机构最为重要的业务之一,公证机构每年都要处理大量遗嘱公证业务,对不动产遗产管理具有丰富的经验。并且由于《最高人民法院关于贯彻执行〈中华人民共和国继承法〉若干问题的意见》第 42 条赋予公证遗嘱优先效力②,使得公证机构在遗产管理领域已经形成了社会信任资本。即使《民法典》已经明确取消了公证遗嘱的优先效力,但基于公证文书在诉讼中当然的事实推定效力③,公证机构参与遗产管理活动的社会信任并没有减弱多少。就律师事务所而言,遗嘱业务更是律师稀有业务,且在我国遗嘱继承制度中,并不必须要律师参与遗嘱继承,因此从制度角度来看,公证机构参与遗产管理的活动频率明显要远高于律师事务所参与遗产管理的频率。其次,即使是遗嘱指定律师担任遗产管理人,也需要将遗嘱交公证机关保管。④ 这意味着律师担任遗产管理人势必会增加遗嘱人的成本,同时还增加不必要的程序。最后,在不动产继承领域,公证机构相较于律师机构也有更大的优势。不动产作为遗产中最为重要、价值最高的财产,在继承中处于绝对的核心地位。依据《不动产登记暂行条例实施细则》第 14 条规定,公证机构依据订立的公证遗嘱可以直接办理不动产的过户登记。但是如果由律师事务所担任遗产管理人,按照第 14 条的规定则还需要提交"死亡证明材料、遗嘱或者全部法定继承人关于不动产分配的协议以及与被继承人的亲属关系材料"等复杂材料,

---

① 王俊民:《律师与公证制度教程》,北京大学出版社 2009 年版,第 9-10 页。
② 参见《最高人民法院关于贯彻执行〈中华人民共和国继承法〉若干问题的意见》(法(民)发〔1985〕22号)第 42 条规定:"遗嘱人以不同形式立有数份内容相抵触的遗嘱,其中有公证遗嘱的,以最后所立公证遗嘱为准;没有公证遗嘱的,以最后所立的遗嘱为准。"
③ 参见《民事诉讼法》(2021 年修正)第 72 条。
④ 如广州市律师委员制定的《律师担任遗产管理人操作指引》第 7 页,要求将遗嘱交由公证机构保管。具体参见《关于公布〈律师担任遗产管理人操作指引〉的通知》,载广州市律师协会网,http://www.gzlawyer.org/info/b4ee00d486ee4d66bab16e5dab8e0577,2022 年 12 月 25 日最后访问。上海财经大学法学院发布的《遗产管理人操作流程指引》(1.0 版)也建议将遗嘱交由公证机构保管。具体参见《上海财经大学法学院发布"遗产管理人操作流程指引(1.0 版)"》,载微信公众号"上海财经大学法学院"2021 年 5 月 27 日,http://mp.weixin.qq.com/s?__biz=MzA4MTQ5MjU4Nw==&mid=2247499159&idx=1&sn=92ef20ecad3d786667fc277b139fb12&chksm=9f969293a8e11b8592c52ffc46a60807c698c84debdc3269cec84ee3e45104dc25877194a#rd,2022 年 12 月 28 日最后访问。

履行较为烦琐的程序要求。所以,不动产在继承财产中绝对的主导地位放大了公证机构相对较于律师事务所在担任遗产管理人时的优势。正是基于这种实践经验优势,所以公证机构更加适合担任管理人。

结　语

公证机构在中国的式微是一种罕见的现象。一方面,制度层面的设计使得公证无法融入丰富的经济活动中,进而不具有比较法上人民生活"必须"品的地位①;另一方面,已有的行政公证体制死而未僵,阻碍公证向新业务拓展的步伐。面对EAS的角色实践选择,再一次表明变革中的公证制度面临巨大挑战。既担心"直接参与模式"给公证机构带来的种种挑战,但又不愿放弃EAS带来的业务契机,退而居次去选择"库管员"的角色。正值公证理念革新、公证制度变革的当下,公证机构只有勇于担当责任,不断开拓新的业务,加深公证制度与人民日常生活的交融程度,才能使得公证制度在中国焕发活力。而EAS中公证机构的"直接参与模式",则是这种理念下的必然之路。

---

① 公证机构在中国式微首要原因归结于弱化的公证制度设计,以《民法典》为例必须要由公证机构参与的民事活动只有公证遗嘱,这与《德国民法典》和《法国民法典》规定的必须由公证机构参与的民事活动范围形成了强烈对比。当然这也可能是历史习惯原因,公证在罗马早已有之,但在中国出现还未满百年。

专题十八　浅析存量房带抵押过户公证提存业务

吴春晔*

存量房带抵押过户是当前各地不动产交易中的热词。这里的"存量房"可以狭义理解为我们通常所说的二手房,即区别于开发商开发建设的新建商品房。带抵押过户则是指二手房售房人,通常也是抵押人,在二手房抵押贷款未还清的情况下,和买受人在不动产登记中心办理出售过户登记手续。存量房带抵押过户公证提存事务,即公证机构充分发挥公证的预防纠纷价值属性,集中围绕公证提存这一《公证法》上明确规定的公证事务,开展一系列公证活动。

一、存量房带抵押过户的背景与动因

(一) 存量房带抵押过户的立法与政策背景

《民法典》第 406 条第 1 款规定:"抵押期间,抵押人可以转让抵押财产。当事人另有约定的,按照其约定。抵押财产转让的,抵押权不受影响。"该条款立法意图明显,意在促进物的流通,加速对设定抵押物权的财产[①]交易,保障社会财富资源的自由流动。

《民法典》实施之前,根据《物权法》第 191 条的规定,如果存量房设有抵押贷款,房屋所有人(通常也是抵押人)未取得贷款银行(即抵押权人)的同意,一般不得转让设定了抵押权的房屋。抵押人要办理抵押房产的交易过户,一定是先经抵押权人(通常是贷款银行或者是住房公积金中心)同意,而抵押权人为确保资金安全,

---

* 本文作者:吴春晔,江苏省苏州市中新公证处公证员。
① 本文分析的设定抵押物权的财产仅限于存量房。由于人民群众在实际生活中较普遍地采取按揭贷款购房的方式,故《民法典》关于抵押财产可不经抵押权人的同意为前提(另有约定的除外)自由转让的新规定,将在人民群众买卖房屋方面具有广泛而深远的影响。

通常不会同意。当然也存在两种例外情形:一是房产抵押人还清贷款,注销抵押登记;二是由存量房买受人代为清偿债务,还清贷款,注销抵押权。

根据《民法典》第406条第2款规定,房屋所有人(抵押人)如果需要转让抵押的房屋,应当及时通知抵押贷款银行。抵押贷款银行能够证明该设定了抵押的房屋产权转让,有可能损害到房屋上的抵押权,可以请求房屋所有人(抵押人)将转让所得的售房款项提前清偿债务或者提存。转让的价款超过债权数额的部分归房屋所有人(抵押人)所有,不足部分由债务人进行清偿。这里讲到了提存,其实就提存机构或部门,《民法典》并未明确是法院还是公证处[①],但就便捷性和专设性而言,确乎公证提存更为合适。根据《公证法》以及司法部《提存公证规则》,提存公证是公证处依照法定条件和程序,对债务人或担保人为债权人的利益而交付的债之标的物或担保物(含担保物的替代物)进行寄托、保管,并在条件成就时交付债权人的活动。

(二)存量房带抵押过户的社会和经济动因

亚当·斯密在《国富论》中曾提及资产的性质、经济的本质来源于社会的分工。分工产生交换,交换提升社会效率,促使经济、技术革命的肇始和迭代,进而促进整个人类社会文明的发展。马克思主义政治经济学,也提出商品的价值是凝结在商品中无差别的人类劳动,即体力和脑力的耗费。作为一种特殊商品的存量房,同样也是兼具使用价值和价值,而其交换价值是以价值为基础,亦是价值的表现形式。在坚持"房住不炒"的前提下,更要保障"刚需"以及改善型住房需求,促进存量房交易,促进社会经济平稳健康发展,以满足人民群众日益增长的对美好生活的需要。

从微观交易来看,如果不能带抵押过户,存量房售房人(抵押人)又没有足够的资金注入,用于偿还所贷欠款并注销抵押登记,该存量房交易就无法开始或进行,存量房上所设定的抵押权实际上阻碍了存量房的市场交易。现实中,相当量级的设定抵押的存量房交易,都是由卖方甚至是买方先行通过小贷公司、担保公司等民间高利融资主体以垫付资金方式还清贷款,然后注销抵押登记后再办理过户手续,实现资金"过桥"目的。该种手段不仅会产生非常之高的交易成本,还会花费存量房交易各方大量的人力物力以及时间成本去办理相关手续,而且还很容易发生因一方违约、存量房被法院查封或者发生不可抗力情形致交易无法完成等情况,从而产生纠纷,最终落得钱房两空、各方损失惨重的局面。

存量房带抵押过户公证提存事务就是应《民法典》[②]顺势而为,在和不动产登

---

① 下文将说明选择公证机构作为提存机构或部门的原因。
② 胡晓晖:《〈民法典〉提存制度的变化对公证实务的影响》,载《中国公证》2021年第1期,第61页。

记部门、银行信贷机构的协调沟通探讨中,摸索出的新事物,将法律法规层面有利于民的规范付之于实践。在办理带抵押存量房过户的同时,售房款经由公证提存,注销抵押登记不再是必须的前提和条件,有助于简化交易流程,防范交易风险,降低交易成本和预防矛盾纠纷。

二、存量房带抵押过户公证提存的性质与效力

(一)前提思辨:存量房带抵押过户并非"转按揭"

依《公证法》第 12 条规定,公证处可以根据自然人、法人或者其他组织申请,办理法律、行政法规规定由公证机构登记的事务。其中,公证机构不仅可以办理提存事务,办理保管遗嘱、遗产或者其他与公证事项有关的财产、物品、文书的事务,而且还可以代写与公证事项有关的法律事务文书以及提供与公证相关的法律咨询服务。因此,存量房带抵押过户公证提存事务,是公证机构可以办理的法定公证事务,而且在整个办理过程中公证机构还必须综合运用提供公证法律咨询以及代写法律事务文书等方式。此外,因其提存标的涉及新的法律关系而具有复杂性,所以公证机构在办理之前需要做好充分准备,并且在办理过程中不断加以总结和完善。

存量房带抵押过户是在《民法典》实施以后,在法律允许的框架下进行的。而"转按揭"①是在《民法典》之前发生的银行实务个例,情况也比较复杂。以"转按揭"发生的时间段来看,2003 年,我国的民生银行率先开始提供二手房转按揭业务,随后其他银行多有跟进,此时的"转按揭"为房屋所有人(一般同时也是抵押人)经抵押权人即贷款银行的同意出售设有抵押权的房屋,由房屋的购买人继续偿还出售人还没有到期的抵押贷款。在法律上,"转按揭"实际上是房屋买卖双方和抵押权人即贷款银行签署的一份债务转让协议,由房屋购买人继续履行原借贷合同,房屋出售人中途退出原借贷关系,将自己的债务全部转移给房屋购买人。到 2007 年美国发生次贷危机之时,"转按揭"被我国国家金融监管部门叫停。究其原因,涉嫌不具有购房条件和能力的人群,不受控地涌入楼市②,存在引发断供的隐患,最终可能会导致次贷危机。

一般来说,存量房带抵押过户,会发生两次抵押贷款(买受人是全款买入除

---

① 这里的"转按揭"不包括存量房所有人将自身贷款期限较长利率较高的房屋抵押贷款,通过操作转移成贷款期限较短的消费贷、经营贷或者利率较低的抵押贷款。上述行为虽然有找人完成赎楼的过程,但从资金来源看,只是存量房所有人变更自己的抵押贷款方式。

② 因为有抵押物即房屋的存在,银行允许房屋所有人将房屋按揭贷款转移别人,不会像初次按揭贷款时审核得那么严格,所以很难去审查新受让人的首期款来源,银行流水是否达到新受让人月供的两倍以上或新受让人的征信状况,甚至很难审核买卖双方交易的真实性,从而规避出售人恶意逃避债务的风险。

外):一次是房屋出售人与银行之间的抵押贷款,另一次是该存量房新购买人与银行的抵押贷款。两次抵押贷款的时间有先后,贷款的利率也存在差别,更为重要的是先后有两个抵押权。放贷银行要依据新购买人买房当时的住房贷款政策,严格审核其申请抵押贷款的资料,落实国家的住房贷款政策,避免不符合购房资格且无购房能力的人买受存量房,进而引发系统性金融风险。而"转按揭",其不管房屋抵押人如何变更,房屋上始终只有一次抵押,一个抵押权。在这之中,房屋出售人实质上转让的是"存量房产权+抵押贷款"的债务,经过抵押权人的同意,房产交易过程中不需要偿还也不需要注销他项权程序,由存量房新购买人代替出售人继续履行原抵押贷款合同。

(二)存量房带抵押过户公证提存的性质认定

提存,产生于债务清偿。"争讼开始后,你向债权人偿还因消费借贷使用的本金和法定利息,如果债权人不接受清偿,那么,你可以将钱封好后存放于公共场所,从这一时刻起停止计算法定利息。"[①]根据我国的《提存公证规则》,提存作为法律制度,不单是用于债务清偿,而且还可以是用于担保债的履行。也就是通常所说的提存包括两种适用情形:一是债前提存,以保障债的实现;二是债后提存,以达到债的消灭。

存量房带抵押过户公证提存,性质上属于债前提存。根据《提存公证规则》第6条的规定,除清偿债务外,公证处还可以根据当事人的申请办理以下提存公证的业务:一是债权人和债务人双方在合同中约定,就合同的物或者款项以提存的方式为给付;二是为了保护债权人利益,保证人、抵押人或质权人请求将担保物(金)或其替代物,申请公证提存。就公证提存物的受领,当事人必须列明提存物受领条件,公证处应该按照提存人所附的条件给付提存相关物。比之用于清偿目的的提存是一种单方民事法律行为,存量房带抵押过户公证提存则应是先有房屋买卖双方以及放贷银行,甚至还可以包括同当地不动产登记部门达成协议,然后按约通过公证机构以提存方式为给付。此时提存不再是单纯的民事法律行为,兼具行政机关公法授予的登记行为和公证机构的寄托、保管证明行为的色彩。存量房带抵押过户公证提存是各方(多种身份角色)共同参与,提存兼备寄托、保管以及为第三人利益的契约关系。

(三)存量房带抵押过户公证提存的效力检思

存量房带抵押过户公证提存,将会在当事人之间产生法律效力。一是存量房

---

① 来自于古罗马时期戴克里先皇帝的敕令。

售房款提存交到公证处,存量房买房人和买方抵押贷款银行即失去了对提存款项的控制权,当约定的提存款项受领条件成就时,再由公证处将提存款项分别给付出售人和出售方抵押贷款银行。二是提存期间提存款项会产生孳息,即一定的利息,该笔利息通常是归出售人和出售方抵押贷款银行所有。但是,如果存量房交易失败,提存款项原路退回,那么产生的利息理应归买房人和买方抵押贷款银行所有。三是根据《提存公证规则》第25条的规定,除非几方当事人之间存在有其他约定,提存的费用一般是由受领人来承担。提存费用包括提存公证费、公告费、邮电费、保管费、评估鉴定费、代管费、拍卖变卖费、保险费,以及为保管、处理、运输提存标的物所支出的其他费用。从实践来看,存量房带抵押过户公证提存公证费用的承担由买卖双方自行协商更为合适。

三、公证处作为提存机构的渊源与优势

就该问题,我们可以先将目光看向国外。首先,提存必须是提存在"公共场所"。在古罗马时期,"公共场所是指神殿或其他负责该项争讼的承审员指定的场所"①。根据《法国民法典》第1258条的规定,"提出现实的清偿须依下列规定,始有效力:……七、提出现实的清偿系由具有作成此种证书资格的公务员为之"。该法第1259条指出,"提存,不必经审判员允许,只须依照下列规定即为有效:一、提存的日期、时间及地点应记载于书状,先期通知债权人。二、债务人应将清偿之物连同算至提存日止的利息,交存于依法律接受提存的处所。三、公务员应将提存之物的性质,债权人拒绝受领提存之物或债权人不到场以及将物提存的事由作成笔录……"《德国民法典》第373条也有类似规定:"提存必须于公之场所为之,不得提存于私人处。""提存须于清偿地之提存所为之……清偿人不于合法之提存所为提存时,其提存为无效。"②

其次,国外也有立法例将公证机构列为提存的机构或部门。比如,根据《奥地利公证法》第1条规定:"公证人是由国家任命的,具有依本规定就法律上的意思表示法律行为及其产生的权利等事项制作、交付公证文书、保管当事人寄托的文书及接受向第三者交付或向业务所交纳金钱和有价证券等职权者。"再比如《意大利公证法》第62-A条也规定:"除上面规定的登记簿外,公证处还应当建立一本提存登记簿,专门用来逐日登记在其面前达成的文书或司法机关决定而提存给公证处的钱款或物品价值。"

---

① 来自于古罗马时期皇帝马克米安皇帝致奥莱莉娅·伊莱娜的敕令。
② 史尚宽:《债法总论》,中国政法大学出版社2000年版,第837页。

我国《公证法》第12条规定,以法律的形式,确定提存是公证处可以根据当事人的申请办理的公证事务。除此法律规定外,在我国没有另外的机构或者部门是法定提存部门。① 回溯历史,最高人民法院《关于贯彻执行〈中华人民共和国民法通则〉若干问题的意见(试行)》第104条对提存作出过规定,即"债权人无正当理由拒绝债务人履行义务,债务人对将履行的标的物向有关部门提存,应当认定债务已经履行"。此外,司法部于1995年发布并施行了《提存公证规则》,一直沿用至今,细化了提存公证的方式方法,详述公证提存的生成原因、前提条件、公证程序以及法律效力等问题。其次,提存是一个法律专业性要求很高的非诉处理方案,如由法院作为提存部门,将消耗其办理诉讼案件的精力②,而由在提存领域积累了数十年经验的公证机构办理提存事务,可以充分发挥公证预防纠纷与诉源管理的价值与作用。这符合非诉案件处理的实践需求,在方便人民群众申请的同时有利于增强交易各方心理预期,促进交易,减少诉讼,维护社会民事、经济的正常流转秩序。

具体到存量房带抵押过户公证提存,就笔者所在城市来看,公证提存与房管部门的资金托(监)管机制相较,优势在于:一是公证提存有《公证法》之法律依据;二是公证提存在注销、转移、抵押三种登记完成后,可以分流支付,即按事先约定,一部分由存量房出售方受领,一部分由原来放贷给出售人的抵押贷款银行受领。在实际操作中,资金托(监)管机制只能将房款汇入产权人一人名下的银行账户。理想的架构是将公证提存与房管部门的资金托(监)管机制加以整合,而非试图将公证提存完全替代资金托(监)管机制,这不符合存量房交易的现状,也不利于公证提存事务的开展。

四、存量房带抵押过户公证提存的应用场景

第一,买房人一次性全额付清房款,买卖双方以及原贷款银行签订公证提存协议,向公证处申请办理提存。这种情况相对简单,因为没有买受人抵押贷款放款的环节。但仍需要注意,对于原抵押贷款存在贷款利息本金和提前还贷的相关费用,原贷款银行在还款截止日要出具相应还款明细,公证人员在提存之前要仔细核对还款明细和买房人所要付清的房款金额。

第二,存量房出售人的房屋,发生继承并已经办结继承公证手续。这虽然明确了房屋由谁继承,但因房屋尚有抵押贷款未还清而致无法换证。将继承登记、注销登记、转移登记、抵押登记四步合一,带抵押过户是一个可以考虑的方向,这样将极大地促进资产盘活,节省从诉讼到执行的司法成本。

---

① 陈梅英:《提存公证若干问题探讨》,载《中国司法》2004年第5期,第63页。
② 周圣峻:《公证的非讼属性》,载《中国公证》2020年第5期,第55页。

第三，存量房出售人的抵押贷款银行和买受人的抵押贷款银行不是同一家银行，甚至有些放贷主体为公积金中心。贷款的种类除了买卖房屋双方作为主贷人抵押贷款，也有可能存在接力贷等多种形式。理论上，带抵押过户提存公证可以涵盖以上所有的贷款，但是从现实来看，只有买卖双方是在同一家银行办理抵押贷款，银行才有驱动力，操作衔接才可能在现阶段完成。但是，从长远来看，将多种贷款情景都作为解决目标，才能减少利益垄断。

第四，目前，带抵押过户提存公证事务是以存量房买卖双方都在同一家银行办理抵押贷款为主要突破口。这要实现的重点和难点在于注销房屋出售人原抵押登记、房屋买卖双方之间就标的房屋的转移登记、房屋买受人新抵押登记的三步合一，一键一点完成。在此前提下，公证提存始于房屋买受人新抵押登记放款后，受领于买受方领取不动产权证书之时。争取三步登记之间不存在时间差，减少被法院查封、合同一方违约毁约的异常情况发生，争取将公证提存控制在上述三步登记当天或者是其后一到两天内完成受领，这是本文着重探讨的标本。

五、存量房带抵押过户公证提存的规则流程

存量房带抵押过户，实质上是抵押人在抵押期间将抵押物即相关的存量房进行出售转让。公证处办理存量房带抵押过户公证提存事务的依据为几方当事人之间达成的公证提存协议。该公证提存协议必须考虑抵押权人即贷款银行的意见。在实践中，公证提存协议也多由贷款银行提供，且经其法务部门审核议定底稿。此外，公证处公证员也可提前与银行信贷部门接洽、座谈、沟通，提出公证方面的意见，共同研究该提存协议底稿，并在此基础上审查当事人意思表示的真实性、合法性，审查提存协议相关条款是否违反《民法典》《公证法》《公证程序规则》《提存公证规则》等法律规范。

第一，严格审查甲方（买房人、借款人、提存人）、乙方（放贷人、受领人1）和丙方（售房人、受领人2）的身份。不论他们是自然人还是法人，或者其他组织，都要依据《公证程序规则》进行身份识别。因为每一方扮演的角色都是双重的，甚至是多重的，法律关系多重且复杂。如果有条件，不动产登记中心愿意，甚至可以考虑将不动产登记中心列进公证提存协议的一方，将其作为监督管理人，以便于公证提存账户和房管部门资金托（监）管账户的衔接。

第二，与存量房买卖双方说明存量房带抵押过户公证提存事务的法律依据，打消买卖双方的疑虑和顾忌。首先，存量房带抵押过户公证提存事务的法律依据充足，如《民法典》第406条、《公证法》第12条，以及司法部《公证程序规则》《提存公证规则》等。其次，公证员要研究不动产登记条例，向不动产交易中心人员学习，弄

懂实际操作中不动产登记的流程与细节、风险把控。值得注意的是,《最高人民法院关于适用〈中华人民共和国民法典〉有关担保制度的解释》第 43 条,细化了《民法典》第 406 条的"当事人另有约定的,按照其约定"的处理,如果房屋所有人(抵押人)与原抵押贷款银行(抵押权人)在抵押贷款合同中约定了禁止或者限制转让所抵押的存量房,但是没有到不动产登记中心将此约定予以登记,房屋所有人(抵押人)违反约定转让该存量房,原抵押贷款银行(抵押权人)请求确认存量房转让合同无效的,不会获得人民法院支持。该存量房已经在房屋买卖双方之间实现了转移登记,原抵押贷款银行(抵押权人)请求确认该转让不发生物权效力的,人民法院不予支持,但是抵押权人有证据证明受让人知道的除外;原抵押贷款银行(抵押权人)可以请求房屋所有人(抵押人)承担违约责任。如果存量房出售人和原有抵押贷款银行约定过限制或者禁止抵押房屋转让,并且在不动产登记簿上予以记载,则存量房买卖双方的买卖合同效力不受影响,但存量房即使已经完成不动产转移过户登记,原抵押贷款银行作为抵押权人请求存量房转让不发生物权效力的,法院应该予以支持。所以,公证人员一定要对带抵押过户的存量房登记簿登记事项仔细核查。

第三,认真梳理存量房带抵押过户公证提存事务所涉及的法律关系。首先,房屋买卖双方之间的存量房买卖合同关系。公证人员要确认存量房买受人是否满足"限购"等政策条件。在实践中,许多地方已经实施存量房买卖合同的不动产登记中心网上签约,俗称"网签",而签"网签"合同的同时,买卖双方还会在网上签订一份"存量房成交确认书"。为使银行在形式上不纠结于注销原抵押登记、转移登记、抵押登记的同时性,先以"存量房成交确认书"("手签"版本)为买受方与银行签订抵押贷款合同、取得抵押贷款的依据,待三步登记同时完成后再打印出存量房买卖合同("网签"版本),进行手签工作。其次,公证人员审查存量房出售人(抵押人)与抵押权人银行所签的原贷款合同的履行进度。公证人员要仔细审查存量房出售人(抵押人)已还清贷款本金及利息金额,剩余尚未还清的贷款本金及利息金额,以及提前还贷所涉及的一切费用。再次,公证人员审查买受方与银行签订的抵押贷款合同,确认所贷款项足以覆盖存量房原有抵押贷款及费用的清还金额。最后,公证人员应在不动产登记中心调取该存量房登记簿、原购房合同等相关信息资料,确定不存在查封、扣押、涉及诉讼、仲裁等房屋所有权存在受限制情形。

第四,在存量房带抵押过户公证提存协议中,言明提存的原因、款项金额、公证处的提存专用账户等。公证人员要注意考察提存原因的真实性、合法性,以便盘活资产、减少交易成本,从而促进交易,防范大额资金在途风险,便于恢复原状。

第五,存量房带抵押过户公证提存的款项转入公证处提存专用账户的时间节点应严格控制在注销、转移、抵押三合一登记当天,如果因放款迟延可适当延后一至两天。根据司法部《提存公证规则》第 16 条的规定,提存日期是提存货币的,以现金、支票交付公证处的日期或提存款划入公证处提存账户的日期为准。公证提存的凭证,是公证处在确认收到上述提存款之后,即将提存公证书一式四份,分别出具给存量房买卖双方和作为抵押权人的银行以及不动产登记中心。此时,该房屋登记状态为"未登记布告",既可以正常流转过户房屋,办理不动产权书(权属)的缮证工作,也可以为交易失败的异常情况下原路退回提存款项留下余地。

第六,存量房带抵押过户公证提存受领,需要满足几个条件,并且在公证提存协议中事先必须约定明确。一是交易正常进行,没有任何房屋被法院查封、合同一方违约、不可抗力等异常情况发生,存量房买受人取得该房屋不动产权证书;二是对于提存款项在存量房出售方与原抵押贷款银行之间的金额分配,在公证提存协议中必须事先明确,如款项金额分配有变更,必须就分配由公证提存协议各方会签补充协议;三是公证提存协议所明确的受领人,所提供的收款账户如有变更,需经过公证提存协议所有签订方一致同意并向公证处备案后方为有效。公证提存款项受领的步骤为,公证处将应由原抵押贷款银行受领的款项转账至其指定的账户,原抵押贷款协议因提前还清而终止,然后公证处将剩余应由存量房出售人受领款项转账至出售人在提存协议中写明的银行账户,两方受领人完成提存受领。

第七,关于存量房带抵押过户公证提存的异常情况及善后处理机制。目前存量房带抵押过户公证提存的主要风险在于存量房在交易过程中被人民法院查封,或买卖双方有任意一方违约或存在其他致交易失败的情形。这些情形出现后,在不动产登记部门监督指导下,公证处暂停提存受领,确认交易无法进行后,按汇入账户原路退回提存款项。

第八,明确公证处提存的自身责任。公证提存过程中,公证处的责任重大。公证人员办理存量房公证提存事务,须谨慎对待,冷静处理,将好事办好,实事办实。根据《提存公证规则》第27条的规定,公证处不得挪用提存标的,如果公证人员有挪用提存物(金)的行为,除应负相应的赔偿责任外,对直接责任人员要追究行政责任、刑事责任。提存期间,提存物毁损灭失的风险责任由提存受领人负担,但如果是由于公证处的过错造成的,公证处需要承担相应的赔偿责任。公证处未按法定或公证提存协议以及补充约定的条件给付提存款项,给当事人造成损失,公证处负有连带赔偿责任。

第九,综合运用区块链等新兴科学技术高效安全登记提存事项。公证处可在公证区块链存证平台上实现存量房带抵押过户款项提存时间节点、金额分配、受领支付等环节的链上记录与传输,保障各方合法权益,防范公证执业风险。

专题十九　论我国公证告知承诺制的审视与构建

白芳雯　夏先华[*]

引　言

近年来,"重复证明""奇葩证明""循环证明"等现象频发,不仅降低了公证审查效率,还增加了公证审查的成本。论者们对公证事项实施实质审查也产生怀疑。2021年司法部在《关于优化公证服务更好利企便民的意见》(以下简称《意见》)中指出,要探索实行公证证明材料告知承诺。[①] 该意见成为构建我国公证告知承诺制的政策性依据。虽然公证告知承诺制肩负着优化公证服务、激发市场活力、便利群众生活的重大期望,但是这一制度目前仍只停留在"探索实行"阶段,具体的程序设计亟待完善。总而言之,目前对公证告知承诺制的整体认识比较模糊,有关该制度的具体适用机制也尚未成熟。故本文以此为出发点,立足于公证承诺告知制适用的社会需求和时代价值,对该制度的基本理论以及实践运行进行分析,并在此基础上提出相应的优化路径,以期为我国公证告知承诺制的构建贡献毫末。

一、制度缘起:公证告知承诺制的起源与发展

(一)告知承诺制的概念与由来

告知承诺制是指行政机关在受理当事人申请时,以书面(含电子文本)形式将

---

[*] 本文作者:白芳雯,湘潭大学法学院硕士研究生;夏先华,法学博士,湘潭大学法学院讲师、硕士生导师。本文系湖南省法学会法学研究青年课题"公证参与诉源治理机制创新研究"(22HNFX-D-002)的阶段性成果。

[①] 参见《司法部关于印发〈关于优化公证服务更好利企便民的意见〉的通知》,司发〔2021〕2号。

法律法规中规定的证明义务和证明内容一次性告知申请人,申请人随即作出书面承诺,承诺已经符合其被告知的条件、标准、要求,并愿意承担承诺不实后果的法律责任,行政机关便不再索要有关证明而依据书面(含电子文本)承诺办理相关事项。① 由此可见,我国的告知承诺制度源于行政机关,并非公证制度独创。告知承诺制最早可见于李克强总理在 2018 年 6 月 28 日全国深化"放管服"改革转变政府职能电视电话会议的讲话。李克强总理在会议中指出,要借鉴国际通行做法,探索实行承诺制,政府依据申请人承诺办理各类事项,事后进行随机抽查,一旦发现申请人承诺存在虚假,便应当对其给予严厉处罚并纳入信用记录。② 同年 8 月 5 日,国务院办公厅依据李克强总理在会议上讲话的精神印发了《全国深化"放管服"改革转变政府职能电视电话会议重点任务分工方案》。该方案也是最早可查的关于告知承诺制的书面文件。结合各地的相关规范性文件来看,"提高行政效率""提升审批效率""降低制度性交易成本"等字眼频频出现。③ 一方面可以看出,告知承诺制在行政领域适用的基本理念是为了提高行政许可的效率,让社会公众更方便、快捷地获取许可证件,减少申请人的办事成本;另一方面也体现了政府逐步由管理型向服务型的转变。

(二)告知承诺制在公证中的迁移适用

2019 年 5 月 7 日,司法部《关于印发开展证明事项告知承诺制试点工作方案的通知》,其中明确要求试点单位确定告知承诺适用对象、规范告知承诺工作流程、加强事中事后核查、探索失信惩戒模式、强化风险防范措施。虽然这一文件为公证告知承诺制的试点预留了空间,但是其中部分规定依然只能针对行政机关而适用。④ 换言之,司法部颁布的这一规范性文件主要针对行政机关,此时在公证中并不存在直接的关于告知承诺制的规定。同年 10 月 22 日,国务院颁布的《优化营商环境条例》首次在行政法规层面对告知承诺制进行规定。⑤ 然而该条例只是对告知承诺制进行了宏观性倡导,并未对其进行具体制度的构建。从告知承诺制的发展脉络可见,我国的告知承诺制引入的时间较短,不存在统一、明确的程序规定。因此在行政领域的告知承诺制同样亟待完善。

---

① 参见《司法部关于印发开展证明事项告知承诺制试点工作方案的通知》,司发通〔2019〕54 号。
② 参见王启发:《公证实务中"告知承诺制"的认识和运用》,载《中国公证》2019 年第 10 期,第 61 页。
③ 参见《邯郸市行政审批告知承诺制管理暂行办法》第 1 条、《南京市行政审批告知承诺暂行办法》第 1 条、《上海市行政审批告知承诺管理办法》第 1 条、《大连市行政审批告知承诺办法》第 1 条等。
④ 司法部印发的《开展证明事项告知承诺制试点工作方案》在对"证明"进行定义时将法律法规授权的具有管理公共事务职能的组织与行政机关一同规定为被申请人。但同时该文件也指出证明事项告知承诺主要适用于行政许可、行政确认、行政给付等事项。
⑤ 参见《优化营商环境条例》第 19 条第 2 款。

2020年10月27日,国务院办公厅在其印发的《关于全面推行证明事项和涉企经营许可事项告知承诺制的指导意见》中指出,要在法律服务领域推行告知承诺制,这也为告知承诺制在公证中的迁移适用打下基础。① 2021年5月28日,司法部印发的《意见》明确提出在公证中适用告知承诺制。整体观之,起源于行政领域的告知承诺制,自其施行起便为在公证服务中适用预留了制度空间。虽然公证机关目前已经完全脱离了行政机构身份并逐步走向市场化,但是其仍属于司法行政系统,依然带有公权属性。而公证作为公共服务的重要组成部分,其与政府服务存在"异曲同工"之处。自"放管服"改革提出以来,如何提高政府服务日渐成为行政工作的重点,而将告知承诺制在公证中迁移适用同样符合"放管服"改革的内在机理,正如《意见》中所指出的,构建公证告知承诺制是优化公证服务、更好利企便民的重要举措。

二、理论澄清:公证告知承诺制的法理阐明

(一)公证职能:单纯证明抑或综合服务

我国《公证法》第2条规定,公证是公证机构根据自然人、法人或者其他组织的申请,依照法定程序对民事法律行为、有法律意义的事实和文书的真实性、合法性予以证明的活动。根据该条文可知,公证是一种证明活动,公证机构履行的应当是一种证明职责。而告知承诺制的引入,使得公证机构无须再对相关事实和文书进行证明,只须履行告知程序后凭借当事人的承诺便可出具公证书,在这种程序下,公证机构更多的是提供一种出具公证书的服务,而非对申请公证事项的真实性、合法性进行核实的证明活动。换言之,告知承诺制在公证中的适用使公证机构的证明职责出现了异化。也许有学者会认为公证机构在适用告知承诺制时是对当事人承诺的真实性、合法性进行证明,履行的依然是证明职责。但笔者认为不然,《公证法》对"证明"的对象明确界定为当事人申请进行公证的民事法律行为、有法律意义的事实和文书的真实性、合法性,而并非当事人承诺的真实性、合法性。笔者以为,在公证告知承诺制建立后,与其"处心积虑"对"证明"的涵义进行扩大解释,毋宁"大方"承认公证的职能已由单纯证明向综合服务转变。早在2000年8月10日,司法部印发的《深化公证工作改革的方案》就曾明确指出,公证工作发展的目标之

---

① 《国务院办公厅关于全面推行证明事项和涉企经营许可事项告知承诺制的指导意见》指出:"要按照最大限度利民便民原则,有针对性地选取与企业和群众生产生活密切相关、使用频次较高或者获取难度较大的证明事项实行告知承诺制,特别是在户籍管理、市场主体准营、资格考试、社会保险、社会救助、健康体检、法律服务等方面,要抓紧推行、尽快落实。"

一是充分发挥公证的职能作用,更好地为社会提供公证服务。值得注意的是,在彼时还是行政体制公证机构占据公证市场主导的背景下,我国对公证的定位已是服务职能。而在目前公证体制逐渐市场化的背景下,将公证职能定位为综合法律服务更应当不存在疑义。此外,适用公证告知承诺制也并非是对《公证法》第2条"证明"的违背,此时是根据当事人的承诺推定其申请公证事项为真实、合法,其依然属于证明的范畴。

纵观各国对本国公证职能的定位,如今恪守单纯证明职能的国家已极为鲜见。以拉丁公证的代表法国为例,法国公证人的定位已由"fonctionnaire public"(直译为:公务员)转变为"officier public"(直译为:公共事务权力持有人)。[①] 从法国公证制度发展的历史来看,自1945年后,法国的公证人就具有了双重身份。一重身份是司法助理人员,另一重身份则是自由职业者,其不受公务员制度约束,可以选择个人开业或合伙开业,靠业务活动取得报酬,国家不予薪金。[②] 因此在第二重身份下公证人更多的是提供综合法律服务,我国如今的合作制公证机构便与此类似。我国台湾地区的公证职能相比于大陆地区也是早早走向了综合服务的道路。2001年"台湾公证法"在法院公证处之外新增了民间公证人事务所。台湾的民间公证人为了贯彻综合服务职能的定位,更是提出了专业、便民、利民的服务理念,其公证人在特定情况下甚至可以上门服务。[③] 由此可见,一国公证职能由单纯证明向综合服务的转变往往伴随着公证体制的市场化。回顾我国公证职能的转变过程,同样也是从之前恪守证明职能慢慢走向综合服务职能,如在实践中存在部分法院向公证机构购买服务等。[④]

(二) 责任主体:公证机构抑或当事人

在告知承诺制引入公证之前,当事人除因提供虚假证明材料、骗取公证书情形而需要承担法律责任外,在公证过程中并不需要承担其他风险。实际上,在公证书存在错误或者存在其他问题时往往由公证员承担法律责任。[⑤] 但当在公证中引入告知承诺制后,公证员只需履行告知程序后便可依据当事人的承诺出具公证书。若公证书存在错误,公证员只需履行告知程序便可不承担责任。简而言之,适用公证告知承诺制后承担公证风险的主体已经由公证机构转移至当事人,而公证发生错误时的责任主体同样也发生了此种转移。为何可以发生此种转移?当事人的承

---

① 参见程春明:《法国公证法律制度的基础理论与实践》,载《中国司法》2005年第6期,第89页。
② 参见贾京平:《法国公证制度概述》,载《现代法学》1988年第3期,第77页。
③ 参见范国祥:《台湾地区的公证制度》,载《中国公证》2011年第11期,第25页。
④ 此种情形下公证机构除履行证明职能外,还参与法院的调解、拍卖等活动。
⑤ 参见《公证法》第43条第1款。

诺又为何可以代替公证员的核实？厘清上述问题是在公证中适用告知承诺制的理论基础。

1. 理性当事人的选择

理性当事人是指在公证程序中，知道采取何种行为、提出何种请求、作出何种回应最符合自己利益的人。理性当事人在公证程序中，拥有作出决策的最多信息，也最能够作出符合自身利益、使自己利益最大化的决定。[①] 但是从某种意义上来看，当事人在公证中的行为都具有双面性，包括提出公证申请在内，其既有可能给当事人带来利益，也可能不会给当事人带来利益。如当事人提交的证明材料决定了公证员是否会出具公证书。若当事人提交的证明材料存在错误或者不充分，则当事人需要蒙受公证员不予出具公证书的后果。当事人公证行为的两面性实则来源于进行公证需要花费时间、精力与金钱。若当事人提出公证申请，需要花费时间、精力参与公证程序、缴纳公证费，最后却仍可能得不到其所期望的公证书。因此，公证告知承诺制得以构建的重要基础就在于程序设计者充分相信理性当事人在公证程序中的选择，这也是为何公证法律责任的承担主体可以由公证机构转移至当事人的原因之一。通过公证员告知当事人承诺不实的法律后果，由理性当事人权衡各种利益后作出是否承诺的决定是一种科学的程序设计。此外，这种责任主体的转移也有鞭促当事人作出更为理性选择的考量，其预设了当事人具有采取理性行动的能力，课以责任的目的则在于使他们的行动更具有理性。[②]

2. 公证事实具有建构性

公证员在公证书中认定的事实是通过公证程序构建的事实。公证中的事实可以从以下三个方面进行分析：首先是公证前发生的事实，这一事实具有客观性，其存在不依赖于当事人也不依赖于公证员。其次是当事人在公证程序中主张的事实。公证活动遵循自愿原则，公证程序需要由当事人提出申请才能启动，故当事人主张的事实需要由当事人提出公证申请并提交相应的证明材料才能引入公证程序。最后是公证员在核实当事人提交的证明材料后认定的事实，这一事实才是公证员出具公证书的基础。虽然是否出具公证书取决于公证员的认定活动，但是公证程序中事实的构建却取决于当事人的行为。当事人可以选择提交的证明材料的内容，其提交的证明材料是否真实合法与充分，最终都会影响到公证员的核实结果。

在公证认定的事实具有建构性的基础上，当事人的承诺便具有了代替公证员

[①] 参见李浩：《民事诉讼当事人的自我责任》，载《法学研究》2010年第3期，第126页。
[②] 参见［英］弗里德利希·冯·哈耶克：《自由秩序原理》，邓正来译，生活·读书·新知三联书店1997年版，第89页。

核实行为的可能。在公证程序中,由于当事人的决定既会影响到公证员核实时的方向和内容,又会影响到最后的公证结果,那么此时便存在一种可能的程序设计:将最后的公证结果直接交由当事人决定,只要当事人选择作出承诺便可以获得其期望的公证结果。但由于最后的公证结果往往对当事人有利,因此在设计程序时便需要对当事人课以一定的法律责任以防止其恣意选择。

3. 充分的程序保障

一味强调责任主体的转移或者当事人作出承诺便可出具公证书会给人以一种错觉,即既然当事人会对错误承诺承担责任,那么公证员在适用这一制度时便可有可无。其实不然,"告知承诺制",顾名思义,先告知再承诺,公证员进行告知是当事人进行承诺的前提。一般而言,即使公证员不履行告知程序,由作出虚假承诺的当事人承担法律责任似乎是其"自食恶果",但是该情形下会使得本可能选择不作出承诺的当事人作出承诺。因此未进行告知便由当事人进行承诺的做法不仅不符合程序正义的基本原则,而且完全脱离了国民的正义认知,进而不免带有某些投机性的色彩。① 因此,由公证员履行告知义务便显得尤为重要,给予当事人这一程序保障,适用公证告知承诺制时责任主体的转移便具有了合理性。

(三) 证明标准:法律真实抑或推定真实

奉行何种证明标准在公证领域一直没有定论。根据《公证法》第 2 条的规定,公证是公证机构根据自然人、法人或者其他组织的申请,依照法定程序对民事法律行为、有法律意义的事实和文书的真实性、合法性予以证明的活动。而此处的真实性究竟是指客观真实、法律真实抑或其他证明标准,这无论是在理论界还是实务界都未形成共识。由于民事诉讼中奉行法律真实的证明标准②,导致公证领域大部分学者也追崇这一标准。但是坚守客观真实标准的学者认为公证制度不同于诉讼。诉讼的"事后"性决定了案件事实的认定只能选择以法律真实作为证明标准,因为发生过的事情在客观上不可逆转、不可重现、不可复原,但公证的很多事项为公证员亲眼所见、亲耳听闻、亲身经历,因此不能将公证中"正在发生的事实"的证明标准与诉讼中"已经发生过的事实"的证明标准混同起来。③ 由于客观真实与法

---

① 参见[日]高桥宏志:《民事诉讼法制度与理论的深层分析》,林剑锋译,法律出版社 2003 年版,第 357 页。

② 法律真实是指运用证据对案件事实的认定符合实体法与程序法的规定,达到了从法律的角度认为是真实的程度。《最高人民法院关于民事诉讼证据的若干规定》第 85 条规定,人民法院应当以证据能够证明的案件事实为根据依法作出裁判。这一规定奠定了民事诉讼中法律真实的地位。

③ 参见詹爱萍:《真实、合法:公证证明标准之新思考》,载《河南财经政法大学学报》2014 年第 5 期,第 182 页。

律真实的证明标准一直争论不休,故有学者主张构建二元化的证明标准,即客观真实与法律真实两者结合。对于现时正在发生的事实,以客观真实为证明标准;对于申办公证时已经发生过的事实,则以法律真实为标准。① 笔者赞同这一处理方法,但是公证告知承诺制的出现又使这一二元划分法陷入了困境。适用这一制度所出具的公证书中认定的事实没有足够的证据进行证明,因此难以认定其达到了法律真实的证明标准,更毋言及客观证明标准。鉴于此,笔者认为,既然我国立法并没有对《公证法》第2条中的真实性进行明确界定,那么可以效仿二元化证明标准的方法,在适用公证告知承诺制的背景下,构建三元化的证明标准。也即,一般情况下采用上述二元化证明标准的方法,在公证事项证明难度较大的情况下,有选择地适用推定真实的证明标准——当事人作出相应承诺后即推定其申请公证事项为真实。

(四) 审查形式:实质审查抑或形式审查

采取实质审查抑或形式审查在不同的国家有着不同的规定。在英美法系国家普遍实行形式审查制度,而在大陆法系国家则普遍对公证事项实行实质审查。我国的公证制度是以大陆法系国家的公证制度为基础建立,因此学界普遍认为我国的公证审查形式为实质审查。同时,由于出具"错证""假证"的法律责任对公证员的约束,所以实质审查在实践中被大范围地适用。但实际上,我国《公证法》并未明确规定公证员办理公证时实行何种审查形式。故笔者认为,若进行形式审查能达到《公证法》第2条真实、合法的要求,即可进行形式审查。虽然实施实质审查能够更加裨益于证明效力的发挥,但囿于真实性制约因素的繁多复杂和合法性取证、判定的实践困境,彻底且全面的实质审查往往难以做到。② 故合理配置实质审查与形式审查的范围,既能够节约公证资源,又能够达到公证审查的目的。根据《公证法》第28条所规定的公证机构的审查内容,对于提供的证明材料是否真实、合法、充分与申请公证的事项是否真实、合法等事项,毋庸置疑应当采用实质审查的形式。而对于当事人的身份、申请办理该项公证的资格、提供的文书内容是否完备、签名与印鉴是否齐全等事项实施形式审查即可达到真实、合法的标准,故对上述事项可实施形式审查。由于在实施公证告知承诺制的背景下实行推定真实的证明标准,即根据当事人的承诺即可认定公证事项为真实,故对当事人的承诺实施何种审查形式成为决定在公证告知承诺制中是适用实质审查还是形式审查的关键。由于

---

① 参见詹爱萍:《真实、合法:公证证明标准之新思考》,载《河南财经政法大学学报》2014年第5期,第182页。

② 参见袁琳:《公证审查范围研究——以与公证证明效力范围、公证法律责任范围的重合关系为视角》,载《河北大学学报》(哲学社会科学版)2013年第5期,第156页。

当事人作出承诺前已由公证员履行了告知程序,因此若当事人提交了承诺材料,则表明当事人具有作出承诺的意愿,此时公证员便无须再对当事人签名是否真实等事项进行实质审查。故笔者认为,在适用公证告知承诺制时由公证人员对承诺材料的内容是否完备、签名是否齐全等事项进行形式审查即可,若承诺材料的内容完备、签名齐全即可推定当事人申请公证事项为真实。此外,采取形式审查也更符合适用公证告知承诺制快速简便、利企便民的初衷。

三、逻辑检视:公证制度与告知承诺制的内在耦合

(一)公证职能的转化以契合公证体制改革的方向

自2017年我国重启公证体制改革以来,合作制公证机构正如"雨后春笋"般蓬勃生长。合作制公证机构将会成为是我国未来一段时间内的公证改革方向。但是任何一次改革都需要有与之相对应的改革理念,服务意识的建立便是此次公证体制改革过程中的重要改革理念之一。我国恢复公证制度以来,公证机构长时间以行政单位与事业单位的形态存在,合作制公证机构的存在时间并不长。在行政体制与事业体制环境的"熏陶"下,我国的公证员形成了自己代表国家的假象,将公证员的公共法律服务职能异化为行使国家证明权的行为。这些错误的形成根源于我国对公证制度的顶层设计存在偏差。若要公证代表国家证明行为,则需以计划经济体制为依托。但自我国实行市场经济体制以来,国家证明制度仍长时间存在,这导致了即使进行公证体制改革,仍然难以改变部分公证人员的刻板印象。这些公证人员似乎"与世隔绝",权力思维根深蒂固,服务意识匮乏,以至于目前仍恪守"坐堂等证""以证换证"的办证模式。[1] 深化公证体制改革迫切需要服务意识的建立。其实我国在2000年首次公证体制改革时便意识到了这一点,司法部在《关于深化公证工作改革的方案》中便提出"公证机构要改变单一证明的工作方式,努力拓展公证业务领域,积极提供综合性、全方位的非诉讼性法律服务"。这一改革方案在此次公证体制改革中依然适用,且随着改革的进行,综合服务理念越来越深入到公证人员心中。

综上可知,在目前公证体制改革的背景下,单纯的证明需求日趋萎缩,真正符合市场和社会需求并且经得起时间考验的新的公证方式正在不断涌现。[2] 公证告知承诺制便是这样的一种新的公证方式。司法部在《意见》中明确指出,公证告知

---

[1] 参见《司法部办公厅关于广东省惠州市惠阳公证处有关案件情况的通报》,司办通〔2020〕94号。
[2] 参见薛凡:《中国公证改革发展新阶段与公证制度的重大转型——中央深改委审议通过的深化公证改革〈意见〉解读》,载《中国公证》2021年第10期,第21页。

承诺制是公证利企便民制度体系和服务机制的一部分,其可以促进公证服务能力和水平整体提升。因此,公证告知承诺制自带的综合服务属性可以促进公证职能的转变,这与公证体制改革目标不谋而合。

(二) 责任主体的转移以弥补公证员调查核实能力的不足

我国公证员的调查核实能力一直是其办理公证业务时的"痛点"。这一"痛点"具体体现在以下两个方面:立法上不重视与现实运行中的困境。纵观我国的公证立法,仅有1982年《公证暂行条例》对公证员的调查权进行了规定,[①]但随着公证体制改革,公证机构逐渐由行政体制转变为事业体制甚至合作体制,因此公证员的调查权也随之发生了转变。2005年颁布的《公证法》将公证员的调查权转变为核实权。值得注意的是,无论是《公证法》抑或《公证程序规则》,现行的公证立法均没有明确将公证员的核实行为视为一种权利,故如今谈及公证员的核实权仍然存在疑义。在笔者看来,根据《公证法》与《公证程序规则》的规定,核实应当是公证员的义务而非权利。如《公证法》第29条与《公证程序规则》第25条均规定公证员"应当进行核实",此即表明核实乃公证员之义务而非权利。由立法上对调查核实权的不重视随之便引发了公证员在实践中核实公证事项与证明材料时的困境。我国公证立法没有对调查核实权进行规定,由此便导致了在实践中存在部分被调查核实对象不配合、不协助的情况。即使《公证法》第29条规定了有个单位和个人依法予以协助和配合的义务,但未规定相应的法律责任,实难使其自觉履行义务。此外,在实践中还存在非因立法上不重视之缘故而引发的操作困境,如部分当事人在申请公证时提交虚假的证明材料。具体体现为公证当事人在办理公证过程中故意隐瞒事实,提供虚假材料,甚至假冒他人。对于这样"有备而来"甚至"精心准备"的当事人,公证机构依靠其现有的核实权实难予以完全规避。[②]

针对公证员核实权的局限性,告知承诺制为其提供了一条完善路径。在现行公证员调查核实能力不足的背景下,其难以对公证事项、证明材料进行核实,而又会因"惧怕""错证"与"假证"的后果而直接选择不予出具公证书,此种做法对当事人实在难言公平。如何破解这一困境?笔者认为,可以选择适用公证告知承诺制部分转移在公证书存在错误时的法律责任,从而使公证员能够"大胆"出具公证书。在适用公证告知承诺制时无须公证员进行调查核实,其仅需履行告知义务,在由当事人作出承诺后便可实现当事人申请公证的目的。因此,这一制度可以破解因公

---

① 参见《公证暂行条例》第19条。
② 参见夏云慧、王亚飞:《公证核实权之探究》,载《广西政法管理干部学院学报》2017年第4期,第118页。

证员自身问题而不能出具公证书的困局,故称得上是对公证员调查核实能力不足的一种弥补。

(三)证明标准的转变以应对难以证明事项的挑战

近年来,难以证明事项在实践中频繁出现,各类"奇葩证明""循环证明""重复证明"在社会上引来极大争议。如"证明我妈是我妈"事件,在该事件中,当事人需要证明自己与母亲的关系,但由于当事人户口在北京,因此父母户口本上并没有当事人的信息。① 若要办理此类证明,当事人便需花费大量时间精力返回家乡办理,而当事人仅仅是为了能够出国旅游。在证明事项难以查明或者证明某项事实的成本远高于当事人的期待利益时,若仍然恪守法律真实甚至客观真实的证明标准实则是极为不合理的。正如李克强总理在国务院常务会议中所指出"现在企业和群众办公证,有时依然会遭遇证明多、办证难、办证慢、收费高等问题。甚至有些公证证明不仅手续烦琐,而且听上去就很'奇葩'"② 为深化"放管服"改革,贯彻"以人民为中心"的理念,此类困局亟待破解。笔者认为,可以通过转变证明标准来破局。正如前文所述,在适用公证告知承诺制的背景下可以采用推定真实的证明标准,而这一标准可以应对当下难以证明事项的挑战。当事人在面对难以证明事项时,往往苦于无法提供证明材料。而在适用告知承诺制时,当事人无须提供原先需要的证明材料,只需以自己的信用为担保并作出愿意承担相应法律后果的承诺便可获得公证书。适用推定真实这一标准并非意味着证明标准的降低,其仅仅是在现有条件无法将待证事实证明至客观真实、法律真实标准时所做的证明标准的转变,推定真实的证明标准依然符合《公证法》第2条的"真实"标准。

(四)审查形式的简化以满足社会对公证效率的需求

随着社会的发展,人们对公证效率提出了越来越高的要求。具体体现在以下两个方面,其一,当事人基于申请公证之目的而迫切期望获得公证书;其二,在公证机构市场化的背景下,公证员期望在确保公证书真实、合法的基础上以求得自身利益的最大化,故在这一情况下,公证员同样期望可以快速出具公证书。而采用何种审查形式直接决定了公证效率能否满足当事人与公证员的期待。目前实践中普适的实质审查要求使公证员局囿于对公证事项与证明材料进行事无巨细的审查。这种审查形式虽然可以最大化的保障公证书的真实性、合法性,但却与现今当事人、

---

① 参见蒋伊晋、彭美:《李克强批示证明我妈是我妈,多部门合力破困局》,载中央政府门户网,http://www.gov.cn/xinwen/2015-06/15/content_2879306.htm,2022年10月3日最后访问。

② 参见《李克强:这些公证证明材料不得让当事人重复提供》,载中央政府门户网,http://www.gov.cn/premier/2021-05/21/content_5609571.htm,2022年10月3日最后访问。

公证员的期待相悖。如何在确保公证书真实、合法的基础上保障当事人与公证员对公证效率的期待是如今在公证体制改革过程中亟须解决的问题。基于此，既然实质审查不利于公证效率的提高，故笔者认为可针对特定证明事项简化审查形式。当然，审查形式的简化不应以降低公证证明标准为代价。如前文所述，若适用形式审查仍然可以使公证事项的证明达到《公证法》第2条所述的真实、合法标准，即可适用形式审查。而适用告知承诺制可以采用形式审查，这一制度可以在不破坏公证书公正性的同时满足当事人与公证员对公证效率的追求。简言之，公证告知承诺制契合公众对公证效率的价值取向。

四、制度构建：公证告知承诺制的具体设计

目前我国公证告知承诺制并不存在明确、具体的程序规则。《意见》也仅仅对公证告知承诺制的适用范围做了宏观上的规定，并未将其精确到具体的事项。此外，对于公证告知承诺制如何启动以及如何保障等问题也亟待解决。

（一）启动条件：公证员释明＋当事人申请

公证告知承诺制如何启动是在适用这一制度时首先需要解决的问题。与法院调查证据程序相类似，公证告知承诺制的启动无外乎两种情况：公证员依职权主动适用或依当事人申请适用。笔者认为，应当依当事人申请适用而不能由公证员依职权适用。进行这种选择的原因是公证告知承诺制的适用以责任主体的转移为条件，而理性的人都有趋利避害的特性，若由公证员主动适用，公证员则极有可能出现不合理转嫁公证责任的行为。此种程序设置将导致不愿选择告知承诺制的当事人对公证制度"望而生畏"，进而引发公众对公证制度的排斥。故公证告知承诺制只能依当事人申请启动。需要指出的是，目前社会公众对公证不甚了解，而公证告知承诺制作为在公证领域的新兴制度，普通当事人更是对其一无所知。若不由公证员对哪些公证事项可以适用告知承诺制进行释明，将会导致部分愿意适用这一制度的当事人错失适用的机会，进而可能引发当事人难以达到申请办理公证目的的后果。因此，笔者认为应当在当事人申请启动前设置公证员释明的程序。公证员释明与当事人申请共同构成公证告知承诺制的启动模式。

（二）适用范围：明确公证告知承诺制的适用情形

《意见》明确指出，应当在与企业和群众生产生活密切相关、使用频次较高或者获取难度较大的公证事项中确定公证告知承诺制的适用范围。此外，囿于我国目前信用体系的不完善，笔者认为在适用公证告知承诺制的初级阶段，应当适当限缩

其适用范围,且应当将重大的公证事项或仅有孤证的公证事项排除在其范围之内。

1. 与企业和群众生产生活密切相关

纵观我国公证立法现状,并未对与企业和群众生产生活密切相关的事项进行明确界定。与这一概念相类似的表述存在于相关规范性文件中,如司法部办公厅发布的《关于调整公证机构执业区域的通知》中规定,对重大财产处分等涉及群众切身利益的公证事项,要结合本地区实际情况,按照分类推进、分步实施、有序调整的原则扩大执业区域。故根据该文件的表述可以看出,司法部倾向于将重大的财产处分认定为与群众密切相关的公证事项。基于此,笔者认为,与企业和群众生产生活密切相关的公证事项可以包括重大的财产处分行为。如当事人对其在处分房屋过程中的某些事项申请公证,具体可以包括房屋买卖过程中卖方对房屋出租情况的承诺、卖方对房屋的落户信息的证明等。次如当事人对继承事项办理公证,具体可以包括小额继承公证等。

2. 使用频次较高

纵观各省级司法行政机关对公证告知承诺制适用范围的规定,其充分体现了在实务中使用频次较高的公证事项的情况。经过笔者检索,出现频次较高的公证事项有:出生公证、国籍公证、身份证公证、户口簿公证、不动产权证书公证、结婚证公证、离婚证公证等。由此可见,各省级司法行政机关在划定公证告知承诺制适用范围时主要是基于实用主义的考量。但此种不加区分的将某类公证事项划入公证告知承诺制适用范围的规定,虽然便于实务操作,但也有不当扩大适用范围的嫌疑,如在办理出生公证将影响对父母财产的继承时,应当审慎适用公证告知承诺制,而不能"一刀切"地对出生公证适用公证告知承诺制。

3. 难度较大

当事人对公证事项存在难以证明的情况是构建公证告知承诺制的初衷之一。对难度较大的公证事项应当区分具体情况进行界定,如某一公证事项对某些当事人而言难以证明,而对其他当事人来说却并不困难。换言之,难度较大的界定应当视当事人的能力而定。如对婚姻状况的证明,外籍当事人相对于具有中国国籍的当事人而言,这一事项的证明毋庸置疑应当属于难度较大的情况。故这一维度的公证事项同样不能"一刀切"地予以适用。

(三)程序步骤:事前审查+事中事后监管

1. 事前审查:推动社会信息共享

《意见》第2条规定,企业和个人若存在提供虚假材料、不实承诺的行为将会被记入信用记录,相关主体不得再次适用公证告知承诺制,这是事前审查机制的立法依据。基于此,事前审查的范围应当包括申请适用主体的信用记录。公证员在进行事前审查过程中,若发现申请人存在不良信用记录的,不得对申请人适用公证告知承诺制。此外,是否应当审查申请人的赔偿能力仍然存在疑义。赞同者认为,若不对申请人的赔偿能力进行审查,将难以弥补申请人因承诺不实所造成的损失,况且我国的信用体系并不完善,对申请人的赔偿能力进行事前审查可以有效遏制不具备赔偿能力的人滥用公证告知承诺制。然而,笔者并不赞同以上观点,对申请人的赔偿能力进行审查有违公证告知承诺制的设立初衷。公证告知承诺制的主要适用对象本就是难以提供证明材料的当事人,若仍需要其提供具备赔偿能力的证明材料,实有违利企便民的宗旨。此外,由公证员对赔偿能力进行审查,将导致公证员再次承担公证的风险。若申请人在出现承诺不实情况时不能进行赔偿,则公证员将承担审查核实错误的责任,从这一维度来看,对申请人的赔偿能力进行审查同时与公证告知承诺制的责任转移机理不符。因此,事前审查的范围应当只包括申请人的信用记录。

信用记录的审查应当以完备的信用信息共享为实施前提。然而,我国目前并不存在这一条件,推进公证告知承诺制的适用首要任务是推进社会的信用信息共享,既包括各公证机构之间的信用信息共享,也包括公证机构与其他部门之间的社会信用信息共享,其他部门的信用信息记录在公证告知承诺制中同样适用。笔者认为,可以通过建立统一的数据共享平台解决这一问题,公证机构与其他相关部门将存在不良信用记录的当事人公布在这一平台上,实现相互之间的信息共享。

2. 事中事后监管:推进社会多元共治

事中事后监管是指在出具公证书过程中或者出具公证书后对当事人的承诺信息进行监督核查。事中事后监管不能仅仅由公证机构进行,否则会加剧公证人员短缺与被监管对象繁杂之间的张力。事中事后监管应当充分调动社会力量,如将当事人的承诺书进行公示,尤其是对于核查难度大、社会关注度高,且不涉及国家秘密、商业秘密和个人隐私的事项,应当由公证员主动进行公示,接受社会监督。①"打造共建共治共享的社会治理格局"是中共十九大报告提出的重要思想,社会多元共治强调对社会的各项资源进行配置和耦合,激活对社会资源的高效利用,增强社会资源的系统性和协调性。② 基于此,由社会公众对承诺信息与公证书等内容进行监督,既能解放公证机构的核查压力,又是对社会多元治理理念的积极响应。

---

① 参见李全息、李继伟、张莉、张敏、张鸣、庄淑君、谭睿:《公证证明材料告知承诺制在公证领域的运用》,载《中国公证》2021年第11期,第21页。

② 参见范如国:《复杂网络结构范型下的社会治理协同创新》,载《中国社会科学》2014年第4期,第118页。

在此背景下,将相关内容对社会公众公示后,还应当建立公证机构与社会群众的沟通渠道,以便于在因当事人的不实承诺行为侵害他人或公众利益时,受害人和社会群体可以及时将相关信息反馈至公证机构。①

(四)惩戒措施:公证告知承诺制的保障机制建设

对当事人的承诺不实行为进行惩戒是公证告知承诺制的构建基础。然而,目前的事后惩戒存在惩戒措施不明确、惩戒力度难以把握等现实困境。构建完善的事后惩戒机制,是公证告知承诺制规范运行的重要保障。

1. 合同违约责任

在涉及双方法律行为的公证事项中,一方当事人作出的承诺信息应当视为向对方披露的信息,此信息理当构成双方合同的基础。若一方当事人所作承诺不实,则毋庸置疑应当承担违约责任。

2. 惩罚性赔偿责任

在公证告知承诺制中能否适用惩罚性赔偿仍然存在质疑,其原因有以下两点:其一,惩罚性赔偿的适用应当有法律的明确规定,然而目前在有关公证告知承诺制的立法中并不存在相关规定;其二,目前普遍认为,惩罚性赔偿的适用场景应当限于涉及社会公益的情形,而公证告知承诺制往往只对双方甚至单方当事人产生影响。但由于惩罚性赔偿在惩罚不实承诺人的同时,还具有在社会上实现吓阻、威慑与预防教育的功能,让潜在不实承诺人不敢恣意实施承诺行为,具有很好的教育和引导作用。② 因此,是否在公证告知承诺制中适用惩罚性赔偿责任,应当在未来的立法中尽快予以明确。

3. 信用惩戒机制

信用惩戒具体是指将承诺不实的企业或者个人在相关信用信息平台进行公示,这一机制对于我国的社会信用体系建设大有裨益。然而,目前我国的信用惩戒机制却存在信用评价泛化、信用信息缺乏流通性等问题。信用评价泛化是指对存在失信行为的人不加区分,一次失信与多次失信产生的后果并无二致。对承诺主体实施分等级的信用评价是破解这一困局的重要手段,即失信的次数越多,信用评价越低,恢复信用所需花费的时间便越长。此外,如笔者前文所述,事前审查的进行依赖于社会信用信息的共享,而信用惩戒机制的建设是推进社会信用信息共享

---

① 参见闫海、兰天:《我国市场准入告知承诺制的法治构建》,载《长白学刊》2021年第2期,第89页。
② 参见陈小平、刘厅:《环境侵权惩罚性赔偿制度研究——以〈民法典〉第1232条为视角》,载《海峡法学》2022年第3期,第84页。

的原动力。面对信用信息缺乏流通性的困境,将承诺不实的人员情况通过统一的数据共享平台予以公示,以实现相关主体的信用评价在不同地区、不同部门之间的互联互通,既是破解事后惩戒困境的重要策略,亦是推进事前审查机制建设的必由之路。

结　　语

公证告知承诺制缘起于行政领域,但公证机构终究与行政机构存在差异,如何针对公证的特点构建适合自身的告知承诺制是目前公证领域亟待解决的问题。行政领域的告知承诺制是在"放管服"改革背景下提出的以便民利民为宗旨的制度设计,这一制度的提出更多的是基于对解决社会公众实际问题的考量。而公证告知承诺制虽然可从理性当事人的选择、公证事实具有建构性等学理进行阐释,但实则公证告知承诺制的提出与行政领域的告知承诺制无异,均是基于实用主义的考虑。但囿于笔者的实务能力,此文的许多设想是否能适用于我国目前公证的现状仍未可知。公证告知承诺制是我国公证制度的重大创新,如何在理论层面与实务层面构建其自身的体系,事关我国公证制度的高质量发展。笔者此文虽有不尽完善之处,但仍期冀为我国公证告知承诺制的构建贡献绵薄之力。

第四编
赋强公证在线模式与程序完善

专题二十 瑕疵公证债权文书执行中的适度宽容与多元补救
——以698份瑕疵公证债权文书为分析样本

陈建华 李发达*

引 言

法谚云,"多设一家公证机构,就可少设一家法院""公证债权文书可不经法院裁判而申请强制执行,从而使得债权能够迅速取得执行依据"①。故而,"经公证之后的债权文书被赋予强制执行效力,既使得债权能够快捷高效实现,服务和繁荣实体经济,也有利于减少、化解矛盾,促进社会和谐。实践证明,这项利国利民的好制度应予以继续坚持"②。2018年,最高人民法院审判委员会第1743次会议通过了《关于公证债权文书执行若干问题的规定》(以下简称《公证债权文书执行规定》)。该规定的出台体现了国家司法机关高度重视公证债权文书执行制度。但是在执行过程中,公证债权文书常常因为存在瑕疵导致而被人民法院作出不予执行的裁定。由此导致"公证债权文书强制执行即宣告程序终结,该制度的实际功效无法发挥作用,而债权人期许通过公证程序高效兑现债权的愿望落空"③。基于上述原因,笔者试图通过实证分析法,梳理瑕疵公证债权文书的主要表现,并归纳给予其适度宽容与多元补救的正当性与必要性,进一步探索构建公证债权文书的多元补救制度以及适当宽容机制。

---

* 本文作者:陈建华,湖南省郴州市中级人民法院执行局副局长;李发达,湖南省平江县人民法院法官助理。
① 张登科:《强制执行法》,三民书局有限公司2014年版,第49页。
② 邵长茂:《公证债权文书执行制度之完善》,载《人民司法》2021年第31期,第58页。
③ 张海燕:《法院不予执行公证债权文书的原因及其救济》,载《法学家》2017年第2期,第159页。

一、法院对瑕疵公证债权文书司法审查的实践做法

"要想改进,第一步就是要看看摆在面前的事实",美国大法官霍姆斯如是说。① 从当前法院执行工作实践可窥知,由于我国法律规定不明确等原因,对于瑕疵公证债权文书如何进行处理的问题,各地法院对此认识不一,且出现类案不同判的做法。譬如公证书未向当事人送达的程序瑕疵问题,西藏自治区高级人民法院(2019)藏执复 8 号执行裁定书与西藏自治区昌都市中级人民法院(2019)藏 03 执异 2 号执行裁定书均认为不属于严重违反法定公证程序的情形,裁定予以执行。而四川省德阳市罗江区人民法院(2018)川 0626 执异 31 号执行裁定书却认为,公证债权文书未向当事人送达,属于严重违反法定程序的情形,不符合法律规定,故裁定不予执行。又比如,2018 年最高人民法院《公证债权文书执行规定》细化了被执行人的救济途径,给予权利人实体与程序两个方面的救济途径。但有学者通过对该司法解释生效之后作出不予执行的 35 份裁定书进行统计分析后,发现至少有 9 份裁定书审查的是实体事项。② 就当前司法实务中类案不同判的现象,笔者通过中国裁判文书网,对 698 份瑕疵公证债权文书进行统计分析后,发现法院在执行中审查瑕疵公证文书的结果主要有如下三类。

(一) 全部内容不予执行

根据图 1,在司法实践过程中较为常见是全部内容不予执行,可见瑕疵公证债权文书在实务中被否定的较多。笔者通过对上述全部内容不予执行的案件进行分析,各类不同裁判理由及占比统计情况如图 2 所示。基于公证债权文书不得违反强制性法律规定、"确有错误"③以及有"明确内容"④的法律规定,同时根据申请执行证书是必须提交的材料可得知,尽管执行证书并非执行申请的依据,但却是公证债权文书申请强制执行的必要条件,对于执行证书给付内容不明确的,法院依然不予执行。如昆明晓安拆迁经营有限责任公司一案,由于对执行本金已经偿还 7019

---

① 苏力:《送法下乡——中国基层司法制度研究》,中国政法大学出版社 2000 年版,第 393 页。
② 李五志:《法院不予执行公证债权文书原因的实证分析》,载《唐山师范学院学报》2020 年第 5 期,第 137 页。
③ 参见《民事诉讼法》第 245 条第二款以及最高人民法院《关于适用〈中华人民共和国民事诉讼法〉的解释》第 478 条。
④ 最高人民法院、司法部《关于公证机关赋予强制执行效力的债权文书执行有关问题的联合通知》第 1 条规定:"公证机关赋予强制执行效力的债权文书应当具备以下条件:……(二)债权债务关系明确,债权人和债务人对债权文书有关给付内容无疑义……"故,公证债权文书必须约定"明确的内容",即我国对公证债权文书的明确约定是公证债权文书的生效要件。

万元还是 1588.35 万元、是否应当计算利息、利率计算超过法律规定的最高标准的是否可予执行、律师费的计算有无相应依据和标准等问题,云南省高院对此均未予以审查,导致案件基本事实不清,难以确定本案是全部执行还是部分执行,哪些内容应当执行,哪些内容不予执行,故裁定撤销云南省高级人民法院(2016)云执异 21 号执行裁定,并发回云南省高级人民法院重新审查。① 又如郑彩银与公司一案,实现债权的费用、损害赔偿金以及其他项目均没有具体的计算方式及金额,尤其是实现债权费用中关于办案费、仲裁费、诉讼费以及其他项目款项等均无明确指向,所以裁定不予执行。② 再如陈建华与施莱等一案,执行证书未向主债务人送达,且公证机构存档的执行证书与当事人向法院申请的执行标的范围不一致。由此可见,由于公证机关未尽到审查义务,且存在严重违反法定公证程序的情形。因此,法院裁定不予执行。③

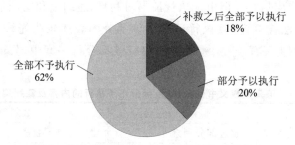

图 1　针对瑕疵债权文书予以处理的三种做法

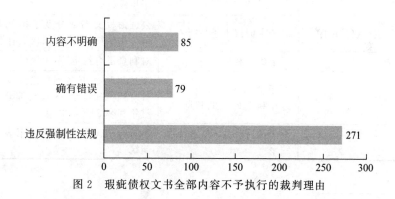

图 2　瑕疵债权文书全部内容不予执行的裁判理由

(二) 部分内容予以执行

由于 2020 年之前的法律规定,对于借贷利息年利率不超过 24% 的部分予以执

---

① 最高人民法院(2016)最高法执复 61 号执行裁定书。
② 福建省厦门市中级人民法院(2018)闽 02 执复 5 号执行裁定书。
③ 江苏省高级人民法院(2019)苏执复 67 号执行裁定书。

行,对年利率超过 24% 的部分不予执行,故而在实践中,存在"合法部分予以执行""不合法部分不予执行"的做法(详见表 1)。① 譬如,公证债权文书赋予强制执行效力的范围仅限于主债务的,则对担保债务部分的执行申请不予受理;效力仅限于担保债务的,对主债务部分内容的执行申请不予受理。② 又如,虽然对本金部分内容予以执行,但是对没有约定的利息部分内容不予执行。例如,在方菊案中,债权人以多种名目设立利息、罚息、综合费用等收取高额回报,法院仅对上述款项之和年利率在 24% 之内的部分裁定予以执行。③ 又如在刘鑫因与张掖市金鑫典当有限公司一案中,对于自动履行的部分,利息或逾期利息未超过年利率 36% 的部分应予认可,已支付的超过年利率 36% 的部分,应当折抵本金,在本金中予以扣除。对于未支付的部分,利息或逾期利息超过年利率 24% 的部分,应不予执行。④ 如罗云与温雨龙等案中,债权本金的给付内容是明确的,双方当事人对该部分的执行也无异议,故本金部分应当执行。但由于执行证书对利息、违约金和实现债权的合法费用一并主张不符合法律规定,且执行证书对该部分的表述较为笼统,标的金额不明确,故人民法院对此不予支持。⑤ 在天府银行成都分行一案中,公证债权文书范围

表 1 瑕疵债权文书部分执行、部分不予执行的内容及裁判理由

予以执行内容	不予执行内容	裁判理由
年利率在 24% 之内利息	超过部分利息	超出部分不合法
执行主债权	不予执行担保人	公证债权文书只及于主债权,没有及于担保权
执行部分主债权及担保人	部分主债权不予执行	公证债权文书部分及于担保人及该部分主债权,剩余主债权没有涉及
执行本金	不予执行利息	对利息没有约定,不予执行
不超过年利率 24% 利息	不予执行抵扣本金及超过年利率 24% 的利息	超过年利率 36% 利息已经支付的部分应当抵扣本金,未履行部分不应超过年利率 24% 的利息
本金	不予执行利息、费用及违约金	不符合法律规定,债权文书表述过于笼统

---

① 最高人民法院《关于审理民间借贷案件适用法律若干问题的规定》明确规定借贷双方约定的利率未超过年利率 24%,出借人请求借款人按照约定的利率支付利息的,人民法院应予支持。借贷双方约定的利率超过年利率 36%,超过部分的利息约定无效。最高人民法院于 2020 年 8 月 18 日关于民间借贷司法解释第一次修正,主要是将民间借贷利率的上限调整为 LPR 的 4 倍,当时的 LPR 利率为 3.85%,LPR 的 4 倍即为 15.4%。
② 参见《公证债权文书执行规定》第 6 条。
③ 北京市怀柔区人民法院(2018)京 0116 执异 144 号执行裁定书。
④ 最高人民法院(2018)最高法执监 375 号执行裁定书。
⑤ 四川省高级人民法院(2016)川执复 20 号执行裁定书。

仅有担保债务时可以申请执行,故天府银行成都分行对该部分申请执行具有法律依据。天府银行成都分行对关于应当受理最高额保证合同部分执行申请的这一部分的复议请求成立,应予以支持。原审裁定将该部分强制执行申请一并驳回有待商榷,应予以纠正。①

(三) 给予适度宽容与多元补救

司法实践中,虽然我国关于公证债权文书内容的要求较为明确,但是对于公证债权文书出现表达不准确、名称错误、笔误或计算错误,如能保证主体及主要内容是完整且清晰的,法院依旧会认为该文书具有效力,且赋予了"公证机关补正公证书或者执行证书"或者"及时送达补正公证书或者执行证书"等补救方法。比如唐建益等人一案中,由司法部《公证程序规则》第44条第1款规定"公证书自出具之日起生效"可知,公证书不以向当事人送达并由当事人签收为生效要件,故而公证书未向当事人送达的情形不属于《公证债权文书执行规定》第12条第1款第5项"其他严重违反法定公证程序的情形"。②又如厦门达嘉集团有限公司与方东洛等人一案,鉴于我国现有法律尚未规定补正执行证书的送达程序将影响公证债权文书的执行,且补正执行证书向双方当事人送达后,复议申请人并未提出异议,此时再以补正送达程序违法为由请求不予执行,本院不予认可。③再如禾润得农业公司与晋中农商银行一案中,鉴于我国现有法律尚未规定在执行程序中公证机关补正公证书以及未及时送达补正公证书将影响公证债权文书的执行,故而公证书存在因错字造成的文书瑕疵,如果公证机关及时作出补正文书,则对公证文书内容及其真实性不造成实质影响,两者均具有同等法律效力。④比如马英等人案中,依据现行法律规定,公证员不到场并非法律规定的严重违反法定公证程序的情形,本案中公证员未到场而由公证员助理办理公证业务的,程序上虽存在瑕疵,但由于双方当事人均在债权文书上签字,表示自愿承担保证责任是其真实意思表示,且公证员对公证材料进行审核后于公证书中签章署名,故其未到场并不影响公证债权文书的执行。⑤又如河南满天丰公司等人案中,公证机构在出具执行证书时向债务人核实债务履行情况的程序并不完备,但不足以影响公证债权文书实体结果的,属于程序瑕疵,不属于不予执行公证债权文书的法定事由。⑥再如李建云与张敏一案

---

① 四川省高级人民法院(2021)川执复105号执行裁定书。
② 参见西藏自治区昌都市中级人民法院(2019)藏03执异2号执行裁定书。西藏自治区高级人民法院(2019)藏执复8号执行裁定书维持了西藏自治区昌都市中级人民法院(2019)藏03执异2号异议裁定书。
③ 最高人民法院(2019)最高法执复42号执行裁定书。
④ 山西省高级人民法院(2020)晋执复154号执行裁定书。
⑤ 新疆维吾尔自治区高级人民法院(2020)新执复29号执行裁定书。
⑥ 北京市高级人民法院(2018)京执复142号执行裁定书。

中,公证机构调查核实债务履行情况所拨打的电话号码虽然存在瑕疵,但不足以影响具有强制执行效力的公证债权文书的效力,不能认定为《公证债权文书执行规定》第12条第1款第5项所规定的"其他严重违反公证程序的情形"。①

笔者通过对上述补救之后予以执行的裁判文书进行统计分析后(详见表2),发现一些法院认为相当一部分瑕疵公证文书可以通过补救后再予以执行。由于法院司法审查尺度太过严苛,对公证债权文书"确有错误"事由过于宽泛,法院因此高概率裁定不予执行,倒逼当事人不愿选择该制度。然而,"关键还是在于法院,只有法院充分肯定该制度的运行价值,坚守法律规范的前提下,科学把握和准确界定公证债权文书'确有错误'事关该制度存亡的难关,同时需要设立对法院裁定不予执行的救济机制,以达司法效率和诉权保护之间的动态平衡"②。为此,在形式上公证债权文书出现瑕疵,不应径直地作出不予执行的裁定,而是应当先给予瑕疵公证债权文书适度宽容与多元补救的机会。即如学者所言,"先通知原公证机构纠正,公证机构纠正后若符合标准,法院再予以执行,若不纠正或是纠正后仍不符合再裁定不予执行"③。

表2 瑕疵公证债权文书补救情形

错误内容	错误情形	裁判理由	裁判结果
文书未送达	瑕疵程序	公证文书不以未送达为生效要件,不属于程序瑕疵,不造成实质影响	予以执行
公证员未到场	瑕疵程序	非严重违反程序,已对材料进行审核	予以执行
错字	表达有误	补正之后,不影响实质内容	予以执行
案款金额错误	计算错误	补正之后,不影响实质内容	予以执行
未核实履行情况	瑕疵程序	不足以影响公证债权文书实体结果	予以执行

二、给予瑕疵公证债权文书适度宽容与多元补救的正当性与必要性

作为一项典型的预防性法律制度和非诉讼纠纷解决机制,公证制度凭借其证明效力、执行效力、要件效力在预防纠纷和诉源治理中扮演着极为重要的角色。公证债权文书能够得到正确执行,是设计该制度的价值选择与初衷。所以,对于瑕疵公证债权文书给予适当宽容与多元补救的机会,有其正当性与必要性。

---

① 山东省日照市中级人民法院(2019)鲁11执复28号执行裁定书。
② 张海燕:《法院不予执行公证债权文书的原因及其救济》,载《法学家》2017年第2期,第162页。
③ 卓萍:《公证法学概论》,法律出版社1988年版,第78页。

（一）给予瑕疵公证债权文书适度宽容与多元补救的正当性

面对"现实中书写错误较为普遍，即便是法院作出的裁判文书，也有可能存在书写瑕疵诸如错字、病句等，但对文书的真实性、合法性、有效性等没有实质影响，法律对此允许裁定补正。公证债权文书虽不由司法机关作出，但其与判决书具有同等强制执行效力，当一视同仁，允许公证机构在合理范围内补正"。与"'公证债权文书载明的法律关系与事实不符'时也应考虑可能造成影响的具体情形，对于影响轻微的应裁定予以执行"[①]。因此，瑕疵公证债权文书有必要给予适当宽容和多元补救的机会，不仅是正当程序保障体系的要求，也是信用交易市场规制的适当延伸，更是快速化解矛盾的现实需要。具述如下。

第一，交易信用是对瑕疵公证债权适当宽容与多元补救的实质基础。"从本质上来看，公证其实是一种信用媒介。"[②]由此可见，交易信用理论是公证债权文书的理论基础。从该理论中可得知，债务人基于自愿在公证债权文书中载明，愿意在违反债权文书约定的情况下接受法院的强制执行，其实也是一种守约践诺的自我保证，这样可以增强对方当事人对债务人的交易信心，从而促进市场交易。而且，通过公证债权文书执行效力的威慑，可以反过来减少债务人信用违约的情形，从而营造良好的营商环境和市场秩序。所以，当事人交易信用为公证债权文书的形成奠定了基础，同样也为瑕疵公证债权文书的补救与宽容打下了铺垫。对瑕疵公证债权的补救与宽容也应当合法并具有正当性，即不违反法律法规禁止性规定，且在程序与内容上不违背当事人之间交易信用。

第二，遵循正当程序是对瑕疵公证债权适当宽容与多元补救的规范基础。程序正当原则注重"有权利即有救济"，要求有权利就必须有救济途径。因为瑕疵被裁定不予执行的瑕疵公证债权文书，不仅增加债权人司法成本，而且不利于及时实现债权，且不利于公证债权文书的执行。为此，债权人应有机会通过复议、司法程序等各种途径对瑕疵公证债权文书进行补救。这一方式给予了当事人、利害关系人通过不予执行、诉讼以及向公证机构提出复查的救济手段维护自身合法权益。[③]此外，公证债权文书确有瑕疵的，只要公证机关依法补正，法院就应当裁定执行而不是不予执行，如此才能让当事人更加愿意选择强制执行公证作为实现债权的法律途径。

[①] 杨佳浩：《法院不予执行公证债权文书实证研究》，湘潭大学硕士学位论文（2019年），第36页。
[②] 段明：《公证债权文书执行研究——基于公证权与司法权关系视角》，清华大学出版社2021年版，第39页。
[③] 参见《公证法》第39条。

第三,快速解纷是对瑕疵公证债权文书适当宽容与多元补救的原则要求。中国近现代法学家居正说道:"查民事诉讼,在当事人两造曲直必有所归,徒以直者无由证其直,曲者遂得而争之,如行公证制度,使人民就其所为法律行为或其他关于私权之事实,由此得一确实证明方法,人将不敢妄与之争,诉讼自必减少,即成诉讼,法院亦易判断其曲直,迅速结案。"①最高人民法院周强院长指出:"公正必须高效,迟到的正义使其大打折扣,同样影响法治权威和公信。"②瑕疵公证债权文书的适当宽容与多元补救通过高效、便捷的方式弥补公证债权文书中的瑕疵,如此有利于尽快明晰当事人之间的事实,保障其强有力的执行力,成为一项快速化解矛盾、节约司法成本的权利救济方式,减少当事人提起诉讼或听证的频率而造成不必要的诉累。

(二) 给予瑕庇公证债权文书适度宽容与多元补救的必要性

第一,有利于确保公证债权文书的公信力。2014年1月至9月,北京石景山区法院共受理执行公证债权文书案件27件,实际执结率69%,实际执结率较低的根本原因在于公证债权文书的内容和审查程序存在一定的瑕疵。③ 一旦瑕疵公证债权文书被裁定不予执行的比例较高,必将"无法实现该制度的初衷,也会倒逼当事人远离该制度,最终导致走向萎缩"④。当前,人民法院对瑕疵公证债权文书给予适度宽容与多元补救,体现了司法对公证的支持和帮助,有助于公证行业的自我规范。一方面,法院具体指导瑕疵公证债权文书的规范性、合法性,为保障公证债权文书的强制执行效力提供了常态化与制度化的渠道,有利于提升公证机构制作公证债权文书的能力与水平,进而提升公证债权文书的公信力。另一方面,向公证债权当事人输送专业知识,促使公证当事人及时发现并解决自身存在的问题。

第二,有利于缓解人民法院案多人少矛盾的尴尬境地。当前,我国处于社会急剧变革和经济下行压力的大背景之下,大量的矛盾纠纷涌入人民法院,加上立案登记制的实施和法官员额制的改革,导致案多人少矛盾进一步突出。⑤ 针对案多的矛盾,张卫平、李浩、章志远等著名法学家均提出了通过诉源治理的方式来消解"案

---

① 段明:《公证债权文书执行研究——基于公证权与司法权关系视角》,清华大学出版社2021年版,第39页。
② 周强:《形成高效的法治实施体系》,载《求是》2014年第22期,第5页。
③ 万学俭、刘志凯:《瑕疵公证债权文书影响案件执行》,载《人民政协报》2014年10月21日,第12版。
④ 张海燕:《法院不予执行公证债权文书的原因及其救济》,载《法学家》2017年第2期,第151页。
⑤ 根据最高人民法院报道,2021年1月1日至11月15日,全国法院共受理案件3051.7万件,同比2020年同期,新收案件数量增长10.8%;与2019年同期相比,新收案件增长3.8%,两年平均增长1.9%。结案2391.9万件,结案数增长6.9%,未结案件659.8万件。全国共约12.7万名员额法官,人均受理案件240件,人均结案188件。

多"的困顿。① 赋予瑕疵公证债权文书强制执行效力,从源头上减少诉讼案件的产生,与近年来最高人民法院倡导的"诉源治理"十分契合。② 正如有学者所言:"公证债权文书执行制度在民事纠纷中扮演着'分流器'和'前置法官'的重要角色,这也就是为何国家在多元化纠纷解决机制中,极为重视公证及公证债权文书执行制度的原因所在。"③ 同时,有利于节约有限的诉讼资源。对公证债权文书瑕疵的适当宽容与补救,不仅可以为当事人普及公证知识,帮助其了解公证债权文书的瑕疵问题,为将来化解矛盾提供坚实的基础,同时可以有效减少当事人因公证债权文书瑕疵被裁定不予执行而提起诉讼或听证的案件数量,在一定程度上可以帮助缓解法院办案压力,最终节约司法成本,且能够帮助当事人以低成本高效化解矛盾。

第三,有利于充分发挥公证债权文书强制执行力的效用。一般而言,公证债权文书经由法院审查之后裁定予以执行,其与法院裁判文书具有相同法律效力。当面临瑕疵公证债权文书时,法院审查则成为瑕疵过滤器,让过滤的公证债权文接近强制执行水平或总体上能够执行,消弭其自身所存在的不科学、不严谨、不规范、不周延等瑕疵情况,促使瑕疵公证债权文书更具可执行性以及规范性,最大限度防止减损瑕疵公证债权文书执行的预期性和准确度。

三、瑕疵公证债权文书适度宽容与多元补救的运行原则

埃尔曼认为:"法律的发展无法离开其所生存的社会制度以及社会感情的土壤。"④ 让当事人明确化解矛盾的意愿是瑕疵公证债权文书的适当宽容与多元补救制度的宗旨与内涵,在形式上可以使公证债权文书规范化,在实质上可以让当事人审慎行使权力,在程序上可以明确司法审查风险。然而法院不应直接取代公证职能,应在自律性的谦抑与司法权的延伸这两者之间找到平衡点,如此便能将对公证债权文书的审查和适度宽容与多元补救保持在合理限度内。

---

① 张卫平、李浩、陈卫东等:《关于"案多人少"的形成和破解有关问题的讨论》,载《民主与法制周刊》2022年第13期,第32—35页。
② 最高人民法院于2016年6月印发《关于人民法院进一步深化多元化纠纷解决机制改革的意见》,其中要求加强与公证机构的对接。最高人民法院于2019年2月印发《关于深化人民法院司法体制综合配套改革的意见——人民法院第五个五年改革纲要(2019—2023)》提出"完善诉源治理机制,推动从源头上减少诉讼数量"。
③ 段明:《公证债权文书执行研究——基于公证权与司法权关系视角》,清华大学出版社2021年版,第39页。
④ [美]埃尔曼:《比较法律文化》,贺卫方、高鸿钧译,清华大学出版社2002年版,第2页。

（一）保持司法中立消极特质，审慎宽容与多元补救瑕疵

"法官释明法律从某个角度来说是自身义务使然，可以通过释明法律来转化司法动力，一旦超过某种界限，势必成为违法的工具。"①法院不直接、主动介入公证债权的瑕疵补救与适当宽容是由司法中立性和被动性的特质所决定的，而法院在运用此制度的程序中同样应当时刻保持公正中立，不能偏袒任意一方。譬如根据《公证债权文书执行规定》②、《北京市法院执行局局长座谈会（第七次会议）纪要——关于公证债权文书执行与不予执行若干问题的意见》（以下简称《北京意见》）③和《浙江省高级人民法院、浙江省司法厅关于规范债权文书公证和强制执行及公证机构协助执行有关问题的通知》（以下简称《浙江通知》）④，赋予了公证机构补正、更正公证债权文书的权力。

（二）坚持交易信用原则，尊重当事人主体地位

"公证债权强制执行具有预防功能，某种程度上可以督促债务人履行义务，形成无形的震慑力，能够减少和预防失信行为的发生，有效保护交易安全，倒逼建构社会征信体系。"⑤法官在对瑕疵公证债权文书进行补救的司法审查程序中，应当以了解公证债权文书的规范格式、当事人真实意图以及案件基本事实等浅显表现为边界，而不应当对当事人之间的交易信用进行干预。交易信用是法院对公证债权瑕疵进行多元补救与适当宽容的基础，法官应当基于当事人之间的交易信用出具公证债权瑕疵适当宽容与多元补救的司法审查意见。

（三）坚持合理救济原则，不予执行根本缺陷的公证债权文书

公证债权文书存在严重质量问题导致无法有效化解矛盾纠纷，致使公证行为的宗旨无法兑现，是公证债权文书"根本缺陷"的基本内涵。如公证债权文书出现根本缺陷，作为司法审查机构的法院不能粗暴地对其进行补救或适当宽容，而对于

---

① ［日］谷口安平：《程序的正义与诉讼》（增补本），王亚新、刘荣军译，中国政法大学出版社2002年版，第149页。

② 对于《公证债权文书执行规定》第22条第1款规定的情形应以诉讼的方式予以解决；而对于非实质性瑕疵，如笔误、数据计算错误、文字或术语错误、遗漏等，应给予公证机构补充、更正、解释的权利。

③ 《北京意见》第21条第2款规定："公证机构自行更正或补正公证债权文书的，执行法院以更正或补正后的公证债权文书作为执行依据，继续执行或继续审理不予执行申请。"

④ 《浙江通知》第11条第2款规定："公证机构更正、补正公证债权文书或执行证书的，执行法院应以更正、补正后的公证债权文书或执行证书为准，继续执行或继续审查不予执行申请。"

⑤ 杨佳浩：《法院不予执行公证债权文书实证研究》，湘潭大学硕士学位论文（2019年），第1页。

公证机构出具公证债权文书的补正文书就更加不能进行简单审查。如公证债权过程中存在违背法律的强制性、禁止性规定等相关情况,如申请司法补救,则其实际上就失去了审查强制执行力的正当性,此时法院则不能对该公证债权进行多元补救或适当宽容。

四、瑕疵公证债权文书适度宽容与多元补救的适用情形与程序

"任何法官都不应当在没有可供执行的规则中拥有司法裁判权,否则当事人诉诸法院时,将因其反复无常而受到牵连。"①因此,在对公证债权瑕疵进行多元补救或适当宽容时,准确识别瑕疵公证债权文书并对其进行合理处理,是确保瑕疵公证债权文书具有强制执行力的质量和程序正当性的主要途径。

(一)正确界定瑕疵公证债权文书及情形

"任何领域中的工作都是从该领域有效概念和言语中开始的,是一个探索者在该领域开疆拓土必须遵循的原则。"②在百家争鸣的学术背景下,有必要对瑕疵公证债权文书进行科学界定。参考瑕疵民事裁判文书概念,譬如瑕疵民事裁判文书是指没有实质影响到裁判结果的细微错误,以技术性错误为主,以认识、判断错误为例外。③又如所谓瑕疵民事裁判文书是由于法院工作失误或违反程序法规导致某个方面有失完善的民事裁判文书。④笔者认为,瑕疵公证债权文书是指因为当事人或公证机构的行为,抑或因违反程序导致出现细微缺陷的公证债权文书。由于《公证债权文书执行规定》并没有明确规定瑕疵公证债权文书情形,故而有必要对此进行完善。根据《北京意见》《浙江通知》等赋予瑕疵公证债权文书适度宽容与多元补救的规定以及全国各地的实践经验,笔者认为,能够纳入适度宽容与多元补救制度的瑕疵公证债权文书的情形主要指公证债权文书属于非实质性瑕疵,譬如数据计算错误、文字表达错误、笔误、文字表达不准确、文字遗漏等,能够让公证机构充分发挥解释、补正的作用。具体而言,主要分为以下七种情形:一是公证债权文书未向当事人送达的程序瑕疵;二是执行证书未向当事人送达的程序瑕疵;三是

---

① [美]史蒂文·苏本,[美]马格瑞特·伍:《美国民事诉讼的真谛:从历史、文化、实务的视角》,蔡彦敏、徐卉译,法律出版社2002年版,第60页。
② [美]霍贝尔:《原始人的法》,严存生译,贵州人民出版社1992年版,第17页。
③ 陈晓君:《缺陷的弥补与权利的补充救济——民事裁判瑕疵补正程序》,载《法律适用》2008年第9期,第46页。
④ 曹书瑜:《论民事瑕疵裁判的补正程序》,载《人民司法》2006年第6期,第58页。

公证债权文书因打字等失误造成的瑕疵;四是公证员未到场并不影响公证债权文书执行的瑕疵;五是公证机构因核实债务履行情况的程序不完备而出具执行证书,但不足以影响公证债权文书的实体结果的;六是公证机构调查核实债务履行情况所拨打电话号码存在瑕疵,但不足以影响公证债权文书的效力的;七是不足以影响公证债权文书执行效力的其他情形。

(二) 设定瑕疵公证债权文书司法审查标准

对于瑕疵公证债权文书进行完备的司法审查,需要建立在完善的法律制度上。对此,笔者有如下建议。认定瑕疵公证债权文书具有法律效力及公信力,应当同时具备以下四个条件。

一是双方当事人应具备民事行为能力;二是双方当事人意思表示真实;三是不能违反社会公共利益[①];四是不能违反国家强制性法规。由此可见,法官在办案过程中应尽全力了解当事人的真实意思,才更有可能作出更有效的公证债权补救意见。对此,由于公证机构、法院在补救及适当宽容方面具有一定的职权,所以当事人采取此种途径具有一定的局限性。同时,基于"公证债权文书是执行依据,而执行证书是申请执行时必不可少的证明性文件"[②],考虑到执行证书是"由公证机构签发,债权人权利能否通过选择公证时的预计轨道予以实现与是否签发执行证书、承担相应义务的当事人能否被强制执行,以及设立强制执行公证制度的价值能否得以发挥息息相关"[③]。所以,只有执行证书被公证机构发布以后,当事人才能就公证债权文书申请人民法院强制执行。因此,公证机构务必要出具执行证书,并且执行证书不能出现严重瑕疵。债权文书公证的基础是当事人意思自治。基于有利于实现当事人真实意思表示并尽可能承认瑕疵公证债权文书效力的考量,不论是法院还是公证机构都应被赋予多元补救与适当宽容的权力,以保障债权文书公证程序顺利进行,焕发公证制度在多元化纠纷解决机制中的作用。

(三) 合理审查排除恶意公证行为

对于瑕疵公证债权的适当宽容与多元补救制度,笔者认为在司法实务过程中可以采取如图3所示的流程予以进行,具体而言即以下三个步骤:第一步,对公证债权文书是否属于瑕疵进行司法审查。当事人在公证过程中,因当事人虚假陈述或双方恶意串通故意捏造虚假事实作出的公证债权文书,由此获得执行依据而向

---

① 参见最高人民法院《关于适用〈中华人民共和国民事诉讼法〉的解释》(2022年修正)第478条第2款。
② 参见《公证债权文书执行规定》第3条。
③ 文艳琴:《论公证债权文书执行救济制度》,西南政法大学硕士学位论文(2019年),第36页。

人民法院申请执行的,既妨害正常的司法秩序,也有损公证公信力,不利于社会和谐与稳定。为保障公证债权能够成为化解矛盾的重要方式之一,并对潜在的债权债务人起到指引作用,对于恶意、虚假的公证债权文书,法院应一律裁定不予执行。如认为该行为与捏造事实并向人民法院提起诉讼的行为无异,则应依法以虚假诉讼罪移交有关单位进行处理。何为恶意公证?笔者认为,恶意公证是指当事人通过公证债权文书达到损害国家、集体以及他人合法权益之目的的行为。《民事诉讼法》对恶意公证行为不仅作出禁止性规定,且规定了具体的惩罚措施和法律责任。最高人民法院、最高人民检察院《关于办理虚假诉讼刑事案件适用法律若干问题的解释》第1条和"两高两部"《关于进一步加强虚假诉讼犯罪惩治工作的意见》第4条均认为,向人民法院申请执行基于捏造的事实作出的公证债权文书,属于《刑法》第307条之一第1款规定的"以捏造的事实提起民事诉讼"。第二步,对是否属于严重瑕疵的公证债权文书作进一步判断。对于公证债权文书的瑕疵严重程度,法院应当进行进一步的审查。如该公证债权文书的瑕疵问题程度较为严重,应当裁定不予执行。反之,如不属于严重瑕疵,则可以给予一定程度的多元补救与适当宽容。第三步,根据第二步的判断,对过滤到属于能够补救的公证债权文书进行补救或者适当给予宽容,确保该公证文书能够被法院裁定准予执行。

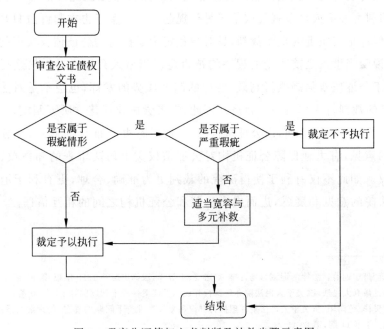

图3 瑕疵公证债权文书判断及补救步骤示意图

（四）构建瑕疵公证债权文书的救济机制

"所有权利都是可以被盗用或误用的。"①基于此，当事人应当拥有被救济的权利。正如法谚云："无救济即无权利。"法院对公证债权文书审查之后具有法律效力，因此必须设置瑕疵文书的认定与补救制度的救济渠道，以保障当事人的完整的合法权益，确保司法审查与补救制度的正当性。目前，执行法院在审查瑕疵公证债权文书之后存在两种做法：第一种是裁定执行公证债权文书；第二种是裁定不予执行公证债权文书。根据现行法律规定，当法院裁定不予执行公证债权文书后，当事人目前有两种救济渠道：第一种是申请复议。②"由于法院对公证债权文书的审查同时涉及程序问题与实体问题，因此在作出驳回不予执行申请的裁定之后，应当允许当事人向上级法院复议，以此加强程序的正当性。"③有学者认为，借鉴"美国仲裁裁决认可程序，债权人应在作出裁决之后进入强制执行之前向法院申请认可，债务人则必须在规定时间内提出异议并提供证据，否则期间经过后，仲裁裁决即进入执行，法院将不再认可被执行人提出的不予执行申请"④。而笔者认为如果在公证债权文书强制执行程序中引入认可程序，将救济的时间点从"裁定驳回不予执行申请"之后转到"执行程序开始"之前，更有利于减少当事人"躺在权利上睡觉"的现象，同时又与现有的仲裁裁决救济程序相契合。第二种是提起诉讼。⑤当事人、公证事项的利害关系人可以就债权争议另行提起诉讼。鉴于再次起诉虽只是名义上的救济，但却是实质上的重新裁判，是对被裁定不予执行的公证债权文书的本质否定，也就说明当事人之前所走的程序均被否定。当事人只能通过诉讼途径予以救济，不利于公证债权强制执行高效、便捷的制度优势的发挥，也绝不是对法院裁定不予执行的裁判行为本身进行救济。因此，笔者尝试建议建立听证制度，在法院作出驳回不予执行申请之前，由公证机构参与，通过举办听证会的形式，充分听取公证机构的意见，有力地保障公证机构对公证债权文书司法审查的知情权、参与权和表达权。如此不仅有利于使得法院的裁判更为准确、合理，更有利于消弭公证机构对法院的意见和疑惑，进而提升法院和公证机构之间的相互信任。

---

① [英]丹宁勋爵：《法律的训诫》，杨百揆、刘庸安、丁健译，法律出版社1999年版，第99页。
② 参见最高人民法院《关于人民法院办理执行异议和复议案件若干问题的规定》第10条。
③ 刘贵祥、范向阳：《〈关于人民法院办理执行异议和复议案件若干问题的规定〉的理解与适用》，载《人民司法》2015年第11期，第28页。
④ 李诏楠：《我国国内仲裁裁决不予执行制度完善研究》，安徽大学硕士学位论文（2018年），第24页。
⑤ 参见最高人民法院《关于适用〈中华人民共和国民事诉讼法〉的解释》（2022年修正）第478条第三款。

结　语

"人类史就是一部守旧与创新的斗争史。"[①]站在全面深化司法改革和多元化纠纷解决机制改革的大背景之下,构建瑕疵公证债权文书的适度宽容与多元补救制度,可为瑕疵公证债权文书可执行性提供有力支撑,促进公证事业得以熠熠生辉。但是,由于"社会需要一整套相互补充与制约的制度,在任何时候都不可能仅仅依靠某项制度解决社会问题"[②]。为此,对于瑕疵公证债权文书的适度宽容与多元补救这一实用性很强的制度,亟待引起立法、公证、法院等多个主体的关注和协作,并不断将其完善。

[①] 闵仕君、胡由虎:《善意文明执行理念实践的探析与进路——以"物联网＋执行"司法应用为视角》,载《法律适用》2022年第5期,第165页。

[②] 苏力:《制度是如何形成的》,北京大学出版社2007年版,第55页。

专题二十一　公证债权文书执行立案审查模式述评与路径优化

韩果杞*

一、问题的提出

根据最高人民法院《关于人民法院登记立案若干问题的规定》（以下简称《登记立案规定》），法院在民事立案环节要实现由立案审查制向立案登记制的转变，经形式审查符合法定条件即可登记立案。同时该规定第18条明确提出，强制执行案件立案工作，也要实行立案登记制。[①] 最高人民法院《关于公证债权文书执行若干问题的规定》（以下简称《公证债权文书执行规定》）第5条规定了公证债权文书在执行立案环节的受理条件以及相应的法律后果。从第5条所设定的受理条件来看，该规定提高了公证债权文书进入执行程序的门槛。分析该规定第5条，可以看出法院在执行立案时，应当对公证债权文书的具体内容进行审查，审查的内容包括但不限于：债权文书是否能被赋予执行效力、公证证词载明的权利义务主体和给付内容是否明确等实质性事项。上述审查内容不同于以往的形式审查，而是需要一定程度上的实质审查。《公证债权文书执行规定》所设定的立案审查内容与我们实行的立案登记制是否相冲突？这种提高审查门槛的做法是否具有合理性？在这种审查模式下，公证债权文书的执行立案审查是否还存在其他问题？上述问题均值得深入思考。[②]

---

* 本文作者：韩果杞，湘潭大学法学院硕士研究生。本文系湖南省法学会法学研究青年课题"公证参与诉源治理机制创新研究"（22HNFX-D-002）的阶段性成果。

① 参见《登记立案规定》第18条。

② 段明：《公证债权文书执行研究——基于公证权司法权的关系视角》，清华大学出版社2021年版，第125页。

二、公证债权文书的执行立案模式审视

(一) 立案登记制的适用：由诉讼向执行的延伸

立案是诉讼程序的开端，是进入司法大门的第一道门槛。过去，在立案审查制的背景之下，我国司法实践中出现了"立案难"的问题。法院某些拒不立案、拖延立案的做法，使得案件无法正常的进入诉讼程序，当事人的诉权无法得到有效保障。为此，我们进行了案件受理模式的改革，实现由立案审查制向立案登记制的变革。

根据司法改革的精神和司法实践中"立案难"的现实背景，不难看出立案登记制的推行以保障当事人的诉权为目的，意在加强程序保障，保护当事人的诉讼权利，便利当事人的诉讼条件，贯彻和落实现代司法理念。同时，研读立案登记制改革的相关文件以及司法解释，也可以看出立案登记制最为强调的就是切实有效地保障当事人诉权，解决诉讼立案难题，降低诉讼立案受理的门槛，提高司法公信力，推动社会主义法治建设。进一步来讲，司法实践中所谓的"立案难"问题，针对的是诉讼阶段的"立案难"，具体表现为当事人向法院起诉申请立案时的"三不现象"，即法院不收材料、不出裁定、不予立案。[1]

2015年《登记立案规定》和《关于人民法院推行立案登记制改革的意见》（以下简称《意见》）中对执行立案登记作出了规定。《登记立案规定》第18条明确提出强制执行案件要适用立案登记制，《意见》第2条第4项规定了执行案件应当登记立案的具体情形。通读这两部文件，虽然针对执行立案的规定仅此两条，但是在规范层面，立案登记制度实现了由诉讼向执行的延伸，执行立案完成了从立案审查到立案登记的转变。

(二) 公证债权文书的执行立案模式厘定

虽然规范层面要求执行立案工作要实施立案登记制，但是公证债权文书因其自身的特殊性，有着不同于其他执行依据的立案模式。界定公证债权文书的执行立案模式，首先要厘清立案登记和立案审查之间的区别。需要明确的是"登记"并不是无须审查当事人提交的材料[2]，登记立案和审查立案的本质区别在于两者的审查范围和程度不同。此外，理解立案登记制和立案审查制的区别，也需从程序层面进行把握。

---

[1] 张宝成：《民事强制执行案件不宜实行立案登记制度》，载《山东科技大学学报》（社会科学版）2017年第3期，第49页。

[2] 蔡虹、李棠洁：《民事立案登记制度的法理省思》，载《法学论坛》2016年第4期，第117页。

以诉讼阶段为例，在立案审查制下，立案部门不仅会对起诉要件进行审查，还将对当事人主体资格、诉讼的法律关系、起诉的证据等诉讼要件进行审查，即实质审查。在程序上，我国司法实践中，存在诸多以口头方式作出的"不予受理"裁定，无任何书面凭证。该种现象直接损害了对当事人诉讼权利的救济。而在立案登记制下，当事人提起诉讼时，实体层面只需满足《民事诉讼法》第 122 条的规定。条文中的"明确的被告"和"具体的诉讼请求"宣告了立案登记的审查范围只限于形式审查，并不审查当事人是否适格、有无诉的利益等实质性问题。在程序层面，首先，立案登记制要求对于当事人提供的诉状必须予以接收，符合法定立案条件的，应当当场立案。其次，当事人提供的申请材料不符合法律规定的，应当以书面的形式一次性全面告知相对人予以补正。最后，对于补正后仍不符合法律规定的，应当出具书面的"不予受理"裁定，从而给当事人的权利救济提供书面凭证。

欲把握公证债权文书的执行立案审查模式，需分析厘定法院在公证债权文书执行立案过程中所审查的内容是否涉及实质审查。

《公证债权文书执行规定》第 5 条将法院对公证债权文书执行立案审查的内容分为两类，一类是"不应被赋强公证"，一类是"无法被强制执行"。第 5 条的前 2 项属于"不应被赋强公证"的情形，第 4 项属于"无法被强制执行"的情形，其中第 3 项"公证债权文书载明的权利义务主体和给付内容不明确的"既属于"不应被赋强公证"的情形，也属于"无法被强制执行"的情形。之所以出现该现象，是因为被赋予强制执行效力的债权文书应当债权债务关系明确，换言之即要求公证债权文书载明的权利义务主体和给付内容明确。《公证债权文书执行规定》第 3 条将公证债权文书认定为执行依据，当执行依据"给付内容不明确"时，将产生"无法被强制执行"的法律后果。由此可见，法院在公证债权文书的执行立案环节需要对公证债权文书是否存在"不应被赋强公证"的情形进行审查，这已经不再是简单的形式审查，已经涉及了一定程度上的实质审查。综上，本文认为公证债权文书执行立案的模式应是立案审查模式。

（三）公证债权文书执行立案与立案登记制的背离

公证债权文书执行案件的案件性质和立案登记制度的渊源、内涵决定了两者在实践中的冲突。冲突体现在两个层面，一是目的层面，二是规范层面。在目的层面，从立案登记制的渊源来看，在法治发达的国家，立案登记制度都适用于诉讼阶段，并且其配套程序较为完备。从我国相关文件赋予立案登记制的内涵来看，立案登记制的目的是解决诉讼阶段"立案难"的问题，以此加强诉讼阶段立案的程序保障，保障当事人诉权。此外，公证债权文书执行案件适用立案登记制是否合理？特别是考虑到公证债权文书执行案件相较于其他执行名义的执行案件具备一定的特殊性。当前执行案件立案登记制的适用并未引起学者过多的关注。在知网上以"执行案件""立案登记制"为关键词进行检索,相关论文寥寥无几。对于执行案件是否适宜适用以及如何适用立案登记制度的问题,目前在理论层面尚无定论。[①]

在规范层面,《公证债权文书执行规定》第5条对立案条件作出了规定,要求公证员在公证债权文书执行立案环节应就该公证债权文书"是否可被赋予强制执行效力"进行一定的实质审查。该做法不同于立案登记制下只对诉讼材料做形式化审查的模式。此外,研读立案登记制度相关司法文件,关于执行案件适用立案登记制的规定仅只两条,与诉讼案件立案登记的详细规定形成了鲜明对比。[②]

三、公证债权文书执行立案审查的机理阐释

(一)公证前端缺乏司法权的介入与审查

《民事诉讼法》第245条第1款规定人民法院对公证机构依法赋予强制执行效力的债权文书有强制执行的权利,第2款规定法院对于确有错误的公证债权文书应当裁定不予执行。《公证债权文书执行规定》第5条也规定了法院在公证债权文书执行案件受理前和受理后都应依法对其进行审查。这说明了法院对于公证机构出具的具有强制执行效力的公证债权文书享有司法审查权。但是司法权对于公证债权文书的监督与审查仅限于进入执行程序之后。在公证前端,公证机构办理公证债权文书的过程中,司法权难以介入审查。

公证机构办理的赋予强制执行效力的公证债权文书,不同于法院制作的判决书、仲裁机构制作的仲裁裁决、仲裁调解书。前者具有追求效率的优势特点,不经诉讼或仲裁就可以直接进入强制执行程序,并且和判决书、仲裁裁决、仲裁调解书具有同等的执行效力。诉讼和仲裁程序中,当事人可以通过举证、质证等方式来保障自己的权利,法院可以依职权或者依申请来调取证据,而赋强公证程序相较于诉讼和仲裁程序,缺乏相应的程序保障和强有力的调查核实手段。[③] 强制执行程序固然追求效率,但是追求效率的同时要以公平公正为前提,这就需要在公证债权文书进入执行程序后,由司法权对其进行介入和审查。

从公证机构签发执行证书的程序上来看,公证机构签发执行证书前需要对债

[①] 马家曦:《立案登记制下执行要件之分担审查论》,载《中南大学学报》(社会科学版)2019年第2期,第67页。

[②] 参见《立案登记规定》第18条和《立案登记意见》第2条第4项。

[③] 段明:《论公证债权文书的司法审查——基于公证权与司法权的关系视角》,载《湘潭大学学报》(哲学社会科学版)2021年第2期,第26页。

权文书的债权债务履行情况进行审查,最高人民法院、司法部《关于公证机关赋予强制执行效力的债权文书执行有关问题的联合通知》(以下简称《联合通知》)第5条规定了公证机构在签发执行证书时应审查的具体内容①。因为公证机构仅享有核实权,而不享有调查权,所以公证机构对于上述事项的审查很难作出精准的判断。② 根据中国公证协会《关于办理具有强制执行效力债权文书公证及出具执行证书的指导意见》(以下简称《指导意见》)第9条规定,公证机构对当事人的债权债务履行情况可采用"公证处信函、公证处电话、传真"等方式进行核实。上述核实手段不具备强制力,所以在公证机构进行核实时,债务人如果不配合公证机构的核实工作,公证机构就难以准确核实当事人之间的债权债务履行情况。③ 相较于诉讼程序,法院对于妨害民事诉讼的行为可以对被告采用传唤、拘传的措施。相较之下,公证机构的权利就稍显柔弱。

执行程序对当事人权益有着巨大的影响,所以在公证债权文书的执行阶段,由于公证前端缺少司法权介入,其自身又缺乏权威性,人民法院作为维护社会公正"最后一道防线"的主体,需要对公证债权文书进行一定程度上的审查,这种审查不仅限于执行的实施环节,也应包括执行的立案环节。

(二)具备执行立案审查的现实条件

公证债权文书的执行立案环节相比起诉环节更具有审查的现实条件,因为在公证债权文书执行立案环节中,当事人提交的材料所载明的信息更为全面和准确,具体信息会更为直观地展现在立案法官面前。例如,执行证书不仅载明了被执行人、执行标的、申请执行的期限等具体信息,且经由双方当事人核实确认。在执行证书的尾部,会有"确定以下执行事项……"的字样,与判决书的判决主文有异曲同工之妙。然而在起诉的立案环节,当事人所提交的诉讼材料不具备这样的便利条件。在诉讼阶段当事人提交的诉讼材料,不仅多而且杂乱,除了诉状等材料,还包括证据清单等。在先前立案审查制度下,立案法官实际上并不具备审查这些材料的客观条件,如果要求法官在立案环节对上述材料进行较为详细的审查,这将导致很多案件无法进入诉讼程序,有损司法公正和公信力,故而,在诉讼阶段应变审查立案为登记立案。

---

① 《联合通知》第5条规定:"债权人申请执行公证债权文书,除应当提交作为执行依据的公证债权文书等申请执行所需的材料外,还应当提交证明履行情况等内容的执行证书。"

② 刘学在、刘鋆:《公证机构签发执行证书制度之检讨》,载《河南财经政法大学学报》2020年第3期,第111页。

③ 马登科:《赋予执行效力公证债权的确定和救济》,载《暨南学报》(哲学社会科学版)2020年第4期,第86页。

(三) 救济渠道的多元化对过度保障诉权的矫正

近年来,人民群众的权利意识与法治意识不断觉醒,越来越多的人开始通过诉讼程序维护自己的合法权利,化解矛盾纠纷。但是在立案审查制的制度背景之下,大量的案件由于立案部门过于严苛的立案条件,被法院以"不符合受理条件"之理由而拒之门外。加之,大部分法院没有依法出具书面裁定,仅以口头告知的方式进行说明,此种违反法定程序的行为,严重损害了当事人向上一级人民法院寻求救济的权利。为了改变此种现状,保障当事人的诉权,故而进行立案登记制改革。

在立案登记制的背景下,对诉权的保障应该寻求一种平衡,在执行阶段,实体权利义务已经通过判决或者其他方式得到了确定,如果再设立过于简单的执行立案受理标准,可能会适得其反。① 虽然从规范层面,我们要求执行案件的立案应适用立案登记制,但是在理论上,执行案件适用立案登记制的必要性还需进一步讨论和思考。公证债权文书可以不经诉讼而进入执行程序,已为当事人节省了大量诉讼成本,故而在执行阶段,除了追求效率外,更应兼顾公正。因此在执行立案环节,对公证债权文书的立案更宜采用立案审查模式。

在公证债权文书执行立案环节进行立案审查,似乎提高了公证债权文书进入执行程序的门槛,但实际上这种审查具有一定的合理性。在执行立案环节所审查的事项中,有部分内容的审查难度较低,如是否载明债务人接受强制执行承诺、是否提交执行书证等。将这些容易审查的事项放在立案环节,可以过滤掉一些本不该进入执行程序的案件,减少司法资源的浪费。同时,对公证债权文书进行立案审查,也有相应的配套措施保障执行申请人的权利。《公证债权文书执行规定》第7条规定了债权人对于不予受理裁定的救济措施。在这种情况下,即使公证债权文书的执行立案环节采用立案审查模式,也不会导致当事人的权利因缺乏保障措施而得不到救济。

四、公证债权文书执行立案审查的运行困境

(一) 法院执行立案审查条件过高

在司法实践中,公证债权文书的案件占法院执行案件的比重较小。根据近10年来的数据统计,公证债权文书执行案件收案总量约为27.7万件,执行案件总收

---

① 马家曦:《立案登记制下执行要件之分担审查论》,载《中南大学学报》(社会科学版)2019年第2期,第59页。

案量约为 5440 万件,公证债权文书执行案件占全部执行案件的 0.5%。① 以 2020 年为例,公证债权文书的执行案件也只仅占 2020 全部执行案件的 0.2%。对于基层法院而言,由于赋强公证案件数量较少,不少法官对公证债权文书并不熟悉,因而在立案时无法较好把握审查的尺度,从而难以准确地作出判断。

在实践中,立案部门除了对公证债权文书不熟悉外,部分法院立案部门对于公证债权文书的执行还存在"不信任、不欢迎"的偏见,这种偏见在司法实践中表现为法院对公证债权文书的审查条件过高。在执行立案过程中,公证债权文书存在任何问题,不论大小,一律不予受理或予以驳回。② 这导致一些存在技术性小问题的公证债权文书,执行申请也被法院拒之门外。这是因为法院可据《公证债权文书执行规定》第 5 条兜底条款的规定,对某些存在文字错误、计算错误或者遗漏事项等问题的公证债权文书不予受理,这影响了公证债权文书的执行立案。根据《公证法》第 39 条,当公证债权文书存在文字错误、计算错误或者遗漏事项等问题时应当由公证机构予以补正③,但是在程序上如何落实,机制上如何细化还需要进一步的明确。

(二)"执行标的明确"的认定依据不明

根据最高人民法院《关于人民法院执行工作若干问题的规定(试行)》第 16 条,人民法院受理执行案件时,申请执行的法律文书所载明的执行标的应当明确,该要求在公证债权文书的执行立案工作当中同样适用。在公证债权文书的执行立案环节,法院会对公证债权文书进行一定的审查,而对于执行证书只会审查执行申请人是否提交,并不对其内容进行审查。作为立案环节审查对象的公证债权文书并不载明案件的执行标的,而载明执行标的的执行证书在立案环节并不对其内容进行审查。这就产生了一个问题,在公证债权文书的执行立案环节应当如何认定"执行标的明确"?

从内容上来看,作为执行依据的公证债权文书和普通的合同内容并无区别,债权文书在被赋予强制执行效力后,债权债务关系会因债务人对债务的履行而发生变化。以被赋予强制执行效力的还款协议为例,债权人在向法院申请执行时,债务人结清了部分款项的,执行标的需要结合债务人的债务履行情况来确定,案件的执行标的并不体现在法院立案时所审查的被赋予强制执行效力的还款协议上。公证

---

① 邵长茂:《公证债权文书执行制度之完善》,载《人民司法》2021 年第 31 期,第 59 页。
② 段明:《公证债权文书执行研究——基于公证权司法权的关系视角》,清华大学出版社 2021 年版,第 129 页。
③ 王胜明、段正坤主编:《中华人民共和国公证法释义》,法律出版社 2006 年版,第 147 页。

机构在签发执行证书时,会根据债务的履行情况来确定被执行人、执行标的、债务人已经履行的部分和债务人因不履行或者不完全履行而产生的利息、违约金等内容。① 因而,在公证债权文书的执行立案环节,为了确定执行标的是否明确,仅审查是否提交执行证书并不能满足现实需要。

(三) 给付内容不明确的判断标准不一

由于《公证债权文书执行规定》未对"公证证词载明的权利义务主体或者给付内容明确"的标准作出细致的规定,导致在司法实践中,法院对于"明确"的判断标准不一。此外,在给付内容可分的情况下,给付内容部分明确、部分不明确时,能否将明确的部分予以受理,不明确的部分不予受理,或者裁定驳回不明确部分的执行申请,《公证债权文书执行规定》对此也未作规定。为了在公证债权文书执行立案环节科学把握审查的尺度和标准,提高执行效率,司法解释有必要将以上两点予以明确。②

五、公证债权文书执行立案审查的优化进路

(一) 完善公证债权文书的纠错机制

在一些经济发达地区,如北京、成都、深圳等城市,这些城市的公证机构大多与法院建立了良好的沟通协调机制,为公证债权文书的执行工作高效展开提供助力。以成都市武侯区人民法院为例,他们在法院设立法院与公证协同服务中心,实施"定时定人定岗的机制"③。公证处选派经验丰富的公证员在法院进行轮岗,不仅能够为当事人现场提供公证相关服务的咨询,也能够加强公证机构与法院之间的沟通协调,就执行过程中出现的一些问题双方及时交换意见。通过这种模式,公证机构可以第一时间掌握公证债权文书在立案过程中存在的问题,并且及时与法院进行沟通,以化解公证债权文书在执行立案工作中的难题。

在规范层面,针对一些存在文字错误、计算错误或者遗漏事项等问题的公证债权文书,还需完善相关司法解释,明确存在技术性问题的公证债权文书的补正程

---

① 廖永安、张红旺:《强制执行公证中执行证书性质的再审视》,载《哈尔滨工业大学学报》(社会科学版)2020年第4期,第20页。
② 段明:《公证债权文书执行研究——基于公证权司法权的关系视角》,清华大学出版社2021年版,第127-129页。
③ 成都市中级人民法院:《武侯法院设立全省首家诉讼与公证协同服务中心》,载微信公众号"成都市中级人民法院"2017年2月21日,https://mp.weixin.qq.com/s/YRdVJ-tlnTQRbTTfbM9VTA,2022年9月10日最后访问。

序,并充分发挥公证机构与法院之间的沟通协调机制在执行立案工作中的效能。根据《公证程序规则》第61条,当事人认为公证书有错误的,可以在收到公证书之日起一年内向公证机构提出复查。但是该条对于公证债权文书却很难适用,因为当事人在收到公证债权文书后,还有一个合同的履行过程,当债务人发生违约后,债权人才能向法院申请强制执行。然而这个期间很难保证不超过一年,所以当事人依据该条款对公证债权文书提出复查时一般会超出一年的时间限制,故而应当完善该条款的期限限制,对公证债权文书的复查期限作出符合公证债权文书自身特点的期限规定。比如,在法院告知当事人的一定期限内,向公证机构提出复查的请求。

(二) 结合执行证书和申请执行书进行审查

在公证债权文书的执行过程中,执行标的不仅体现在公证机构签发的执行证书中,也体现在当事人在申请执行时所提交的申请执行书中。《公证债权文书执行规定》第10条规定了人民法院在执行实施过程中,应当根据公证债权文书并结合申请执行人的申请依法确定给付内容,也就是说《公证债权文书执行规定》规定了在公证债权文书执行实施环节确定执行标的依据。但是在公证债权文书立案环节,法院如何认定执行标的是否明确,《公证债权文书执行规定》并未提及。

在司法实践中,法院立案部门往往依据当事人的执行申请书,来确定执行标的是否明确,这就导致一些执行标的不明确的公证债权文书进入执行程序后被法院驳回执行申请。[①] 在被驳回执行申请后,当事人想要寻求救济,需向上一级人民法院提出复议,复议又被驳回的,当事人应向法院提起诉讼。这无疑加重了当事人的诉累,也浪费了司法资源。而执行标的是否明确这一事项,本应在执行立案环节进行审查。

在公证债权文书的执行立案环节,应当将当事人所提交的由公证机构签发的执行书证作为判断执行标的是否明确的依据,并结合当事人提交的执行申请书进行审查。但是《公证债权文书执行规定》没有规定在执行书证载明的执行标的不明确的情况下,法院立案部门的处理措施,所以还有待进一步完善。本文认为,在执行标的不明确或者当事人申请执行书与执行书证载明的执行标的不一致时,应当将申请执行的材料退还给当事人,并告知当事人向公证机构申请进行补正。

(三) 细化"给付内容明确"的司法解释

虽然仲裁裁决同样作为非由法院作出的执行依据,但是最高人民法院《关于人

---

① 参见上海市浦东新区人民法院(2020)沪0115执19056号执行裁定书。

民法院办理仲裁裁决执行案件若干问题的规定》(以下简称《仲裁裁决执行规定》)对于如何把握"给付内容是否明确"的判断标准规定得较为合理。《仲裁裁决执行规定》第3条可以为公证债权文书如何把握给付内容是否明确，以及在给付内容部分明确、部分不明确的情况下如何处理提供解决思路。

一方面，根据《仲裁裁决执行规定》第3条的规定，金钱具体给付数额不明确，计算方法不明确导致无法计算出具体数额的，或交付的特定物不明确或者无法确定的，都属于给付内容不明确的情形。鉴于此，《公证债权文书执行规定》可将上述情形列为给付内容不明确的情形，从而统一实践中"给付内容明确"的判断标准。

另一方面，在公证债权文书给付内容部分明确，部分不明确的情况下，能否对明确的部分予以受理？虽然《公证债权文书执行规定》对此种情况没有规定，但是根据该《司法解释》第18条第2款的规定，或许可以看出立法者对此问题的态度，当公证债权文书具有部分裁定不予执行的情形时，法院应当裁定对该部分不予执行。从该条所体现出的司法解释的精神来看，其意在保护债权人的权利，并且提高执行效率。故而在公证债权文书执行立案环节，可以参考此规定，在部分给付内容明确、部分不明确的情况下，将明确的部分予以受理。

专题二十二　网络赋强公证制度构建研究

贺雅玲*

强制执行公证指的是公证机构依据当事人的申请,对其相互之间达成的、具有给付内容并载明债务人愿意接受强制执行的债权文书,依法赋予其执行效力,并在债务人怠于偿还债务时,根据债权人的申请出具执行证书的证明活动。[①] 通过公证机构对债权文书进行审查、核实,可以事先发现合同中潜在的风险和漏洞,从而发挥防范化解法律风险、预防纠纷发生的重要作用。另外,无须经诉讼程序即可申请人民法院强制执行有利于迫使债务人依照约定履行义务,快捷、高效地化解纠纷,也缓解了法院的诉讼压力。因此,作为非诉讼纠纷化解方式之一的强制执行公证制度也越来越被重视。

随着互联网、大数据、区块链、人工智能等事物的高速发展,人们进入全信息化时代。在国家"互联网+"战略的引导下,全国各行各业都在进行调整、探索创新,以适应信息化时代的变化。面对这种信息化时代的变化和挑战,公证行业也需要积极进行探索和尝试,适应时代发展需要。网络赋强公证正是在这一背景下应运而生。所谓网络赋强公证,即网上赋予债权文书强制执行效力公证,是公证机构依托现代信息技术,通过网络平台对电子债权文书进行全程在线公证并赋予强制执行效力的公证活动。网络赋强公证是对传统强制执行公证制度的一种突破,是一种全新的办证方式。但是,目前我国现有的法律规范性文件中,尚无关于网络赋强公证的相关规定。而且现行法律规定中为传统线下强制执行公证设立的办证规则以及操作模式可能与线上办证方式存在不完全契合的问题。因此,公证行业有必

---

* 本文作者:贺雅玲,湘潭大学法学院硕士研究生。本文系湖南省法学会法学研究青年课题"公证参与诉源治理机制创新研究"(22HNFX-D-002)的阶段性成果。

① 李全一:《强制执行公证研究:理论与实务精要》,法律出版社2020年版,第10页。

要思考如何顺应科学技术的发展,建立与之相适应的线上办证模式,使得赋强公证制度发挥出最大的制度价值。

一、网络赋强公证制度构建的必要性分析

(一)顺应信息化时代发展,加强信息化建设的需要

十二届全国人大三次会议上,李克强总理在政府工作报告中首次提出"互联网+"行动计划。"互联网+"已经纳入国家经济和社会治理顶层设计高度,信息化建设成为国家战略。各种"互联网+"成果层出不穷,应用于人们生活的方方面面。司法领域各部门都在如火如荼地推进信息化建设,打造信息化工作平台。例如,法院系统建设的"智慧法院"、互联网法院以及确立的在线诉讼以及在线调解,检察系统打造的"智慧"检务平台等。智慧化建设,有利于优化司法资源配置、提高司法工作效率、增加司法活动的透明度和标准化程度[①],使人民群众更加直观地感受到司法改革的效果,从而有利于增强司法公信力。公证制度作为一种非诉讼纠纷解决方式的准司法制度,也应该与时俱进,适应电子技术发展的需要,积极探索其信息化建设。通过"互联网+公证"的结合,利用互联网电子技术,提升资源利用率,从而增强公证的透明度和公信力。

2020年3月,中共司法部党组《关于加强公证行业党的领导 优化公证法律服务的意见》明确指出:"要深入推进'互联网+公证'服务,开通线上自助办证平台,对具备网上申办条件的公证事项全部实现网上预约、申请、受理、审核、缴费,研究制定'非接触'公证服务工作指引。"该意见的发布表明司法部高度重视信息化建设,重视提倡推进"互联网+公证"服务。而"互联网+公证"体现在赋强公证上即为"互联网+赋强公证",通过互联网技术充分激发赋强公证制度的效能。因此,构建网络赋强公证制度,发展网络赋强公证是对"互联网+公证"服务的积极探索,是信息化时代公证制度创新发展的重要实践。

(二)赋强公证业务发展的现实需要

为了顺应时代发展,公证行业已经开始积极探索互联网科学技术与公证制度互相融合的路径。公证机构利用云计算、区块链、人脸识别、语音识别、电子存证等技术,突破传统的公证办证方式,探索创新出许多更加便利的、个性化的公证服务产品。网络强制执行公证便是其中之一。目前,已经有不少公证处开始探索推动

---

① 张鸣:《简论"智慧公证"建设》,载《中国公证》2020年第8期,第57页。

网络赋强公证。2015年国务院提出"互联网＋"概念后，2019年9月蜀都公证处开始小范围尝试网络赋强公证。律政公证处开通"智汇律政"线上自助办证平台，探索为金融机构提供网络赋强公证服务。① 前海公证处、新虹桥公证处等也都在探索推动网络赋强公证业务。

相较于实践中公证机构对于网络赋强公证的积极探索与推进，制度层面关于网络赋强公证的相关规则尚未构建。目前的《公证法》《公证程序规则》等法律法规所规定的赋强公证程序都是围绕传统线下公证的实践情况所制定的。因此，各地公证机构正在进行的网络赋强公证实践缺乏明确、系统的规则指引。随着信息技术日新月异的发展，公证行业也发生着前所未有的变革。法律所具有的稳定性特征，导致其注定会具有滞后性。立法的滞后性也将导致正在进行探索的网络赋强公证实践面临无法可依的问题。因此，亟须针对网络赋强公证的特点，构建完整的网络赋强公证制度，为网络赋强公证实践提供法律根据、理论支撑以及规则指引。

（三）网络赋强公证具有高效、便捷的优势

网络赋强公证本质上仍属于赋强公证业务类型，其与传统赋强公证的区别在于网络赋强公证是利用互联网技术，在线上办理赋强公证业务。传统的强制执行公证受场地和公证人员力量的限制，而网络赋强公证依靠互联网技术和移动技术，通过线上公证平台，实现线上办理赋强公证，从而摆脱了场地的限制。通过在公证处设立远程服务座席，在银行网点及金融服务场所设立远程办公事项，在银行或金融机构相关人员的现场协助下进行在线办理②，即可实现为当事人办理赋强公证业务。"线下"到"线上"的转变，使得当事人不用到公证处即可办理赋强公证，对于当事人来说更加便捷，赋强公证业务的办理效率也大大提升。

二、网络赋强公证制度构建面临的困境与风险

虽然网络赋强公证较传统赋强公证具有更加便捷、高效、易用的优势，但是现有规范中缺乏对网络赋强公证的相关规定，导致部分公证机构对于办理网络赋强公证持保守态度。因此，网络赋强公证制度的构建具有必要性和紧迫性。但是，构建网络赋强公证制度一定程度上构成对原有公证制度的突破。整体观之，在构建网络赋强公证制度时，主要面临以下困境与风险。

---

① 《网络赋强公证掀开行业发展新篇章》，载光明网，https://m.gmw.cn/baijia/2020-09/14/1301558672.html，2022年10月2日最后访问。

② 刘方勇、卢卫平等：《公证债权文书制度实证研究》，中国法制出版社2020年版，第231页。

(一)网络赋强公证对公证办证质量的影响

公证服务质量是公证服务事业生存和发展的基础和生命力之源,公证质量的高低直接影响公证公信力的大小。早在2017年,我国公证机构已全面完成行政体制到事业单位体制的转变,同时还在进行合作制公证体制的试点与探索。公证体制的转变,使得原来公证机构"公权力"色彩淡化。公证办证质量对于公证公信力的影响愈发突出。

传统线下公证通过公证员与当事人面对面交流沟通,判断当事人的真实意思表示、审查当事人所提交的材料的真实性。当事人身份真实性、意思表示的真实性以及提交的证明材料的真实性的审查到位与否直接影响公证质量高低。而网络赋强公证采取线上办证模式,公证员和当事人之间并不见面,完全通过线上交流的方式对当事人进行询问和告知。因此,就会出现对于线上交流的方式是否能够实现对当事人真实意思的探寻和对资料真实性审查的质疑。

(二)网络赋强公证与"面签原则"的关系

签署文书过程中的"当面原则"是公证公信力的立足之本。[①] 而且根据最高人民法院《关于公证债权文书执行若干问题的规定》(以下简称《公证执行规定》)第12条的规定,当事人未到场办理公证属于严重违反公证程序的情形,将导致公证债权文书被裁定不予执行的严重后果。传统线下公证要求当事人本人或者委托代理人亲自到公证处办理公证,特殊情况下由公证员上门办理。公证员与当事人进行面对面的交流,公证员当面接收并审查当事人提供的证明材料、当面对当事人进行询问与告知,当事人当面签署公证材料。"面对面的审查与交流可以有效预防'假人假证'、确认当事人意思表示的完整性与真实性。"[②]而网络赋强公证则是通过在线公证平台,全程线上办理公证业务,当事人并没有亲自到"现场"与公证员进行"面对面"的交流,因此也就引发一系列关于"面签原则"的问题。通过网络视频交流是否符合"面签原则"?如何理解"面签原则"?对于《公证执行规定》第12条规定的"到场"中的"场"如何理解,必须是物理意义上的同一空间吗?这些问题都是网络赋强公证制度构建之前必须厘清的问题。

(三)网络赋强公证执行的地域管辖问题

根据《民事诉讼法》第224条第2款的规定,我国公证债权文书执行管辖法院

---

① 刘崴:《关于"智慧公证"的整体构想》,载《中国司法》2015年第6期,第44页。
② 蔡虹、夏先华:《网贷纠纷治理的新进路:基于"互联网+"的强制执行公证》,载《湘潭大学学报》(哲学社会科学版)2019年第6期,第52页。

为被执行人住所地或者被执行的财产所在地人民法院。该条款的设置本来是为了便于人民法院对被执行的财产实施保全和执行措施。但是网络赋强公证有一大部分业务由互联网金融借贷业务构成,互联网金融借贷具有贷款金额小、数量多、债务人所在地分散等特点。由被执行人所在地或被执行财产所在地人民法院执行,存在执行地域分散、执行成本高等缺点,而且容易产生异地执行、执行不能、执行推诿的问题,严重影响执行效率、增加执行成本,导致执行难。

另外,现在的财产形式也越来越多样化,除了有形财产之外,还有无形财产、虚拟资产。网络银行、网络存储、移动支付平台等存放财产的机构也不断涌现。因此,被执行财产所在地的确定也可能成为一个具有争议的问题。如何在现行法律规定范围内,根据网络赋强公证的特点去确定网络赋强公证执行管辖法院,解决执行难的问题,是网络赋强公证制度构建必须回应的一个难题。

(四)网络赋强公证的相关法规不健全

网络赋强公证与赋强公证的区别主要在于办理的场域不同。网络赋强公证本质上还是属于赋强公证,适用有关赋强公证的相关法律规范。在线上进行虽然使得网络赋强公证具备一些传统线下公证不具备的优势,但是网络赋强公证的办证程序和需要注意的事项应该与传统线下公证有所区别。目前,对于赋强公证操作程序以及业务指引都是针对传统线下公证所设置的,缺乏专门针对网络赋强公证的办证流程和操作指引规范。另外,我国目前也完全没有法律、规章或者规范性文件对互联网强制执行公证进行规定,导致公证机构在办理网络赋强公证时缺乏法律与规则指引,缺乏办理网络赋强公证的底气和动力。

(五)系统与数据信息安全保障问题

互联网大数据时代给人们带来更加便捷生活的同时,也使得公民的隐私更加容易被泄露。网络赋强公证的信息安全保障包含两方面的内容。一方面是公证系统的安全保障问题,包括公证系统的软硬件安全。需要开发一体化的网上办证平台软件并配备与之相应的硬件设施,设置完备的安全防护机制、权限控制机制和紧急意外事故的应急处理机制,有效防范外部攻击。另一方面是信息的传输与保管安全问题。公证机构在办理网络赋强公证的过程中,会收集大量的当事人的信息资源。这些信息数据不仅涉及公民的个人隐私,还关系到公证机构后续业务的开展及正常运转,一旦系统平台出现技术漏洞或者数据信息被泄露,将导致严重的信息安全事故,造成巨大损失。如何防止信息数据在存储或传输过程中被盗取或利用以及未经授权被修改、删除,甚至丢失和毁坏是需要予以重视的问题。目前,我国公证行业对于信息安全的防护手段不足,而且缺乏安全规范标准。因此,构建网络赋强公证制度时,需要考虑如何建立和完善公证信息安全防护体系,保障公证系统与数据信息安全。

三、构建网络赋强公证制度的相关建议

(一)明确网络赋强公证制度的适用范围

1. 赋强公证适用范围的现状考察

《公证法》第37条规定的赋强公证的适用范围为具有给付内容的债权文书。最高人民法院、司法部联合发布的《关于公证机关赋予强制执行效力的债权文书执行有关问题的联合通知》第1条则进一步将给付内容限定为给付货币、物品、有价证券。2016年6月最高人民法院发布的《关于人民法院进一步深化推进多元化纠纷解决机制改革的意见》将调解、和解协议增加到赋强公证的范围中。同年,最高人民法院、司法部和中国银监会联合印发的《关于充分发挥公证书的强制执行效力服务银行金融债权风险防控的通知》则提出将银行业等金融机构签署的各类融资合同、债务重组合同、还款合同、各类担保合同、保函等纳入可以赋予强制执行效力的债权文书范围之内。公证债权文书的内容范围呈现逐步扩张之势。2017年8月,司法部《关于公证执业"五不准"的通知》将非金融机构的融资合同排除在赋强公证业务范围之外。通过对我国目前关于赋强公证的适用范围的相关规定的梳理,可以得知我国赋强公证主要适用于给付货币、物品、有价证券为内容的债权文书、调解协议以及金融机构签署的金融合同。

2. 网络赋强公证制度的适用范围

由于我国网络赋强公证制度本质上属于赋强公证制度,所以其适用范围应该限制在法律规定的适用范围之内。但是,我国网络赋强公证制度尚未发展成熟,加上网络赋强公证对效率的追求使得债务人在此过程中缺乏足够的主张和抗辩机会。所以,应该对网络赋强公证的适用范围进一步限定,将其限制在一些较为简单的公证事项中。适用网络赋强公证的债权文书应该同时满足以下三项条件:一是债权债务关系明确,将给付内容过于复杂难以明晰债务情况的债权文书排除在外;二是载有债务人愿意接受强制执行的承诺;三是当事人双方对债权文书给付内容不存在争议,如果有保证人的,还需要保证人对该给付内容无异议。①

---

① 蔡虹、夏先华:《网贷纠纷治理的新进路:基于"互联网+"的强制执行公证》,载《湘潭大学学报》(哲学社会科学版)2019年第6期,第51页。

（二）突破"面签原则"的可行性分析

"面签原则"主要是要求当事人本人或者委托代理人到场当面申请办理公证并且由公证员当面进行审查，以保证公证质量，维护公证公信力。网络赋强公证则是将传统线下"面对面"的公证搬到了线上进行，在技术尚不足以达到保证视频完整性和不可篡改性的过去，显然不能使得在线办理赋强公证与传统线下当面办理实现同等效果。但是随着互联网科技的发展，完全可以通过技术手段采取非见面方式完成当事人身份识别、真实意思表示受领以及待证对象真实性的确认。① 实际上，现在传统线下公证也并非完全依靠公证员肉眼对当事人身份进行核对，而是借助机器验证身份证的真伪、进行 IDC 人证比对以及活体检测等技术手段完成身份验证。现在的人脸识别技术完全可以实现远程身份认证。通过远程视频技术，可以实现与当事人在线上"面对面"的交流，仅仅将传统线下公证在物理空间的"面对面"交流转换到虚拟空间。2022 年 5 月，司法部发布《关于推进海外远程视频公证试点工作的通知》，进一步扩大海外远程视频公证试点，将试点单位扩大到 94 家公证机构，这意味着现在的远程视频技术逐渐发展成熟，远程视频公证的方式逐渐得到认可。另一方面，电子签名技术使得远程签署得以实现。因此，在现有人脸识别技术、电子签名技术以及远程视频技术发展成熟的条件下，"面签原则"并非不可突破。通过网络方式办理赋强公证完全可以达到与传统线下赋强公证同等的效果。

（三）网络赋强公证制度的具体程序设计

为了使得网络赋强公证业务符合赋强公证制度的要求，规避互联网办证的风险，以及为公证机构办理网络赋强公证业务提供操作指引，可以在参照线下办理赋强公证规则的基础上，结合网络赋强公证的在线操作特点，设计一套专属于网络赋强公证的操作流程与程序规则。

1. 当事人在线提交办理赋强公证的申请表，阅读申办赋强公证的告知书。

2. 进行在线身份验证。使用 CA 认证、客户端人脸识别、银行卡实名认证或者手机号实名认证的方式验证当事人的真实身份。②

3. 根据不同债权文书类型制作询问笔录模板，当事人阅读并填写回答问题，并在线填写询问笔录。

4. 当事人按照系统提示上传进行公证需提供的证明材料。

5. 系统跳转到公证费用支付界面，当事人支付公证费用并提示当事人查看受

---

① 张鸣：《简论"智慧公证"建设》，载《中国公证》2020 年第 8 期，第 57 页。
② 王明亮：《公证行业发展与互联网金融在线公证探索》，载《中国公证》2018 年第 8 期，第 61 页。

理结果。

6.公证受理后,通过发送短信方式通知当事人并提醒当事人预约视频审查时间。

7.当事人在预定时间发起视频审查请求,公证处受理,通过远程视频通话方式进行审核,确定当事人真实意思表示、告知强制执行公证的后果以及确认当事人接受强制执行后果的意愿,审核通过后,在线发送公证材料给当事人签收。

8.当事人核对确认联系人、联系电话、通信地址的正确性,根据屏幕提示宣读核实方式、送达方式及通信地址的承诺和确认书,并对此过程进行视频录像,系统通过语音识别核对当事人宣读内容后上传到公证系统后台。

9.公证处通过公证互联互通系统对当事人提交材料的真实性进行在线核实,无法在线核实的通过线下核实的方式进行核实,确认材料真实无误之后,在线出具公证书并在线送达申请人。公证书的出具可以事先制作公证书模板并储存在系统中,公证员在出证时选择公证书模板并根据具体情况对模板进行修改,在线生成文书,提高效率的同时保证公证文书质量。

10.当事人可以在线签收、查看以及下载公证书。

11.出现债务人逾期未履行或未完全履行到期债务的情况,债权人可以提交履约证据材料并在支付费用之后在线申请出具执行证书。

12.公证机构对申请及证据材料进行审查,审查通过之后出具债务履行核实函电子版送达债务人,并以短信或者电话的形式通知当事人在规定期限内在线回复核实函内容并进行举证。

13.债务人在线回复核实函内容并举证。

14.公证机构对债务人的回复内容以及提供的证据材料进行审查,审查核实到债务人确实存在逾期未履行或未完全履行到期债务的情况时,出具执行证书并在线送达债务人。

(四)完善公证债权文书的执行管辖

现有执行管辖规定由被执行人所在地法院或者被执行财产所在地法院进行公证债权文书的执行管辖使得网络赋强公证执行面临地域分散、成本高、效率低的问题。而公证债权文书能否被执行将会影响当事人权利的实现,继而也会影响当事人对于赋强公证乃至公证机构的信任度,影响公证机构的公信力以及赋强公证业务发展。因此,完善公证债权文书执行管辖规则,实现赋强公证与法院执行的有效衔接意义重大。

目前,关于网络赋强公证的执行管辖设置主要有以下几种观点:第一,指定管辖。由高级人民法院指定公证机构所在地法院作为执行管辖法院或者指定由互联网法院统一进行管辖。第二,允许当事人协议约定执行管辖法院。

指定公证机构所在地法院作为执行管辖法院不符合地域管辖确定的"两便原则"。民事执行确定地域管辖有两大原则,即"两便原则"和程序公正原则。"两便原则"即便于当事人申请执行,又便于法院开展执行工作;程序公正原则,即最大限度防止因地缘、人缘等而产生的不公平执行问题。[1] 但是公证机构不属于民事执行的当事人,公证机构所在地与民事执行并无任何联系,而且当事人可能在公证机构所在地并无财产可供执行,将公证机构所在地设置为执行管辖连接点既不便于当事人参与执行也不方便法院执行。因此,增加公证机构所在地法院作为执行管辖法院不可行。而由高级人民法院指定互联网法院进行集中管辖的观点也存在缺陷。根据最高人民法院《关于互联网法院审理案件若干问题的规定》第2条的规定,互联网法院只受理在互联网上发生的法律行为引起的纠纷。因此,可以由互联网法院进行集中管辖的公证债权文书必须是在网上签订的债权文书,而在线下签订债权文书之后再进行网络赋强公证的情形就排除在互联网法院管辖之外。第二种观点认为,允许当事人协议约定执行管辖法院。允许当事人协议约定执行管辖法院,当事人可以灵活地创设"管辖连接点",将会导致执行管辖的规定形同虚设。因此,在现行执行管辖制度下,如何完善网络赋强公证债权文书的执行管辖还有待进一步探讨。

(五)推动在线公证规则的出台

虽然目前已经有一些公证机构积极尝试将大数据、云计算、区块链等互联网技术运用于公证业务中,积极探索公证信息化道路。但是由于缺乏明确的法规依据使得不少公证机构对于开展网络赋强公证业务保持谨慎态度。规则的缺乏必然会限制、制约网络赋强公证的发展。因此,亟须对目前公证机构开展网络赋强公证的经验进行积累总结,建立统一的网络赋强公证平台,规范技术操作和明确在线公证流程。同时,立法层面要构建在线公证规则,明确网络赋强公证的适用范围、业务开展规则,为网络赋强公证的开展提供制度保障与指引。

(六)建立网络赋强公证质量与信息安全保障机制

1. 设立公证质量保障与评估机制

当前对于网络赋强公证的一大担忧就是通过互联网与移动通信技术办理赋强公证是否会影响公证业务的办证质量。实际上,网络赋强公证质量保障问题并不难解决。

---

[1] 章武生、金殿军:《我国民事执行地域管辖制度之重构》,载《政治与法律》2010年第2期,第126页。

首先,随着人脸识别、活体检测、短信随机码验证、指纹识别等电子认证技术以及电子签章技术的发展,已经完全具备实现网络赋强公证的技术条件。换个角度考虑,电子认证技术和电子签章技术的发展完善实际上也是从技术层面对公证业务质量进行保障。

其次,在线上平台办理赋强公证,通过软件系统实现对公证事项各流程、环节的科学设定,使得公证业务的办理过程严格按照公证要求的流程进行,顺序明确、界限清晰。另外,办理网络赋强公证时,可以通过对以往公证经验总结之后制作出全流程的各文书模板,在具体办理公证业务时再根据个案情况加以修改就可形成格式规范、内容完善的公证文书材料。这样既使得公证办理更加快捷、高效,同时也保证了公证文书的质量。因此,线上办理赋强公证不仅可以更好地保证已有办证规则得到严格执行,还能更好地保证赋强公证业务的质量。

最后,应根据网络赋强公证的办证流程和特点,建立网络赋强公证质量评估机制,并通过网络系统平台实现对公证业务质量的监督。事前对可能出现的质量风险进行预测并通过科学操作规则的设立进行预防,建立公证质量评估机制。事中根据公证质量评估机制对公证业务进行质量监督,并设立当事人投诉渠道。事后对当事人投诉问题以及公证质量问题进行追踪、反馈。通过事前预防、事中监督、事后追踪的方式实现对网络赋强公证质量的全流程、全方位保障。

2. 建立并完善信息安全保障机制

信息安全保障机制的设立包括两方面的内容,系统平台安全保障和数据信息安全保障。对于系统平台安全的保障,应当构建统一的办证平台,并且平台信息系统应当达到《信息安全等级保护管理办法》第三级安全保护等级关于网络信息安全和数据安全要求的标准。数据信息安全包括当事人的数据安全以及公证信息系统内部的数据安全,两者具有同等重要性。按照数据信息流通环节来看,数据信息安全保障的问题主要涉及数据传输安全和数据储存安全。对于数据传输安全问题,应该采用加密、身份鉴定等措施保障数据传输的保密性,在数据传输时使用时间戳或数字签名技术。同时设置自动检测程序对数据传输过程的完整性进行检测,并在检测到完整性错误时采取回复措施。而对于数据存储安全问题,应当完备用户权限和管理权限的设置,建立数据分级机制,完善数据管理规章制度,并且根据重要程度,制定数据与软件的备份机制。通过建立完善的信息安全保障机制,实现对网络赋强公证全过程的信息安全保障。

专题二十三　网络赋强公证的基本逻辑和风险治理

张　河　郑若颖[*]

现阶段,在线公证得到初步发展,部分地区开始逐步推广线上公证的服务模式。但绝大部分公证机构对于赋强公证的申请仍然以传统的线下模式办理,在线公证业务并不在其范畴之内。由此可见,网络赋强公证的应用程度较低。传统赋强公证的办证模式主要是出借人、借款人同时亲自或委托到现场的方式办理公证,存在着手续烦琐、办理周期长等问题,大大制约了赋强公证发挥高效便民的价值追求。传统赋强公证本质上就是采用"面对面"的方式来了解当事人的办证意愿,受领双方的意愿表达,告知有关义务,给予相应的法律意见,促成公证的有效办理。但随着互联网时代的不断发展,传统办证模式的弊端逐渐显露,难以应对社会环境变化所带来的风险,其公证效能也大大降低,大部分公众因为线下办证过于烦琐而选择其他的解决途径。相较而言,网络赋强公证具有高效便捷的优势,其与传统赋强公证的区别就在于前者是将互联网技术运用在公证业务中的公证模式,符合互联网时代下公证行业的发展需求。

一、网络赋强公证之可行性论证

(一)公证便民原则为网络赋强公证提供理念依据

公证制度深深扎根并广泛融入社会经济生活中,在与时俱进、便民利民上比司法更具有紧迫性。公证活动的便民原则,是指公证机构办理公证事务要从便利当事人出发,切实为当事人服务,在维护当事人利益的基础上认真负责地办好公

---

[*] 本文作者:张河,湖北大学法学院硕士研究生;郑若颖,法学博士,广东技术师范大学法学与知识产权学院讲师。

证。① 公证活动便民原则主要包括以下几方面：第一，办理公证的程序要简便易行，切实考虑当事人的办证需求，提高公证效率；第二，必要时可以到当事人所在地办理公证事务，缓解时间、空间上产生的不便；第三，加强各公证机构之间的联系和协作，帮助当事人选择合适的公证机构。公证机构在办理公证事项时，应在坚定法定程序的基础上，采取简易便行、行之有效的方式办理公证，不允许在法律规定的制度之外增加附加条件。基于此，将网络与赋强公证相结合，是在法律允许范围内遵循公证活动便民原则的具体体现，网络赋强公证一方面能够做到在法律允许的范围内，为赋强公证简化手续、提高效率，给予当事人更多的选择自由，避免主观上的形式强制，另一方面又可以解决当事人在时间上、空间上的切实困难，在后续办理公证事项的各个阶段，利用在线公证平台及时反馈，大大缩短出证时间。

（二）公证价值定位为网络赋强公证提供价值依托

公证制度是保障实体法正确实施的程序性法律制度，是我国的一项重要司法制度。公证制度的目的就是为社会提供具有普遍证明力的公证证明，并通过公证证明活动及公证法律服务，引导公民、法人和其他社会组织遵守法律法规，规范法律行为，预防纠纷，减少诉讼，保障国家法律的正确实施。② 公证作为一种国家专门的证明活动，它对于保障社会信用、预防社会纠纷、维护法交易安全具有重要作用，是维护社会信用体系最简便、最有效的工具，可以通过作出公证证明来使社会公众遵循诚信的原则来从事各类行为，进而降低社会消耗，保障社会的公平和效率。可见，公证制度的价值定位本身就是建立在实现社会公平和保证效率的基础上，社会的不断发展要求公证制度必须适应社会的变化，同时公证制度也要具备一定的前瞻性，以便更好地实现其制度价值。赋强公证作为一项重要的公证业务，也应当符合公证制度的价值定位，满足社会公众需求，保障社会公平和效率的实现。因此，赋强公证理应顺应互联网的时代洪流，实现与互联网技术的有机结合，这既是实现社会发展的客观要求，也是公证制度价值定位的具体体现。

（三）公证改革为网络赋强公证创造良好发展环境

随着互联网技术的应用和发展，公证服务与互联网的结合愈发紧密，在线公证事项的范围也逐渐扩大。2021年5月28日，司法部《关于印发〈关于优化公证服务更好利企便民的意见〉的通知》中明确指出，公证改革需要综合运用信息共享、在线服务等手段不断健全和完善公证利企便民制度体系和服务机制，促进公证服务能

---

① 马宏俊主编：《公证法学》，北京大学出版社2013年版，第106页。
② 马宏俊主编：《公证法学》，北京大学出版社2013年版，第4页。

力和水平整体提升。同时,将优化公证发展环境,增加"跨省通办""全程网办"公证事项,部门协同机制更加健全,基本解决公证办理难繁慢问题作为工作目标。① 可见,公证行业的改革是以"高效便民"的价值追求为导向,在不断提升公证效率的同时保证公证服务质量。此外,该通知还强调公证行业应当不断推进公证信息化建设,促进公证数据信息共享,推广在线公证服务模式。公证行业改革不断向"在线公证服务"的方向发展,为网络赋强公证的有效运行提供了有力的政策条件,创造了良好的发展环境。

(四) 电子化交易行为为网络赋强公证提供生存土壤

在互联网的影响下,大量的民事交易法律行为脱离了原有物质的实然形态,逐渐转变为以电子化的方式进行。② 以互联网金融借贷为例,其多为无抵押、无担保的小额信用贷款,且借款主体多为个人,地域分散,因而具备较高的风险,容易引发大量纠纷,金融机构以及小额借贷公司需要花费极大的时间成本来实现自己的债权,对互联网金融行业的稳定发展产生不利影响。赋强公证制度设立初衷旨在预防与有效促进化解纠纷,帮助债权人快速实现债权,节省诉讼成本。因此,为化解互联网金融借贷等网络借贷所带来的不稳定因素,大部分金融机构以及小额借贷公司会选择通过办理赋强公证来维护自己的债权利益,电子化民事交易在一定程度上为网络赋强公证开拓了服务窗口。为有效地应对电子化民事交易引发的大量借贷纠纷,公证机构可以通过互联网技术的运用实现对电子化民事交易的接轨,对公证服务进行优化升级,向线上业务转型。将赋强公证纳入互联网公证的业务范畴,通过互联网技术高效对接各类网络金融借贷,不仅能够减少金融借贷纠纷涌入法院的数量,缓解其"案多人少"的压力,还有利于促进互联网金融借贷行业的稳定发展,促进经济市场的流畅运行,维护当事人合法权益。

二、网络赋强公证之现实风险

(一) 网络赋强公证与公证面签原则的矛盾

面签原则,是指公证处办理公证事务时,公证员必须亲自接待当事人,听取当事人及其他有关人员的口头陈述,亲自审查公证事项和相关材料,必要时亲自调查

---

① 参见《司法部关于印发〈关于优化公证服务更好利企便民的意见〉的通知》,司发〔2021〕2号。
② 蔡虹、夏先华:《网贷纠纷治理的新进路:基于"互联网+"的强制执行公证》,载《湘潭大学学报》(哲学社会科学版)2019年第6期,第49页。

取证,在此基础上进行判断,决定是否予以公证。① 具体体现在《公证程序规则》第5条,主要表现为公证员亲自接待当事人、亲自审查公证事项、亲自认定公证事项的真实性、合法性。面签原则的实质意义体现在两个层面:一是保障公证员能够正确认定公证事项,确保其真实合法;二是帮助当事人纠正偏差,规范各类行为。

在现有的网络赋强公证办证模式中,办证申请往往是通过微信公众号、小程序、申办网站等渠道来实现,而大部分公证处并未将受理的各项内容及其环节进行类型化区分,而是简单地以"身份信息填写—选择公证事项—提交申请材料"这种机械式流程进行。此外,申请步骤极其复杂、晦涩难懂,申请人仅凭公众号、小程序上简略的文字步骤来进行公证申请,不能有效地完成线上申请。由于线上公证申办平台未作精细化处理,线上公证事项承办的各环节未予以区分,公证员很难做到每个环节亲自办理,面签原则流于形式,导致办理公证的质效下降。在网络借贷领域,绝大多数网贷赋强的流程中没有公证员亲自询问和面签环节,而是以智能问答和强制看告知的方式替代②,这种方式无法保证公证员能够正确认定公证事项的真实性、合法性,也缺乏对当事人意思表示和行为能力的判断,从而无法准确地帮助当事人规范其民事、经济行为,影响公证事项的正确选择和办理。

(二) 执行管辖规则与网络赋强公证执行效益价值的失调

网络赋强公证虽然改变了传统的办证模式,但其最终期待的法律效果仍是债权人通过向法院申请执行而实现债权。司法始终与司法技术处于同向共进的关系状态,网络赋强公证的执行管辖也应如此。执行管辖制度是为了实现执行目的,保障当事人的合法权益,提高执行效率,节约司法资源,其对于网络赋强公证价值追求的实现效益具有重大影响。互联网环境下,民事主体的活动范围可以通过虚拟环境无限扩大,这种活动方式会使得民事主体的财产分散到各个地方,适用传统的执行管辖规则,显然不是最高效、最节约之选。在网络赋强公证中,这种财产分布的分散状态更为突显,为了适应互联网因素带来的执行不便,可以采用互联网法院集中管辖网络赋强公证债权文书执行的方式来应对。

从实践中来看,现有的执行管辖规则与网络赋强公证执行之需要不相匹配。根据《民事诉讼法》第231条以及《关于公证债权文书执行若干问题的规定》第2条相关规定,现有执行管辖仍是由被执行人住所地或被执行财产所在地法院管辖。然而,在电子合同不断发展的背景下,电子化民事交易行为呈现出当事人在地域分布上极为分散的状态,导致前者实现债权的成本极高,效率极低,同时这也与网络

---

① 马宏俊主编:《公证法学》,北京大学出版社2013年版,第101页。
② 张瑜明:《从技术视角看待网络赋强公证》,载《中国公证》2020年第2期,第50页。

赋强公证高效解决债权债务关系的初衷不符。虽然线上诉讼服务网具备在线申请执行的功能，能够在一定程度上缓解赋强公证执行带来的不便，但是公证债权文书的在线执行需要公证机构与执行法院实现线上对接，而大部分地区的公证处并不具备全程线上对接法院执行的条件。① 不仅如此，执行工作中还长期存在节点公开不规范、不及时、当事人找法官难等问题，导致债权人更加难以实现自身利益。② 此外，公证处的在线操作大多数也仅限于公证的申办程序，对于后续出具执行证书等环节也并没有建立高效的在线操作模式。因此，现有的执行管辖规则很有可能会导致公证债权文书的实际执行产生无法预测的风险，不利于债权利益的有效实现，对公证公信力造成沉重打击。

（三）公证信息化建设不足带来的管理和技术风险

信息化是当今世界的整体发展趋势，公证行业的发展也必然需要与信息化发展趋势保持一致，不断满足社会的需求。简单来说，网络赋强公证实质上就是公证信息化建设的一种体现，公证信息化建设的各个方面对网络赋强公证的实现有着至关重要的影响。公证信息化建设不足将给公证管理和技术应用带来较大风险。

第一，公证管理风险。全国各地公证信息化建设呈现出差异较大、基础设施整体薄弱的现状，从外部设施来看，部分地区的公证机构基础设施非常简陋，没有自己的门户网站、公众号等，而一些发达地区的公证处都已配备了较好的基础设施，并且有独立的门户网站、公众号，甚至开通了各大平台的自媒体账号，以此来扩大公证处的影响力；从内部管理来看，大部分公证机构没有以互联网技术为支撑的公证业务软件和管理软件，公证信息化建设流于形式，尚未形成高效的公证信息管理模式，未能彰显出自动化、网络化以及标准化的特征。在公证信息化基础薄弱的情况下，内外部均并不能够支撑网络赋强公证的实现，线上办证仍会依赖于线下办证的各项流程，形成"名为线上实为线下"的办证模式，不仅未能发挥网络赋强公证高效便民的价值追求，还会因线上线下信息不对称带来信息缺失和管理难题。

第二，技术应用风险。公证行业信息化建设起步较晚，公证机构未能建设专属在线申办平台和公证数据库，尤其是在公证机构性质改革后，公证行业遭到大量商业技术公司的越界侵入。不少公证机构与商业技术公司存在合作关系，由商业技术公司利用云端技术为公证处提供在线申办平台和储存当事人信息的数据库。在互联网金融借贷领域，公证机构为能够建立与金融机构办理赋强公证业务的联系

---

① 蔡虹、夏先华：《网贷纠纷治理的新进路：基于"互联网＋"的强制执行公证》，载《湘潭大学学报》（哲学社会科学版）2019年第6期，第53页。

② 浙江省宁波市中级人民法院课题组：《"互联网＋"时代移动电子诉讼与执行工作的融合、反思与完善》，载《人民司法》2019年第16期，第38页。

对接,通过与商业技术公司所提供的在线申办平台和数据库来获取当事人的数据信息,利用"区块链存证+电子签章+互联网公证"技术实现线上全过程办理赋强公证。现有的这种运营模式在很大程度上,是基于对商业技术公司的信赖程度来办理公证事宜的,存在较大的数据信息安全问题和技术风险。从定位上来看,公证机构是代表国家进行公证证明活动的司法证明活动,具有非营利性质,这意味着其与商业技术公司存在的利益捆绑关系必然会打破公证数据开放性与封闭性的平衡,难免会使社会公众对这种"合作式"在线公证的公信力产生怀疑,从而削弱了在线公证的社会吸引力。

(四) 网络赋强公证下公证人员面临的审查难题

1. 公证债权文书日趋复杂

根据最高人民法院、司法部《关于公证机关赋予强制执行效力的债权文书执行有关问题的联合通知》第 2 条以及最高人民法院、司法部、中国银监会《关于充分发挥公证书的强制执行效力服务银行金融债权风险防控的通知》第 1 条可知,"公证债权文书"的范围呈现扩大趋势。在网络赋强公证的模式下,电子化合同的广泛应用也会使公证债权文书种类复杂程度上升,导致公证处在处理不同种类债权文书所需的证明材料时存在较大出入,让本就审查水平有限的网络赋强公证难上加难,线上和线下两种办证模式并存的状态也必然会面临着不同的审查要求和标准。此外,为了应对公证债权文书范围扩大化和复杂化,赋强公证必然需要利用互联网技术来提高其程序效率,为债权人更快速地实现债权利益,而程序效益的提升往往会不可避免地带来实体公平上的疏漏,还可能减损当事人提出主张与抗辩的机会,进而造成其因错误认识而产生的利益风险。

2. 审查人员技术水平不足

目前,我国各地公证机构人员水平参差不齐,赋强公证实务中能否保障公证审查的可靠性也是需要斟酌的问题。[①] 一方面是因为公证处对于办理网络赋强公证这类证明文件并没有具体的审查标准,如资产证明文件、资金流转证明、纳税证明等,审查人员只能通过肉眼和经验来判断其真实性、合法性,在处理一些比较复杂的债权债务关系的债权文书时,公证机构有时需要通过实地调查取证的方式来判断资金来源及流转的真实性、合法性,审查成本和效果不尽如人意。另一方面,电子合同以数据化的形式进行传输,存在着易被篡改的风险,这导致了公证员在面对被篡改后的不实证明文件时,无法通过肉眼直接观察出问题所在,从而不能有效阻

---

① 肖建国、李佳意:《对赋强公证的债权争议之可诉性研究》,载《华南理工大学学报》(社会科学版) 2019 年第 5 期,第 59 页。

止不法分子滥用公证的恶意意图。当前网络赋强公证并未全面开展,在线公证也仅处在起步阶段,公证人员的技术水平参差不齐,尚不具备全面开展线上公证的人力条件。因此,公证机构有必要不断提升公证人员的技术水平来应对在线公证所带来的实体审查风险。

三、网络赋强公证之优化路径

(一) 规范网络赋强公证,契合面签原则要求

在某种程度上而言,面签原则与诉讼活动基本原则中的直接原则(直接审理原则)较为类似。直接审理原则的侧重点在于审判员能亲自听取当事人的陈述、证人证言和辩论,并通过双方当事人的表述或证据证明,查明事实真相,作出公正的判断。[①] 在确保审判员能够独立、直接获悉案件事实的前提下,直接审理原则与当下利用互联网新兴的"在线开庭审理"也是契合的且已经得到实证并广泛应用。相较之下,程序实体更为严格的诉讼都能通过线上开庭审理,赋强公证也应当可以通过线上来办理。

面签原则并非孤立地认为当事人与公证员必须"面对面"办理公证事项,而是在确保公证事项的真实性与合法性的基础上,由公证员亲自完成公证事务。面签原则中所涵盖的"亲自完成公证事务"也是抽象的,这里并非是要求公证员在处理公证事项的所有环节中都必须亲力亲为。[②] 从工作的性质上划分,公证工作可分为事务性工作和业务性工作两大类,面签原则所指向的是要求公证员主要负责完成关键业务性工作即可,非关键的事务性工作可交由其他公证人员完成。[③] 在业务性工作当中,又可以分为直接业务性工作与非直接业务性工作,主要区别在公证员与办证当事人的直接交流与否。在网络赋强公证的模式下,公证处必须确保在关键的直接业务性工作中,公证员能够直接参与与当事人的沟通、交流,避免无法准确获悉当事人的真实意思表示;而对于非直接性业务工作,在有效管控的前提下,公证处可以采用网络技术手段来代替公证员的直接参与,以实现便民高效的目的。实务界所提及二者之间的矛盾,皆是在不划分工作性质的情形下,不合理地采用网络技术手段来代替传统"面对面"办证而产生的。可见,面签原则与网络赋强公证之间的冲突并不是由网络赋强本身导致的,在划分工作性质、合理使用互联网技术的前提下,二者是能够实现契合,进而发挥赋强公证最大效益。

---

① 常怡主编:《民事诉讼法学》,中国政法大学出版社 2002 年版,第 119 页。
② 马宏俊主编:《公证法学》,北京大学出版社 2013 年版,第 102 页。
③ 谢佑平:《公证与律师制度》,中国政法大学出版社 1999 年版,第 48-49 页。

(二)互联网法院集中管辖网络赋强公证执行

从制度上来看,最高人民法院于 2018 年 9 月 6 日公布的《关于互联网法院审理案件若干问题的规定》第 2 条明确规定,签订、履行行为均在互联网上完成的金融借款合同纠纷、小额借款合同纠纷等十一类案件的一审诉讼案件均由与争议有实际联系地点的互联网法院管辖。这类案件均具有"涉网性"共性,符合互联网法院"网上纠纷,网上审理"的设计初衷,虽然当前该项司法解释仅规定了互联网法院的诉讼管辖,并没有涉及执行管辖的问题,但基于此类案件在性质上都符合"涉网性"的特性,且具备全程线上办理的可能性,因此将这类网贷纠纷的执行管辖交由互联网法院集中管辖也具备可行性。①

从法理上来看,具备"涉网性"的借贷案件本身与线下诉讼、执行管辖没有太大关联,而管辖制度设置的初衷就是为了更快更有效地解决纠纷,保障当事人合法权益,可见,现有的执行管辖规则并不能适配"涉网性"的案件。反观采用互联网法院集中执行管辖的方式,一方面能够有效地贴合网络赋强公证案件的"涉网性"特质,实现专业技术上的有效对接;另一方面又能够满足执行申请人的切身利益,减少不必要的执行成本,提高法院执行率,保障执行质量,实现网络赋强公证的价值追求。需要注意的是,在网络赋强公证债权文书的执行管辖中,应严格将司法解释规定的网贷纠纷以外的债权文书纠纷排除在互联网法院集中管辖之外,明确借贷案件的"涉网性",将不符合该特质的案件执行仍按照现有的执行管辖规则实行。

(三)加强公证信息化建设

1. 加大公证处基础设施建设投入力度

要满足网络赋强公证的基础建设需求,除了实现基础设施建设的标准化和专业化,还要做好与互联网配套设施的实时更替。在外部设施方面,各公证机构需要设置达到国家标准的机房、配置独立服务器、网络专线、内部局域网、人脸识别仪、扫描仪、数码相机、交换机、计算机等必备设施;在内部管理方面,加强软件建设,推行软件正版化,操作系统、管理系统、数据库系统、办公软件、杀毒软件都必须统一使用正版软件,确保内部管理安全。另外,需要推动各公证机构建设独立的门户网站,开通官方的公众号、自媒体账号,在满足网络赋强公证宣传和使用的同时,还可以通过互联网来实现社会对公证工作的监督,确保公证业务的规范。

---

① 唐骞:《〈最高人民法院关于公证债权文书执行若干问题的规定〉若干条款解读》,载《中国公证》2019年第 1 期,第 39 页。

2. 建设自有的公证信息数据库

公证信息化建设的安全性主要涵盖两个方面：一是系统安全，需要重点预防来自外部软硬件的攻击；二是数据安全，着重保障数据存储、传输安全，在无授权的前提下，任何人都不得查看数据。① 现有的"合作式"公证数据库存在安全隐患，应当予以更替。同时，出于安全性的考虑，公证行业应当建立专门的公证办证系统，建立自有的公证信息数据库。一方面，对于公证信息数据的云端技术储存难题，可以通过"买断式"的方式来获取查看、使用、储存数据信息的所有权限，除非经权利人授权外其他人不得使用，提供技术的商业技术公司必须签署保密协议，不得擅自查看后台数据，以此来实现数据信息安全。另一方面，可以以市区域为单位，建设专有的数据中心，各公证处负责各自区域的数据上传工作，将当事人申办所产生的身份信息等各种电子数据均存储于各区域数据库之中。在此基础上，各区域公证处之间可以实现数据的相互关联，非隐私数据的信息共享，充分发挥互联网的联动机制，实现数据利用效益的最大化。

3. 建设统一的公证在线申办平台

逐步建立"市—省"的统一公证在线申办平台，实现网络赋强公证业务全覆盖。据调查，全国规模最大的在线公证平台是由"法信公证云（厦门）科技有限公司"建立的"公证云·在线公证平台"，覆盖全国 31 个省、区、市，1178 家公证机构，提供以"填写申请上传资料—公证处审核申请—线上缴费—公证处受理—检验原件领取公证书"为流程的一站式办证服务。通过线上的业务展示，1178 家公证处在此平台支持在线申办大多数为"病例公证""学历公证""工作证明公证""出生公证"等业务，均未开设网络赋强公证的在线申办业务。可见，短时间内在全国建立统一的公证在线申办平台不太现实，应当按部就班，循序渐进。在公证服务对于推进多元化纠纷解决机制的作用不断深化的背景下，可以"地级市"为单位，由市法院、市发改委、市司法局等部门带动市内发展较好的公证处率先建立在线申办平台试点，随后逐步将市内其他公证处纳入平台受理范围。就全国范围来看，广州、深圳、上海、北京、重庆、安徽等地涵盖网络赋强公证业务的在线申办平台已经初见成效，但大部分地区并未成立以市级为单位的统一在线公证平台，仍有待继续完善。在市级层面建设成熟之后，逐步开展省级统一公证在线申办平台建设，实现省内公证处的信息串联、共享，合理规划不同公证处之间的业务工作开展，划分业务范围，实现在线公证申办的效益最大化。

---

① 苏国强、陈艳、王倩：《"互联网+"时代下的公证信息化建设》，载《中国司法》2016年第 9 期，第 63 页。

（四）实行案件范围的正反清单审查制度

1. 正面清单

网络赋强公证案件范围的正面清单可以分别设置为公证债权文书类型和赋强公证条件。对于公证债权文书类型方面，公证处应当在线上申办平台中明确债权文书的范围必须属于最高人民法院、司法部《关于公证机关赋予强制执行效力的债权文书执行有关问题的联合通知》第2条，《人民法院办理执行案件规范》第711条，以及最高人民法院、司法部、中国银监会《关于充分发挥公证书的强制执行效力服务银行金融债权风险防控的通知》第1条所列举的债权文书类型。公证处可以就公证债权文书的类型进行再区分，将"借款合同、借用合同、借据、欠条等"内容简单的债权文书归为一类，将"商业性借贷、投资性借贷、融资类合同、新型金融合同等"内容复杂的债权文书归为另一类，分别设置独立的审查条件和要求，在线上申办平台划分资料上传渠道，实现精细化申办。而对于赋强公证条件方面，公证处必须严格依照《公证法》第37条以及《公证程序规则》第39条规定进行审查，主要包括五个方面：(1)债权文书以给付为内容，以金钱给付为主，对于过于复杂的给付内容需要严格把控；(2)债权债务关系明确且给付内容无疑义，对于涉及第三方的债权债务关系，还需保证第三方对给付内容无疑义；(3)债务人愿意接受强制执行承诺，需要确保债务人的意思表示真实，并告知办证后产生的法律效果；(4)债务履行方式、内容、时限明确；(5)债权人与债务人愿意接受公证机构对债务履行情况进行核实，防止恶意串通、虚假办证的情况出现。

2. 反面清单

网络赋强公证设置的反面清单实质上就是对其正面清单的反向解读，设置反向清单的原因除了需要规范审查行为之外，在很大程度上还归结于现有赋强公证的痛点——证明效力的不足和强制执行效力的不足，这也是导致法院裁定不予执行，无法实现债权利益的最主要原因。因此，公证处应当在审查阶段着重排查不符合办理赋强公证的申请，应当将反面清单设置为以下几个方面：(1)债权文书的内容不明确、不具体，如借款金额、利率、还款时间、方式等，致使债权内容不具有唯一指向性，对此公证处应当在线上办理平台通过在线的方式或者电话反馈及时告知申办当事人，无法确认债权文书内容的情况下，拒绝办理该公证；(2)债权文书涉及多种法律关系，债权债务关系复杂，一般而言，主要体现在合同当事人多、债权债务关系发生频繁，且具有阶段性，在无法明晰债权债务关系的情况下也不得办理公证；(3)债权文书违反法律的强制性规定，内容违法，如超高利息、违约金超过法定标准等；(4)当事人主体不适格，意思表示不真实。在网络赋强公证中，当事人的主体资格认定除了基本的身份信息认定之外,还需要公证员积极对当事人的主体资格审查,重点审查当事人是否为限制或无民事行为能力人,有无办理委托,是否存在虚假表述以及提交虚假材料等。

(五)加强公证人员技术培训

网络赋强公证模式的稳定运行与公证信息技术人才培养有着直接关联。为解决网络赋强公证的审查难题,培养信息网络技术的复合型公证员就显得十分重要,结合当下公证处的普遍情况,可以将信息技术培养工作分为三个阶段:第一阶段,公证处内合理划分线上和线下公证业务专员,将线上线下业务分别处理。公证处不擅长互联网技术的公证员对于在线公证的实际操作和处理难免会不熟悉,培训学习也需要一定时间。因此,在第一阶段优先配置具备一定信息网络技术的公证员处理线上事务可以有效应对网络赋强公证的审查需求;第二阶段,可以通过与高校、企业合作,积极外聘信息技术人才,一方面能够弥补公证处的信息技术能力的缺口,为网络赋强公证创新应用提供人才支撑,另一方面可以带动公证处内开展信息技术教育培训,整体提升公证员的素质;第三阶段,在公证人员信息网络技术强化后,逐步全面落实在线公证业务,同时适当提升公证人员门槛,确保公证人员具备较强的能力素质。此外,在加强公证人员技术培训之余,还应当不断更新审查的方式以及审查的硬件设备,做好预防和应对数据泄露和篡改的风险准备,并配备专职审查人员,以期实现公证工作的规范、健康发展。

结　语

赋强公证制度在预防和解决民事纠纷方面发挥了重要的作用,为了适应互联网时代下的社会需求和在线公证工作的稳步开展,赋强公证与互联网的结合必不可少。现阶段的网络赋强公证仍处在初级阶段,存在基础理论不足、规则不适配、信息化建设水平低等难题,需要我们打破认识、理念上的桎梏,不断在实践探索中改进和完善。网络赋强公证并不是简单的"1+1",而是要将互联网技术真正融入赋强公证服务中,实现数字化、信息化、精细化的新型公证服务模式。

专题二十四 论区块链技术在网络赋强公证中的运用

李 鑫*

引　言

当前,我国社会正在进行数字化转型。以区块链、人工智能、大数据为代表的数字技术在民生、教育、医疗等社会多方面得到了深入的应用,推动了我国社会治理思路的数字化转变。① 数字技术与司法的融合并进是这一转变在法学研究及实务领域的重要体现。2020年3月,中共司法部党组发布《关于加强公证行业党的领导 优化公证法律服务的意见》。意见指出,要大力推进"互联网＋公证"服务,并要求试点公证机关全部具备办理网络赋强公证业务的能力。2021年6月,司法部印发的《关于深化公证体制机制改革 促进公证事业健康发展的意见》提出要探索开展区块链技术在公证行业的应用。基于此,在数字时代的背景之下,探讨区块链技术在网络赋强公证业务领域的具体应用形式以及未来进路具有一定的研究价值。

一、区块链技术的原理与特征

区块链并非一项全新的科学技术,而是综合运用密码学技术、分布式数据储存技术、时间戳技术以及共识机制等多项现有技术的组合式创新技术。

---

* 本文作者:李鑫,深圳大学法学院硕士研究生。
① 卞建林:《立足数字正义要求,深化数字司法建设》,载《北京航空航天大学学报》(社会科学版)2022年第2期,第23页。

（一）密码学技术

密码学技术在区块链技术中的运用主要体现为哈希算法、非对称加密技术以及数字证书等。其中，以哈希函数、哈希算法为基础的哈希校验对链上电子数据的真实性具有一定的保障作用。电子数据原文经哈希运算后，生成一项唯一的哈希函数值，后者的特点在于输入的电子数据与输出的哈希函数值具有对应性，任何对原始数据的修改都将产生显著不同的哈希输出值。[①] 区块链将电子数据的哈希函数值储存上链，并通过比对前后时间段的哈希函数值是否匹配，来判断电子数据是否经过修改或者增减，进而实现对电子数据内容和形式上真实性的审查。另外，非对称加密是指在加密、解密环节使用一对非对称的密钥，用其中一个密钥加密信息后，只有另一个与之对应的密钥才能解开。非对称加密技术既可以保证信息传输的保密性与完整性，也可以确认交易者的身份信息，因而被区块链技术应用于信息加密、数字签名和登录认证等场景。[②]

（二）分布式数据储存技术与共识机制

区块链是由多个网络节点构成的系统体系。通过分布式数据储存技术，各网络节点间可实现数据的共享、复制与同步。在分布式思路下，各个节点自行记录全部的数据，由此能有效避免因单个节点被攻击而引发的数据篡改，保证区块链储存数据的安全、稳定与真实。此外，共识机制是节点就区块信息达成全网一致共识的机制，用以确保信息被准确添加上链、各节点间存储的信息一致，共同抵御外部攻击。[③]

（三）时间戳技术

可信时间戳技术被用于记录区块数据的上链时间，并保证各区块按照时间顺序依次排列。每个区块在生成之时将会被加盖时间戳，标明此区块的产生时间。随着数据内容的增多，区块不断延长从而形成了一个拥有时间维度的链条。每次数据的变动都会有时间记录，各项数据均能够按时间进行追溯，使得区块链具有极强的可验证性与可追溯性。

综上所述，密码学、分布式数据储存、共识机制与时间戳等底层技术的综合运

---

① 陈蕊、张名扬：《区块链在互联网司法中的应用与发展——基于杭州互联网法院司法区块链平台的实证分析》，载《人民司法》2020年第31期，第5页。
② 袁勇、王飞跃：《区块链技术发展现状与展望》，载《自动化学报》2016年第4期，第485页。
③ 伊然：《区块链技术在司法领域的应用探索与实践——基于北京互联网法院天平链的实证分析》，载《中国应用法学》2021年第3期，第22页。

用使得区块链技术具有可追踪、公开透明且不可伪造篡改的特征。

二、区块链技术应用于网络赋强公证的现实动因

（一）应用之必要：数字社会背景下数字正义的要求

公平正义是司法的永恒追求，是公证活动始终坚持的基本原则。[①] 将区块链技术应用于网络赋强公证业务，本质上同样是对公平正义的贯彻，在法理上表达为一种以科学技术为支撑的"数字正义"，符合当下数字社会之需要，两者的结合具有必要性。

如前所述，我国社会正在经历数字化转型，数字技术的广泛运用引发传统社会治理思路向数字社会治理思路的转变。这一变化反映在司法领域则表现为建立适应于数字社会发展的数字司法，利用数字技术赋能司法的发展，同时创新纠纷解决方式，化解数字社会出现的新型社会矛盾，实现数字正义。

"数字正义是传统正义理论在网络信息时代的转型升级，是数字社会对公平正义的更高需求。"[②]数字正义理论最初由伊森·凯什和奥娜·拉比诺维奇·艾尼在"接近正义"理论的基础上提出。20世纪中叶，"司法危机"在世界范围内大面积出现。为改善这一境遇，人们发起了"接近正义"运动。其中，"接近正义"运动的前两次浪潮围绕法院中心论展开，旨在为当事人接近法院和实现诉权提供实质保障。"接近正义"运动的第三次浪潮则带来了替代性纠纷解决方式的兴起。[③] 数字正义理论认为，在数字时代，科学技术引发了大量的矛盾纠纷，若仅依靠司法或替代性纠纷解决方式予以化解，仍难以有效保障纠纷解决的公正与效率。因此，数字正义理论强调适应时代的变化与科技发展，利用数字技术在线化、智能化地预防和解决数字社会的纠纷，在有效的司法资源中获取最大化的司法效果，最大限度地便利当事人，降低解纷成本。[④]

在网络赋强公证领域运用区块链技术符合数字正义理论的期待。现阶段，网络赋强公证主要用以处理互联网金融纠纷。伴随着互联网和数字化的不断发展，近年来众多业务实现了从线下到线上的转型升级。线上模式具有高效、便捷、快速的特征，从而导致纠纷数量激增，其中在金融领域最为突出。与普通的民事纠纷相

[①] 马宏俊主编：《公证法学》，北京大学出版社2013年版，第94页。
[②] 卞建林：《立足数字正义要求，深化数字司法建设》，载《北京航空航天大学学报》（社会科学版）2022年第2期，第23页。
[③] 江伟主编：《民事诉讼法专论》，中国人民大学出版社2005年版，第9页。
[④] 韩旭至：《司法区块链的价值目标及其实现路径》，载《上海大学学报》（社会科学版）2022年第2期，第32-33页；白龙飞：《全国政协委员：数字正义，一个也不能少》，载《人民法院报》2022年3月10日，第1版。

比,互联网金融纠纷呈现出类型化、体量大、在线化及争议相对较小的特点。① 针对该类纠纷,如果使用诉讼或替代性纠纷解决方式来处理,可能面临"成本高于标的额"的现实问题,加重债权人与债务人的负担。基于区块链技术构建网络赋强公证系统,不仅可以帮助互联网金融纠纷的当事人"接近正义",更可凭借区块链技术的安全与可信任,以一种高效、低成本的方式实现数字正义。

(二) 应用之可行:区块链技术与网络赋强公证的价值取向契合

区块链技术承载着公正、信任与高效的价值,与网络赋强公证协助建立信用、保障社会公平、提高效率的价值取向相契合。区块链技术与网络赋强公证业务的结合具有可行性。

首先,区块链技术蕴含公正、信任与高效的价值。一方面,区块链技术通过采用分布式数据储存以及密码学等底层技术,能够保证在系统平台完成的数据记录、数据传输与数据储存真实、可信,促进公正价值的实现,同时在互相猜忌的主体之间建立起普遍信任。② 另一方面,区块链技术在信任价值方面的提升能够大幅缩短信任验证的时间,节省验证成本,从而带来公证活动效率的提升。③

其次,网络赋强公证具有建立信用、保障公平以及提高效率方面的价值追求。网络赋强公证具有赋强公证制度的本质特征,应当满足赋强公证的基本制度要求。一般认为,赋强公证制度以协助市场主体建立交易信用、保障社会公平、提高民商事活动的交易效率作为制度存在的意义与其现实作用的方向。④

由此观之,区块链技术所蕴含的公正、信任和高效价值与网络赋强公证的价值取向相契合。区块链技术所承载的信用价值与赋强公证为市场交易主体提供信用保证的行为机制具有共通性,契合网络赋强公证协助建立信用的价值取向。区块链技术承载的公正、高效价值有助于公正且快速地解决纠纷,契合网络赋强公证保障社会公平、提高交易效率的价值取向。因此,区块链技术在网络赋强公证业务中的运用具有可行性。

---

① 互联网金融纠纷的特点具体表现为:第一,持牌金融机构提供的服务类型化,由此产生之纠纷的性质基本一致,模式相对统一;第二,法律关系简单,证据简明直接,当事人对事实问题的争议不大;第三,纠纷数量庞大,但单笔交易金额有限,合同标的金额受到控制;第四,金融合同的签署及履行多在线进行,通过互联网平台完成。

② 林小驰、胡叶倩雯:《关于区块链技术的研究综述》,载《金融市场研究》2016 年第 2 期,第 103 页;[美]凯文·沃巴赫:《信任,但需要验证:论区块链为何需要法律》,林少伟译,载《东方法学》2018 年第 4 期,第 83、88-92 页。

③ 李晓丽:《论区块链技术在民事司法应用中的价值、风险和进路》,载《中国应用法学》2021 年第 3 期,第 3 页。

④ 李全一:《强制执行公证研究:理论与实务精要》,法律出版社 2020 年版,第 13 页。

三、区块链技术应用于网络赋强公证的具体路径

(一) 网络赋强公证的基本流程

在法律法规层面,我国目前尚未针对网络赋强公证制定专门的指导规范。根据赋强公证的相关规定①,并结合地方公证机关办理区块链网络赋强公证业务的实践②,以互联网金融纠纷案件为讨论对象,网络赋强公证的流程可分为三个主要阶段:第一,金融合同的订立阶段;第二,出具强制执行公证书阶段;第三,出具执行证书阶段。

1. 金融合同的订立阶段

在互联网金融纠纷中,金融合同的在线订立是网络赋强公证业务的前端程序。金融机构与债务人通过电子签名签署借贷合同或其他类型的债权文书。待签署完毕后,系统生成合同的PDF文本,并将对应的哈希函数值上链储存。

2. 出具强制执行公证书阶段

本阶段具体包括申请与受理、审查以及出具强制执行公证书三个环节。首先,金融机构为预防纠纷或在纠纷发生之时能够高效处理大批量的互联网金融纠纷,往往在金融合同中预置赋强公证条款,与债务人在金融合同中达成办理公证的意向,并于合同签署完毕后共同发起赋强公证的线上申请。其次,公证机关在受理双方的公证申请后,将通过视频会话等方式对当事人申请公证的事项以及提交的相关证明资料从事实与法律两个方面进行调查、核实。最后,对符合公证条件的公证事项,公证机关将按法定程序审批、制作公证书,并送达当事人。

3. 出具执行证书阶段

本阶段具体包括申请、违约核实以及出具执行证书三个环节。首先,在办理强制执行公证后,如在公证的债权文书约定的还款期间届满时,债务人未履行还款责任,保证人亦未代为清偿,金融机构可通过网络赋强公证平台在线申请出具执行证书。其次,公证机关在收到金融机构的申请及材料后,将按照法定程序或公证债权

---

① 当前,赋强公证依据的主要规范有《民事诉讼法》《最高人民法院《关于适用〈中华人民共和国民事诉讼法〉的解释》《公证法》《公证程序规则》《最高人民法院 司法部关于公证机关赋予强制执行效力的债权文书执行有关问题的联合通知》《办理具有强制执行效力债权文书公证及出具执行证书的指导意见》以及《最高人民法院 司法部 中国银监会关于充分发挥公证书的强制执行效力服务银行金融债权风险防控的通知》等。

② 2021年5月,江苏省公证协会制订出台《区块链+金融债权文书网上赋予强制执行效力公证暂行规范》,该规范系全国首个关于区块链网络赋强公证的业务规范。2021年7月,浙江省公证协会出台《浙江省在线公证暂行规范》,详细规定了在线公证的申请、受理、审查、出具公证书、送达、存档等流程环节的操作细则。

文书约定的方式在线进行违约核实。公证机关应当将申请人申请签发执行证书的事实通知债务人,并向债务人核实债务的履行状况,询问债务人对公证机构出具执行证书是否需要提出异议。最后,公证机关如对前述事项审查无误且债务人无异议,或者债务人存在异议但未能提出充分证明材料,致使异议不成立时,公证机关将依法出具执行证书。

(二) 区块链技术在网络赋强公证领域的核心功能

1. 区块链技术存储、核验数据

首先,区块链技术存储数据,是指通过密码学、时间戳等技术手段,对电子数据原文进行固化,并利用共识机制将对应的哈希函数值同步存储至区块链上其他节点服务器的过程。[①] 数据存储是区块链技术在网络赋强公证领域的基础功能,网络赋强公证的各流程均涉及对关键节点信息的保存。区块链技术将公证的结果、证据以及过程数据上链,据此,自然人、金融机构及公证机关各节点之间可实现数据的安全传输与同步,并在需要的时候予以查看、调用。例如,金融机构申请出具执行证书,可直接通过区块链系统查看先前流程中产生的数据信息,并提交作为证据资料。另外,公证法及相关程序规则对办理赋强公证的重点审查事项有具体要求,实践中为尽可能地减小风险,避免赋强公证债权文书被裁定不予执行,习惯于运用区块链技术保存网络赋强公证过程中必要的流程信息,以供将来查证。经区块链技术存储的数据之真实性可以得到技术保障,即数据入链后难以被篡改,具有形式真实性。

其次,区块链技术核验数据是对存储数据真实性的校验。将电子数据原文上传至区块链网络赋强公证系统,系统将自动计算其哈希函数值,并与之前存储至链上的哈希函数值进行比对,在不依靠第三方机构信任背书的情形下完成对电子数据的"自我验真"。以存储、核验数据为基础,区块链技术在网络赋强公证领域可以发挥保障公证数据安全、保障电子证据可信、保障公证文书权威的延伸功能。

2. 基于区块链技术的电子签名

基于区块链技术构建的电子签名系统是当前诸多组织为保障安全控制而采取的创新做法。[②] 区块链技术与电子签名技术天然契合,并且可弥补现有电子签名技术的弊端,因而在网络赋强公证业务领域能够发挥更为理想的功效。

首先,区块链技术与电子签名技术存在天然的契合性,在网络赋强公证业务领

[①] 陈骞、张名扬:《区块链在互联网司法中的应用与发展——基于杭州互联网法院司法区块链平台的实证分析》,载《人民司法》2020年第31期,第5页。

[②] 例如,腾讯、e签宝等公司都在探索区块链技术在电子签名领域的运用。

域构建基于区块链技术的电子签名方案具有可行性。区块链技术与电子签名技术采用了部分一致的底层技术。例如,两者均使用了哈希算法以及非对称加密技术来保障数据的安全,同样利用密码学技术以确认网络主体的身份。[1] 底层技术的部分一致使得区块链在网络赋强公证业务的电子签名环节具备发挥功效的现实基础以及作用空间。

其次,区块链技术可以弥补现有电子签名技术的弊端,以区块链技术为基础的电子签名更加符合网络赋强公证业务的需求。现有的电子签名技术在数据的安全性保障方面仍具有可提升的空间。《电子签名法》第 13 条规定了可靠电子签名应当满足的条件,其核心要求可归纳为以下两个方面:其一,签名人的真实身份可确认;其二,数据电文具有安全性、真实性以及不可抵赖性。目前,常规的电子签名技术手段可基本满足签名人身份确认的要求,而缺乏在后一条件方面的保障。[2] 与电子签名技术相比,区块链采用了分布式账本、链式结构以及时间戳等技术手段,通过区块链技术存储、传输的数据具有可追踪、公开透明且不可伪造篡改的特征。在区块链系统内完成的电子签名及其过程行为都将被准确记录,各方主体可以通过区块链核验数据的历史真实性与完整性,从而确保签名是可靠且不可否认的。

(三) 区块链技术在网络赋强公证各流程阶段的应用

1. 金融合同订立阶段的运用

区块链技术在金融合同订立阶段的应用主要体现在电子签名环节。基于区块链技术的电子签名系统可以保障金融合同的在线签署者其身份以及意愿的真实性,防止签署者事后否认。另外,同时融合了加密和签名等技术的区块链签名系统对于合同签署过程中产生的过程数据及结果数据的保密性、完整性都有较强的保证作用。

2. 出具公证书阶段的运用

区块链技术在出具公证书阶段的应用体现在其数据存储功能方面。首先,在发起公证申请环节,各方当事人需提供相应的身份信息。其中,债务人于订立金融合同时已注册并上传了身份证、户口本、结婚证等证明材料的,在此环节可直接通过区块链技术的数据存储功能予以调用。其次,结合公证法及相关程序规范的要求,为避免赋强债权文书被裁定不予执行,在出具强制执行公证书阶段应使用区块链技术的数据存储功能对关键节点信息予以存证。例如,将各方真实身份认证、双

---

[1] 宾建伟、相里朋:《区块链与电子签名的关系》,载《现代计算机》2020 年第 33 期,第 41 页。
[2] 罗文华:《规则与共识:从电子签名到区块链》,载《中国政法大学学报》2019 年第 2 期,第 51-52 页。

方选取在线赋强公证的真实意愿确认、合同文本预览、公证机关就重要事项履行告知义务等数据信息通过哈希运算得出哈希函数值,并上传区块链系统保存。

3. 出具执行证书阶段的运用

区块链技术在出具执行证书阶段的应用主要体现为对履约信息的保存以及辅助公证机关进行违约核实。首先,最高人民法院、司法部《关于公证机关赋予强制执行效力的债权文书执行有关问题的联合通知》第5条规定公证机关在出具执行证书环节应当重点审查合同的履行状况。据此,金融机构应当按照通知的规定,在网络服务平台提供金融机构履行义务的凭证,以及债务人部分履行或不履行义务的凭证。对于该类履约信息,应当及时通过区块链技术保存,以供公证机关核对还款金额并确定未履行的债务金额。其次,在违约核实环节,一方面,为减少不必要的争议,公证机关向债务人发送的书面核实函件、该函件进入债务人系统的记录、线下邮寄的快递订单信息等,应通过区块链技术予以留存并上链。另一方面,公证机关在对证明材料进行核实判断时,可借助区块链技术的数据核验功能对当事人所提供证明材料的真实性与可靠性进行批量检验,辅助解决证明材料的真伪验证问题。

四、区块链技术在网络赋强公证中的拓展应用

网络赋强公证是一种独立的纠纷解决手段,通过赋予公证债权文书强制执行效力可实现纠纷的快速解决。[①] 与处理传统公证事项相比,公证机关在办理网络赋强公证业务、解决矛盾纠纷的过程中,实际上履行了审查核实与判断的权能。

(一)网络赋强公证中公证机构的审查核实与判断权能

按照公证制度的一般理论,公证以证明作为其基本功能[②],以预防纠纷作为制度的天然使命。为此,公证机关在办理一般公证事项的过程中需要履行核实以及判断的基本权能。[③] 然而,具备赋强公证本质属性的网络赋强公证是一项特殊的

---

① 关于公证能否从预防纠纷的制度定位延伸至解决纠纷,理论与实务界存在不同的观点。当前,在立法领域,公证调解制度被《公证程序规则》确立为可用于"经公证的事项在履行过程中发生争议"的解决。在实践领域,越来越多的观点也认为公证制度可以发挥纠纷解决的功能。参见岳彩申:《新常态下的公证创新》,载《中国公证》2017年第9期,第21页;麻荣鸿:《公证与纠纷的预防和解决》,载《中国公证》2009年第4期,第39-40页;李全息、肖发翠:《公证制度与诉源治理的契合》,载《中国公证》2021年第3期,第17-18页。
② 张卫平:《公证证明效力研究》,载《法学研究》2011年第1期,第98-99页。
③ 段明:《公证债权文书执行研究——基于公证权与司法权的关系视角》,清华大学出版社2021年版,第56页。

公证形式,公证机关在处理相关业务的过程中实际履行了不同于一般公证权能的审查核实权以及类似法院"裁决"的判断权。

具体而言,为实现公证对特定法律行为、法律事实和文书存在与否之状态的证明,公证机关在传统公证业务的办理过程中一般履行其核实权与判断权。其中,核实的权能是指公证机关对当事人提供之证明材料的真实性与合法性进行检验、查证。判断的权能是指公证机关对与公证事项相关的证明材料在其真实性与合法性方面作出判定,以得出最终的法律判断。① 但是,在网络赋强公证领域,业务内容的变更使得公证机关的权能发生了相应的转变。

承前所述,通过网络赋强公证解决互联网金融纠纷实际上需要经历订立金融合同、出具强制执行公证书以及出具执行证书三个基本阶段。其中,在第二个阶段,双方当事人尚未产生争议,公证机关按照传统公证业务的办理模式对债权文书是否符合赋予执行效力的条件进行检验、查证,公证机关在此环节仅履行其"见证"的基本权能。② 然而,在第三个阶段,双方当事人已就文书的履行事实发生实质的争议,公证机关需要根据事实和证据对实体权利义务关系进行审查,并作出判断,包括认定已履行的事实,计算债务偿还情况、实现债权的费用金额等。由此观之,核实与判断权能的内涵在网络赋强公证的第三阶段发生了改变。公证机关在出具执行证书阶段的活动因涉及对纠纷的直接解决,已然超出了公证机关在履行公证传统证明功能下所行使的核实权与判断权。

(二)区块链技术对审查核实与判断权能的辅助作用

在网络赋强公证的违约核实环节,存在大量与区块链技术的特征相吻合的应用场景。区块链凭借其智能、可验证与不可伪造篡改的技术属性,能有效辅助公证机关发挥其审查核实与判断的权能。

第一,自动抓取数据,提高违约核实的效率。智能合约是储存在区块链上的一组编码,其最显著的特征在于"自动执行性"。智能合约技术能读取、编写区块链上的数据信息,在无须第三方介入的情形下自动执行已编写为计算机语言的合约内容。③ 尽管当前在网络赋强公证领域尚不具备探讨通过智能合约技术实现完全"自动化"的条件,但是利用智能合约技术"自动执行"之核心技术特征,协助公证机

---

① 段明:《公证债权文书执行研究——基于公证权与司法权的关系视角》,清华大学出版社2021年版,第56-59页。
② 马登科:《赋予执行效力公证债权的确定和救济》,载《暨南学报》(哲学社会科学版)2020年第4期,第82页。
③ 华劼:《区块链技术与智能合约在知识产权确权和交易中的运用及其法律规制》,载《知识产权》2018年第2期,第15页。

关抓取相关数据信息具有理论与实践方面的可能。智能合约可打破信息壁垒,自动抓取区块链上各节点实时存储的与债权文书履行状况相关的数据,例如金融机构放款流水、双方账户金钱流转的过程、转账结果以及金融机构催收或宣布债权提前到期的函件、送达凭证等。智能合约在数据抓取方面的自动化特性可以在一定程度上简化违约核实的流程,提高公证机关违约核实的效率。

第二,检验数据的真实性,保障违约核实的公正与准确。在出具执行证书环节,公证机关需要对申请人的证明材料及债务人的异议材料进行审查。针对产生于区块链或已储存于区块链上的数据信息①,公证机关可直接利用区块链的数据核验功能对材料的真实性与可靠性进行检验,保障公证机关审查核实的公正、准确。

结　　语

长期以来,我国公证制度不论是在规范层面还是实践层面都未能得到应有的重视。在国家强调开展诉源治理、健全多元化纠纷解决机制的今天,公证制度将迎来新的历史机遇。将区块链技术运用于网络赋强公证的各流程阶段,发挥区块链在存储数据、核验数据以及电子签名方面的功能作用,进一步探索区块链技术在出具执行证书环节对公证机关审查核实与判断权能的辅助作用,将有助于增强网络赋强公证制度服务社会的能力,进而推动公证事业的高质量发展。

---

① 区块链数据可分为三类,包括基于区块链技术生成的原生型数据、基于区块链技术存储的网络数据以及基于区块链技术核验的网络数据。参见刘品新:《论区块链证据》,载《法学研究》2021年第6期,第133-134页。

专题二十五　区块链智能合约在网络赋强公证中的合理嵌入
——以金融借贷纠纷化解为例

杨海波　刘谢慈[*]

引　言

最高人民法院于2022年5月发布了《最高人民法院关于加强区块链司法应用的意见》（以下简称《意见》），该意见指明了区块链技术在司法领域典型场景的应用方向，明确了人民法院要加强区块链司法应用的总体要求及人民法院区块链平台建设的要求，规定了区块链应用保障措施，对形成世界领先、中国特色的司法领域区块链应用模式具有重大意义。公证债权文书制度与区块链技术的结合，可批量化解金融借贷纠纷，从而有利于实现诉源治理，提高司法效率。区块链技术赋能下的智能合约与赋予强制执行效力的公证债权文书制度的特征非常契合。由于互联网金融贷款和小额贷款合同纠纷的法律关系较为简单，故可将合同内容限制在货币的交付上。当整体合同代码表达难度不断压缩时，当前技术可高度确保该合同代码逻辑体系的正确性。此外，区块链的分布式、不可逆性、不可篡改性等技术特点也高度符合债权赋强公证执行问题的解决方向。通过区块链智能合约，可以将用户、金融机构、小贷公司、公证机构、法院作为数据节点，从而形成完整的一体化数据链。

一、区块链智能合约的技术演进

区块链是一项具有去中心化、可溯源、可编程、不可篡改等特性的新兴技术。

---

[*] 本文作者：杨海波，湖南工业大学法学院硕士研究生；刘谢慈，法学博士，湖南工业大学法学院副教授、硕士生导师。

在区块链上,每个节点的区块由区块头和区块体组成。区块体储存相应信息,区块头作为一种衔接点,在加盖时间戳后,该头部的信息进行哈希,产生的哈希值形成了另一个区块头,如此往复,在逻辑上将每个区块以链的形式串联,形成一个具有时间维度的区块链条。作为一种划时代的科技革命产物,"区块链"自1991年由W. Scott Stornetta 提出后,一直在不断发展和完善。2008年,以"比特币"为代表的数字虚拟货币开启了区块链1.0时代,该阶段利用区块链技术作为数字货币的加密方式,借助分布式账本模式,实现货币交易的去中心化与去信任化,但此时智能合约还无法与区块链技术相结合。2013年,"以太坊"的提出,区块链-智能合约技术得到了进一步发展,开启了区块链2.0时代。以太坊凭借良好的技术支持,使过去对区块链智能合约构想成为现实。但由于以太坊受交易核验时间过长等技术因素影响,仅用于期货、股票等部分金融领域中。而区块链3.0时代,将从区块链智能合约过渡到智能化、高度信任化的社会治理体系,不同于2.0时代仅应用于金融领域,3.0时代还涵盖了传媒、电子商务、物流、医疗等诸多领域。而目前,我们正处于区块链2.0时代到3.0时代的过渡阶段。

(一)智能合约与传统合同的区分

智能合约出现于区块链之前,由于当时技术有限,并未得到充分发展。1996年,尼克·萨博首次提出智能合约概念,他将其定义为"一组以数字形式定义的承诺,并包括合同各方可以执行这些承诺的协议"[①]。相较于传统合同模式,智能合约具有以下特点:第一,自助性。传统智能合约的模型是"自动售货机",是由计算机代码组成的程序,遵循"如果X发生,则Y亦发生"的模式运行,并通过计算机读取和执行,以编程代码运行代替人工操作。第二,自动执行性。当预先设定的触发条件满足时,合同将按照条件所指向的路径自动执行,无须进行人工操作和干预。第三,明确性。智能合约是由计算机代码预先编程,优势在于机器会对满足设定条件的操作行为输出唯一预设的结果,当机器正常运行时不会造成违约后果。

(二)传统智能合约与区块链智能合约的区分

随着科技水平的发展,区块链技术进入人们的视野。自进入区块链2.0时代后,区块链与智能合约逐渐结合并推动了智能合约和区块链的发展,区块链的应用领域从过去的单一货币支付延伸到现在社会生活的各个方面。区块链智能合约以区块链技术为基础,呈现出许多不同于传统智能合约模式的特点。具体而言,有如下几点。第一,不可逆性(可追溯性)。区块链中的区块在"记账"时,会将发生时间

---

① 王延川:《智能合约的构造与风险防治》,载《法学杂志》2019年第2期,第44页。

以时间戳的形式记录在"账本"里,储存于区块体中,并随着区块的上链,往下延伸,形成一条具有时间维度的区块链条。第二,匿名性。非对称性加密密码学原理的应用,实现区块链智能合约中交易双方匿名的同时,保有交易过程的公开。第三,独立性(去中心化)。区块链智能合约的交易不同于传统智能合约,后者依托于信任机制,由要约方向双方均信任的中央处理器发出要约信号,中央处理器收到信号后将其转向受要约方,受要约方再通过中央处理器将承诺信号转达给要约方。而区块链智能合约为达到去信任化及去中心化的目的,直接于两个节点间交易,无须第三方信任机构。第四,不可篡改性。区块链中每一个节点都记录了所有区块中与设定的智能合约相关的交易信息。① 若要强行篡改某一数据,则需同时修改后面节点以及该区块,对算力体量需求巨大。这不仅有效保障了链上数据的可信度,也使得合同的执行具有了强制性。综上,借助区块链技术,可以"促进社会治理结构扁平化、治理及服务过程透明化、提高政府社会治理数据可信性和安全性"等,同时区块链智能合约可以在一定程度上消除部分信用风险,在金融领域可解决信息不对称造成的市场失灵,降低市场交易成本,提高交易效率,实现资源和市场信息的利用和共享,从而提高市场运行效率。②

(三)区块链智能合约的应用场景

区块链智能合约实质上是一种计算机协议,目的是基于信息方式传播、验证及执行合约预设程序。由于区块链智能合约具有不可逆转、可追溯性及去信任性,允许在没有第三方信任平台的情况下进行可信交易,其安全性优于传统合约方式,可减少与合约相关的其他交易成本。③ 由此可见,智能合约与区块链技术的完美融合,具有精度高、效率高、成本低等优势特点。④ 从区块链智能合约的基本运作原理上看,区块链智能合约具有广泛的应用前景。主要表现在如下几个方面。第一,"以太坊"平台的出现打开了区块链智能合约应用的大门,能用于设计独立性的程序、智能合约。就目前而已,"以太坊"平台覆盖了物联网、金融交易、智能电网等领域。第二,EOS(Enterprise Operation System)技术,这是一个商用分布式应用设计的区块链底层公链操作系统,其目的是解决现有的区块链应用性能低、安全性差、开发难度高以及过度依赖手续费的问题,并实现分布式应用的性能扩展。目前

---

① 王子凯、朱健、张伯钧等:《区块链与智能合约并行方法研究与实现》,载《计算机科学》2022年第9期,第313页。
② 孙福辉:《〈最高人民法院关于加强区块链司法应用的意见〉理解与适用》,载《中国应用法学》2022年第4期,第41页。
③ 杨力:《论数字金融司法一体化》,载《政法论丛》2022年第4期,第55页。
④ 林诗意、张磊、刘德胜:《基于区块链智能合约的应用研究综述》,载《计算机应用研究》2021年第9期,第2570页。

EOS去中心化主要应用于电子商务、金融科技和市场等领域。第三，Hyperledger Fabric技术，主要基于许可分布式账本技术开发运行，可配置具有高度模块化的结构体系，能用于企业或行业内部，可创新和优化金融、保险、医疗健康、供应链、数字音乐交付、图书版权交易等领域的运营模式。

二、区块链智能合约嵌入网络赋强公证的现实逻辑

赋强公证制度作为一项预防性法律制度，不仅具有预防纠纷的效果，还能简化程序，节约债权实现成本。首先，诚实信用原则对当事人心理上的威慑与压迫，促使债务人自觉恪守承诺、履行合同，从而从源头上减少纠纷的发生。其次，赋强公证具有强制执行的效果，其无须经过审判程序即可进行强制执行，有利于简化债权实现程序，在最大程度上规避因诉讼程序而产生债务延迟履行的风险。尤其是在化解互联网金融借贷纠纷过程中，可以充分利用区块链网络赋强公证不可诉性的优势，减少相关诉讼案件，进而实现繁简分流，充分发挥公证制度的司法辅助价值。

（一）区块链技术对网络赋强公证的赋义

传统模式下的赋强公证主要办理流程如下：(1)当事人线下申请；(2)公证处受理并审查申请材料；(3)公证处认为有必要的须要求当事人补充相关材料或自行核实；(4)公证人员询问及告知当事人相关情况，制作现场笔录，当事人对无异议的债权文书进行签字确认；(5)公证处出具公证书。传统线下赋强公证与在线赋强公证的区别主要为公证处通过远程数据系统将上述(3)步骤转移到线上进行，并加以数字化固定、存储，其他程序步骤主要还是通过其中一方当事人线下办理或委托办理。近年来，随着科学技术水平的提高，可建立区块链网络赋强公证智慧平台，实现网络赋强公证全过程线上办理，线上发证，重新定义"网络赋强公证"。

（二）区块链智能合约与网络赋强公证的技术契合

随着科技水平的进步，区块链智能合约实现了突破式发展。从1.0时代的"if-then"简单逻辑程序语句，到2.0时代的"if-then"语句作为代码存储在区块链上并按照该循序自动履行合同，再到3.0时代应用于全社会领域的"自动执行"化，区块链智能合约强化社会信用制度的应用在逐步发展。但就目前的发展而言仍无法达到"完全自动执行"的程度。若强行将自动执行的"智能合约"等同于合同，会不可避免地出现相应的法律问题。法律于社会发展而言具有相对滞后性，技术开发、人工智能等亦落后于层出不穷的社会问题。因此，解析区块链新技术背景下智能合约与传统合同之间的法律关系异同显得尤为重要。由于区块链智能合约的权利义

务具有多样性、复杂性,合约中的权利、义务及违约责任的意思表达也可表现出多种多样的形式。例如在金融借贷纠纷中,由于银行、小额贷款公司的普惠贷款业务以金额较小、业务数量较大等为特征,因此,相较于大额贷款,金融机构多以效率为先,简化贷款程序,尤其是对于通过线上方式申请的贷款用户。由于对事先预设的电子合同里的重要条款缺乏重视,加上对法律条文的理解偏差,极易影响贷款用户对于合同内容的判断,从而造成意思表达不真实的尴尬局面。现阶段,赋强公证可有效弥补区块链智能合约技术上的偏差与不成熟带来的不利影响。对银行、小额贷款公司而言,处置此类小额不良贷款纠纷存在立案难、举证难、固证难、执行难、成本高及周期长等困难。而赋强公证在化解该类金融借贷纠纷过程中,具有独特的优势。

(三) 网络赋强公证化解金融借贷纠纷的优势

受新冠疫情影响,2021年商业银行不良贷款率持续飙升,给金融机构业务的发展和资金安全带来巨大挑战。化解不良贷款风险,提高资金回收效率是金融机构目前亟待解决的重要问题。贷款违约,除了部分是由于债务人还款能力确实有限外,还有相当一部分是因为债务人还款意愿低,甚至故意逃避债务。金融机构的不良贷款率上升,加剧了金融机构的风险积累。而要降低不良贷款率,必须建立有效的防控机制。① 据了解,银行的不良贷款是我国金融业面临的最大的挑战之一,如果不采取相关措施加以解决,将威胁到我国的金融安全。与此同时,大量的普通金融借贷案件堆积,加剧某些地方法院的案多人少局面。故此,由于赋强公证具有预防纠纷、快速实现债权的优势特点,因而越来越受到银行业金融机构的青睐与重视。

1. 互联网金融借贷的社会特性

互联网金融贷款具有资金流动方便、手续便捷、融资渠道广、借款范围广等优势,对于活跃经济市场、资本流通具有多方面的意义。但与此同时,大部分互联网金融贷款为无担保、无抵押的小额信用贷款,借款主体多为个人,其地域分布较广,导致互联网金融贷款违约率居高不下,不良贷款大量存在。其网络运营模式也存在大量社会风险,容易在具体执行过程中出现催收成本高、催收方式暴力,极易激化矛盾,造成社会问题。

2. 网络赋强公证在金融借贷中的实践探索

随着金融风险的进一步升级,金融机构的不良贷款率逐年飙升,大量金融借贷纠纷不仅导致银行负担烂账的风险,更是消耗了法院大量的诉讼资源。因此,在批量化解金融借贷纠纷中引入网络赋强公证,可减少诉讼环节,有效节约诉讼成本。

---

① 孙茂林、王树恩:《我国商业银行信贷风险识别与管理研究》,载《山东社会科学》2013年第5期,第168页。

在互联网金融借贷案件中,当事人关系和双方的权利义务比较明确。[①] 同时,互联网金融借款人分布地域分散,若通过异地办理线下赋强公证,易给当事人造成程序负担。因此,在金融借贷领域中引入网络赋强公证具有一定合理性。例如,昆山公证处的区块链网络赋强公证平台系统,通过在线方式将贷款合同等文件进行公证,并赋予金融借贷合同强制执行效力;通过电子数据存证,提供实时、有效的公证便捷保障服务,真正让网络赋强公证项目融入银行普惠金融业务、小微贷款业务流程中。网络公证也可以有效缩短维权时间,降低不良贷款率,促进社会纠纷解决资源的合理配置和高效利用。

三、区块链智能合约嵌入网络赋强公证的可行路径

(一)智能合约与网络赋强公证一体化的基本范式

网络赋强公证实质上由两部分组合而成,一是对以支付为内容的合同进行公证,公证的主要事项有:(1)审查合同是否合法、合理。即对合同涉及当事人的实体权益内容进行核实,也要对合同内容自身是否合乎法律、法规,是否违反法律的禁止性规定进行审查。(2)对债务人履行相应告知义务。需告知当事人违约责任及法律后果,同时也要询问当事人办理公证的目的等。二是在金融机构申请执行证书时,核实债务人对违约事实是否有异议等。因此,当嵌入区块链智能合约后,网络赋强公证亦需保证公证程序中必要的告知、审查、核实义务。关于在具体的告知、审查、核实过程中如何应用区块链智能合约的问题,本文认为,可从赋强公证的"债权文书公证"及"出具执行证书"两个阶段探究嵌入路径。

1. 债权文书公证阶段

从金融借贷合同的公证上分析,借贷合同本质上可以看成由多个规则构成的复杂结构,智能合约的构建也是一个设定多项交织运行规则的动态化过程。区块链本身并不具有解构规则的特性,但其本身的去中心性,不可篡改性、信息可追溯性等特性,为智能合约提供了技术保障。因此,从技术上讲,以区块链智能合约机制为基础,搭建"区块链智慧公证平台"具有可行性。具体来说:第一,运用身份三要素核验、生物活体识别、OCR、第三方人像比对等技术在网络赋强公证平台对借款人身份进行核实,确保借款人主体的真实性。第二,公证处、金融机构、借款人三方在"区块链智慧公证平台"进行网络公证,运用数字签名等关键技术在强隐私账

[①] 龙飞、赵毅宇:《赋强公证制度在多元化纠纷解决机制中的功能定位》,载《人民法院报》2018年6月6日,第5版。

户上签署合同,盖章、签字行为过程完成后利用同态加密技术进行电子数据存储。与此同时,数字证书认证功能也可确保盖章和签字行为的不可篡改性,保证整个签约行为的真实性、客观性。第三,利用智能合约原理对合同中的具体内容进行信息分类、程序划分,并对相关程序进行步骤标准化、模块化设计,构建智能合约公证体系。第四,调用公证员的电子签名及签章、公证机构电子公章,通过区块链智慧公证平台生成区块链电子公证书,在系统上将电子公证书生成链接一键式发送给金融机构及借款人。该区块链技术现已在多个省份进行应用实践,以区块链电子公证书代替纸质公证书,在传统的直接送达和邮寄送达方式中增加了电子送达。

2. 申请强制执行阶段

由于当事人申请执行公证债权文书时,法院的执行审查依靠人工,效率较低,且存在数据流转不畅的问题。通过对收案数据进行实时上链与可信验证,可以形成公证债权文书可信数据资产,解决数据流转效率问题。在链上公证债权文书智能合约方面,基于环签名技术的强隐私账户模型的链上"赋强公证"智能合约,银行、小贷公司将经营数据事实经过数字签名后,上链存证并与公证处实现互通互认。当债权人申请强制执行时,可将存证数据、存证公证债权文书推送给法院,自动转入执行环节。基于区块链技术,还可以构建公证债权文书辅助立案服务、公证债权可信验证服务、公证债权文书存证服务及公证债权文书执行合约服务等。根据具有公证信息、债权信息以及相关约定信息的执行计划,可以自动生成公证债权执行的智能合约实例,实现公证债权文书对接法院强制执行的线上流转及自动校验的一体化功能。

(二)网络赋强公证中智能合约背后的法律关系

智能合约在法律上是一种较特殊的新型合同,属于可编程代码程序。[①] 随着区块链网络技术的发展,合约交易开始从人工操作向智能合约的自动执行转变。所谓的"智能合约",在技术层面是一种可供编程的在线交易管理应用程序,这意味着它是一段可按照合约方的意思内容编程的代码,而不是一份明确表意下制成的客观存在合同。但法律层面上,智能合约可以实现财产交换,无论是加密货币还是虚拟财产或其他财产。在区块链交易中,核心元素亦为智能合约,另外科学界和金融界对智能合约和传统合同之间的异同也有着较多解释角度。但不难发现,智能合约具有其独特的法律特性,其外部载体虽然是程序代码,但是能识别交易各方对即将自动执行内容作出意思表示的结果。一方面,自动执行的操作步骤里人的内

---

① 熊志钢、汪倩、解庆利:《"区块链+网络赋强公证执行"路径探讨》,载《中国公证》2021年第11期,第49页。

心表示同样需通过一系列的编码程序来显化,设计者需要先将人类语言转换成程序设计语言。在这种转换中的表意很容易产生个性理解上的偏差,有可能程序设计语言不能完全表达当事人的真实意思。① 在这样的背景下,如何判断以代码形式代表当事人授予意思表示的智能合约是否具有合同效力并非易事。另一方面,智能合约具有不可撤销性,这意味着一旦代码程序上的预设发生条件得到满足,它们就会自动执行。在这种情况下,很容易出现强制缔约的情形。

根据《民法典》中对有效民事法律行为的规定,当事人之间订立合约时应有相应的真实意思表示。而《公证程序规则》第 36 条将"当事人的意思表示真实"作为民事法律行为公证出具公证书应满足的条件之一。这意味着公证员出具公证书的前提是确保当事人的真实意思表示。② 在实践中,公证审查的方式是与当事人进行交谈,询问当事人表述的含义是否真实、是否存在胁迫或欺诈,以及拟出具的公证合同的内容是否符合其真实意思表达,并履行对应告知义务,通知当事人该公证事项的法律后果及法律意义,防止当事人因误解有关法律法规而作出与其本意相反的意思表示。当事人对公证内容意思有疑问的,公证人员应当行使核实权,了解有关公证事项,并将核实结果和判断告知当事人。当事人对事实和法律规定有误解的,经公证员告知和解释后,或许会重新考虑其法律行为的必要性和有效性,从而避免今后可能发生的诉争。综上所述,在缔结智能合约的过程中,公证可对"自动执行"代码程序中的意思表示作效力上的补强。

结　　语

在当前技术背景下,区块链技术的发展毫无疑问使智能合约的应用范围得到了极大拓展,其解决了传统智能合约中网络安全保护不足,交易信息易篡改,电子数据信息证明力较弱等缺陷。理论上,以实物作为标的的合同都能看成是一套较复杂的程序规则,能以计算机语言表达成智能合约机制。而从智能合约"自动执行"的核心属性上讲,仍存在金融借贷合同相关问题解决不到位的缺憾,需要第三方机构进行"把关"。引入网络赋强公证,以亲历性为原则的公证机构以监督者、中立者的身份介入,不仅可以解决合约自动执行而导致的合同法律效力问题,实现赋予强制执行力的法律功能,还有助于节约司法资源,有利于从诉前阶段批量化解借贷纠纷,实现诉源治理。

---

① 郎芳:《区块链技术下智能合约之于合同的新诠释》,载《重庆大学学报》(社会科学版)2021 年第 5 期,第 172 页。
② 王洪三:《意思表示成立的公证审查》,载《中国公证》2012 年第 10 期,第 50 页。

后　记

在互联网、大数据、云计算等信息技术迅猛发展的当下，公证制度如何积极拥抱科技革命，迈向信息化、电子化、智慧化，是公证领域内极具现实意义的命题。为此，第二届"中国公证改革与发展研讨会"特以"《公证法》的修改与在线公证的发展"为主题，并于2023年3月31日在广东珠海成功举办。同时，在各地公证机构、司法行政机关、高校等大力支持和积极参与下，本次论坛共收到107篇高质量学术论文。经过评审委员会严格遴选与多轮评审，最终评选出一等奖论文6篇、二等奖论文10篇、三等奖论文15篇以及优秀奖论文10篇。

这些研究成果聚焦《公证法》修改、在线公证、公证业务创新等公证领域内的热点问题，紧扣时代脉搏，选题新颖，研究视角独特，具有理论前瞻性、实践创新性、方法多元性等特点，这对于学术研究较为薄弱的公证行业而言是难能可贵的，不仅有助补强公证领域在公证数字化、智慧公证等方面的研究，还对于我国公证制度的创新发展具有重要的理论意义与实践价值。鉴于此，我们进一步遴选了部分论文并予以结集出版，以期为我国公证界带来新的思考，促进公证理论与实务研究的共同进步，从而为《公证法》修改与公证实践提供智力支持与理论指导。

本书作为此次会议的成果荟萃，在汇编过程中极为注重内容结构的体系性、逻辑性与层次性。全书分为4编，共收录专题论文25篇。各编内容介绍如下：第一编为"公证制度创新与《公证法》修改"，主要从《公证法》修改的逻辑、公证机构组织形式、公证员助理主体地位、法定公证、公证调查权和公证责任等方面，对《公证法》的修改提出相应的意见与建议，为《公证法》的进一步完善贡献力量。第二编为"公证服务优化与现代科技支撑"，重点讨论了元宇宙时代下公证信息化的建设方向、在线公证规则的优化，以及区块链、云计算技术给公证服务带来的风险及其应对策略等问题，积极促进公证制度与数字技术的融合与发展。第三编为"公证业务探索与现代化转型"，主要介绍了农村土地流转、网络暴力侵权证据保全、遗产管理人、存量房带抵押过户等领域的公证业务实践探索与优化对策,以及在公证领域适用告知承诺制的逻辑与程序。第四编为"赋强公证在线模式与程序完善",主要聚焦瑕疵公证债权文书执行、公证债权文书执行立案审查模式、网络赋强公证制度的构建以及区块链技术的嵌入路径等重点议题。

  本书由我和夏先华老师担任主编,吴振主任和张红旺博士担任副主编。全书的整体设计与编排结构由我拟定,夏先华老师、张红旺博士协助进行统稿与编辑,研究生周星星、刘玲姿、来显卓、蒋龙威、张颖、徐世卓全程参与了书稿的编辑与校对工作。最后,特别感谢清华大学出版社编辑老师为本书的顺利出版所付出的艰辛劳动。

廖永安

2023 年 6 月 10 日

于湘潭大学法学院